命运其实就是你与时间之间的交易，你可以选择，好的坏的，但无关时间，那么接下来你应该知道该做些什么了！

梦想成真® 百天突破 系列

每天30分钟

2020年度 全国会计专业技术资格考试

中级财务管理

姚军胜 主编　　中华会计网校 编

内容提要

本书属于中级会计职称“梦想成真——百天突破”系列辅导丛书，是2020年度全国会计专业技术资格考试“中级财务管理”科目的辅导用书，内容包括价值评估核心概念及应用、成本性态、销售预测、定价管理、本量利分析与杠杆效应、资金需要量预测、资本成本、资本结构、项目投资管理、标准成本控制与分析、作业成本与责任成本等。书中把备考时间科学精准划分为每天30分钟，重新梳理“中级财务管理”学科的知识框架，以专题为单元，实现好学、够学、易学，更好地满足学习需要，提高学习效率。本书适合备考全国会计专业技术资格考试“中级财务管理”科目的考生阅读。

图书在版编目(CIP)数据

每天30分钟学中级财务管理 / 姚军胜主编；中华会计网校编．—上海：上海交通大学出版社，2020

ISBN 978-7-313-23017-1

Ⅰ.①每… Ⅱ.①姚… ②中… Ⅲ.①财务管理-资格考试-自学参考资料 Ⅳ.①F275

中国版本图书馆CIP数据核字(2020)第046777号

每天30分钟学中级财务管理

MEITIAN 30 FENZHONG XUE ZHONGJI CAIWU GUANLI

主　　编：姚军胜　　　　编　　者：中华会计网校
出版发行：上海交通大学出版社　　　　地　　址：上海市番禺路951号
邮政编码：200030　　　　电　　话：021-64071208
印　　刷：三河市中晟雅豪印务有限公司　　　　经　　销：全国新华书店
开　　本：787mm×1092mm　1/16　　　　印　　张：27
字　　数：658千字
版　　次：2020年4月第1版　　　　印　　次：2020年4月第1次印刷
书　　号：ISBN 978-7-313-23017-1
定　　价：68.00元

前言

QIANYAN

壹 本书定位

本书为中华会计网校2020年中级会计职称“梦想成真·百天突破”系列丛书之一，这是在架构、内容、体例上有别于现有同类图书的一本书，是基于透析原理、直击痛点、瞄准要害、扫除疑难并助力通关的一本书。

本书的目的“肤浅”又直白——道理就是天下，通关就是一切。知识的学习与把握“根”在原理，“实”在应用，本书大量的笔墨体现在对重难考点的解读与分析，专设大篇幅的“易错易混”“指点迷津”“思路点拨”“答题模板”等模块，以帮助考生透析原理，扫除疑难。并辅以针对性的【例解答·练】专项练习，考生朋友可以不再花费大量时间和精力在偏而怪的题目上，而是直击痛点，瞄准要害，达到事半功倍的效果。

贰 使用对象

本书的使用对象原本定位于复考生，但成书落笔之时，我们发现，对于那些经历了相关基础内容学习之后饱受大而全的琐碎知识点的困扰、期冀能把知识体系系统化、精要考点融会贯通、应考答题游刃有余的考生来说，从此书当中也能受益良多。

叁 使用方法

本书以好学、够学、易学为理念，以财政部财务管理考试大纲为依据，按科学的学习思路重新架构知识体系，以专题为学习单元，共设十二个专题，把杂乱无章的备考时间科学精准划分为每天30分钟，划分为100天的学习量，总时长50小时。当然，如果有意集中突破，快速吸收，集中学习，约合6天就能完成本书的学习。

肆 划分专题

本书基于考试大纲所做的十二个专题的划分并非任意而为之，而是综合知识体系之间的逻辑关系，按常见的考试命题方式所做的安排。 具体十二个专题分别为：

专题	内容
专题一	财务管理的目标、内容、环节、体制与环境
专题二	价值评估核心概念及应用
专题三	预算基础及各类预算的编制
专题四	成本性态、销售预测、定价管理、本量利分析与标杆效应
专题五	筹资管理概述、各种筹资方式内容及其筹资特点
专题六	资金需要量预测、资本成本、资本结构、项目投资管理
专题七	营运资金管理
专题八	标准成本控制与分析、作业成本与责任成本
专题九	股利分配、股票分割、股票回购与股权激励
专题十	财务分析与评价
专题十一	纳税管理
专题十二	八天验身手

百年大计，教育为本；百岁人生，学习为纲。 不断学习知识最能激发生命的无限潜能，也许这本书只是开启你职业生涯的起点，但职业之未来很漫长，也期望考生朋友们能在未来更高的知识殿堂继续搏击，勤奋、努力，不放弃、不抛弃，尽管付出，静待回报，让自己的职业之路走得铿锵有力。

本书如有疏漏和不当之处，敬请指正。

祝考生朋友们 2020 年中级财务管理考试顺利通关！

目录 Contents

专题一

专题二

专题三

专题四

专题五

专题六

资金需要量预测、资本成本、资本结构、项目投资管理

专题七

营运资金管理

专题八 标准成本控制与分析、作业成本与责任成本

专题九 股利分配、股票分割、股票回购与股权激励

专题十 财务分析与评价 343

专题十一 纳税管理 377

专题十二 八天验身手 393

专题一 财务管理的目标、内容、环节、体制与环境

本专题针对财务管理大纲“第一章　总论”内容进行重新整合，共4天的学习量。分别为“DAY1　企业的组织形式”“DAY2　财务管理目标理论及利益冲突与协调”“DAY3　财务管理的内容、环节与体制”“DAY4　财务管理的经济环境与金融环境”，主要在于对企业财务管理活动的开展有个整体了解，内容较简单，与后续专题联系不大。

学……中级

DAY 1 企业的组织形式

划重点

一、个人独资企业

由一个自然人投资，全部资产为投资人个人所有，全部债务由投资者个人承担的经营实体。个人独资企业的优缺点见表1-1。

个人独资企业是非法人企业，不具有法人资格。

表1-1　个人独资企业的优缺点

项目	内容
优点	①创立容易；②经营管理自由灵活；②不缴纳企业所得税
缺点	①无限责任；②难以融资；③所有权转移困难；④寿命有限

二、合伙企业

由两个或两个以上的自然人(有时也包括法人或其他组织)合伙经营的企业。合伙企业分为普通合伙企业和有限合伙企业。合伙企业的生产经营所得和其他所得，按照国家有关税收规定，由合伙人分别缴纳所得税(即个人所得税)。

(一)合伙企业的有关规定(见表1-2)

表1-2　合伙企业的有关规定

组织形式	内容
普通合伙企业	普通合伙企业由普通合伙人组成，合伙人对合伙企业债务承担无限连带责任
有限合伙企业	有限合伙企业由普通合伙人和有限合伙人组成，普通合伙人对合伙企业债务承担无限连带责任，有限合伙人以其认缴的出资额为限对合伙企业债务承担责任

(二)合伙企业的优缺点(见表1-3)

表1-3　合伙企业的优缺点

项目	内容
优点	①创立容易；②经营灵活；③不缴纳企业所得税
缺点	①无限连带责任(普通合伙人)；②难以融资；③所有权转移困难

三、公司制企业

由投资人(自然人或法人)依法出资组建，有独立法人财产，自主经营、自负盈亏的法人企业。其形式分为有限责任公司和股份有限公司两种。

(一)国有独资公司

国有独资公司具体指国家单独出资、由国务院或者地方人民政府授权本级人民政府国有资产监督管理机构履行出资人职责的有限责任公司，它是有限责任公司的一种特殊形式。

我国国有独资公司不设股东会，由国有资产监督管理机构行使股东会职权。公司的合并、分立、解散、增加或者减少注册资本和发行公司债券，必须由国有资产监督管理机构决定。

(二)公司制企业的优缺点(见表1-4)

表1-4　公司制企业的优缺点

项目	内容
优点	①容易转让所有权；②有限债务责任；③可以无限存续；④容易融资
缺点	①组建成本高；②存在代理问题；③双重课税

例解答·练

例题

例 1.(单选题·2017年*)与普通合伙制企业相比，下列各项中，属于公司制企业特点的是(　)。

A. 组建成本低　　B. 设立时股东人数不受限制

C. 有限存续期　　D. 有限债务责任

思路点拨 这种题目很直接，一眼扫过去看到“有限任务责任”就选定了。

解 公司制企业的优点：容易转让所有权、有限债务责任、无限存续、容易筹集所需资金。公司制企业的缺点：组建公司的成本高、存在代理问题、双重课税。

答 D

例 2.(单选题·2016年)某上市公司职业经理人在任职期间不断提高在职消费，损害股东利益。这一现象所揭示的公司制企业的缺点主要是(　)。

A. 产权问题　　B. 激励问题　　C. 代理问题　　D. 责权分配问题

思路点拨 “职业经理人”属于经营者，受聘于股东，股东为委托人，经营者为受托方。

解 所有者和经营者分开以后，所有者成为委托人，经营者成为代理人，代理人可能为了自身利益而伤害委托人利益。

答 C

例 3.(判断题·2016年)不论是公司制企业还是合伙制企业，股东合伙人都面临双重课税问题，即在缴纳企业所得税后，还要交纳个人所得税。　(　)

思路点拨 我们国家的企业所得税是“法人”企业所得税，合伙制企业不是法人，缴纳个人所得税。

解 合伙制企业不存在双重课税的问题。

答 错

---

* 本书涉及的考题均为考生回忆，并已根据最新政策修改。

习题

1. (单选题)与普通合伙企业相比，下列各项中，属于股份有限公司缺点的是(　)。

A. 筹资渠道少　　B. 承担无限责任

C. 企业组建成本高　　D. 所有权转移较困难

2. (单选题)与股份有限公司相比，下列各项中，属于普通合伙企业的缺点是(　)。

A. 组建公司的成本高　　B. 双重课税

C. 存在代理问题　　D. 无限连带责任

3. (单选题)下列对于个人独资企业特点的表述中，不正确的是(　)。

A. 当企业的损失超过投资者最初对企业的投资时，需要用投资者个人的其他财产偿债

B. 难以从外部获得大量资金用于经营

C. 个人独资企业所有权可以自由转让

D. 企业的生命有限，将随着业主的死亡而自动消亡

参考答案及解析

财务管理目标理论及利益冲突与协调

划重点

一、不同财务管理目标的主张及优缺点★★*

不同财务管理目标的主张及优缺点见表2-1。

表2-1　不同财务管理目标的主张及优缺点

目标理论	主张	优点	缺点
利润最大化	以实现利润最大为目标	(1)有利于企业资源的合理配置。 (2)有利于企业整体经济效益的提高	(1)没有反映投入产出关系。 (2)没有考虑利润实现时间和资金时间价值。 (3)没有考虑风险问题。 (4)可能导致企业短期行为决策倾向
股东财富最大化	以实现股东财富最大为目标(股东财富=股票数量×股票市场价格)	(1)考虑了风险因素。 (2)能避免企业短期行为。 (3)容易量化(上市公司)	(1)通常只适用于上市公司，适用范围小。 (2)股价受众多因素影响，不能完全准确反映财务管理状况。 (3)重点关注股东利益，对其他利益相关者的重视不够
企业价值最大化	以实现企业的价值最大为目标(企业价值=所有者权益的市场价值+债权人权益的市场价值=企业未来现金流量的现值)	(1)考虑了取得收益的时间和时间价值的原理。 (2)考虑了风险与收益的关系。 (3)克服了企业在追求利润上的短期行为。 (4)用价值代替价格，有效地规避了企业的短期行为	(1)过于理论化，不易操作。 (2)非上市公司必须评估，难以客观和准确
相关者利益最大化	不仅要考虑股东的利益，还要考虑其他利益相关者的利益	(1)有利于企业长期稳定发展。 (2)体现了合作共赢的价值理念。 (3)兼顾了各利益主体的利益。 (4)体现了前瞻性和现实性的统一	

易错易混 ①每股收益最大化弥补了利润最大化“没有反映投入与产出关系”的缺陷，仍具有其他几个局限；②各种财务管理目标都以股东财富最大化为基础。

* 本书用“★”来表示各知识点的考频指数。★一般重要；★★比较重要；★★★非常重要。

指点迷津 相比较利润最大化而言，企业价值最大化考虑了风险、考虑了货币时间价值和避免企业的短期行为。建议站在现值计算的角度理解。企业价值即企业未来现金流量的现值，因此，能避免企业短期行为；在计算现值时，折现率的高低与风险大小有关系，风险高折现率大，风险低折现率小，因此，考虑了风险因素；计算现值的方法体现了货币时间价值原理，因此考虑了货币时间价值。

二、利益冲突与协调★

利益冲突的表现及协调方式见表2-2。

表2-2 利益冲突与协调方式

利益冲突	冲突表现	协调方式
所有者与经营者	(1)所有者希望以较小的代价实现更多的财富。 (2)经营者希望在创造财富的同时，获取更多的收益、享受，并避免各种风险	(1)解聘：通过所有者约束经营者。 (2)接收：通过市场约束经营者。 (3)激励：如股票期权、绩效股
所有者与债权人	(1)企业改变举债用途，将其用于风险更高的项目。 (2)企业举借新债，加大偿债风险，使旧债权价值降低	(1)限制性借债。 (2)收回债权或不再给予新借款

易错易混 ①要注意哪些协调方式协调的哪类冲突，不要搞混；②“解聘”是通过“所有者”约束经营者，而“接收”是通过“市场”约束经营者。

例解答·练

例题

例 1.（单选题·2018年）与企业价值最大化财务管理目标相比，股东财富最大化目标的局限性是(　)。

A. 容易导致企业的短期行为　　B. 没有考虑风险因素

C. 没有考虑货币时间价值　　D. 对债权人的利益重视不够

解 企业价值=股权价值+债务价值=企业未来现金流量的现值，即企业价值最大化考虑了债权人利益，而股东财富最大化主要考虑股东的利益，D选项正确。

答 D

例 2.（多选题·2015年）公司制企业可能存在经营者和股东之间的利益冲突，解决这一冲突的方式有(　)。

A. 解聘　　B. 接收　　C. 收回借款　　D. 授予股票期权

思路点拨 与“债”有关的字样协调的是所有者与债权人的冲突，否则就是协调经营者与股东之间的冲突。

解 C选项与“债”有关，协调的是所有者与债权人的冲突。

答 ABD

习题

1. (单选题)下列关于企业财务管理目标的表述中，错误的是(　)。

   A. 企业价值最大化目标弥补了股东财富最大化目标过于强调股东利益的不足

   B. 相关者利益最大化目标认为应当将除股东之外的其他利益相关者置于首要地位

   C. 利润最大化目标要求企业提高资源配置效率

   D. 股东财富最大化目标比较适用于上市公司

2. (单选题)某上市公司针对经常出现中小股东质询管理层的情况，拟采取措施协调所有者与经营者的矛盾。下列各项中，不能实现上述目的的是(　)。

   A. 强化内部人控制　　B. 解聘总经理

   C. 加强对经营者的监督　　D. 将经营者的收益与其绩效挂钩

参考答案及解析 

财务管理的内容、环节与体制

划重点

一、企业财务管理的内容

企业财务管理的内容主要包括：筹资管理、投资管理、营运资金管理、成本管理、收入与分配管理。

指点迷津 可结合资产负债表、利润表的结构来把握。筹资管理主要研究资产负债表右半边“长期负债”和“股东权益”；投资管理主要研究资产负债表左半边“长期资产”；营运资金管理主要研究资产负债表左上方“流动资产”与右上方“流动负债”。利润表的基本结构为“收入-(成本)费用=利润”，收入管理、成本管理、分配管理即对利润表项目的管理。

二、财务管理环节

财务管理环节包括：①计划与预算；②决策与控制(其中财务决策是财务管理的核心)；③分析与考核。

指点迷津 站在做事的先后顺序的角度来理解把握。“事前”即计划与预算；“事中”即“决策与控制”；“事后”即“分析与考核”。

三、财务管理体制★★

(一)企业财务管理体制的一般模式及优缺点

企业财务管理体制核心问题是如何配置财务管理权限。

财务管理体制的一般模式及优缺点见表3-1。

表3-1 财务管理体制的一般模式及优缺点

一般模式	特征	优点	缺点
集权型	企业对所属单位的所有财务管理决策都进行集中统一，各所属单位没有财务决策权	(1)可以充分展现一体化管理的优势。 (2)有利于优化配置资源。 (3)有利于实行内部调拨价格。 (4)有利于内部采取避税措施。 (5)有利于防范汇率风险	(1)所属单位缺乏积极性、丧失活力。 (2)容易失去适应市场的弹性，丧失市场机会

续表

一般模式	特征	优点	缺点
分权型	企业将财务决策权与管理权完全下放到各所属单位	(1)有利于所属单位及时做出有效决策。 (2)有利于分散经营风险	所属单位缺乏全局观念和整体意识，可能导致： **(1)资金管理分散。** **(2)资金成本加大。** **(3)费用失控。** **(4)利润分配无序**
集权与分权相结合型	在所有重大问题的决策和处理上实行高度集权，各所属单位则对日常经营活动具有较大的自主权	吸收了集权型与分权型的优点，避免了两者的缺点	

指点迷津 “集权型”和“分权型”体制的优缺点整体围绕对整体和对局部(所属单位)是否有利的角度来把握。总体来说，集权型体制对整体有利对局部不利，分权型体制对局部有利对整体不利。

(二)影响企业财务管理体制集权与分权选择的因素(见表3-2)

表3-2 影响企业财务管理体制集权与分权选择的因素

影响因素	举例
企业生命周期	如：**初创阶段，企业经营风险较高，偏重集权模式**
企业战略	如：实施**纵向一体化战略的企业，要求各所属单位保持密切的业务联系，各所属单位之间业务联系越密切，就越有必要采用相对集中的财务管理体制**
企业所处市场环境	如：**市场环境稳定，宜集中；市场环境不稳定，宜分散**
企业规模	如：**企业规模小，财务管理工作量小，宜集中；企业规模大，财务管理工作量大，业务复杂，宜分散**
企业管理层素质	如：**管理能力强，宜集中；管理能力弱，宜分散**
信息网络系统	如：**网络信息系统完备，宜集中；否则，宜分散**

(三)企业财务管理体制的设计原则

(1)与现代企业制度的要求相适应。

(2)明确企业对各所属单位管理中的决策权、执行权与监督权相互制衡原则。

(3)明确财务综合管理和分层管理思想。

(4)与企业组织体制相对应(U型、H型、M型)。

企业组织体制的类型如表3-3所示。

表3-3 企业组织体制

企业组织体制	集权与分权程度	特点
U型(一元结构)	高度集权	职能化管理为核心，**没有中间管理层**，子公司的自主权较小
M型(事业部体制)	比H型组织集权程度更高	事业部是总部设置的中间管理组织，**不是独立法人**，不能独立对外从事生产经营活动
H型(控股公司体制)	高度分权	各子公司保持较大的独立性，总部缺乏有效的监控约束力度

易错易混 现代意义上的H型组织**既可以分权管理，也可以集权管理**；同时，M型组织下的事业部**也可以拥有一定的经营自主权**，甚至可以在总部的授权下进行兼并、收购等重大事项决策。

（四）集权与分权相结合型财务管理体制的实践（见表3-4）

表3-4 集权与分权相结合型财务管理体制的实践

应集中的权力	①制度制定权；②筹资、融资权；③投资权；④用资、担保权；⑤固定资产购置权；⑥财务机构设置权；⑦收益分配权
应分散的权力	①经营自主权；②业务定价权；③费用开支审批权；④人员管理权（所属单位的财务主管人员的任免应报经企业总部批准或由企业总部统一委派）

指点迷津 应分散的权力可借助"**敬（经）业人非（费）**"记忆。意指敬业的人会取得非凡的成就。

例解答·练

例题

例 1.（单选题·2017年）集权型财务管理体制可能导致的问题是（ ）。

A. 削弱所属单位主动性　　B. 资金管理分散

C. 利润分配无序　　D. 资金成本增大

思路点拨 集权型体制对整体有利对局部不利，A选项强调对局部的不利影响。BCD选项体现的都是分权型体制的缺点。

解 集权过度会使各所属单位缺乏主动性、积极性，丧失活力，也可能因为决策程序相对复杂而失去适应市场的弹性，丧失市场机会。

答 A

例 2.（判断题·2016年）企业集团内部各所属单位之间业务联系越密切，就越有必要采用相对集中的财务管理体制。（ ）

思路点拨 "密切"与"集中"相对应。

解 财务管理体制的集权和分权，需要考虑企业与各所属单位之间的资本关系和业务关系的具体特征，以及集权与分权的"成本"和"利益"。各所属单位之间业务联系越密切，就越有必要采用相对集中的财务管理体制。反之，则相反。

答 对

例 3.（判断题·2013年）由于控股公司组织（H型组织）的母、子公司均为独立的法人，是典型的分权组织，因而不能进行集权管理。（ ）

思路点拨 "不能"表述太绝对。

解 现代意义上的H型组织既可以分权管理，也可以集权管理。

答 错

习题

1. (单选题)U 型组织是以职能化管理为核心的一种最基本的企业组织结构，其典型特征是(　)。

A. 集权控制　　B. 分权控制　　C. 多元控制　　D. 分层控制

2. (单选题)下列财务管理环节中，属于企业财务管理核心的是(　)。

A. 财务预算　　B. 财务决策　　C. 财务分析　　D. 财务考核

3. (多选题)下列影响企业财务管理体制选择的因素中，企业应偏重集权型财务管理体制的有(　)。

A. 企业发展处于稳定增长阶段，经营风险较小

B. 企业所处的市场环境比较稳定，不确定性较低

C. 企业规模较小，财务管理工作量小

D. 企业网络信息化水平较低

财务管理的经济环境与金融环境

划重点

一、财务管理的经济环境★

经济环境的内容十分广泛，包括经济体制、经济周期、经济发展水平、宏观经济政策及社会通货膨胀水平。

(一)经济周期

在经济周期的不同阶段，应采用不同的财务管理战略，具体内容见表4-1。

表4-1 经济周期中不同阶段的财务管理战略

复苏	繁荣	衰退	萧条
①增加厂房设备	①扩充厂房设备	①停止扩张	①建立投资标准
②实行长期租赁	②继续建立存货	②出售多余设备	②保持市场份额
③建立存货储备	③提高产品价格	③停产不利产品	③压缩管理费用
④开发新产品	④开展营销规划	④停止长期采购	④放弃次要利益
⑤增加劳动力	⑤增加劳动力	⑤削减存货	⑤削减存货
		⑥停止扩招雇员	⑥裁减雇员

(二)通货膨胀水平

1. 通货膨胀对企业财务管理活动的影响

(1)引起资金占用的大量增加，从而增加企业的资金需求。

(2)引起企业利润虚增，造成企业资金由于利润分配而流失。

(3)引起利率上升，加大企业筹资成本。

(4)引起有价证券价格下降，增加企业的筹资难度。

(5)引起资金供应紧张，增加企业的筹资困难。

2. 企业的应对策略(见表4-2)

表4-2 企业应对通货膨胀的策略

初期	持续期
(1)进行投资可避免风险，实现资本保值。 (2)签订长期购货合同，减少物价上涨造成的损失。 (3)取得长期负债，保持资本成本的稳定	(1)采用比较严格的信用条件，减少企业债权。 (2)调整财务政策，防止和减少企业资本流失等

指点迷津 通货膨胀初期企业的应对措施主要着力于“企业外部”入手(此时可认为自己企业有先见之明，别的企业笨)，通货膨胀持续期企业的应对措施主要着力于“企业内部”入手

(此时，通货膨胀普天之下人人皆知，无法再从企业外部着手，只能从企业内部采取措施)。

易错易混 通货膨胀初期应签订"长期购货合同"、取得"长期负债"，不是签订"长期销货合同"、借出"长期负债"，也不是签订"短期购货合同"、取得"短期负债"。其目的在于锁定低成本。

二、财务管理的金融环境★★

（一）金融市场的分类（见表4-3）

表4-3 金融市场的分类

分类标志	类型	含义
期限	货币市场	短期金融市场。以期限在1年以内的金融工具为媒介，进行短期资金融通的市场。包括同业拆借市场、票据市场、大额定期存单市场和短期债券市场
	资本市场	长期金融市场。以期限在1年以上的金融工具为媒介，进行长期资金交易的市场，包括期货市场、债券市场、期货市场和融资租赁市场等
功能	发行市场	一级市场。处理金融工具的发行和最初购买者之间的交易
	流通市场	二级市场。处理现有金融工具转让和变现的交易
所交易金融工具属性	基础性金融市场	以基础性金融产品为交易对象的金融市场，如商业票据、企业债券、企业股票的交易市场等
	金融衍生品市场	以金融衍生产品为交易对象的金融市场，如远期、期货、掉期（互换）、期权的交易市场等

（二）货币市场与资本市场的比较（见表4-4）

表4-4 货币市场与资本市场的比较

金融市场	特征	典型举例
货币市场（短期金融市场）	（1）期限短。 （2）交易目的是解决短期资金周转。 （3）金融工具有较强的"货币性"，流动性强、价格平稳、风险较小	（1）拆借市场。 （2）票据市场。 （3）大额定期存单市场。 （4）短期债券市场
资本市场（长期金融市场）	（1）融资期限长。 （2）融资目的是解决长期投资性资本的需要。 （3）资本借贷量大。 （4）收益较高但风险也较大	（1）债券市场。 （2）股票市场。 （3）期货市场。 （4）融资租赁市场（商品期货市场和金融期货市场）

例解答·练

例题

例 1.（判断题·2018年）不考虑其他因素的影响，通货膨胀一般导致市场利率下降，从而降

低筹资难度。 ( )

思路点拨 通货膨胀时，投资风险加大，投资者要求的收益率增加，市场利率上升，投资方所要求的收益率就是筹资方的资本成本，筹资的代价增加，难度加大。

解 通货膨胀会引起市场利率上升，加大企业筹资成本，增加企业的筹资难度。

答 错

例 2.（多选题·2019年）应对通货膨胀给企业造成的不利影响，企业可采取的措施包括( )。

A. 放宽信用政策　　B. 减少企业债权

C. 签订长期购货合同　　D. 取得长期负债

思路点拨 通货膨胀期间应防止资金外流，放宽信用政策导致大量应收账款产生，意味着大量的资金被别的企业占用。

解 在通货膨胀初期，货币面临着贬值的风险，这时企业进行投资可以避免风险，实现资本保值；与客户应签订长期购货合同，以减少物价上涨造成的损失；取得长期负债，保持资本成本的稳定。在通货膨胀持续期，企业可以采用比较严格的信用条件，减少企业债权；调整财务政策，防止和减少企业资本流失等。

答 BCD

例 3.（判断题·2018年）金融市场分为货币市场和资本市场，股票市场属于资本市场。 ( )

思路点拨 资本市场是长期资金市场，股票投资没有期限。

解 以期限为标准，金融市场可分为货币市场和资本市场。其中资本市场又称长期金融市场，是指以期限在1年以上的金融工具为媒介，进行长期资金交易活动的市场，包括股票市场、债券市场和融资租赁市场等。

答 对

例 4.（单选题·2019年）相对于资本市场而言，下列属于货币市场特点的是( )。

A. 流动性强　　B. 期限长　　C. 收益高　　D. 风险大

思路点拨 要明确货币市场是短期金融市场，短期投资期限短，不确定性小，投资风险小，风险小则收益小。

解 货币市场的主要特点包括：①期限短；②交易目的是解决短期资金周转；③货币市场上的金融工具有较强的“货币性”，具有流动性强、价格平稳、风险较小等特性。

答 A

习题

1.（单选题）下列各项措施中，无助于企业应对通货膨胀的是( )。

A. 发行固定利率债券

B. 以固定租金融资租入设备

C. 签订固定价格长期购货合同

D. 签订固定价格长期销货合同

2.（多选题）与货币市场相比，资本市场的特点有( )。

A. 投资收益较高　　B. 融资期限较长

C. 投资风险较大　　D. 价格波动较小

3. (多选题)下列金融市场类型中，能够为企业提供中长期资金来源的有(　)。

A. 拆借市场　　B. 股票市场

C. 融资租赁市场　　D. 期货市场

4. (多选题)与资本性金融工具相比，下列各项中，属于货币性金融工具特点的有(　)。

A. 期限较长　　B. 流动性强

C. 风险较小　　D. 价格平稳

参考答案及解析 

专题二

价值评估核心概念及应用

学中级

本专题围绕财务管理考试大纲“第二章　财务管理基础”中的“货币时间价值”和“风险与收益”两个价值评估核心概念展开编写，整合了考试大纲“第六章　投资管理”中项目投资管理的部分内容及证券投资管理的所有内容，共9天的学习量。整体分为四大部分，第一部分主要讲解货币时间价值及风险与收益的概念、原理和计算，划分为“DAY5　货币时间价值及相关计算”“DAY6　利率的计算”；第二部分主要讲解风险与收益有关的内容，划分为“DAY7　资产的收益、风险及其衡量”“DAY8　风险类别与风险对策”“DAY9　证券资产组合的风险与收益”“DAY10　必要收益率的衡量（资本资产定价模型）”；第三部分主要讲解两个核心概念在项目投资管理中的应用，划分为“DAY11　价值评估核心概念在项目投资管理中的应用”；第四部分主要讲解两个核心概念在证券投资管理中的应用，划分为“DAY12　价值评估核心概念在债券投资中的应用”“DAY13　价值评估核心概念在股票投资及证券投资基金中的应用”。前后逻辑关系非常紧密，且每一部分内容均比较重要，需要透彻理解并熟练应用。

DAY 5 货币时间价值及相关计算

划重点

一、货币时间价值的含义

货币时间价值，是指在没有风险、没有通货膨胀的情况下，货币经历一定时间的投资和再投资所增加的价值，也称为资金的时间价值。

用相对数表示的货币时间价值称为纯粹利率，纯粹利率=增加的价值/投入的货币，即在没有通货膨胀、无风险情况下资金市场的平均利率。

易错易混 没有通货膨胀时，短期国库券的利率可视为纯利率。注意不要遗漏“没有通货膨胀”这个前提条件。

指点迷津 社会进步表现在社会财富的积累，社会财富的积累源于投资产生的增值活动，因此，货币时间价值是社会发展中的一种客观经济现象，其根源在于投资活动的开展。比如：假设没有风险、没有通货膨胀，现在的100元经过一段时间的投资，增值了10元，则用绝对数表示的货币时间价值为10元，用相对数表示的货币时间价值为10%。

二、复利终值和现值（一个点到另一个点的价值换算）★

现值为P，利率为i，计息期为n，终值为F。复利终值和现值之间的换算见表5-1。

表5-1 复利终值和现值之间的换算

条件及问题	计算结果	说明
已知P，求F	$F=P\times(1+i)^n=P\times(F/P,i,n)$	$(1+i)^n$称为复利终值系数或1元的复利终值，记作$(F/P,i,n)$，可查“复利终值系数表”（见本书附表一）
已知F，求P	$P=F\times\frac{1}{(1+i)^n}=F\times(P/F,i,n)$	$\frac{1}{(1+i)^n}$称为复利现值系数或1元的复利现值，记作$(P/F,i,n)$，可查“复利现值系数表”（见本书附表二）

指点迷津 由于货币时间价值的存在，千万不要把不同时点的名义货币量直接进行大小的比较，因为不同时间单位货币的价值不相等，需要换算到相同的时点（换算到现值或终值）进行比较才有意义。由于财务管理决策都是站在现在面向未来，所以一般换算到现值进行比较。

三、年金终值和现值（一个点与多个点之间的价值换算）★★

（一）各类年金的概念及资金收付特征（见表5-2）

表 5-2　各类年金的概念及资金收付特征

年金种类	概念	资金收付特征
普通年金	也称后付年金，是指各期期末收付的年金	第 1 期末开始定期、等额进行的资金收付
预付年金	也称即付年金或先付年金，是指在每期期初收付的年金	第 1 期初开始定期、等额进行的资金收付
递延年金	指第一次收付发生在第二期或第二期以后的年金	第 2 期或第 2 期以后开始定期、等额进行的资金收付
永续年金	指无限期定额支付的(普通)年金	第 1 期末开始定期、等额且无限期进行的资金收付

易错易混 并不是无限期定额支付的年金就是永续年金。永续年金是普通年金的极限形式，第一次等额收付一定是发生在第一期期末。下面图 5-1、图 5-2、图 5-3 中，站在现在(即“0”点)来看，只有形态 1 属于标准的永续年金。

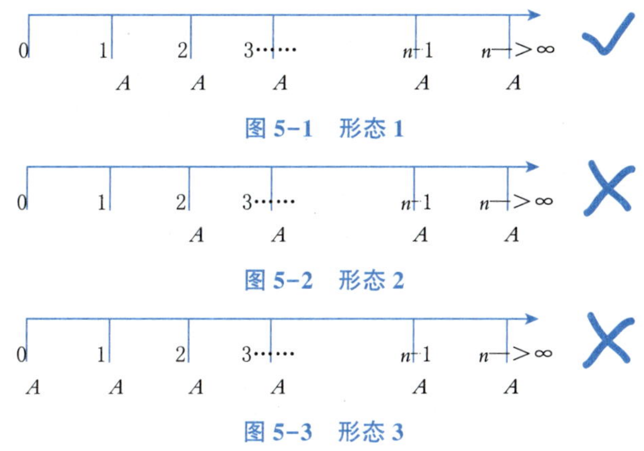

图 5-1　形态 1

图 5-2　形态 2

图 5-3　形态 3

(二)各类年金的终值、现值与年金之间的换算

现值为 P，年金为 A，利率为 i，期数为 n，终值为 F。各类年金的终值、现值与年金之间换算见表 5-3。

表 5-3　各类年金的终值、现值与年金之间的换算

年金种类	条件及问题	计算结果	说明
普通年金	已知 A，求 F	$F=A\times\frac{(1+i)^n-1}{i}=A\times(F/A, i, n)$	$\frac{(1+i)^n-1}{i}$称为普通年金终值系数或 1 元普通年金终值，记作$(F/A, i, n)$，可查“年金终值系数表”(见本书附表三)
	已知 F，求 A(年偿债基金)	$A=F\times\frac{i}{(1+i)^n-1}=F\times(A/F, i, n)$	$\frac{i}{(1+i)^n-1}$为普通年金终值系数的倒数，称为偿债基金系数，记作$(A/F, i, n)$，可查“年金终值系数表”取其倒数取得
	已知 A，求 P	$P=A\times\frac{1-(1+i)^{-n}}{i}=A\times(P/A, i, n)$	$\frac{1-(1+i)^{-n}}{i}$称为普通年金现值系数或 1 元普通年金现值，记作$(P/A, i, n)$，可查“年金现值系数表”(见本书附表四)

续表

年金种类	条件及问题	计算结果	说明
普通年金	已知 P，求 A（年资本回收额）	$A=P\times\frac{i}{1-(1+i)^{-n}}=P\times(A/P，i，n)$	$\frac{i}{1-(1+i)^{-n}}$为普通年金现值系数的倒数，称为投资回收系数，记作$(A/P，i，n)$，可查“年金现值系数表”取其倒数取得
预付年金	已知 A，求 F	$F=A\times\frac{(1+i)^n-1}{i}\times(1+i)=A\times(F/A，i，n)\times(1+i)$	预付年金的终值=同期普通年金终值×$(1+i)$ 预付年金的现值=同期普通年金现值×$(1+i)$
	已知 A，求 P	$P=A\times\frac{1-(1+i)^{-n}}{i}\times(1+i)=A\times(P/A，i，n)\times(1+i)$	
递延年金（递延期为 m）	已知 A，求 F	$F=A\times\frac{(1+i)^n-1}{i}=A\times(F/A，i，n)$	递延年金的终值的计算与递延期 m 没有关系
	已知 A，求 P	$P=A\times(P/A，i，n)\times(P/F，i，m)$	式中 m 为递延期，此方法是把递延年金视为 n 期普通年金，先求出第 m 期末的现值，然后再将此现值调整到第一期期初
永续年金	已知 A，求 F	永续年金没有终值	
	已知 A，求 P	$P=A\times\frac{1-(1+i)^{-n}}{i}=A\times\frac{1}{i}$	当 n 趋向于无穷大时，$(1+i)^{-n}$极限为零

易错易混 年金中的期数 n 指的是资金收付的次数（即年金的个数），而不是简单的时间的期数。

易错易混 年偿债基金是已知 F 求 A，年金终值是已知 A 求 F，因此偿债基金系数与年金终值系数互为倒数；年资本回收额是已知 P 求 A，年金现值是已知 A 求 P，因此投资回收系数与年金现值系数互为倒数。

例解答·练

例题

例 1.（单选题·2013 年）已知$(P/A，8\%，5)=3.9927$，$(P/A，8\%，6)=4.6229$，$(P/A，8\%，7)=5.2064$，则 6 年期、折现率为 8%的预付年金现值系数是（　）。

A. 2.9927　　B. 4.2064　　C. 4.9927　　D. 6.2064

思路点拨 只要知道预付年金现值系数=同期普通年金现值系数×$(1+i)$即可迎刃而解。

解 6 年期、折现率为 8%的预付年金现值系数$=(P/A，8\%，6)\times(1+8\%)=4.6229\times(1+8\%)=4.9927$。

答 C

例 2.（多选题·2015 年改）某公司向银行借入一笔款项，年利率为 10%，分 6 次还清，从第 5 年至第 10 年每年末偿还本息 10 万元。下列计算该笔借款现值的算式中，正确的有（　）。

A. $10\times(P/A，10\%，6)\times(P/F，10\%，3)$

B. 10×(P/A，10%，6)×(P/F，10%，4)

C. 10×[(P/A，10%，9)-(P/A，10%，3)]

D. 10×[(P/A，10%，10)-(P/A，10%，4)]

思路点拨 这种题目建议把时点轴画出来，然后一个选项一个选项的进行筛选。

解 选项 B 的做法如下：

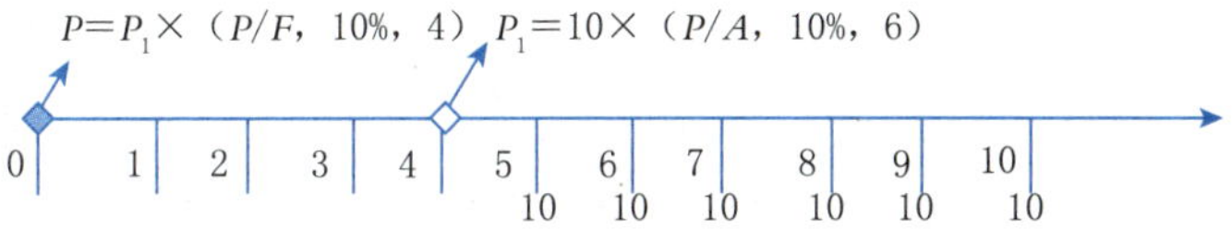

选项 D 的做法如下(选项 D 的做法已经不是目前教材的内容，了解一下即可)：

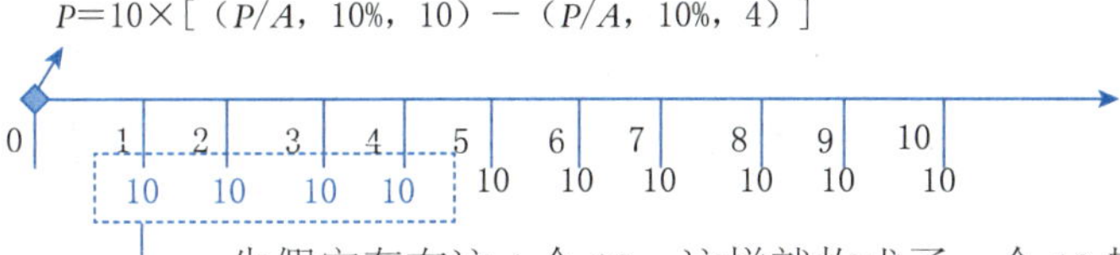

先假定存在这 4 个 10，这样就构成了一个 10 期的普通年金，求出 10 期普通年金的现值后，再把虚拟的这 4 个 10 的现值减去，而虚拟的这 4 个 10 的现值刚好又是一个 4 期普通年金的现值。

答 BD

例 3. (计算分析题・2018 年)2018 年年初，某公司购置一条生产线，有以下四种方案。

方案一：2020 年年初一次性支付 100 万元。

方案二：2018 年至 2020 年每年年初支付 30 万元。

方案三：2019 年至 2022 年每年年初支付 24 万元。

方案四：2020 年至 2024 年每年年初支付 21 万元。

已知：货币时间价值系数见表 5-4。

表 5-4　货币时间价值系数

n	1	2	3	4	5	6
(P/F，10%，n)	0.9091	0.8264	0.7513	0.6830	0.6209	0.5645
(P/A，10%，n)	0.9091	1.7355	2.4869	3.1699	3.7908	4.3553

要求：

(1)计算方案一付款方式下，支付价款的现值。

(2)计算方案二付款方式下，支付价款的现值。

(3)计算方案三付款方式下，支付价款的现值。

(4)计算方案四付款方式下，支付价款的现值。

(5)选择哪种付款方式更有利于公司。

思路点拨 做这种题目时，一定要把每个方案的时点轴画出来，准确确定每笔资金收付的时点位置，否则很容易出错。

答 (1)100×(P/F，10%，2)=100×0.8264=82.64(万元)

(2)30+30×(P/A，10%，2)=30+30×1.7355=82.07(万元)

或：30×(P/A，10%，3)×(1+10%)=30×2.4869×1.1=82.07(万元)

(3)24×(P/A，10%，4)＝24×3.1699＝76.08(万元)

(4)21×(P/A，10%，5)×(P/F，10%，1)＝21×3.7908×0.9091＝72.37(万元)

(5)由于方案四的现值最小，所以应该选择方案四。

例 4.（单选题）张先生打算开始储备养老金，希望10年后拥有100万元的养老金，银行存款年利率为5%，则张先生每年末需要存入(　)万元。已知：(F/A，5%，10)＝12.578，(P/A，5%，10)＝7.7217。

A. 8.35　　B. 13.60　　C. 7.95　　D. 12.95

思路点拨 要知道本题是已知F求A，即求年偿债基金[F/(F/A)＝A]。

解 年存款额＝100/(F/A，5%，10)＝100/12.578＝7.95(万元)

答 C

例 5.（单选题）某年金的收付形式为从第1期期初开始，每期支付80元，一直到永远。假设利率为5%，其现值为(　)元。

A. 1600　　B. 1680　　C. 1760　　D. 1780

思路点拨 画出时点轴，观察此年金是不是永续年金？如果是，则直接套公式计算现值，如果不是就得另寻他法。

解 第一次支付发生在第1期期初(而不是第1期期末)，不是永续年金。现值＝80+80/5%＝1680(元)，或者现值＝80/5%×(1+5%)＝1680(元)。

答 B

例 6.（单选题）某人现在从银行贷款100万元，贷款年限10年，年利率6%，贷款合约约定每年末以等额本息方式还款，则每年应还本息额为(　)元。已知：(F/A，6%，10)＝13.181，(P/A，6%，10)＝7.3601。

A. 135867.72　　B. 75866.78　　C. 160000　　D. 106000

思路点拨 已知P求A，即求年资本回收额[P/(P/A)＝A]。

解 年还款额＝1000000/(P/A，6%，10)＝1000000/7.3601＝135867.72(元)

答 A

习题

1.（单选题）在利率和计息期相同的条件下，下列公式中，不正确的是(　)。

A. 普通年金终值系数×普通年金现值系数＝1

B. 普通年金终值系数×(1+i)＝预付年金终值系数

C. 普通年金现值系数×(1+i)＝预付年金现值系数

D. 复利终值系数×复利现值系数＝1

2.（单选题）某公司向银行借入一笔款项，年利率为10%，分6次还清，从第5年至第10年每年末偿还本息5000元。下列计算该笔借款现值的算式中，正确的是(　)。

A. 5000×(P/A，10%，6)×(P/F，10%，3)

B. 5000×(P/A，10%，6)×(P/F，10%，4)

C. 5000×(P/A，10%，10)×(P/F，10%，4)

D. 5000×(P/A，10%，9)×(P/F，10%，3)

3. (多选题)某人从2018年年初开始，每年年初存入银行5万元，存款年利率为4%，按年复利计息，共计存款3次，则下列关于2020年年初存款本利和计算表达式中，正确的有(　)。

A. 5×(F/P，4%，2)+5×(F/P，4%，1)+5

B. 5×(F/A，4%，3)

C. 5×(F/A，4%，3)×(1+4%)

D. 5×(F/A，4%，3)×(1+4%)×(P/F，4%，1)

4. (多选题)有一笔递延年金，前两年没有现金流入，后四年每年年初流入80万元，折现率为10%，则关于其现值的计算表达式正确的有(　)。

A. 80×(P/F，10%，2)+80×(P/F，10%，3)+80×(P/F，10%，4)+80×(P/F，10%，5)

B. 80×(P/A，10%，4)×(P/F，10%，2)

C. 80×(P/A，10%，4)×(P/F，10%，1)

D. 80×(P/A，10%，4)×(1+10%)×(P/F，10%，2)

参考答案及解析 

DAY 6 利率的计算

划重点

一、插值法★★

通过前述的货币时间价值计算，我们发现关于利率、现值、终值、期限、年金等之间存在一个数量关系，前述的计算都是建立在已知利率的基础上，那么，如果其他因素已知，自然根据相应的数量关系也可以求出利率。

插值法的运用步骤：

第一步：确定一个既定的数量关系式及其结果值；

第二步：寻找两个相邻的利率，这两个相邻的利率要使得将其中的一个利率代入数量关系式得出的值大于原结果值；将另一个利率代入数量关系式得出的值小于原结果值；

第三步：运用插值法计算规则计算利率

比如：已知 $5\times(P/A, i, 10)+100\times(P/F, i, 10)=104$，求 i 的数值。

第一步：将“$5\times(P/A, i, 10)+100\times(P/F, i, 10)$”作为一个既定的数量关系式，其结果值为 104；

第二步：找到两个相邻的利率 4%、5%，将其分别代入数量关系式，可得：

$i=5\%$时，$5\times(P/A, 5\%, 10)+100\times(P/F, 5\%, 10)=100<104$

$i=4\%$时，$5\times(P/A, 4\%, 10)+100\times(P/F, 4\%, 10)=108.11>104$

第三步：运用如下的列表规则计算利率，规则简称“左边相减相除等于右边对应相减相除”。

利率	计算结果
5%	100
i=?	104
4%	108.11

建立方程：$\frac{5\%-i}{5\%-4\%}=\frac{100-104}{100-108.11}$，可求得 $i=4.51\%$

二、名义利率与实际利率的换算★★

（一）一年多次计息时的名义利率与实际利率

实际利率 $i=(1+r/m)^m-1$

其中，r 为名义利率，m 为每年复利计息次数。

（二）通货膨胀情况下的名义利率和实际利率

$$实际利率=\frac{1+名义利率}{1+通货膨胀率}-1$$

指点迷津 名义利率是包含通货膨胀率的利率，实际利率是剔除通货膨胀率后的真实利率。

指点迷津 从利率的概念来讲，利率是指资本的价格。但利率在实际应用中具有非常广泛的表述，比如从资本的投出者的角度来讲，利率是指投资收益率、投资收益率等；从资本的接受一方的角度来讲，利率是指利息率、股息率、资本成本率等。因此，后续专题所涉及到收益率的计算、资本成本的计算方法其实都是本部分内容所讲的方法。

例解答·练

例题

例 1. (单选题·2019年)某公司设立一项偿债基金项目，连续10年，每年年末存入500万元，第10年年末可以一次性获取9000万元，已知$(F/A, 8\%, 10)=14.487$，$(F/A, 10\%, 10)=15.937$，$(F/A, 12\%, 10)=17.549$，$(F/A, 14\%, 10)=19.337$，$(F/A, 16\%, 10)=21.321$，则该基金的收益率介于(　)。

A. 12%~14%　　B. 14%~16%　　C. 10%~12%　　D. 8%~10%

思路点拨 根据题意能正确列出其中的数量关系式是核心。

解 $500\times(F/A, I, 10)=9000$，即，$(F/A, I, 10)=9000/500=18$，已知$(F/A, 12\%, 10)=17.549$，$(F/A, 14\%, 10)=19.337$，由此可知，该基金的收益率介于12%~14%之间。

答 A

例 2. (单选题·2018年)公司投资于某项长期基金，本金为5000万元，每季度可获取现金收益50万元，则其年收益率为(　)。

A. 2.01%　　B. 1.00%　　C. 4.00%　　D. 4.06%

思路点拨 没有特殊说明，问题的“年收益率”即年实际收益率(即实际利率)。要求实际利率，得先求名义利率，然后根据公式：实际利率 $i=(1+r/m)^m-1$ 可求得实际利率。

解 季度收益率=50/5000=1%，年名义收益率=1%×4=4%，年实际收益率$=(1+4\%/4)^4-1=4.06\%$。

答 D

例 3. (单选题·2016年)甲公司投资一项证券资产，每年年末都能按照6%的名义利率获取相应的现金收益。假设通货膨胀率为2%，则该证券资产的实际利率为(　)。

A. 3.88%　　B. 3.92%　　C. 4.00%　　D. 5.88%

思路点拨 纯粹的公式考核，能记忆公式就不会出错。

解 实际利率=(1+名义利率)/(1+通货膨胀率)−1=(1+6%)/(1+2%)−1=3.92%

答 B

习题

1. (单选题)已知银行存款利率为3%，通货膨胀率为1%，则实际利率为(　)。

A. 2%　　B. 3%　　C. 1.98%　　D. 2.97%

2. (单选题)某企业向金融机构借款，年名义利率为8%，按季度付息，则年实际利率为(　)。

A. 9.6%　　B. 8.24%　　C. 8.00%　　D. 8.32%

3. (判断题)当通货膨胀率大于名义利率时，实际利率为负值。 (　)

4. (单选题)A公司向银行借入200万元，期限为5年，每年末需要向银行还本付息50万元，那么该项借款的利率为(　)。已知：$(P/A,\ 7\%,\ 5)=4.1002$，$(P/A,\ 8\%,\ 5)=3.9927$。

A. 7.093%　　B. 6.725%

C. 6.930%　　D. 7.932%

参考答案及解析 

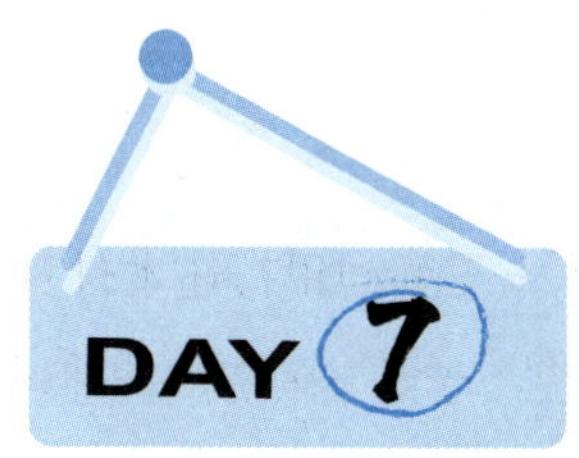

DAY 7 资产的收益、风险及其衡量

划重点

一、资产的收益与收益率★

(一)资产收益的含义

资产的收益是指资产的价值在一定时期内的增值。

如果不做特殊说明，资产的收益指资产的年收益率，又称资产的收益率。

(二)资产收益率的类型

1. 实际收益率

已经实现的或者确定可以实现的资产收益率。存在通货膨胀时，扣除通货膨胀率的影响，剩余的才是真实的收益率。

指点迷津 一般来说，实际收益率是指事后测算的收益率(即已经实现的收益率)，除非站在现在面向未来看，未来确定可以实现的收益率也可以称作实际收益率。由于企业财务决策是站在现在面向未来，且具有不确定性，因此：实际收益率作为一种事后测算的收益率，在财务决策中的作用并不大。

2. 预期收益率

预期收益率也称为“期望收益率”，是指在不确定的条件下，预测的某资产未来可能实现的收益率。

在给定各种收益率及出现概率的情况下：

预期收益率$=\sum_{i=1}^{n} P_i \times R_i$

其中，P_i 表示情况 i 可能出现的概率，R_i 表示情况 i 出现时的收益率。

指点迷津 在没有给定收益率及概率的情况下，如何求预期收益率？比如：甲企业正考虑是否投资购买一台机器设备，该设备买价(价格)100 万元，预计使用 1 年，估计一年后可带来 122 万元的现金流量，如何计算该项目的预期收益率？

这只是一个 1 期的投资项目，比较容易通过观察得出该项目的预期收益率为 22%，因为 $100\times(1+22\%)=122$(万元)。如果要给定一个算法，令预期收益率为 i，$\frac{122}{1+i}=100$，倒求 i，可得 $i=22\%$。即以“预期收益率”作为折现率，对一项资产未来现金流量进行折现，求出的现值即为该资产的“价格”(因为只有知道“价格”才能求出以这样的价格做一件事情的“预期收益率”，两者之间存在这样一种数量关系)。

关于多期投资项目如何在没有给定收益率及出现概率的情况下计算预期收益率，与上述的举例遵循一样的原理，即以该项目的价格作为现值对未来现金流量进行折现，倒求出的折现率即为该项目的预期收益率，也就是前面“DAY6 利率的计算”有关的内容。

3. 必要收益率

必要收益率也称最低收益率或最低要求的收益率，表示投资者对某项资产合理要求的最低收益率。

必要收益率=无风险收益率+风险收益率

=纯粹利率(资金的时间价值)+通货膨胀补偿率+风险收益率

(1)无风险收益率：也称无风险利率，是指无风险资产的收益率。通常短期国债的利率近似地代替无风险收益率。

(2)风险收益率：是指某资产持有者因承担该资产的风险而要求的超过无风险收益率的额外收益，它的大小取决于以下两个因素，一是风险的大小，二是投资者对风险的偏好。

指点迷津 一般来说，(投资者认识到的)资产风险越大，投资者要求的风险收益率越高，投资者越厌恶风险，所要求的风险收益率越高；反之，(投资者认识到的)资产风险越小，投资者要求的风险收益率越低，投资者越喜好风险，所要求的风险收益率越低。

二、资产的风险衡量★

(一)期望值

$\bar{E}=\sum_{i=1}^{n} X_i \times P_i$

其中，X_i表示第 i 种情况可能出现的结果，P_i表示第 i 种情况可能出现的概率。

易错易混 由于风险是指收益的不确定性，因此衡量风险大小前首先得衡量收益的大小。因此，收益的期望值衡量的是预期收益，不衡量风险。

(二)方差、标准差、标准差率(见表 7-1)

表 7-1　衡量风险的三个指标

指标	计算公式	说明
方差	方差$\sigma^2=\sum_{i=1}^{n}[(X_i-\bar{E})^2 \times P_i]$	预期收益率相同时，指标越大，风险越大，不适合比较预期收益率不同的资产的风险大小
标准差	标准差 $\sigma=\sqrt{\sum_{i=1}^{n}[(X_i-\bar{E})^2 \times P_i]}$	
标准差率	标准差率=标准差/期望值	该指标越大，风险越大，既适用于比较预期收益率相同的资产的风险，也适用于比较预期收益率不同的资产的风险

易错易混 方差、标准差及标准差率是衡量一项资产整体风险大小的三个指标。

例解答·练

例题

例 1.(单选题·2018 年)若纯粹利率为 3%，通货膨胀补偿率为 2%，某投资债券公司要求的风险收益率为 6%，则该债券公司的必要收益率为(　)。

A. 9%　　B. 11%　　C. 5%　　D. 7%

思路点拨 记不住公式就没法做。

解 必要收益率=无风险收益率+风险收益率=纯粹利率+通货膨胀补偿率+风险收益率=3%+2%+6%=11%。

答 B

例 2.（判断·2015年）必要收益率与投资者认识到的风险有关。如果某项资产的风险较低，那么投资者对该项资产要求的必要收益率就较高。（ ）

思路点拨 高风险高收益、低风险低收益是理财常识，送分题。

解 必要收益率与认识到的风险有关，如果某项资产的风险较高，那么投资者对该项资产要求的必要收益率就高；如果某项资产的风险较小，那么，对这项资产要求的必要收益率也就小。

答 错

例 3.（多选题·2016年）下列指标中，能够反映资产风险的有（ ）。

A. 方差　　B. 标准差　　C. 期望值　　D. 标准差率

思路点拨 明确一点，期望值即预期收益率是衡量收益的指标，本身不衡量风险。但风险是指收益的不确定性，方差、标准差、标准差率指标的计算需要先确定期望值。

解 衡量资产风险的指标主要有收益率的方差、标准差和标准差率。

答 ABD

例 4.（单选题·2018年）某项目的期望投资收益率为14%，风险收益率为9%，收益率的标准差为2%，则该项目收益率的标准差率为（ ）。

A. 0.29%　　B. 22.22%　　C. 14.29%　　D. 0.44%

思路点拨 要明确题中的"期望投资收益率"即预期收益率（期望值），其次，风险收益率是干扰项，标准差率的计算与风险收益率没有关系。

解 该项目收益率的标准差率=2%/14%=14.29%

答 C

习题

1.（单选题）某企业年初以10000元购得A公司股票，至今为止收到100元的股利，预计未来一年股票价格为11000元的概率是50%，股票价格为12000元的概率是30%，股票价格为9000元的概率是20%，该企业投资该股票的预期收益率是（ ）。

A. 8%　　B. 9%　　C. 10%　　D. 11%

2.（单选题）目前有甲、乙两个投资项目，甲、乙两个投资项目的期望收益率分别是10%，12%，标准差分别是0.1，0.12，则下列说法中正确的是（ ）。

A. 甲项目的风险大于乙项目　　B. 甲项目的风险小于乙项目

C. 甲项目的风险等于乙项目　　D. 无法判断

3.（多选题）下列关于资产收益率的说法中，正确的有（ ）。

A. 实际收益率表示已经实现或者确定可以实现的资产收益率，当存在通货膨胀时，还要扣除通货膨胀率的影响

B. 预期收益率是指在不确定的条件下，预测的某种资产未来可能实现的收益率

C. 必要收益率表示投资者对某资产合理要求的最低收益率

D. 期望收益率又称为必要收益率或最低收益率

4. (计算分析题)某企业有 A、B 两个投资项目，两个投资项目的收益率及其概率分布情况如表 7-2 所示，试计算两个项目的期望收益率并比较风险的大小。

表 7-2　A 项目和 B 项目投资收益率的概率分布

项目实施情况	该种情况出现的概率		投资收益率	
	项目 A	项目 B	项目 A	项目 B
好	0.2	0.3	15%	20%
一般	0.6	0.4	10%	15%
差	0.2	0.3	0	-10%

参考答案及解析 

DAY 8 风险类别与风险对策

划重点

一、风险类别★(见表 8-1)

表 8-1　非系统风险与系统风险

类型	含义
非系统风险 (可分散风险)	也称特殊(有)风险，是指发生于个别公司的特有事件造成的风险。 如一家公司的工人罢工、新产品开发失败、失去重要的合同、诉讼失败等
系统风险 (不可分散风险)	也称市场风险，是指影响所有资产的、不能通过资产组合而消除的风险。 系统风险由那些影响整个市场的风险因素引起，如宏观经济形势的变动、国家经济政策的变化、税制改革、企业会计准则改革、世界能源状况、政治因素等引起的风险

指点迷津 非系统风险可以通过资产组合分散掉，但系统风险影响的是整个市场，因此系统风险不能通过资产组合进行分散，不要指望通过资产多样化达到完全消除风险的目的。

二、证券投资的非系统性风险与系统性风险★(见表 8-2)

表 8-2　证券投资的非系统性风险与系统性风险

风险类别		含义
系统性风险 (不可分散风险)	价格风险	由于市场利率上升，而使证券资产价格普通下跌的可能性，证券资产期限越长，投资者遭受的损失越大
	再投资风险	如果持有的是短期证券资产，由于市场利率下降造成无法通过再投资而实现预期收益的可能性
	购买力风险	由于通货膨胀而使货币购买力下降的可能性
非系统性风险 (可分散风险)	违约风险	证券资产发行者无法按时兑付证券资产本金和利息的可能性，多发生于债券投资
	变现风险	证券资产持有者无法以正常市价平仓出货的可能性
	破产风险	证券资产发行者破产清算时投资者无法收回应得权益的可能性

三、风险对策★（见表 8-3）

表 8-3 应对风险的策略及典型举例

风险对策	典型举例
规避风险	拒绝与不守信用的厂商业务往来；放弃可能明显导致亏损的投资项目；新产品在试制阶段发现诸多问题而果断停止试制
减少风险	进行准确的预测；对决策进行多方案优选和替代；及时与政府部门沟通获取政策信息；采用多领域、多地域、多项目、多品种的投资以分散风险
转移风险	向专业性保险公司投保；采取合资、联营、增发新股、发行债券、联合开发等措施实现风险共担；通过技术转让、特许经营、战略联盟、租赁经营和业务外包等实现风险转移
接受风险	风险自担：风险损失发生时，直接将损失摊入成本或费用，或冲减利润
	风险自保：企业预留一笔风险金或随着生产经营的进行，有计划地计提资产减值准备等

例解答·练

例题

例 1.（单选题·2019 年）下列属于系统性风险的是（　）。

A. 违约风险　　B. 购买力风险　　C. 变现风险　　D. 破产风险

思路点拨 系统性风险主要是宏观因素引起的风险，风险发生时所有公司都要承担这类风险。明确这一点违约风险、破产风险、变现风险可以直接排除。如果知道购买力风险与通货膨胀有关，而通货膨胀属于宏观经济因素，则也可以直接选中。

解 系统性风险包括价格风险、再投资风险和购买力风险。非系统性风险包括违约风险、变现风险和破产风险。

答 B

例 2.（单选题·2018 年）下列各项中，属于证券资产的系统风险的是（　）。

A. 公司研发风险　　B. 破产风险　　C. 再投资风险　　D. 违约风险

思路点拨 只有再投资风险属于宏观因素。或者排除法也容易排除 ABD。

解 证券资产的系统性风险，是指由于外部经济环境因素变化引起整个资本市场不确定性加强，从而对所有证券都产生影响的共同性风险。再投资风险是由于市场利率下降，而造成的无法通过再投资而实现预期收益的可能性。对所有证券资产都产生影响，所以选项 C 属于系统风险，选项 ABD 属于非系统风险。

答 C

例 3.（单选题·2018 年）某 ST 公司在 2018 年 3 月 5 日宣布其发行的公司债券本期利息总额为 8980 万元将无法于原定付息日 2018 年 3 月 9 日全额支付，仅能够支付 500 万元，则该公司债务的投资者面临的风险是（　）。

A. 价格风险　　B. 购买力风险　　C. 变现风险　　D. 违约风险

思路点拨 因该公司出现的特殊原因导致无法履行原来到期付息的义务，属个体因素造成的，属于非系统风险。

解 违约风险是指证券资产发行者无法按时兑付证券资产利息和偿还本金的可能性。

答 D

例 4. (单选题·2018 年)某公司购买一批贵金属材料，为避免该资产被盗而造成损失，向财产保险公司进行了投保，则该公司采取的风险对策是(   )。

A. 接受风险　　B. 减少风险　　C. 规避风险　　D. 转移风险

思路点拨 保险离我们生活比较近，比如车险。投保后，如果发生损失，保险公司会有一定的赔付，很明显属于转移风险。

解 转移风险是指对可能给企业带来灾难性损失的资产，企业应以一定的代价，采取某种方式将风险损失转嫁给他人承担。如向专业性保险公司投保。

答 D

例 5. (单选题·2013 年)下列各种风险应对措施中，能够转移风险的是(   )。

A. 业务外包　　B. 多元化投资

C. 放弃亏损项目　　D. 计提资产减值准备

思路点拨 不做无把握的事情，风险较大的事情可外包给其他企业去做，从而将风险转移出去。多元化投资是减少风险，放弃亏损项目是规避风险，计提资产减值准备是接受风险。

解 转移风险是指企业以一定代价，采取某种方式，将风险损失转嫁给他人承担，以避免可能给企业带来灾难性损失。如向专业性保险公司投保；采取合资、联营、增发新股、发行债券、联合开发等措施实现风险共担；通过技术转让、特许经营、战略联盟、租赁经营和业务外包等实现风险转移。

答 A

习题

1. (多选题)证券投资的风险分为可分散风险和不可分散风险两大类，下列各项中，属于可分散风险的有(   )。

A. 研发失败风险　　B. 生产事故风险　　C. 通货膨胀风险　　D. 利率变动风险

2. (单选题)属于企业规避风险的措施的是(   )。

A. 企业与关联企业进行战略联盟

B. 每年对资产都进行减值测试，计提减值准备

C. 新产品研制过程中出现诸多问题而放弃

D. 开发新产品前进行市场调研

3. (多选题)下列因素可以影响系统风险的有(   )。

A. 宏观经济形势的变动　　B. 国家经济政策的变化

C. 税制改革　　D. 世界能源状况

4. (单选题)对债券持有人而言，债券发行人无法按期支付债券利息或偿付本金的风险是(   )。

A. 流动性风险　　B. 系统风险　　C. 违约风险　　D. 购买力风险

参考答案及解析 

证券资产组合的风险与收益

划重点

指点迷津 无论是单个资产还是资产（证券）组合，风险均指收益的不确定性，因此讨论证券资产组合的风险与收益，逻辑体系仍然是先确定组合的收益，再衡量组合的风险。

一、证券资产组合的预期收益率★

证券资产组合的预期收益率是组成证券资产组合的各种资产收益率的加权平均数。

$E(R_p)=\sum W_i \times E(R_i)$

其中，$E(R_p)$表示证券组合的预期收益率；W_i表示第 i 项资产所占比重；$E(R_i)$表示第 i 项资产预期收益率。

指点迷津 为什么这样计算？比如：某投资公司的一项投资组合中包含 A、B 和 C 三种股票，已知投资额为 100 万元，权重分别为 30%、40% 和 30%，三种股票的预期收益率分别为 15%、12%、10%。要求计算该投资组合的预期收益率。

该投资组合的预期收益（绝对数）= 100×30%×15%+100×40%×12%+100×30%×10%
=12.3（万元）

$$\text{预期收益率（相对数）}=12.3/100=\frac{100\times30\%\times15\%+100\times40\%\times12\%+100\times30\%\times10\%}{100}$$

$$=30\%\times15\%+40\%\times12\%+30\%\times10\%=12.3\%$$

指点迷津 如果资产组合的预期收益率是组成证券资产组合的各种资产收益率的加权平均数，则一定意味着资产组合的收益率最低不会低于组合中收益率最低的那项资产的收益率，最高不会超过组合中收益率最高的那项资产的收益率。

二、两项证券资产组合收益率的方差★★

$\sigma_p^2=w_1^2\sigma_1^2+w_2^2\sigma_2^2+2w_1w_2\rho_{1,2}\sigma_1\sigma_2$

其中，W 表示权重；σ 表示标准差；ρ 表示相关系数，反映两项资产收益率的相关程度，即两项资产收益率之间的相对运动状态，介于[-1，1]之间。

指点迷津 此公式可借助于$(a+b)^2=a^2+b^2+2ab$ 来记忆，只不过 $2ab$ 中间加入一个相关系数 ρ。

相关系数的取值范围及含义见表 9-1。

表 9-1 相关系数取值范围及含义

$\rho_{1,2}$等于 1	两项资产的收益率具有完全正相关的关系，这种情况下，两项资产的收益率变化方向和变化幅度完全相同，两项资产的风险完全不能互相抵消，所以这样的组合不能抵消任何风险。 指点迷津 这里的“完全不能互相抵消”是指，在相关系数=1 时，组合的风险刚好等于组合中各项资产风险的加权平均数，且此时组合风险达到最大值
$\rho_{1,2}$等于-1	两项资产的收益率具有完全负相关的关系，这种情况下，两项资产的收益率变化方向相反、变化幅度相同，两项资产的风险可以充分地抵消，所以，这样的组合能最大限度地抵消风险。 易错易混 相关系数=-1 时，两项资产的风险可以充分地抵消，且此时组合的风险（方差、标准差）达到最小，但是注意并不意味着可以完全抵消，因为系统风险是无论如何无法消除掉的
$\rho_{1,2}$通常介于(-1，1)之间	两种资产具有不完全的相关关系，因此会有 $0<\sigma_p<w_1\sigma_1+w_2\sigma_2$，即证券资产组合收益率的标准差小于组合中各资产收益率标准差的加权平均值，但是大于 0，因此，大多数情况下，证券资产组合能够分散风险，但不能完全消除风险

指点迷津 这里所讲的抵消风险指的是抵消非系统风险，即非系统风险可以通过资产多样化的方式进行分散。但值得注意的是，在资产组合中资产数目较低时，增加资产的个数，分散风险的效应会比较明显，但资产数目增加到一定程度时，风险分散的效应就会逐渐减弱。另外，资产多样化是不能完全消除风险的，因为系统风险是不能够通过风险分散来消除的。

易错易混 要注意：只有在两项资产收益率的相关系数=+1 时，资产组合不具有风险分散效应，除此以外，只要两项资产收益率的相关系数不等于+1，那么两项资产构成的组合就具有风险分散效应。

易错易混 还要注意，资产组合的收益率在任何情况下一定等于组合内单项资产收益率的加权平均值，也就意味着在任何情况下资产组合的收益率最低不会低于组合中收益率最低的那项资产的收益率，最高不会超过组合中收益率最高的那项资产的收益率。但是资产组合的标准差（风险）只有在两项资产收益率完全正相关（相关系数=+1）时，组合的标准差（风险）才等于组合内单项资产标准差的加权平均数，而且资产组合的标准差（风险）最高不会超过组合内单项资产标准差（风险）的加权平均值（当然，更不会超过组合内标准差较大的单项资产的标准差），但是组合的标准差（风险）可能会小于组合内标准差（风险）较小的单项资产的标准差（风险）。

例解答·练

例题

例 1.（单选题·2018 年）若两项证券资产收益率的相关系数为 0.5，则下列说法正确的是（ ）。

A. 两项资产的收益率之间不存在相关性

B. 无法判断两项资产的收益率是否存在相关性

C. 两项资产的组合可以分散一部分非系统性风险

D. 两项资产的组合可以分散一部分系统性风险

思路点拨 只要相关系数不等于0就存在相关性，AB排除；系统风险不能被分散，D排除。

解 只要两项证券资产收益率的相关系数不是0，就说明两项资产的收益率之间存在相关性，所以，选项AB的说法不正确；非系统风险可以被分散，系统风险不可以被分散，因此选项D的说法不正确，选项C的说法正确。

答 C

例 2.（多选题·2017年）下列关于证券投资组合的表述中，正确的有（　）。

A. 两种证券的收益率完全正相关时可以消除风险

B. 投资组合收益率为组合中各单项资产收益率的加权平均数

C. 投资组合风险是各单项资产风险的加权平均数

D. 投资组合能够分散掉的是非系统风险

思路点拨 A选项太过绝对，风险无论如何不能被消除，因为存在系统风险；C选项只有在两项资产收益率完全正相关时才成立，其他情况都不成立。

解 相关系数的区间位于[−1，1]之间，相关系数为1，也就是两种证券的收益率完全正相关时，不能分散风险，选项A不正确；只要相关系数小于1，投资组合就可以分散风险，投资组合的风险就小于各单项资产的加权平均数，选项C不正确。

答 BD

例 3.（判断题·2019年）证券组合的风险水平不仅与组合中各证券的收益率标准差有关，而且与各证券收益率的相关程度有关。（　）

思路点拨 $\sigma_p^2=w_1^2\sigma_1^2+w_2^2\sigma_2^2+2w_1w_2\rho_{1,2}\sigma_1\sigma_2$，公式中有个相关系数$\rho_{1,2}$。

解 根据证券资产组合的收益率的方差公式可知，证券资产组合的收益率和单项资产收益率的标准差、资产收益率的相关程度都有关系。

答 对

例 4.（判断题·2019年）两项资产的收益率具有完全负相关关系时，两项资产的组合可以最大限度地抵消非系统风险。（　）

思路点拨 完全负相关意味着一个升一个降，且升降的幅度相同，可以最大程度起到平衡风险的作用。

解 只有在完全正相关的情况下，投资组合才不会抵消非系统风险。相关系数越小，抵消非系统风险的程度越大，当两项资产的收益率完全负相关时，两项资产的风险可以充分地相互抵消，甚至完全消除。这样的组合能够最大限度地降低风险。

答 对

习题

1.（单选题）如果有两个证券，它们收益率的变化方向、变化幅度都一样，则（　）。

A. 可以分散部分风险　　B. 可以分散全部风险

C. 不能分散任何风险　　D. 风险的大小等于两个证券风险之和

2.（单选题）下列关于证券资产组合的说法中，不正确的是（　）。

A. 能够随着组合资产的种类增加而消除的是总体风险

B. 两项资产完全负相关时可以最大限度地降低风险

C. 系统风险是不能随着资产数量的增加而分散的

D. 两项资产完全正相关时组合的风险等于组合中各项资产风险的加权平均值

3. (多选题)假设 A 证券的预期收益率为 10%，标准差为 12%，B 证券的预期收益率为 18%，标准差为 20%，A 证券与 B 证券之间的相关系数为 0.25，若各投资 50%，则投资组合的方差和标准差分别为(　)。

A. 1.66%　　B. 1.58%　　C. 12.88%　　D. 13.79%

4. (判断题)即使投资比例不变，各项资产的期望收益率不变，但如果组合中各项资产之间的相关系数发生改变，投资组合的期望收益率就有可能改变。(　)

5. (计算分析题)资产组合 M 的期望收益率为 18%，标准差为 27.9%；资产组合 N 的期望收益率为 13%，标准差率为 1.2。投资者张某和赵某决定将其个人资金投资于资产组合 M 和 N 中，张某期望的最低收益率为 16%，赵某投资于资产组合 M 和 N 的资金比例分别为 30% 和 70%。

要求：

(1) 计算资产组合 M 的标准差率。

(2) 判断资产组合 M 和 N 哪个风险更大。

(3) 为实现其期望的收益率，张某应在资产组合 M 上投资的最低比例是多少？

参考答案及解析 

DAY 10 必要收益率的衡量（资本资产定价模型）

划重点

一、系统风险及其衡量（β 系数）★★

（一）单项资产的 β 系数

β 系数用来衡量一项资产系统风险的大小。它告诉我们相对于市场组合而言特定资产的系统风险是多少（通俗地说，某资产的 β 系数表达的含义是该资产的系统风险相当于市场组合系统风险的倍数）。其中市场组合是指由市场上所有资产组成的组合。由于包含了所有的资产，因此，市场组合中的非系统风险已经被消除，所以，市场组合的风险就是市场风险或系统风险，市场组合的收益率就是指市场平均收益率（实务中，通常用股票价格指数收益率的平均值来代替）。

指点迷津 前已述及，投资者所要求的最低收益率称为必要收益率，必要收益率=无风险收益率+风险收益率，必要收益率的大小与风险有关系。只有明确了资产风险的大小才能确定必要收益率的高低，但是风险包括非系统风险和系统风险，我们这里不讨论非系统风险，是因为假定投资者都是理智的，在投资时都会选择充分的投资组合，以抵消单项资产的非系统风险，换句话说，投资者所要求的风险收益率仅取决于因为承担了资产的系统风险而要求的额外回报，资本市场不会对非系统风险给予任何补偿。因此我们需要找到衡量系统风险大小的指标，也就是这里的 β 系数，从而建立系统风险与必要收益率之间的数量关系的模型（资本资产定价模型）。

不同大小的 β 系数的含义见表 10-1。

表 10-1 β 系数大小的含义

$\beta>0$	该资产收益率的变化方向与市场平均收益率的变化方向一致
$\beta<0$	该资产收益率的变化方向与市场平均收益率的变化方向相反
$\beta=1$	该资产收益率与市场平均收益率同方向、同比例变化
$\beta>1$	该资产收益率的变动幅度大于市场组合收益率的变动幅度（同向）
$0<\beta<1$	该资产收益率的变动幅度小于市场组合收益率的变动幅度（同向）
$\beta=0$	无风险资产的 β 系数等于 0
$-1<\beta<0$	该资产收益率的变动幅度小于市场组合收益率的变动幅度（反向）
$\beta=-1$	该资产收益率与市场平均收益率反方向、同比例变化
$\beta<-1$	该资产收益率的变动幅度大于市场组合收益率的变动幅度（反向）

指点迷津 因为市场组合的风险只包括系统风险，因此市场组合收益率的波动即为市场风险所带来的影响。在衡量某项资产的系统风险即β系数大小时，实际上是以市场组合收益率作为参照物，把市场组合的β系数认为是1(市场组合和市场组合自己比较)，如果某项资产的β系数为2，则意味着市场风险发生时，某项资产收益率的波动幅度是市场组合收益率波动幅度的2倍(同方向)，也就意味着该项资产的系统风险大于市场组合的系统风险；如果某项资产的β系数为0.8，则意味着市场风险发生时，某项资产收益率的波动幅度是市场组合收益率波动幅度的0.8倍(同方向)，也就意味着该项资产的系统风险小于市场组合的系统风险。

(二)证券资产组合的β系数

证券资产组合的β系数是所有单项资产β系数的加权平均数，权数为各种资产在组合中的所占的价值比重(投资比重)。

$$\beta_P=\sum_{i=1}^{n} W_i \times \beta_i$$

式中，β_P表示证券资产组合的β系数；W_i表示第i项资产在组合中所占的价值比例；β_i表示第i项资产的β系数。

易错易混 针对衡量整体风险的标准差来讲，前已述及，组合的标准差(风险)只有在两项资产收益率完全正相关时才等于单项资产标准差(风险)的加权平均数，除此情况以外，组合的风险并不等于单项资产标准差的加权平均数，原因在于资产组合具有风险分散效应。但如果仅仅考虑系统风险，由于系统风险不能被分散，所以组合的β系数是组合内单项资产β系数的加权平均数或者说组合的系统风险是组合内单项资产系统风险的加权平均数。

二、资本资产定价模型★★★

某项资产(组合)的必要收益率=无风险收益率+风险收益率

资本资产定价模型的核心关系式：$R=R_f+\beta\times(R_m-R_f)$

(1)自变量β：系统风险系数。

(2)因变量R：必要收益率。

(3)R_f：无风险收益率。

(4)R_m：市场组合收益率(平均风险的必要收益率或市场组合的必要收益率)。

(5)(R_m-R_f)：市场风险溢酬(市场组合的风险收益率或股票市场的风险收益率或平均风险的风险收益率)。

(6)某资产或资产组合的(系统)风险收益率$=\beta\times(R_m-R_f)$。

指点迷津 R_m-R_f：市场风险溢酬，是投资者由于承担了市场平均风险所要求获得的补偿($\beta=1$)，反映的是市场作为整体对风险的平均“容忍”程度，也就是市场整体对风险的厌恶程度。市场对风险越是厌恶，市场风险溢酬越大，否则越小。

指点迷津 资本资产定价模型对于任何公司、任何资产、资产组合都适用。取决于β系数的选择，单项资产的β系数计算出的是单项资产的必要收益率，资产组合的β系数计算出的是资产组合的必要收益率。

例解答·练

例题

例 1.（单选题·2019年）关于系统风险和非系统风险，下列表述错误的是（　）。

A. 在资本资产定价模型中，β系数衡量的是投资组合的非系统风险

B. 若证券组合中各证券收益率之间负相关，则该组合能分散非系统风险

C. 证券市场的系统风险，不能通过证券组合予以消除

D. 某公司新产品开发失败的风险属于非系统风险

思路点拨 要明确β系数衡量的是系统风险而不是非系统风险，非系统风险也称公司特有风险，可以被分散，系统风险不能被分散。本题不费吹灰之力。

解 某资产的β系数表达的含义是该资产的系统风险相当于市场组合系统风险的倍数，因此β系数衡量的是系统风险。

答 A

例 2.（单选题·2019年）有甲、乙两种证券，甲证券的必要收益率为10%，乙证券要求的风险收益率是甲证券的1.5倍，如果无风险收益率为4%，则根据资本资产定价模型，乙证券的必要收益率为（　）。

A. 13%　　B. 12%　　C. 15%　　D. 16%

思路点拨 有陷阱，题目说乙证券要求的“风险收益率”是甲证券的1.5倍，即乙证券的风险收益率是甲证券“风险收益率”的1.5倍，所以要先根据资本资产定价模型计算出甲证券的风险收益率，即$\beta_{甲}\times(R_m-R_f)$，这是本题的关键。

解 甲证券的风险收益率=10%-4%=6%，乙证券的必要收益率=4%+1.5×6%=13%。

答 A

例 3.（单选题·2015年）当某上市公司的β系数大于0时，下列关于该公司风险与收益表述中，正确的是（　）。

A. 系统风险高于市场组合风险

B. 资产收益率与市场平均收益率呈同向变化

C. 资产收益率变动幅度小于市场平均收益率变动幅度

D. 资产收益率变动幅度大于市场平均收益率变动幅度

思路点拨 β系数大于0、小于0表示的是该资产收益率的变化方向与市场平均收益率的变化方向是同向还是反向，只有给定具体的取值才能确定变动幅度大小的问题。

解 β系数是反映资产收益率与市场平均收益率之间变动关系的一个量化指标，β系数大于零，则说明资产收益率与市场平均收益率呈同向变化，所以选项B正确；市场组合的β系数=1，由于不知道该上市公司β系数的具体数值，所以无法判断该上市公司系统风险与市场组合系统风险谁大谁小，也无法判断该上市公司资产收益率与市场平均收益率之间变动幅度谁大谁小。

答 B

例 4.（多选题·2018年）关于资本资产定价模型，下列说法正确的有（　）。

A. 该模型反映资产的必要收益率而不是实际收益率

B. 该模型中的资本资产主要指的是债券资产

C. 该模型解释了风险收益率的决定因素和度量方法

D. 该模型反映了系统性风险对资产必要收益率的影响

思路点拨 资本资产定价模型中的“资本资产”主要指的是股票资产。

解 资本资产定价模型公式中，R 表示某资产的必要收益率，因此选项 A 的说法正确；资本资产定价模型中的资产主要指的是股票资产，所以选项 B 的说法不正确；资本资产定价模型，风险收益率=贝塔系数×市场风险溢酬，其中，贝塔系数衡量的是系统风险，因此选项 CD 的说法正确。

答 ACD

例 5.（计算分析题·2019 年）甲公司现有一笔闲置资金，拟投资于某证券组合，该组合由 X、Y、Z 三种股票构成，资金权重分别为 40%、30%、30%，β 系数分别为 2.5、1.5 和 1.0。其中 X 股票投资收益率的概率分布见表 10-2。

表 10-2 X 股票投资收益率的概率分布

状况	概率	投资收益率
行情较好	30%	20%
行情一般	50%	12%
行情较差	20%	5%

Y、Z 股票的预期收益率分别为 10% 和 8%，当前无风险收益率为 4%，市场组合的必要收益率为 9%。

要求：

（1）计算 X 股票的预期收益率。

（2）计算该证券组合的预期收益率。

（3）计算该证券组合的 β 系数。

（4）利用资本资产定价模型计算该证券组合的必要收益率。

思路点拨 四个公式。第（1）问考核给定概率情况下的收益率的期望值的计算，即 $\bar{E}=\sum_{i=1}^{n}X_i\times P_i$；第（2）问考核组合的收益率等于单项资产收益率的加权平均数，即 $E(R_p)=\sum W_i\times E(R_i)$；第（3）问考核组合的 β 系数等于单项资产 β 系数的加权平均数，即 $\beta_P=\sum_{i=1}^{n}W_i\times\beta_i$；第（4）问考核资本资产定价模型。

答 （1）X 股票预期收益率=30%×20%+50%×12%+20%×5%=13%。

（2）证券组合的预期收益率=40%×13%+10%×30%+8%×30%=10.6%。

（3）证券组合的贝塔系数=2.5×40%+1.5×30%+1×30%=1.75。

（4）该证券组合的必要收益率=4%+1.75×(9%−4%)=12.75%。

习题

1. (单选题)已知某公司股票的β系数为0.8，短期国债收益率为5%，市场组合收益率为10%，则该公司股票的必要收益率为(　)。

A. 5%　　B. 8%　　C. 9%　　D. 10%

2. (单选题)下列关于市场风险溢酬的相关表述中，错误的是(　)。

A. 市场风险溢酬是附加在无风险收益率之上的

B. 市场风险溢酬反映了市场作为整体对风险的平均“容忍”程度

C. 市场整体对风险越厌恶，市场风险溢酬越大

D. 无风险收益率越大，市场风险溢酬越大

3. (单选题)某证券资产组合中有三只股票，相关的信息如表10-3所示：

表10-3　相关信息

股票	β系数	股票的每股市价	股数
A	1	3	200
B	1.2	4	100
C	1.5	10	100

则证券资产组合的β系数为(　)。

A. 1.23　　B. 1.175　　C. 1.29　　D. 1.34

4. (多选题)当某股票的贝塔系数小于1时，下列表述不正确的有(　)。

A. 该股票的市场风险大于整个股票市场的系统风险

B. 该股票的市场风险小于整个股票市场的系统风险

C. 该股票的市场风险等于整个股票市场的系统风险

D. 该股票的市场风险与整个股票市场的系统风险无关

5. (判断题)资本资产定价模型中，所谓资本资产主要指的是债券和股票。　(　)

6. (计算分析题)已知甲股票的期望收益率为12%，收益率的标准差为16%；乙股票的期望收益率为15%，收益率的标准差为18%。市场组合的收益率为10%，市场组合收益率的标准差为8%，无风险收益率为5%。假设市场达到均衡。

要求：

(1)分别计算甲、乙股票的必要收益率。

(2)分别计算甲、乙股票的β值。

(3)假设投资者将全部资金按照60%和40%的比例投资购买甲、乙股票构成投资组合，计算该组合的β系数、组合的风险收益率和组合的必要收益率。

参考答案及解析 

DAY 11 价值评估核心概念在项目投资管理中的应用

划重点

【友情提示】本部分所涉及的内容将会在“专题六”中进一步进行深入讲解。

一、投资可行性分析两个等同的评价标准

(一)价值与价格的大小关系

测算资产现值的目的是什么?财务管理角度来讲,一项资产的价值即现值。通过测算资产能够带来的未来现金流量的现值即价值,用来和现时的价格进行比较,如果“价值>价格”,则投资可行;如果“价值<价格”,则投资不可行。此为投资可行性分析的决策标准之一。

(二)必要收益率与预期收益率的大小

测算必要收益率、预期收益率的目的是什么?投资可行性分析立足现在,面向未来。通过计算资产的必要收益率与预期收益率,如果“预期收益率≥必要收益率”,投资可行;如果“预期收益率<必要收益率”,投资不可行。此为投资可行性分析的决策标准之二。

(三)两个等同的评价标准内在逻辑的一致性

两个等同的评价标准内在逻辑一致。比如:甲企业正考虑是否投资购买一台机器设备,该设备买价 100 万元,预计使用 1 年,估计一年后可带来 122 万元的现金流量,假设该资产必要收益率为 25%,那么该设备值不值得购买?

前已述及预期收益率的计算方法,即以“预期收益率”作为折现率,对一项资产未来现金流量进行折现,求出的现值即为该资产的“价格”(因为只有知道“价格”才能求出以这样的价格做一件事情的“预期收益率”,两者之间存在这样一种数量关系)。容易得出预期收益率 22% < 必要收益率 25%,很显然,预期收益率低于投资者要求的最低收益率,不值得购买。

换句话说,现在设备的价格为 100 万元,但投资者认为设备不值 100 万元(因为如果以 100 万元购买,投资者如果要实现最低必要收益率 25%,一年后的现金流量应该至少达到 125 万元),所以不值得投资,那么,设备到底值多少?也就是设备的价值,即未来现金流量的现值。

该设备的价值 = 未来现金流量的现值 $=\frac{122}{1+25\%}=97.6$(万元)<该设备的价格 100(万元) $=\frac{122}{(1+22\%)}$,不值得购买。

指点迷津 以“预期收益率”作为折现率,对一项资产未来现金流量进行折现,求出的现值即为该资产的“价格”;以“必要收益率”作为折现率,对一项资产未来现金流量进行折现,求出的现值即为该资产的“价值”。若预期收益率≥必要收益率,则意味着该资产的“价值”≥“价格”,投资可行;若预期收益率<必要收益率,则意味着该资产的“价值”<“价格”,投资不

可行。

二、投资项目财务评价指标—净现值(NPV)★

(一)计算公式

净现值(NPV)=未来现金净流量现值−原始投资额现值$=\sum_{t=0}^{n}\frac{NCF_t}{(1+i)^t}$

式中，i 指折现率，NCF_t 指第 t 年的现金净流量。

指点迷津 折现率可以以市场利率、投资者要求的最低收益率、企业平均资本成本为标准，但不管具体以什么为标准，其本质都是投资者所要求的最低收益率，即必要收益率。

指点迷津 公式中的“未来现金净流量现值”即价值，“原始投资额现值”可以理解为“价格”，因此净现值的本质可以理解为价值与价格的差额，即价值−价格。

(二)评价标准

净现值≥0，方案可行，说明价值不低于价格、方案的预期收益率不低于所要求的最低收益率(必要收益率)；净现值<0，方案不可取，说明价值低于价格、方案的预期投资收益率低于所要求的最低收益率(必要收益率)。

三、投资项目财务评价指标—内含收益率(*IRR*)★

(一)计算公式

内含收益率是使项目的净现值等于零时的折现率，即项目实际可能达到的投资收益率。

指点迷津 让“原始投资额的现值(价格)=未来现金流量的现值”倒求折现率，即项目的净现值 $NPV=0$ 时，倒求折现率。在求解内含收益率时，一般要用到“插值法”。

(二)评价标准

如果内含收益率≧投资者要求的必要收益率(此时项目的价值≧价格)，投资可行，否则，投资不可行。

四、投资项目财务评价指标—年金净流量(*ANCF*)★

(一)计算公式

年金净流量$=\dfrac{\text{现金净流量总现值(净现值、}NPV\text{)}}{\text{年金现值系数}}=\dfrac{\text{现金净流量总终值}}{\text{年金终值系数}}$

指点迷津 如果用“净现值/年金现值系数”则为年资本回收额的应用。如果用“现金净流量总终值/年金终值系数”则为年偿债基金的应用。一般用“净现值/年金现值系数”。

(二)评价标准

年金净流量指标的结果大于零，投资项目的净现值(或净终值)大于零，方案可行；在寿命期不同的互斥投资方案比较时，年金净流量越大，方案越好。

指点迷津 年金净流量越大意味着，不同寿命期的投资方案若换算到相同的寿命期计算出的净现值(即“价值−价格”)的差额就越大。

例解答·练

例题

例 1.（单选题·2018 年）某投资项目需要在第一年年初投资 840 万元，寿命期为 10 年，每年可带来营业现金流量 180 万元，已知按照必要收益率计算的 10 年期年金现值系数为 7.0，则该投资项目的年金净流量为（　）万元。

A. 60　　B. 120　　C. 96　　D. 126

思路点拨 直接考核年金净流量的计算公式，送分题。

解 年金净流量=净现值/年金现值系数=(180×7−840)/7=60(万元)

答 A

例 2.（多选题·2018 年）某项目需要在第一年年初投资 76 万元，寿命期为 6 年，每年年末产生现金净流量 20 万元。已知(P/A，14%，6)=3.8887，(P/A，15%，6)=3.7845。若公司根据内含收益率法认定该项目具有可行性，则该项目的必要投资收益率不可能为（　）。

A. 16%　　B. 13%　　C. 14%　　D. 15%

思路点拨 注意题目问的是必要收益率，先要测算预期收益率，然后由于项目具有可行性，因此预期收益率一定大于等于必要收益率。

解 根据题目可知：20×(P/A，内含收益率，6)−76=0，(P/A，内含收益率，6)=3.8，所以内含收益率在 14%~15% 之间。又因为项目具有可行性，所以内含收益率大于必要收益率，所以必要收益率不可能大于等于 15%，即选项 AD 是答案。

答 AD

例 3.（单选题·2014 年）下列各项因素中，不会对投资项目内含收益率指标计算结果产生影响的是（　）。

A. 原始投资额　　B. 资本成本　　C. 项目计算期　　D. 现金净流量

思路点拨 内含收益率即使净现值=0 的折现率，净现值的计算除折现率外需要用到现金净流量、原始投资额和项目期限。

解 内含收益率，是项目净现值=0 时的折现率，计算中不需要设定贴现率，因此是不受资本成本的影响。

答 B

例 4.（计算分析题）甲乙项目为互斥项目，甲项目期限 5 年，净现值 1000 万元；乙项目期限 2 年，净现值 500 万元。假定投资者要求的必要收益率为 10%。

要求：计算甲乙项目的年金净流量，并判断哪种方案最优。

思路点拨 直接考核年金净流量的计算公式，先求各方案的净现值，然后分别除以各自的年金现值系数。

答 如图 11−1、图 11−2 所示：

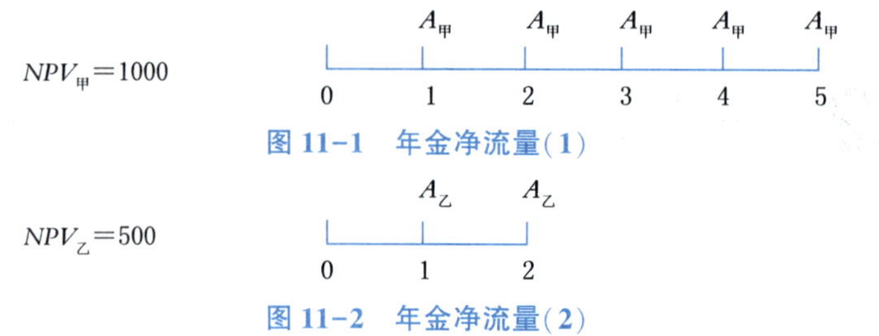

图 11-1 年金净流量(1)

图 11-2 年金净流量(2)

年金净流量$_甲$ =1000/(P/A，10%，5)＝1000/3. 7908＝263. 80(万元)

年金净流量$_乙$ =500/(P/A，10%，2)＝500/1. 7355＝288. 10(万元)

由于乙项目的年金净流量大于甲项目的年金净流量，所以选择乙项目。

验证：假设甲、乙项目都可以做 5 年，则

甲项目的净现值＝263. 80×(P/A，10%，5)＝263. 80×3. 7908＝1000(万元)

乙项目的净现值＝288. 10×(P/A，10%，5)＝288. 10×3. 7908＝1092. 13(万元)

乙项目的净现值大于甲项目的净现值，所以选择乙项目。如图 11-3、图 11-4 所示：

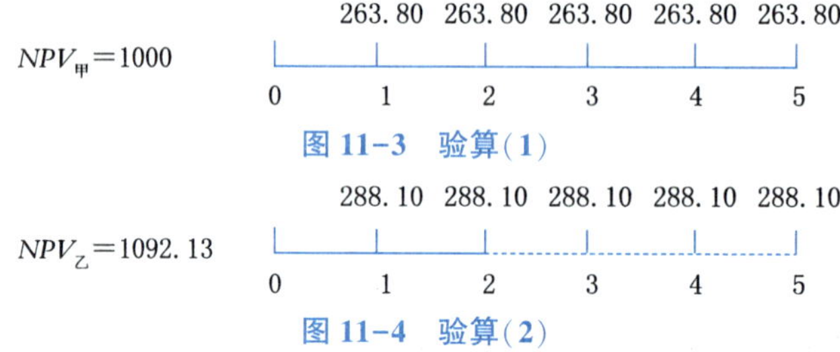

图 11-3 验算(1)

图 11-4 验算(2)

习题

1. (单选题)某投资方案，当折现率为 15%时，其净现值为 45 元，当折现率为 17%时，其净现值为−10 元。该方案的内含收益率为(　)。

A. 14. 88%　　B. 16. 86%　　C. 16. 64%　　D. 17. 14%

2. (单选题)已知某项目的现金净流量分别为：NCF_0＝−100 元，NCF_1＝0 元，NCF_{2-6}＝200 元，投资人要求的收益率为 10%，则该项目的净现值为(　)元。[已知：(P/A，10%，5)＝3. 7908；(P/F，10%，1)＝0. 9091]

A. 658. 16　　B. 589. 24　　C. 489. 16　　D. 689. 24

3. (单选题)若设定贴现率为 i 时，$NPV>0$，则(　)。

A. $IRR>i$，应降低贴现率继续测试　　B. $IRR>i$，应提高贴现率继续测试

C. $IRR<i$，应降低贴现率继续测试　　D. $IRR<i$，应提高贴现率继续测试

参考答案及解析 

DAY 12 价值评估核心概念在债券投资中的应用

划重点

一、债券价值评估★

（一）债券估价基本模型

债券价值：指的是未来收取的利息和收回的本金的现值。

$$V_b=\sum_{t=1}^{n}\frac{I_t}{(1+R)^t}+\frac{M}{(1+R)^n}$$

式中：I_t表示债券各期的利息，M 指债券的面值，R 表示折现率（必要收益率），一般来说，经常采用市场利率作为评估债券价值时所期望的最低投资收益率。

（二）债券投资的内部收益率

债券投资的收益来源包括：名义利息收益、利息再投资收益、价差收益。

指点迷津 “名义利息收益”即按照票面金额与票面利率计算确定的利息；“利息再投资收益”即收到的名义利息按市场利率投资所获取的收益；“价差收益”即买卖债券的价差收益。

债券的内部收益率，是指按当前价格购买债券并持有至到期日或转让日所产生的预期收益率，也就是债券投资项目的内含收益率。

计算方法：未来现金流量的现值等于购买价格的折现率，即净现值等于 0 的折现率。

指点迷津 债券投资的内部收益率即预期收益率。

如果“债券价值≥购买价格”，值得购买；如果“债券价值<购买价格”，不值得购买。或者：如果债券投资的“内部收益率≥市场利率（必要收益率）”，值得购买；如果债券投资的“内部收益率<市场利率（必要收益率）”，不值得购买。

二、债券价值对期限的敏感性★

指点迷津 关于这部分内容建议大家不要纯记忆文字结论，只要能画出下面这张图的结构，所有文字结论都可迎刃而解。

假定市场利率为 10%，面值为 1000 元，每年支付一次利息，到期归还本金，票面利率分别为 8%、10% 和 12% 的三种债券。在债券到期日发生变化时的债券价值见图 12-1。

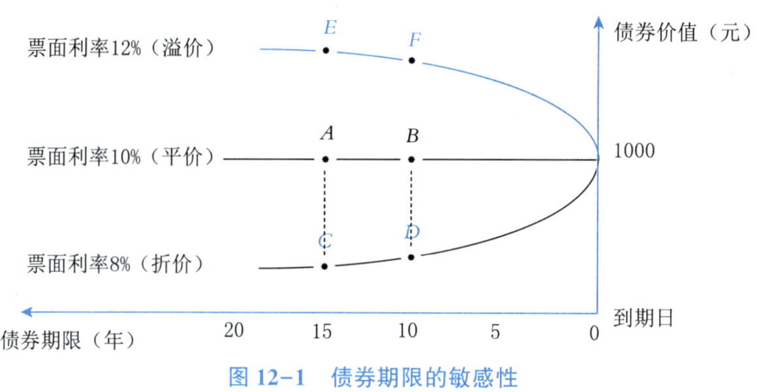

图 12-1 债券期限的敏感性

主要结论：

（1）平价债券，债券期限变化不会引起债券价值变化。只有溢价债券或折价债券，才产生不同期限下债券价值有所不同的现象。

指点迷津 如图中的 A、B 两点，A 点到期日 15 年，B 点到期日 10 年，由于债券票面利率＝市场利率，该债券为平价债券，无论债券期限多长其价值都是一样的。而如果债券为溢价债券（红线）或折价债券（绿线），不同期限的债券价值就是不同的。

（2）债券期限越短，债券票面利率对债券价值的影响越小。不论是溢价债券还是折价债券，当债券期限较短时，票面利率与市场利率的差异，不会使债券的价值过于偏离债券的面值。

指点迷津 在图中的表现是指：从左往右看的话，债券价值呈“收缩”的状态。如图随着期限由 15 年变为 10 年，图中的线段 BD 的长度小于线段 AC 的长度。

（3）在溢折价的情况下，债券期限越长，债券价值越偏离于债券面值，即溢价更溢，折价更折。

指点迷津 ①如图中溢价债券上的 E 点和 F 点，E 点的期限 15 年，F 点的期限 10 年，E 点债券的价值大于 F 点债券的价值，溢价债券期限越长价值越高，即溢价更溢，即从右往左图形呈“开口”状态。②再如图中折价债券上的 C 点和 D 点，C 点的期限 15 年，D 点的期限 10 年，C 点债券的价值小于 D 点债券的价值，折价债券期限越长价值越低，即折价更折，即从右往左图形呈“开口”状态。

（4）对于溢折价债券来说，超长期债券的期限差异，对债券价值的影响不大（偏离的变化幅度最终会趋于平稳）。

指点迷津 观察上述图形可以看到，无论对于溢价债券、折价债券，随着期限越来越长，图形变得越来越平缓，也就意味着，对于溢价债券而言，虽然期限越长的债券价值越大，但差异越来越小，比如 101 年期的溢价债券的价值大于 100 年期溢价债券的价值，但两者的差异微乎其微。对折价债券同理。

（5）随着到期日的临近，债券价值逐渐向面值回归。

指点迷津 图形从左往右看，呈“收缩”状态，不论溢价还是折价债券，最终价值都会回归面值。

三、债券价值对市场利率的敏感性★★

指点迷津 关于债券价值对市场利率的敏感性这部分内容建议大家也不要纯记忆文字结

论，仍然是把握图形的基本形状，建立在理解基础上推论这些文字信息。

假定现有面值 1000 元，票面利率 15% 的 2 年期和 20 年期两种债券，每年支付一次利息，到期归还本金。当市场利率发生变化时的债券价值见图 12-2。

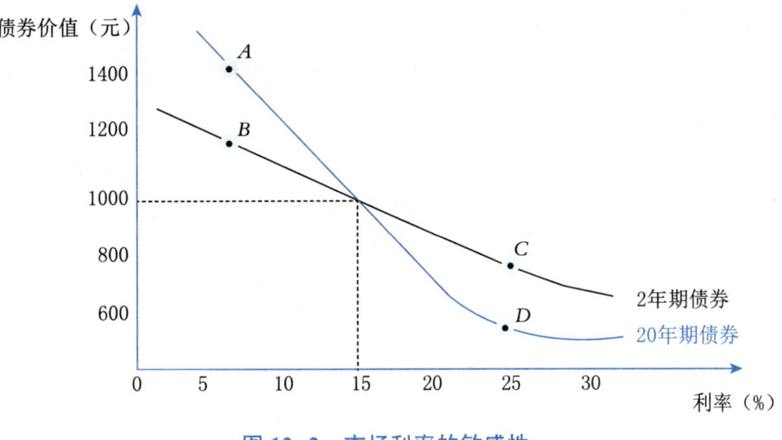

图 12-2　市场利率的敏感性

主要结论：

(1) 市场利率上升债券价值下降，市场利率下降债券价值上升(反向)。

指点迷津 上述图形不论是 2 年期债券，还是 20 年期债券，从左往右看，伴随着市场利率越来越大，债券价值越来越低，可从计算现值时，市场利率作为折现率是在分母的角度理解。

(2) 长期债券对市场利率的敏感性会大于短期债券，在市场利率较低时，长期债券的价值远高于短期债券，在市场利率较高时，长期债券的价值远低于短期债券。

指点迷津 ①首先，可以看出 20 年期债券的价值线比 2 年期债券的价值线整体比较陡峭，即市场利率发生变动时，20 年期债券的价值变动比 2 年期债券的价值变动剧烈，也就是说，长期债券对市场利率的敏感性大于短期债券。②其次，要注意，因为该债券的票面利率为 15%，因此，图形中当市场利率小于 15% 的部分，2 年期债券和 20 年期债券都应当是溢价债券，从图中容易看到，此时，20 年期债券的价值大于 2 年期债券的价值，如图中的 A 点与 B 点的价值，A 点的价值大于 B 点。同理，图形中当市场利率大于 15% 的部分，2 年期债券和 20 年期债券都应当是折价债券，从图中容易看到，此时，2 年期债券的价值大于 20 年期债券的价值，如图中的 C 点与 D 点的价值，C 点的价值大于 D 点。

(3) 市场利率低于票面利率时，债券价值对市场利率的变化较为敏感，市场利率稍有变动，债券价值就会发生剧烈的波动；市场利率超过票面利率后，债券价值对市场利率变化的敏感性减弱，市场利率的提高，不会使债券价值过分降低。

指点迷津 图中可以看出，无论是 2 年期还是 20 年期债券，从左往右，随着市场利率提高，曲线越来越平滑(特别是右半段表现明显)，即随着市场利率的提高，债券价值对市场利率的变化的敏感性由强到弱。

(4) 长期债券的价值波动较大，特别是票面利率高于市场利率的长期溢价债券，容易获取投资收益但安全性较低，利率风险较大。如果市场利率波动频繁，利用长期债券来储备现金显然是不明智的，将为较高的收益率而付出安全性的代价。

例解答·练

例题

例 1.（单选题·2019年）根据债券估计基本模型，不考虑其他因素的影响，当市场利率上升时，固定利率债券价值的变化方向是（ ）。

A. 不确定　　B. 不变　　C. 下降　　D. 上升

思路点拨 “债券价值对市场利率的敏感性”的图形草稿纸上画出来自然就有结论。或者计算现值时，市场利率作为折现率在分母的角度来理解。

解 计算固定利率债券价值时，折现率为市场利率，所以市场利率上升会导致债券价值下降。

答 C

例 2.（判断题·2019年）不考虑其他因素的影响，如果债券的票面利率大于市场利率，则债券的期限越长，价值就越低。（ ）

思路点拨 “债券价值对债券期限的敏感性”的图形快速画出来自然就有结论。

解 债券的票面利率大于市场利率时，为债券溢价发行，则债券的期限越长，价值就越高。

答 错

例 3.（判断题·2019年）由于债券的面值、期限和票面利息是固定的，因此带给持有者的未来收益仅仅为利息收益。（ ）

思路点拨 债券投资收益包括三个：名义利息收益、利息再投资收益、价差收益。

解 债券投资的收益是投资于债券所获得的全部投资收益，这些投资收益率来源于三个方面：名义利息收益、利息再投资收益、价差收益。

答 错

例 4.（单选题·2018年）债券内在价值计算公式中不包含的因素是（ ）。

A. 债券期限　　B. 债券票面利率　　C. 债券市场价格　　D. 债券面值

思路点拨 内在价值即现值，即未来现金流量的现值，计算现值的参数需要利息（现金流量），利息由债券面值和票面利率决定，还有期限、面值等。

解 债券内在价值指的是未来要支付的利息和到期偿还的本金的现值，利息的计算与债券市场价格无关，到期偿还的本金等于债券的面值，所以，本题答案是选项C。

答 C

例 5.（单选题·2015年）市场利率和债券期限对债券价值都有较大的影响。下列相关表述中，不正确的是（ ）。

A. 市场利率上升会导致债券价值下降

B. 长期债券的价值对市场利率的敏感性小于短期债券

C. 债券期限越短，债券票面利率对债券价值的影响越小

D. 债券票面利率与市场利率不同时，债券面值与债券价值存在差异

思路点拨 “债券价值对市场利率的敏感性”和“债券价值对债券期限的敏感性”的图形快速画出来，一个选项一个选项过。

 长期债券对市场利率的敏感性会大于短期债券，在市场利率较低时，长期债券的价值远高于短期债券，在市场利率较高时，长期债券的价值远低于短期债券。所以选项 B 的表述不正确。

答 B

习题

1. (单选题)ABC 公司于 2017 年 1 月 1 日发行债券，每张面值为 50 元，票面利率为 10%，期限为 3 年，每年 12 月 31 日付息一次，市场利率为 8%，假定以后市场利率保持不变，则该债券 2019 年 1 月 1 日的价值为(　)元。已知：(P/F，8%，1) = 0.9259，(P/A，8%，1) = 0.9259。

   A. 50　　B. 50.92　　C. 52.58　　D. 53.79

2. (判断题)债券票面利率，是指债券发行者预计一年内向持有者支付的利息占票面金额的比率，它与实际利率相同。(　)

3. (判断题)只有溢价或折价发行的债券，债券发行期限才会影响其价值。(　)

4. (计算分析题)假设目前是 2019 年 5 月 1 日，甲公司打算将多余资金用于 A 债券投资，该债券每年 5 月 1 日付息一次，到期还本，发行日为 2018 年 5 月 1 日，面值为 100 元，票面利率为 6%，期限为 5 年，目前尚未支付利息，目前的市价为 110 元，市场利率为 5%。

   已知：(P/A，5%，5) = 4.3295，(P/F，5%，4) = 0.8227。

   要求：计算 A 债券 2019 年 5 月 1 日的价值，并判断是否值得投资。

5. (多选题)下列关于债券价值的说法中，正确的有(　)。

   A. 债券期限越短，债券票面利率对债券价值的影响越小
   B. 债券期限越长，在票面利率偏离市场利率的情况下，债券价值越偏离债券面值
   C. 长期债券对市场利率的敏感性会大于短期债券
   D. 市场利率低于票面利率时，债券价值对市场利率的变化较为敏感

6. (多选题)债券 A 和债券 B 是两只刚发行的每年付息一次的债券，两个债券的面值、票面利率、市场利率均相同，以下说法中，正确的有(　)。

   A. 若市场利率高于票面利率，偿还期限长的债券价值低
   B. 若市场利率低于票面利率，偿还期限长的债券价值高
   C. 若市场利率高于票面利率，偿还期限短的债券价值低
   D. 若市场利率低于票面利率，偿还期限短的债券价值高

参考答案及解析 

价值评估核心概念在股票投资及证券投资基金中的应用

划重点

一、股票价值评估★

（一）股票估价基本模型

$$V=\sum_{t=1}^{\infty}\frac{D_t}{(1+R_s)^t}$$

式中：D_t为未来各期股利，R_s为必要收益率。

指点迷津 股票的价值即未来现金流量的现值。

（二）常用的股票估价模式

1. 固定增长模式

假设公司本期的股利为D_0，未来各期的股利按上期股利的g速度呈几何级数增长，则股票的价值：

$$V=D_0/(R_s-g)=D_1/(R_s-g)$$

式中：D_1是预计第一期的股利；R_S是必要收益率，通常采用资本资产定价模型确定。

易错易混 公式中的股利增长率g指的是自D_1开始以后的股利增长率，即D_2在D_1的基础上增长g，D_3在D_2的基础上增长g，依此类推。至于D_1是在D_0的基础上增长率是多少，可能等于这个g，也可能不等于。

2. 零增长模式

零增长即未来各期股利相等并且投资者准备永久持有，或者就是固定增长模式中的股利增长率为0，即g=0时，股票价值为：

$$V=D_0/R_s$$

优先股的价值（固定股利优先股）：$V=\frac{D}{R_s}$

指点迷津 零增长模式下的价值即永续年金的现值。

3. 阶段性增长模式

对于阶段性增长的股票的价值，需要分段计算。

二、股票投资的内部收益率★

1. 在固定增长股票估价模型中，用股票的购买价格P_0代替内在价值V，有：

股票内部收益率$R_s=\frac{D_1}{P_0}+g$

2. 如果投资者不打算长期持有股票，股票投资收益率是使股票投资净现值为零时的折现率，计算公式为：

$$NPV=\sum_{t=1}^{n}\frac{D_t}{(1+R)^t}+\frac{P_t}{(1+R)^n}-P_0=0$$

求折现率 R 即为股票的内部收益率。

指点迷津 股票投资的内部收益率即预期收益率。

三、证券投资基金

（一）概念及特点（见表 13-1）

表 13-1 证券投资基金的概念及特点

概念	证券投资基金以股票、债券等金融证券为投资对象，基金投资者通过购买基金份额的方式间接进行证券投资，由基金管理人进行专业化投资决策，由基金托管人对资金进行托管（商业银行或其他金融机构）
特点	（1）集合理财实现专业化管理。 （2）通过组合投资实现分散风险的目的。 （3）投资者利益共享且风险共担。 （4）权力隔离的运作机制（基金操作权力与资金管理权力相互隔离）。 （5）严格的监管制度

指点迷津 股票反映了所有权关系，债券反映了债权债务关系，基金则反映了一种信托关系，它是一种受益凭证，投资者购买基金份额则成为基金的受益人。

（二）分类（见表 13-2）

表 13-2 证券投资基金的分类

分类标准	具体内容
法律形式	契约式基金与公司型基金
运作方式	封闭式基金与开放式基金
投资对象	股票基金、债券基金、货币市场基金和混合基金等
投资目标	增长型基金、收入型基金和平衡型基金
投资理念	为主动型基金与被动（指数）型基金
募集方式	私募基金和公募基金

指点迷津 ①封闭式基金适合资金可进行长期投资的投资者，开放式基金则更适合强调流动资金管理的投资者；②依据投资对象对基金进行分类有助于投资者建立对基金风险与收益的初步认识；③增长型基金风险>平衡型基金风险>收入型基金风险，增长型基金收益>平衡型基金收益>收入型基金收益。

（三）业绩评价指标（见表 13-3）

表 13-3　业绩评价指标

<table>
<tr><th>指标</th><th colspan="3">计算说明</th></tr>
<tr><td rowspan="5">绝对收益</td><td colspan="2">持有期间收益率</td><td>持有期间收益率 $=\dfrac{\text{期末资产价格}-\text{期初资产价格}+\text{持有期间红利收入}}{\text{期初资产价格}}$</td></tr>
<tr><td colspan="2">现金流和时间加权收益率</td><td>如：某股票基金 2019 年 5 月 1 日有大客户进行了申购，9 月 1 日进行了分红，因此，将 2019 年划分为三个阶段（5 月 1 日之前、5 月 1 日至 9 月 1 日、9 月 1 日以后），假设三个阶段的收益率分别为−6%、5%、4%，则该基金当年的现金流和时间加权收益率为 $(1-6\%)\times(1+5\%)x(1+4\%)-1=2.65\%$</td></tr>
<tr><td rowspan="2">平均收益率</td><td>算术平均收益率</td><td>$R_A=\dfrac{\sum_{i=1}^{n}R_t}{n}$
式中：R_t 表期收益率；n 表示期数</td></tr>
<tr><td>几何平均收益率</td><td>$R_C=\left[\sqrt[n]{\prod_{i=1}^{n}(1+R_i)}\right]-1$
$=\sqrt[n]{(1+R_1)\times(1+R_2)\cdots\cdots\times(1+R_n)}-1$
式中：R_i 表示第 i 期收益率；n 表示期数</td></tr>
<tr><td colspan="2"></td><td></td></tr>
<tr><td>相对收益</td><td colspan="3">是指基金相对于一定业绩比较基准的收益。如，某基金以沪深 300 指数作为业绩比较基准，当沪深 300 指数收益率为 8%，该基金收益率为 6%时，从绝对收益看确实盈利了，但其相对收益为−2%</td></tr>
</table>

指点迷津 关于几何平均收益率的理解。如某基金投资者投入 10 万元购买基金，三年收益率分别为 5%、7%、8%，则根据货币时间价值计算原理，三年后终值为 $10\times(1+5\%)\times(1+7\%)\times(1+8\%)$，假设年几何平均收益率为 R_C，则三年后终值为 $10\times(1+R_C)^3$，则 $10\times(1+R_C)^3=10\times(1+5\%)\times(1+7\%)\times(1+8\%)$，即 $R_C=\sqrt[3]{(1+5\%)\times(1+7\%)\times(1+8\%)}-1$。

例解答·练

例题

例 1.（单选题·2019 年）某公司股票的当前市场价格为 10 元/股，今年发放的现金股利为 0.2 元/股（$D_0=0.2$），预计未来每年股利增长率为 5%，则该股票的内部收益率为（　）。

A. 7%　　　　B. 5%

C. 7.1%　　　　D. 2%

思路点拨 固定增长模型股票价值评估中，求出 D_1 是关键。根据题意 D_1 是在 D_0 的基础上上升 5%。

解 该股票的内部收益率 $=D_1/P_0+g=0.2\times(1+5\%)/10+5\%=7.1\%$

答 C

例 2.（判断题·2017 年）依据固定股利增长模型，股票投资内部收益率由两部分构成：一部分是预期股利收益率 D_1/P_0，另一部分是股利增长率 g。（　）

思路点拨 考核固定增长模式下内部收益率的计算公式。

解 依据固定股利增长模型“$R=D_1/P_0+g$”，可以看出，股票投资内部收益率由两部分构成：一部分是预期股利收益率 D_1/P_0，另一部分是股利增长率 g。

答 对

例 3.（计算分析题·2018 年）某公司投资 2000 万元证券，其中 A 公司股票 1200 万元，B 公司债券 800 万元。

(1)无风险收益率 6%，市场平均收益率 16%，A 公司股票的 β 系数为 1.2。

(2)A 公司股票市场价格为 12 元，未来每年股利为 2.7 元/股。

(3)B 公司债券年利率 7%。

要求：

(1)利用资本资产定价模型计算 A 公司股票的必要收益率。

(2)A 公司股票价值是多少？是否值得购买？

(3)计算该证券组合的必要收益率。

思路点拨 第(1)问只要掌握资本资产定价模型公式可以轻松拿分；第(2)问的核心在于判断本题属于零增长模式；第(3)问考核组合的收益率等于单项资产收益率的加权平均数。

答 (1)A 公司股票的必要收益率=6%+1.2×(16%-6%)=18%。

(2)A 公司股票价值=2.7/18%=15(元)，由于股票价值 15 元高于股票市场价格 12 元，所以该股票值得购买。

(3)该组合的必要收益率=18%×1200/2000+7%×800/2000=13.6%。

例 4.（计算分析题）假定某投资者准备购买 A 公司的股票，并且准备长期持有，无风险收益率 5%，该股票 β 系数 2，市场平均收益率 10%。该公司今年每股股利 0.8 元，预计下期股利 1.2 元，未来各期股利以 10% 的速度环比增长。则 A 股票的价值为多少？

思路点拨 首先要判断本题属于固定股利增长模式，确定公式中的 D_1 是关键。本题 D_1 直接给定，其后 D_2 开始在 D_1 的基础上固定增长 10%，即 $g=10\%$。

答 必要收益率 $R_s=5\%+2\times(10\%-5\%)=15\%$

$$V=\frac{D_1}{R_s-g}=\frac{1.2}{15\%-10\%}=24(\text{元})$$

习题

1.（单选题）某公司当期每股股利为 3.30 元，预计未来每年以 3% 的速度增长，假设投资者的必要收益率为 8%，则该公司每股股票的价值为(　)元。

A. 41.25　　B. 67.98　　C. 66.00　　D. 110.00

2.（计算分析题）己公司是一家上市公司，该公司 2019 年末资产总计为 10000 万元，其中负债合计为 2000 万元。该公司适用的所得税税率为 25%。预计己公司净利润持续增长，股利也随之相应增长。相关资料见表 13-4。

表 13-4　己公司相关资料

2019 年末股票每股市价	8.75 元
2019 年股票的 β 系数	1.25
2019 年无风险收益率	4%
2019 年市场组合的收益率	10%
预计股利年增长率	6.5%
预计 2020 年每股现金股利(D_1)	0.5 元

要求：

(1)利用资本资产定价模型计算己公司股东要求的必要收益率。

(2)利用股票估价模型，计算己公司 2019 年末股票的内在价值。

(3)根据上述计算结果，判断投资者 2019 年末是否应该以当时的市场价格买入己公司股票，并说明理由。

3. (计算分析题)假定某投资者准备购买 B 公司的股票，打算长期持有，要求达到 12% 的收益率，B 公司今年每股股利 0.6 元，预计未来 3 年以 15% 的速度高速增长，而后以 9% 的速度转入正常增长。

要求：计算该股票的价值(计算时，货币时间价值系数取至小数点后三位)。

4. (多选题)下列关于证券投资基金的说法中，正确的有(　)。

A. 证券投资基金的基金托管人也称为基金管理人

B. 基金投资反映的是一种信托关系

C. 基金操作权力与资金管理权力的分离体现了基金投资者利益共享且风险共担的特点

D. 可以在合同约定的时间对基金进行申购或赎回的基金为开放式基金

5. (判断题)投资增长型基金的主要目标是为了获得当期收入，而较少考虑获得资本增值。　(　)

6. (计算分析题)某基金近三年的收益率分别为 6%、8%、10%。

要求：分别计算其三年的年算术平均收益率与年几何平均收益率。

专题三 预算基础及各类预算的编制

本专题针对财务管理考试大纲“第三章　预算管理”的内容进行编写，与其他专题会建立联系，但整体相对比较独立，共3天的学习量。分别为“DAY14　预算分类及编制方法”“DAY15　经营预算的编制”“DAY16　财务预算的编制”。其中，经营预算中的销售预算、生产预算、直接材料预算以及财务预算是重点内容。

学 中级

DAY 14 预算分类及编制方法

划重点

一、预算的分类★

(一)预算的含义

预算是企业在预测、决策的基础上，用数量和金额以表格的形式反映企业未来一定时期内经营、投资、筹资等活动的具体计划，是为实现企业目标而对各种资源和企业活动做的详细安排。

(二)预算的特征

(1)必须与企业的战略目标保持一致。

(2)数量化和可执行性是预算最主要的特征。

(三)预算的分类(见表 14-1)

表 14-1　预算的分类

按预算内容分类(预算体系)	含义	内容	按预算期的长短分类	地位
经营预算(业务预算)	与企业日常业务直接相关的一系列预算	销售预算、生产预算、采购预算、费用预算、人力资源预算等	短期预算	分预算(辅助预算)
专门决策预算	指企业重大的或不经常发生的、需要根据特定决策编制的预算	投融资决策预算等	长期预算	
财务预算	指与企业资金收支、财务状况或经营成果等有关的预算。它是从价值方面总括地反映企业经营预算与专门决策预算的结果	资金预算、预计资产负债表、预计利润表等	短期预算	总预算(最后起到总结作用)

易错易混　“总预算”并不是指经营预算、专门决策预算与财务预算的综合，而是专指“财务预算”。

二、预算的编制方法★★

(一)增量预算法与零基预算法

按其出发点的特征不同，预算编制方法可分为增量预算法和零基预算法。

增量预算法：指以历史期实际经济活动及其预算为基础，结合预算期经济活动及相关影响因素的变动情况，通过调整历史期经济活动项目及金额形成预算的预算编制方法。增量预算法以过去的费用发生水平为基础，主张不需在预算内容上作较大的调整。

零基预算法：指企业不以历史期经济活动及其预算为基础，以零为起点，从实际需要出发分析预算期经济活动的合理性，经综合平衡，形成预算的预算编制方法。零基预算法适用于企业各项预算的编制，特别是不经常发生的预算项目或预算编制基础变化较大的预算项目。

增量预算法与零基预算法的比较见表 14-2。

表 14-2　增量预算法与零基预算法的比较

出发点不同	有关内容	优缺点
增量预算法	遵循假定： (1)现有业务活动是合理的，不必进行调整。 (2)现有各项业务的开支水平是合理的，可以在预算期予以保持。 (3)以现有业务活动和各项活动的开支水平，确定预算期各项活动的预算数	优点：较零基预算法简单。 缺点：可能导致无效费用开支无法得到有效控制，使得不必要开支合理化，造成预算上的浪费
零基预算法	应用程序： (1)明确预算编制标准。 (2)制订业务计划。 (3)编制预算草案。 (4)审定预算方案	优点：①不受历史期经济活动中的不合理因素影响，能够灵活应对内外环境的变化，预算编制更贴近预算期企业经济活动需要；②有助于增加预算编制透明度，有利于进行预算控制。 缺点：①编制工作量较大，成本较高；②预算编制的准确性受企业管理水平和相关数据标准准确性影响较大

指点迷津 增量预算法为什么会造成预算上的浪费？比如一个费用部门在编制本部门预算时，为了将来能在业绩考核上取得好成绩，某一年原本 80 万的费用预算申报了 100 万，假如实际发生了 90 万的费用，年度考核时反倒评价为公司节约了 10 万元的费用，实则浪费了 10 万元。而且采用增量预算法，往往下一年度的预算会建立在上一年度实际发生 90 万预算的基础上，从而使得这种不合理的浪费现象继续存在。

(二)固定预算法与弹性预算法

按其业务量基础的数量特征不同，可分为固定预算法和弹性预算法。

1. 固定预算法与弹性预算法的含义及特点(见表 14-3)

表 14-3　固定预算法与弹性预算法的比较

业务量基础不同	含义	优缺点
固定预算法 (静态预算法)	指以预算期内正常的、最可实现的某一业务量(产量、销售量、作业量等)水平为固定基础，不考虑可能发生的变动的预算编制方法	缺点：①适应性差；②可比性差
弹性预算法 (动态预算法)	指企业在分析业务量与预算项目之间数量依存关系的基础上，分别确定不同业务量及其相应预算项目所消耗资源的预算编制方法	优点：考虑了预算期可能的不同业务量水平，更贴近企业经营管理实际情况。 缺点：①编制工作量大；②市场及其变动趋势预测的准确性、预算项目与业务量之间的依存关系的判断水平等会对弹性预算的合理性造成较大影响

指点迷津 静态预算法只编制“一个业务量”下的相应预算，弹性预算法编制“多个业务量”下的相应预算。

2. 弹性预算法的编制程序(见图 14-1)

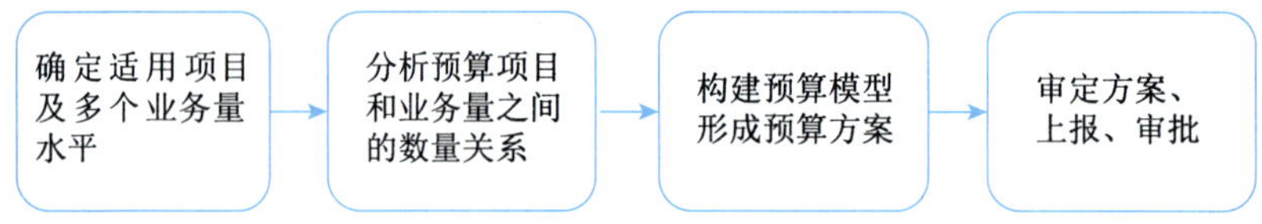

图 14-1 弹性预算法的编制程序

指点迷津 编制弹性预算，要选用一个最能代表生产经营活动水平的业务量计量单位。例如，以手工操作为主的车间，就应选用人工工时；制造单一产品或零件的部门，可以选用实物数量；修理部门可以选用直接修理工时等。

3. 弹性预算法的具体方法(见表 14-4)

表 14-4 弹性预算法的两种应用方法

公式法(连续业务量)	含义：根据总成本性态模型(成本与业务量之间的数量关系式：$y=a+bx$)编制成本费用预算的方法。 优点：便于在一定范围内计算任何业务量的预算成本，可比性和适应性强，编制预算的工作量相对较小。 缺点：按公式进行成本分解比较麻烦，工作量大；阶梯成本和曲线成本只能用数学方法修正为直线；有时还需要进行备注说明不同业务量范围的固定费用和单位变动费用
列表法(非连续业务量)	含义：指通过列表的方式，在业务量范围内依据已划分的若干个不同等级，分别计算并列示该预算项目与业务量相关的不同可能预算方案的方法。 优点：不管实际业务量多少，不必经过计算即可找到与业务量相近的预算成本；混合成本中的阶梯成本和曲线成本，不必修正为近似的直线成本。 缺点：用插值法计算“实际业务量的预算成本”，比较麻烦

指点迷津 关于公式法与列表法中提到的阶梯成本和曲线成本要不要修正直线的理解，请参考后面的例题中的分析。

(三)定期预算法与滚动预算法

按其预算期的时间特征不同，可分为定期预算法和滚动预算法(见表 14-5)。

表 14-5 定期预算法与滚动预算法

预算期时间不同	含义	优缺点
定期预算法	以固定会计期间(如日历年度)作为预算期的一种预算编制方法	优点：预算期间与会计期间相对应有利于实际数与预算数进行对比也有利于分析和评价。 缺点：往往使管理人员只考虑剩下时间的业务量，缺乏长远打算，导致一些短期行为的出现
滚动预算法(连续预算法、永续预算法)	企业根据上一期预算执行情况和新的预测结果，按既定的预算编制周期和滚动频率，对原有的预算方案进行调整和补充、逐期滚动、持续推进的预算编制方法	优点：通过持续滚动预算编制、逐期滚动管理，实现动态反映市场、建立跨期综合平衡，从而有效指导企业营运，强化预算的决策与控制职能。 缺点：①工作量大；②过高的滚动频率容易增加管理层的不稳定感，导致预算执行者无所适从

指点迷津 按照预算编制周期，可以将滚动预算分为中期滚动预算和短期滚动预算。中期滚动预算的预算编制周期通常为 3 年或 5 年，以年度作为预算滚动频率。短期滚动预算通常以

1 年为预算编制周期，以月度、季度作为预算滚动频率。

例解答·练

例题

例 1.(单选题·2017 年)下列各项中，不属于经营预算的是(　)。

A. 资金预算　　B. 销售预算　　C. 销售费用预算　　D. 直接材料预算

思路点拨 选项很明显，资金预算属于财务预算。

答 A

例 2.(多选题·2013 年)下列关于财务预算的表述中，正确的有(　)。

A. 财务预算多为长期预算

B. 财务预算又被称作总预算

C. 财务预算是全面预算体系的最后环节

D. 财务预算主要包括资金预算和预计财务报表

思路点拨 常见的利润表、资产负债表最长都是一年一编制，所以财务预算多为短期预算。

解 一般情况下，企业的经营预算和财务预算多为 1 年期的短期预算，因此，选项 A 的说法不正确。

答 BCD

例 3.(单选题·2018 年)某公司在编制成本费用预算时，利用成本性态模型($y=a+bx$)，测算预算期内各种可能的业务量水平下的成本费用，这种预算编制方法是(　)。

A. 滚动预算法　　B. 固定预算法　　C. 弹性预算法　　D. 零基预算法

思路点拨 题干中的关键字为"可能的业务量水平"，即多个业务量，对应弹性预算法。

解 弹性预算法又分为公式法和列表法两种具体方法，公式法是运用总成本性态模型测算预算期的成本费用数额，并编制成本费用预算的方法。

答 C

例 4.(单选题·2015 年)随着预算执行不断补充预算，但始终保持一个固定预算期长度的预算编制方法是(　)。

A. 滚动预算法　　B. 弹性预算法　　C. 零基预算法　　D. 定期预算法

思路点拨 题干中的核心题眼"不断补充"，即一边执行一边补充，即滚动。

解 滚动预算法是指在编制预算时，将预算期与会计期间脱离开，随着预算的执行不断地补充预算，逐期向后滚动，使预算期始终保持为一个固定长度的一种预算方法，所以本题的正确答案是选项 A。

答 A

例 5.(计算分析题)A 企业经过分析得出某种产品的制造费用与人工工时密切相关，现拟采用公式法编制制造费用预算，确定出的预算费用项目及与人工工时的关系见表 14-6。

表 14-6　制造费用预算（公式法）

业务量范围	420~660（人工工时）	
费用项目	固定费用（元/月）	变动费用（元/人工工时）
运输费用		0.20
电力费用		1.00
材料费用		0.10
修理费用	85	0.85
油料费用	108	0.20
折旧费用	300	
人工费用	100	
合计	593	2.35
备注	当业务量超过 600 工时后，修理费中的固定费用将由 85 元上升为 185 元	

其中修理费用、油料费用为混合成本并已修正为与业务量间的直线关系。

要求：

（1）按公式法列出人工工时与制造费用预算总额之间的关系式。

（2）如果人工工时为 500 工时，计算制造费用预算总额。

（3）如果人工工时为 650 工时，计算制造费用预算总额。

思路点拨 要知道 $y=a+bx$ 方程式中，a 不随着业务量 x 的变动而变动，属于固定费用；bx 会随着业务量 x 的变动而变动，属于变动费用，其中的 b 指单位变动费用。再根据表中的各项制造费用的类别，很轻松就能列出具体的关系式。只要列出关系式，第（2）、（3）问直接代入相应的业务量就可以了。但要注意“备注”栏中的提示。

答 （1）业务量为 420~600 人工工时：$y=593+2.35x$。

业务量为 600~660 人工工时：$y=693+2.35x$。

（2）业务量为 500 人工工时的制造费用预算为 593+2.35×500=1768（元）。

（3）业务量为 650 人工工时的制造费用预算为 693+2.35×650=2220.5（元）。

例 6.（计算分析题）A 企业经过分析得出某种产品的制造费用与人工工时密切相关，现拟采用列表法编制制造费用预算，确定出的正常生产能力为 600 人工工时，并按照下限 70%，上限 110% 确定出最低最高业务量，相关预算费用项目及与人工工时的关系如见表 14-7，其中的修理费用、油料费用为混合成本。

表 14-7　制造费用预算（列表法）　　金额单位：元

业务量（直接人工工时）	420	480	540	600	660
占正常生产能力百分比	70%	80%	90%	100%	110%
变动成本：					
运输费用（b=0.2）	84	96	108	120	132
电力费用（b=1.0）	420	480	540	600	660
材料费用（b=0.1）	42	48	54	60	66
合计	546	624	702	780	858

续表

业务量(直接人工工时)	420	480	540	600	660
混合成本:					
修理费用	442	493	544	595	746
油料费用	192	204	216	228	240
合计	634	697	760	823	986
固定成本:					
折旧费用	300	300	300	300	300
人工费用	100	100	100	100	100
合计	400	400	400	400	400
总计	1580	1721	1862	2003	2244

要求：如果人工工时为500工时，计算制造费用预算总额。

指点迷津 从表中可以看出，由于列表法直接列出了各种业务量下的各项制造费用，所以若想要计算人工工时为420、480、540、600、660的制造费用，将各项成本项目加总就可以了，也不需要把混合成本修正为和业务量的直线方程。但是有个新的问题，如果要求的业务量不是表中的业务量的话，如何计算对应的制造费用总额？

思路点拨 要求计算的业务量为500工时，并不在列表法既定的业务量中。由表中可以看出，除修理费用、油料费用外的其他制造费用项目与业务量之间的关系要么为固定成本，要么为变动成本，可以较方便地计算出500工时业务量下这些制造费用项目的金额。但修理费用和油料费用由于是混合成本，无法直接确定500工时业务量下对应的金额。此时，我们可以借助“插值法”近似求解。

答 根据表中的数据，业务量为500人工工时时，运输费用=0.2×500=100(元)，电力费用=1.0×500=500(元)，材料费用=0.1×500=50(元)，折旧费用=300(元)，人工费用=100(元)。

对于未列示在表格中的实际业务量水平，计算该实际业务量水平下的混合成本预算额，需要使用插值法。

已知油料费用在业务量为480工时下的预算额为204元，在业务量为540工时下的预算额为216元，则实际业务量500工时下的油料费用预算额采用插值法计算如下：

油料费用预算额(元)	业务量水平(工时)
204	480
x	500
216	540

$$\frac{204-x}{204-216}=\frac{480-500}{480-540}$$

解得：x=208(元)

已知修理费用在业务量为480工时下的预算额为493元，在业务量为540工时下的预算额为544元，则实际业务量500工时下的修理费用预算额采用插值法计算如下：

修理费预算额(元)　　　　业务量水平(工时)

$$\left.\begin{matrix}\left.\begin{matrix}493\\x\end{matrix}\right\}\\544\end{matrix}\right\}\qquad\qquad\left.\begin{matrix}\left.\begin{matrix}480\\500\end{matrix}\right\}\\540\end{matrix}\right\}$$

$\frac{493-x}{493-544}=\frac{480-500}{480-540}$，解得：$x=510$(元)。

因此，人工工时为500时的制造费用总额=100+500+50+300+100+208+510=1768(元)。

习题

1. (多选题)下列各项中，属于零基预算法特点的有(　)。
   A. 零基预算法假定现有业务是合理的，不需要进行调整
   B. 零基预算法使预算编制更贴近预算期实际需要
   C. 零基预算法较增量预算法编制工作量大
   D. 零基预算法有助于增加预算编制透明度
2. (单选题)下列各预算中，属于不经常发生的、一次性的重要决策预算的是(　)。
   A. 单位生产成本预算　　B. 资本支出预算
   C. 资金预算　　D. 预计资产负债表
3. (单选题)在编制预算时，以不变的会计期间作为预算期的编制预算的方法是(　)。
   A. 零基预算法　　B. 定期预算法
   C. 固定预算法　　D. 永续预算法
4. (单选题)企业按弹性预算法编制费用预算，预算直接人工工时为5万小时，变动成本为50万元，固定成本为30万元，总成本费用为80万元；如果预算直接人工工时达到7万小时，则总成本费用为(　)万元。
   A. 80　　B. 70
   C. 100　　D. 110
5. (多选题)以下有关弹性预算法的列表法的表述中，正确的有(　)。
   A. 不管实际业务量是多少，不必经过计算即可找到与业务量相近的预算成本
   B. 混合成本中的阶梯成本和曲线成本可按其性态计算填列，不必修正
   C. 比较简单
   D. 可比性和适应性强

参考答案及解析 

经营预算的编制

划重点

一、销售预算的编制★★

主要内容：销量、单价和销售收入，通常还包括预计现金收入。

编制依据：在销售预测的基础上根据销售计划编制。

地位：是整个预算的编制起点，其他预算的编制都以销售预算为基础。

与财务预算的数据关系：依据收款条件预测预计现金收入(资金预算)、预算期末应收账款余额(预计资产负债表)、预算全年销售收入(预计利润表)。

指点迷津 销量×单价=销售收入，销售收入影响利润表，当期实现的销售收入一部分收到现金构成资金预算的现金收入，一部分没有收到现金形成期末应收账款，从而影响资产负债表。

二、生产预算的编制★

主要内容：销售量、期初和期末产成品存货、生产量。

易错易混 生产预算只涉及实物量指标，不涉及价值量指标。

编制依据：以销售预算为编制依据。

地位：是编制直接材料预算、直接人工预算、制造费用预算和产品成本预算的依据。

与财务预算的数据关系：无直接数据关系。

指点迷津 生产预算的主题是建立在销售预算的基础上确定某一期间的生产量，但由于期末需要保留一部分产成品，因此销售量并不一定等于生产量(除非期末无产成品存货)，销售量与生产量之间的关系如下：

期初数+本期增加数(生产量)-本期减少数(销售量)=期末数

指点迷津 要计算预计生产量，需要用到预计销售量(来源于销售预算)、预计期末(初)产成品存货(通常题目都会给定条件，比如预计期末产成品存货=下期预计销售量×一定百分比)。

易错易混 千万要注意，本期增加数就是“生产量”，本期减少数就是“销售量”。另外，这是生产多少产品的预算，别与后面的“原材料”采购量预算混淆掉。

三、直接材料预算的编制★★★

主要内容：材料的单位产品用量、生产需用量、期初和期末存量、材料采购量。通常还包括预计现金支出。

编制依据：以生产预算为编制依据，同时考虑原材料存货水平。

与财务预算的数据关系：依据付款条件预测预计现金支出(资金预算)、预算期末应付账款余额(预计资产负债表)、预算期末材料余额(预计资产负债表)。

指点迷津 采购材料要付款，当期采购的材料付款的部分形成现金支出，影响资金预算；未付款的部分形成应付账款，影响资产负债表；期末材料余额影响资产负债表存货项目。

指点迷津 材料预算的主题是建立在生产预算的基础上确定材料的采购量(生产产品需要用到材料)，但由于期末需要保留一部分材料，因此生产需要用量并不一定等于材料采购量(除非期末无材料存货)，生产需要用量与材料采购量的关系如下：

期初数+本期增加数(材料采购量)−本期减少数(生产需用量)=期末数

指点迷津 要计算材料采购量，需要用到生产需用量(预计生产量×单位产品材料用量，其中"预计生产量"来自生产预算，"单位产品材料用量"来自标准成本资料或消耗定额资料)、预计期末(初)材料存货通常题目都会给定条件，比如预计期末材料存量=下期生产需用量×一定百分比。

四、直接人工预算的编制

主要内容：预计产量、单位产品工时、人工总工时、每小时人工成本和人工总成本。

编制依据：以生产预算为编制依据。

与财务预算的数据关系：不需要另外预计现金支出，可直接参加资金预算的汇总。

五、制造费用预算的编制

主要内容：变动制造费用预算、固定制造费用预算。

编制依据：变动制造费用预算以生产预算为依据来编制，固定制造费用预算通常与本期产量无关，按实际需要的支付额预计。

与财务预算的数据关系：全部制造费用扣除折旧费后，参与资金预算的编制。

六、产品成本预算的编制

主要内容：产品的单位成本、产品总成本。

编制依据：销售预算、生产预算、直接材料预算、直接人工预算、制造费用预算的汇总。

与财务预算的数据关系：期末存货成本(预计资产负债表)、销货成本(预计利润表)，与资金预算无关。

七、销售及管理费用预算的编制

编制依据：①销售费用预算：以销售预算为基础；②管理费用预算：多属于固定成本预算，以过去实际开支为基础，按预算期的可预见变化来调整。

与财务预算的数据关系：全部费用扣除折旧费等非付现费用后，参与资金预算的编制。

八、专门决策预算的编制

指点迷津 专门决策预算并不属于经营预算的范围，此处只是为了保持预算体系的完整性在这里提及一下。

主要内容：主要是长期投资预算（资本支出预算），与项目投资决策相关，往往涉及长期建设项目的资金投放与筹集，并经常跨越多个年度。

编制依据：项目财务可行性分析资料、企业筹资决策资料。

与财务预算的数据关系：编制资金预算和预计资产负债表的依据。

例解答·练

例题

例 1.（单选题·2019年）下列各项中，不属于销售预算编制内容的是（　）。

A. 销售费用　　B. 单价　　C. 销售收入　　D. 销售量

思路点拨 销售收入=销售量×单价，选项BCD相互牵连。

解 销售费用属于“销售及管理费用预算”的内容，不属于销售预算。

答 A

例 2.（多选题·2019年）全面预算体系中，编制产品成本预算的依据包括（　）。

A. 制造费用预算　　B. 直接材料预算　　C. 直接人工预算　　D. 生产预算

思路点拨 要明确产品成本预算主要确定单位产品成本和产品总成本。制造费用预算、直接材料预算和直接人工预算可以确定单位产品成本。生产预算可以提供生产量的信息，“生产量×单位产品成本”即为本期生产产品的总成本。

解 产品成本预算是销售预算、生产预算、直接材料预算、直接人工预算和制造费用预算的汇总。

答 ABCD

例 3.（单选题·2019年）公司编制下一年的生产预算，每季度末产成品存货按照下季度销量的20%予以安排，预计第二季度和第三季度的销售量分别为150件和200件，则第二季度的预计生产量为（　）件。

A. 190　　B. 140　　C. 160　　D. 170

思路点拨 看到生产预算，马上写出关系式“期初数+本期增加数（本期生产量）−本期减少数（本期销售量）=期末数”。其中“期初数”根据题意为第二季度销售量的20%即150×20%；本期减少即第二季度销售量150件；期末数即第三季度销售量的20%即200×20%。就剩一个未知数“本期增加数（本期生产量）”可易求得。

解 第二季度的预计生产量=第二季度的销售量+第二季度的期末存量−第一季度的期末存量=150+200×20%−150×20%=160（件）。

答 C

例 4.（单选题·2018年）下列预算中，一般不作为资金预算编制依据的是（　）。

A. 管理费用预算　　B. 直接人工预算

C. 生产预算　　D. 直接材料预算

思路点拨 生产预算的主题是确定“生产量”，涉及生产有关的现金支出都在后续的材料预算、人工预算和制造费用预算中。

解 生产预算以实物量表示，不涉及现金收支，因此不是资金预算的编制依据。

答 C

例 5.（单选题·2017年）某企业2017年度预计生产某产品1000件，单位产品耗用材料15千克，该材料期初存量为1000千克，预计期末存量为3000千克，则全年预计采购量为（ ）千克。

A. 16000　B. 17000　C. 15000　D. 18000

思路点拨 一看到计算采购量，马上写出关系式"期初数+本期增加数（本期采购量）-本期减少数（本期生产需用量）=期末数"。本题期初、期末已知，本期生产需要用量即1000×15，代入关系式，可方便求出采购量。

解 全年预计采购量=预计生产需要量+期末材料存量-期初材料存量=预计生产量×单位产品消耗量+期末材料存量-期初材料存量=1000×15+3000-1000=17000（千克）。

答 B

例 6.（计算分析题·2017年）甲公司编制销售预算的相关资料如下：

资料一：甲公司预计每季度销售收入中，有70%在本季度收到现金，30%于下一季度收到现金，不存在坏账。2016年末应收账款余额为6000万元。假设不考虑增值税及其影响。

资料二：甲公司2017年的销售预算如表15-1所示：

表15-1　甲公司2017年销售预算　金额单位：万元

季度	一	二	三	四	全年
预计销售量（万件）	500	600	650	700	2450
预计单价（元/件）	30	30	30	30	30
预计销售收入	15000	18000	19500	21000	73500
预计现金收入					
上年应收账款	*				*
第一季度	*	*			*
第二季度		（B）	*		*
第三季度			*	（D）	*
第四季度				*	*
预计现金收入合计	（A）	17100	（C）	20550	*

注：表中的"*"为省略的数值。

要求：

（1）确定表格中字母所代表的数值（不需要列示计算过程）。

（2）计算2017年末预计应收账款余额。

思路点拨 基于题干中的收款政策可知，每季度的现金收入既包括当季收入的70%，也包括上季度收入的30%，如第一季度的现金收入=上季度收入的30%（即题干中的应收款6000）+第一季度收入的70%（即15000×70%），并依次类推，这样表格中的A、C即可确定。表格中的B指第二季度收第二季度的款项，即18000×70%。表格中的D指第四季度收第三季度的款项，即19500×30%。

思路点拨 基于题干中的收款政策，年末的应收账款余额即为第四季度销售收入中没有收到现金的那部分，即第四季度销售收入×30%。

答题模板 如果题目中给定的收款政策为当期收入在当期及下期分两期收款，如当期收入当期收 $A\%$，下期收 $B\%$，则本期现金收入=上期销售收入×$B\%$+本期销售收入×$A\%$。如果当期收入在当期、下期及下下期分三期收款，如当期收入当期收 $A\%$，下期收 $B\%$，下下期收 $C\%$，则本期现金收入=上上期销售收入×$C\%$+上期销售收入×$B\%$+本期销售收入×$A\%$。

答 (1) A=15000×70%+6000=16500(万元)

B=18000×70%=12600(万元)

C=19500×70%+18000×30%=19050(万元)

D=19500×30%=5850(万元)

(2) 2017 年末预计应收账款余额=21000×30% =6300(万元)

例 7. (计算分析题)甲公司编制 2018 年度直接材料预算的相关资料如下：

资料一：甲公司预计材料采购金额的 40% 在本季度内付清，60% 在下季度付清，期末材料存量按下期生产需用量的 20% 确定。材料的年初存量为 300 千克，年末存量为 400 千克。假定不考虑增值税等相关税费的影响。

资料二：甲公司 2018 年四个季度的产品生产量分别为 105 件、155 件、198 件、182 件，每件产品单位产品材料用量为 10 千克，材料单价为 5 元/千克。

资料三：甲公司 2018 年直接材料预算相关信息如表 15-2 所示：

表 15-2　直接材料预算

季　度	一	二	三	四
生产需用量(千克)	(1)	(2)	(3)	(4)
加：预计材料期末存量(千克)	(5)	(6)	(7)	400
减：预计材料期初存量(千克)	300	(8)	(9)	(10)
预计材料采购量(千克)	(11)	(12)	(13)	(14)
预计采购金额(元)	(15)	(16)	(17)	(18)
预计现金支出	—	—	—	—
上年应付账款	2350			
第一季度	(19)	(20)		
第二季度		(21)	(22)	
第三季度			(23)	(24)
第四季度				(25)
现金支出合计	(26)	(27)	(28)	(29)

要求：

(1) 确定表格中带括号的数字所代表的数值(不需要列示计算过程)。

(2) 计算 2018 年末预计应付账款余额。

(3) 计算 2018 年末资产负债表“存货”项目中应包括的材料的余额。

思路点拨 生产需用量=产品生产量×单位产品材料用量，(1)(2)(3)(4) 可确定；“预计材料期末存量”根据题意为下期生产需用量的 20%，即(5)=(2)×20%，(6)=(3)×20%，(7)=(4)

×20%；本期期末即为下期期初，所以“预计材料期初存量”即为上期“预计材料期末存量”，即（8）=（5），（9）=（6），（10）=（7）；“预计采购量”中的（11）（12）（13）（14）可根据关系式“期初数+本期增加数（材料采购量）−本期减少数（生产需用量）=期末数”得出；预计采购金额=预计材料采购量×材料单价。表中下半部分为与现金收支有关的信息，根据题意，每季度的采购款40%在本季度内付清，60%在下季度付清，因此（19）=（15）×40%，（26）=上年末应付款2350+（19），（20）=（15）×60%，（21）=（16）×40%，（27）=（20）+（21），（22）=（16）×60%，（23）=（17）×40%，（28）=（22）+（23），（24）=（17）×60%，（25）=（18）×40%，（29）=（24）+（25）。

思路点拨 基于题干中的付款政策，年末的应付账款余额即为第四季度采购金额中还没有支付的部分，即第四季度采购金额×60%。年末资产负债表“存货”项目中应包括的材料的余额=预计材料期末存量×材料单价。

答题模板 如果题目中给定的付款政策为当期采购金额在当期及下期分两期支付，如当期采购款当季付 $A\%$，下期付 $B\%$，则本期现金支出=上期采购金额×$B\%$+本期采购金额×$A\%$。如果当期采购金额在当期、下期及下下期分三期支付，如当期采购款当期付 $A\%$，下期付 $B\%$，下下期付 $C\%$，则本期现金支出=上上期采购金额×$C\%$+上期采购金额×$B\%$+本期采购金额×$A\%$。

答 （1）表中数据的确定见表15−3。

表15−3 直接材料预算

季　度	一	二	三	四
预计生产量（件）	105	155	198	182
生产需用量（千克）	1050	1550	1980	1820
加：预计材料期末存量（千克）	310	396	364	400
减：预计材料期初存量（千克）	300	310	396	364
预计材料采购量（千克）	1060	1636	1948	1856
预计采购金额（元）	5300	8180	9740	9280
预计现金支出				
上年应付账款	2350			
第一季度（采购5300元）	2120	3180		
第二季度（采购8180元）		3272	4908	
第三季度（采购9740元）			3896	5844
第四季度（采购9280元）				3712
现金支出合计	4470	6452	8804	9556

（2）预计年末应付账款=9280×60%=5568（元）

（3）预计年末材料存货余额=400×5=2000（元）

习题

1.（单选题）丙公司预计2016年各季度的销售量分别为100件、120件、180件、200件，预计每季度末产成品存货为下一季度销售量的20%。丙公司第二季度预计生产量为（　）件。

A. 120　　B. 132　　C. 136　　D. 156

2. (单选题)某企业编制“直接材料预算”，预计第四季度期初应付账款为10000元，年末应付账款为8160元；第四季度期初直接材料存量500千克，该季度生产需用量为3500千克，预计期末存量为400千克，材料单价为8元。则该企业预计第四季度采购现金支出为(　)元。

A. 11160　　B. 29040　　C. 9547.2　　D. 12547.2

3. (多选题)在编制直接材料预算时，需要考虑的因素包括(　)。

A. 该材料预计生产需用量　　B. 该材料预计期末存量

C. 该材料期初存量　　D. 该材料上期的耗用量

4. (单选题)下列预算中，不直接涉及现金收支的是(　)。

A. 销售预算　　B. 产品成本预算

C. 直接材料预算　　D. 销售与管理费用预算

5. (多选题)编制生产预算中的“预计生产量”项目时，需要考虑的因素有(　)。

A. 预计销售量　　B. 预计期初产成品存货

C. 预计期末产成品存货　　D. 前期实际销售量

6. (多选题)下列各项中，属于产品成本预算编制基础的有(　)。

A. 制造费用预算　　B. 直接材料预算

C. 销售费用预算　　D. 直接人工预算

参考答案及解析

DAY 16 财务预算的编制

划重点

一、资金预算的编制

（一）含义

专门反映预算期内预计现金收入和现金支出、为满足理想现金余额而进行筹资或归还借款等的预算。

（二）编制依据

（1）经营预算（不涉及生产预算、产品成本预算）。

（2）专门决策预算。

（三）编制思路

基本思路：先计算各期“可供使用的现金”，然后再计算各项“现金支出”，在此基础上得出“现金余缺”，根据现金余缺情况结合其他因素，来确定预算期现金筹措或运用的数额，最后计算得出“期末现金余额”。

（四）内容

1. 可供使用现金=期初现金余额+现金收入

指点迷津 “现金收入”主要来源于销货取得的收入，即来自“销售预算”中的现金收入。

2. 现金支出

各项经营预算和专门决策预算所涉及的现金支出。

3. 现金余缺=可供使用现金-现金支出

易错易混 一定要注意，确定现金收入与现金支出时均不考虑现金筹措与运用所涉及到的现金流入与现金流出，比如借款收到的现金、偿还债务利息支出的现金、投资股票取得的现金收益等。

4. 现金筹措与运用

（1）若现金余缺±其他已知有关因素<理想期末现金余额，表明现金不足，需要根据实际情况筹措现金。如借入借款、发行股票等。

（2）若现金余缺±其他已知有关因素>理想期末现金余额，表明现金多余，需要根据实际情况将多余的现金运用出去。如偿还借款、购买证券等。

指点迷津 资金预算编制的难点在于“资金筹措与运用”这部分。要注意，并不是“现金余缺<理想期末现金余额”，就表明现金不足，要在计算出来的现金余缺的基础上结合其他已知因素才能和理想期末现金余额进行比较，因为在计算现金余缺时并没有考虑现金筹措与运用所涉及的现金流入与现金流出，比如现金余缺=-2万元，理想现金余额3万元，前期企业多余资

金投资短期证券本期取得现金收益 6 万元，此时现金余缺与证券收益共计现存现金 4 万元，大于理想现金余额 1 万元(4−3)，需要在此基础上进一步考虑资金运用的问题。同理，并不是“现金余缺>理想期末现金余额”，就表明现金多余，比如现金余缺 =10 万元，理想现金余额 8 万元，前期企业向银行借入借款本期现金利息支出 4 万元，此时现金余缺与偿还利息合计现存现金 6 万元，小于理想现金余额 2 万元(8−6)，需要在此基础上进一步考虑资金筹措问题。因此，**资金筹措与运用部分的填写技巧：先根据已知因素把能填写的数字填写出来，根据现金余缺的金额结合已经填写出来的数字的综合结果再与理想现金余额进行比较，再考虑资金筹措与运用的问题。**

5. 期末现金余额 = 现金余缺 + 现金筹措 − 现金运用

二、预计利润表与预计资产负债表的编制

(一)预计利润表的编制

(1)编制依据：经营预算、专门决策预算、资金预算。

(2)所得税费用通常不是根据利润总额和所得税税率计算的，而是在利润规划时估计的，并已列入资金预算。

(二)预计资产负债表的编制

编制依据：计划期开始日的资产负债表；计划期内的经营预算、专门决策预算、资金预算及预计利润表。

指点迷津 资产负债表反映某期期末时点的财务状况，提供各报表项目期末余额的信息，而期末余额需要建立在期初余额的基础上(即计划期开始日的资产负债表)并结合计划期内相关变动(计划期内经营预算、专门决策预算、资金预算及预计利润表)计算得出的。

例解答 · 练

例题

例 1. (单选题 · 2019 年)关于预计资产负债表，下列说法正确的是(　)。

A. 预计利润表编制应当先于预计资产负债表编制而完成

B. 编制资产负债预算的目的在于了解企业预算期的经营成果

C. 资本支出的预算结果不会影响预计资产负债表的编制

D. 预计资产负债表是资金预算编制的起点和基础

思路点拨 利润表的净利润会影响资产负债表的所有者权益项目，因此利润表得先编；资产负债表是反映企业财务状况的报表而不是经营成果，利润表反映的是经营成果；资本支出会形成长期资产(如固定资产)会影响资产负债表；资金预算依据经营预算和专门决策预算编制。

解 预计利润表用来综合反映企业在计划期的预计经营成果，因此选项 B 错误。资本支出的预算结果会影响资产负债预算的非流动资产项目，因此选项 C 错误。资金预算是以经营预算和专门决策预算为依据编制的，预计资产负债表是编制全面预算的终点，因此选项 D 错误。

答 A

例 2. (单选题 · 2018 年)根据企业 2018 年的资金预算，第一季度至第四季度期初现金余额分

别为 1 万元、2 万元、1.7 万元、1.5 万元，第四季度现金收入为 20 万元，现金支出为 19 万元，不考虑其他因素，则该企业 2018 年末的预计资产负债表中，货币资金年末数为(　)万元。

A. 2.7　　B. 7.2　　C. 4.2　　D. 2.5

思路点拨 年末数即第四季度末的余额，和第四季初以及第四季度现金收支有关系，即期末数=期初数+本期增加(现金收入)-本期减少(现金支出)。

解 货币资金年末数=第四季度期初现金余额+(第四季度现金收入-第四季度现金支出)=1.5+(20-19)=2.5(万元)。

答 D

例 3.(多选题·2017 年)下列各项中，能够成为预计资产负债表中存货项目金额来源的有(　)。

A. 销售费用预算　　B. 直接人工预算

C. 直接材料预算　　D. 产品成本预算

思路点拨 材料、产品属于存货项目列报的内容。销售费用影响利润表，直接人工的数据已经汇总到产品成本当中。

解 “存货”包括直接材料和产成品，影响这两项的是直接材料预算和产品成本预算，所以选项 CD 是答案。

答 CD

例 4.(多选题·2015 年)下列各项预算中，与预计利润表编制直接相关的有(　)。

A. 销售预算　　B. 生产预算

C. 产品成本预算　　D. 销售及管理费用预算

思路点拨 注意题干是说“直接”相关，销售预算影响利润表中的销售收入；生产预算只有数量指标没有价值指标；产品成本预算中包含已销产品的成本，影响利润表中的销售成本；销售及管理费用影响利润表中的期间费用项目。

解 利润表中“销售收入”项目的数据来自销售收入预算；“销售成本”项目的数据来自产品成本预算；“销售及管理费用”项目的数据来自销售及管理费用预算，所以选项 ACD 正确。生产预算只涉及实物量指标，不涉及价值量指标，所以生产预算与预计利润表的编制不直接相关。

答 ACD

例 5.(计算分析题)甲公司正在编制 2020 年的资金预算，预计 2020 年年初现金余额为 8000 元，各季末理想的现金余额是 3000 元。资金不足可取得短期借款，借款额必须是 1000 元的整数倍；借款利息按季支付，假设新增借款发生在季度的期初，归还借款发生在季度的期末(如果需要归还借款，先归还短期借款，归还的数额为 100 元的整数倍)。甲公司上年末的长期借款余额为 120000 元。资金预算有关资料见表 16-1。

表 16-1　资金预算有关资料　　单位：元

季度	一	二	三	四
期初现金余额	8000	(7)	(13)	(20)
现金收入	18200	26000	36000	37600
可供使用现金	(1)	(8)	(14)	(21)

续表

季度	一	二	三	四
现金支出	68000	21140	24220	112450
现金余缺	(2)	(9)	(15)	(22)
现金筹措与运用	—	—	—	—
借入长期借款	30000			60000
取得短期借款	(3)			(23)
归还短期借款			(16)	
短期借款利息(年利率 10%)	(4)	(10)	(17)	(24)
长期借款利息(年利率 12%)	(5)	(11)	(18)	(25)
期末现金余额	(6)	(12)	(19)	(26)

要求：确定表格中带括号的数字所代表的数值(不需要列示计算过程)。

思路点拨

(1)可供使用现金=期初现金余额+现金收入，这样(1)(8)(14)(21)一样的思路。

(2)本期期末即为下期期初，这样(6)=(7)、(12)=(13)、(19)=(20)。

(3)现金余缺=可供使用现金−现金支出，这样(2)(9)(15)(22)一样的思路。

(4)第一季度现金余缺经计算为−41800 元，已知借入长期借款 30000 元，可以确定长期借款利息一定为(120000+30000)×12%/4=4500(元)，即(5)=4500，题干信息强调资金不足可取得短期借款，也就是说资金短缺不会取得长期借款，这样现金余额结合可确定的因素综合结果为−41800+30000−4500=−16300(元)<理想现金余额 3000 元，需借入短期借款。假设第一季度取得短期借款为 A，则第一季度短期借款利息为 $A\times10\%/4$，则 $-16300+A-A\times10\%/4\geqslant3000$，解得：$A\geqslant19794.88$(元)，按 1000 元的整数倍取整为 20000 元，则短期借款利息为 20000×10%/4=500(元)，根据以上结果则可方便求得(6)。

(5)第二季度现金余缺经计算为 8060 元，因第一季度已借入短期借款 20000 元，因此(10)至少是 500 元(之所以这里说“至少”，是因为在现金余缺结合其他因素综合结果未确定之前并不清楚要不要取得借款，如果综合结果小于理想现金余额，则要取得短期借款，而一旦取得短期借款，由于是季初借入，这里的短期借款的利息必然还会包含新增借款的利息，另外偿还短期借款题干说季末偿还，因此本期即使要偿还短期借款，也不会影响本期短期借款的利息)。长期借款未发生变化，因此(11)=4500(元)，这样现金余缺结合现有因素综合结果为 8060−500−4500=3060(元)>理想现金余额 3000 元，差额 60 元由于题干强调要归还借款必须为 100 元的整数倍，因此无需偿还借款，第二季度现金余额即为 3060 元。

(6)第三季度现金余缺经计算为 14840 元，同第二季度一样，短期借款的利息至少是 500 元，长期借款的利息为 4500 元，这样现金余缺结合现有因素的综合结果为 14840−500−4500=9840(元)>理想现金余额 3000 元，差额为 6840(元)，需要偿还短期借款，假设第 3 季度归还短期借款为 B，则 $9840-B\geqslant3000$，解得 $B\leqslant6840$(元)，按 100 元的整数倍取整为 6800 元，根据以上结果可方便求得(19)。

(7)第四季度现金余缺经计算为−71810 元，已知借入长期借款 60000 元，此时长期借款总额为 210000 元，因此可计算出长期借款的利息(25)=6300(元)，短期借款的利息至少是

(20000−6800)×10%/4＝330(元)(原短期借款20000元，第三季度偿还6800元)，这样现金余缺结合现有因素的综合结果为：−71810＋60000−6300−330＝−18440(元)<理想现金余额3000元，需要借入短期借款。假设第四季度取得短期借款为C，则第四季度短期借款利息为330＋C×10%/4，根据：−18440＋C−C×10%/4≥3000，解得C≥21989.74(元)，按1000元的整数倍取整为22000元。则短期借款利息＝330＋22000×10%/4＝880(元)，根据以上结果可方便求得(26)。

答 计算结果见表16−2。

表16−2 资金预算

单位：元

季度	一	二	三	四
期初现金余额	8000	3200	3060	3040
现金收入	18200	26000	36000	37600
可供使用现金	26200	29200	39060	40640
现金支出	68000	21140	24220	112450
现金余缺	−41800	8060	14840	−71810
现金筹措与运用	—	—	—	—
借入长期借款	30000			60000
取得短期借款	20000			22000
归还短期借款			6800	
短期借款利息(年利率10%)	500	500	500	880
长期借款利息(年利率12%)	4500	4500	4500	6300
期末现金余额	3200	3060	3040	3010

习题

1. (单选题)资金预算的内容不包括( )。

A. 经营现金收入 B. 经营现金支出 C. 预计实现的利润 D. 现金余缺

2. (多选题)在计算本期现金余缺的时候，需要考虑的项目有( )。

A. 本期期初现金余额 B. 本期期末现金余额

C. 本期现金支出 D. 本期现金收入

3. (多选题)某期资金预算中假定出现了正值的现金余缺数，且超过额定的期末现金余额，单纯从财务预算调剂现金余缺的角度看，该期可以采用的措施有( )。

A. 偿还部分借款利息 B. 偿还部分借款本金

C. 出售短期投资 D. 进行短期投资

4. (计算分析题·2017年)甲公司在2016年第四季度按照定期预算法编制2017年度的预算，部分资料如下：

资料一：2017年1−4月的预计销售额分别为600万元、1000万元、650万元和750万元。

资料二：公司的目标现金余额为50万元，经测算，2017年3月末预计“现金余缺”为30万元，公司计划采用短期借款的方式解决资金短缺。

资料三：预计2017年1-3月净利润为90万元，没有进行股利分配。

资料四：假设公司每月销售额于当月收回20%，下月收回70%，其余10%将于第三个月收回；公司当月原材料金额相当于次月全月销售额的60%，购货款于次月一次付清；公司第1、2月份短期借款没有变化。

资料五：公司2017年3月31日的预计资产负债表(简表)如下表所示：

表　甲公司2017年3月31日的预计资产负债表(简表)　　单位：万元

资产	年初余额	月末余额	负债与股东权益	年初余额	月末余额
现金	50	(A)	短期借款	612	(C)
应收账款	530	(B)	应付账款	360	(D)
存货	545	*	长期负债	450	*
固定资产净额	1836	*	股东权益	1539	(E)
资产总计	2961	*	负债与股东权益总计	2961	*

注：表内的“*”为省略的数值。

要求：确定表格中字母所代表的数值(不需要列示计算过程)。

专题四 成本性态、销售预测、定价管理、本量利分析与杠杆效应

本专题整合了财务管理考试大纲“第九章　收入与分配管理”中的收入管理（销售预测、定价管理）、“第二章　财务管理基础”中的成本性态、“第八章　成本管理”中的本量利分析以及“第五章　筹资管理（下）”中的杠杆效应等内容进行缩写，原因在于几部分内容极易产生关联，均会涉及销售量（Q）、单价（P）、单位变动成本（V）和固定成本（F）有关的内容，是常见的知识点串联的的命题模式，共九天的学习量，分别为“DAY17　成本性态”“DAY18　销售预测”“DAY19　定价管理”“DAY20　本量利分析概述”“DAY21　单一产品盈亏平衡分析”“DAY22　产品组合盈亏平衡分析”“DAY23　目标利润分析与敏感性分析”“DAY24　盈亏平衡分析在经营决策中的应用”“DAY25　杠杆效应”。其中，DAY20至DAY24同属于本量利分析。九天的学习中，以DAY20、DAY21、DAY22、DAY23、DAY24和DAY25最为重要。

学……中级

成本性态

划重点

一、成本性态分类★★

成本性态，又称成本习性，是指成本与业务量(产量或销售量)之间的依存关系。

按照成本性态不同，通常可以把成本区分为固定成本、变动成本和混合成本三类。

(一)固定成本

固定成本是指在特定的业务量范围内不受业务量变动影响，一定期间的总额能保持相对稳定的成本(见图 17-1)，但单位固定成本与业务量的增减呈反向变动(见图 17-2)。

图 17-1　固定成本总额与业务量关系

单位固定成本
O
业务量

图 17-2　单位固定成本与业务量关系

指点迷津

(1)一定期间的固定成本的稳定性是有条件的，即业务量变动的范围是有限的。能够使固定成本保持稳定的特定业务量范围，称为相关范围。

(2)一定期间固定成本的稳定性是相对的，即对于业务量来说它是稳定的，但并不意味着每月该项成本的实际发生额都完全一样。

固定成本的分类见表 17-1。

表 17-1　固定成本的分类

固定成本分类	含义	典型举例	降低途径
约束性固定成本(经营能力成本)	管理当局的短期经营决策行动不能改变其具体数额的固定成本	保险费、房屋租金、固定的设备折旧、管理人员的基本工资等	合理利用现有的生产能力，提高生产效率
酌量性固定成本	管理当局的短期经营决策行动能改变其数额的固定成本	广告费、职工培训费、新产品研究开发费用等	厉行节约、精打细算，编制出积极可行的费用预算并严格控制，防止浪费和过度投资

(二)变动成本

在特定的业务量范围内，成本总额随业务量的变动而成正比例变动(见图 17-3)，单位变动成本不变(见图 17-4)。

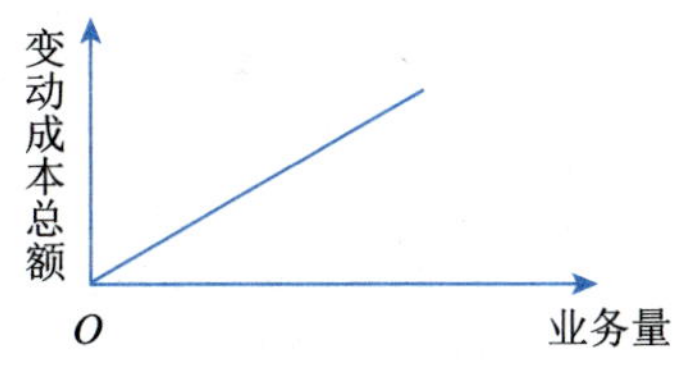

图 17-3　变动成本总额与业务量关系

图 17-4　单位变动成本与业务量关系

指点迷津 单位变动成本的稳定性是有条件的，即业务量变动的范围是有限的。

变动成本的分类见表 17-2。

表 17-2　变动成本的分类

分类	含义	举例	特征
技术性变动成本（约束性变动成本）	由技术或设计关系决定的变动成本	生产一台汽车需要耗用一台引擎、一个底盘和若干轮胎等	经理人员不能决定其发生额
酌量性变动成本	通过管理当局的决策行动可以改变的变动成本	按销售收入的一定百分比支付的销售佣金、新产品研制费（**研发活动直接消耗的材料、燃料和动力费用等**）、技术转让费等	单位变动成本的发生额可由企业最高管理层决定

（三）混合成本

混合成本兼具有固定与变动两种性质，可进一步将其细分为半变动成本、半固定成本、延期变动成本和曲线变动成本（见表 17-3）。

表 17-3　混合成本的类型

类型	图示	举例
半变动成本	成本 变动成本部分 固定成本部分 0 业务量	固定电话月租费等
半固定成本（阶梯式变动成本）	成本 0 业务量	企业的管理员、运货员、检验员的工资等
延期变动成本	成本 0 业务量	职工的基本工资，在正常工作时间情况下是不变的；如果工作时间超出正常标准，则需按加班时间的长短成比例地支付加班薪金；包月手机费等

续表

类型	图示	举例
曲线变动成本	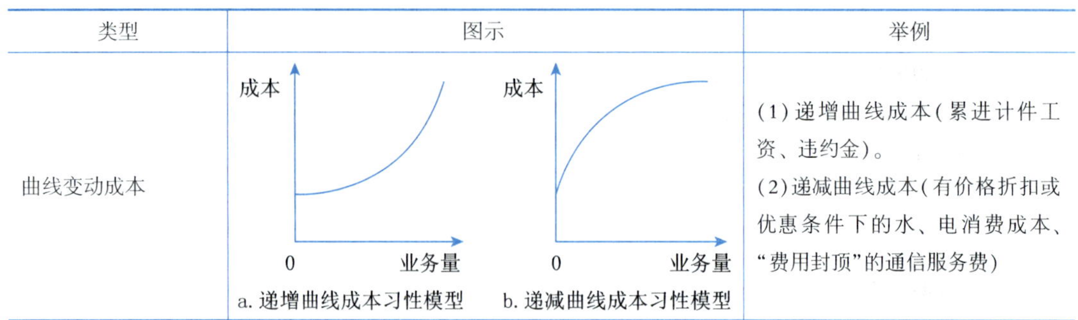 a. 递增曲线成本习性模型　b. 递减曲线成本习性模型	(1)递增曲线成本(累进计件工资、违约金)。 (2)递减曲线成本(有价格折扣或优惠条件下的水、电消费成本、“费用封顶”的通信服务费)

易错易混 递增曲线成本和递减曲线成本随着业务量在增加，总成本都是在增加的。只不过递增曲线成本业务量每增加一个单位所带来的总成本增加会越来越大(即边际成本越来越大)，而递减曲线成本业务量每增加一个单位所带来的总成本增加会越来越小(即边际成本越来越小)。

二、混合成本的分解★★

指点迷津 由于混合成本与业务量之间的关系没有规律，不便于和固定成本、变动成本一起来研究业务量与总成本之间的关系，因此将混合成本近似地模拟为半变动成本($y=a+bx$，其中 a 为固定成本，bx 为变动成本)，将有助于建立业务量与总成本之间的关系，便于决策分析。

(一)高低点法

高低点法是以过去某一会计期间的总成本和业务量资料为依据，从中选取业务量最高点和业务量最低点，将总成本进行分解。

易错易混 注意选取业务量的最高点和最低点而不是总成本的最高点和最低点。还有，最高业务量对应的总成本并不一定是最高，最低业务量对应的总成本也不一定是最低的。

高低点法的高点和低点的选取见图 17-5。

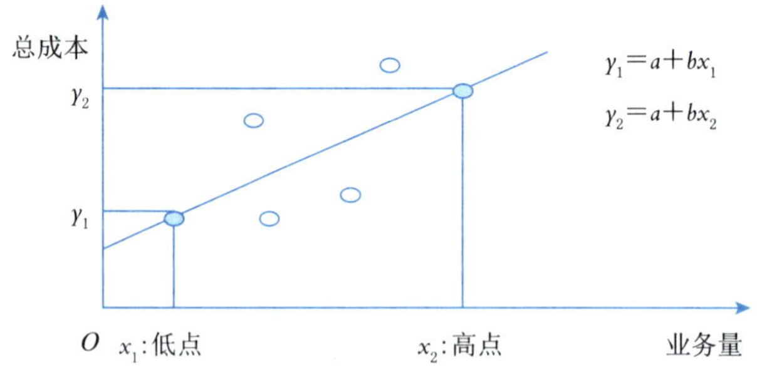

图 17-5　高低点法

指点迷津 如上图，在给定的六期历史业务量和总成本的散点图中，选择最低点业务量和最高点业务量对应的点，两点连成一条直线，即只有这两个点处于这条直线上，将这两点对应的数据代入方程中，即 $y_1=a+bx_1$，$y_2=a+bx_2$，求解联立方程组即可求得 a、b。

特点：属于历史成本分析的方法。采用高低点法计算较简单，但它只采用了历史成本资料中的高点和低点两组数据，故代表性较差。

（二）回归分析法

根据过去一定期间的业务量和混合成本的历史资料，应用最小二乘法原理，算出最能代表业务量与混合成本关系的回归直线，借以确定混合成本中固定成本和变动成本的方法。

特点：属于历史成本分析的方法，是一种较为精确的方法。

（三）账户分析法

又称会计分析法，它是根据有关成本账户及其明细账的内容，结合其与产量的依存关系，判断其比较接近哪一类成本，就视其为哪一类成本。

特点：简便易行，但比较粗糙且带有主观判断。

（四）技术测定法

又称工业工程法，它是根据生产过程中各种材料和人工成本消耗量的技术测定来划分固定成本和变动成本的方法。

特点：可能是最完备的方法，通常只适用于投入成本与产出数量之间有规律性联系的成本分解。

（五）合同确认法

根据企业订立的经济合同或协议中关于支付费用的规定，来确认并估算哪些项目属于变动成本，哪些项目属于固定成本的方法。

特点：要配合账户分析法使用。

指点迷津 注意每一种方法的特点：高低点法代表性差；回归分析法较为精确；账户分析法粗糙带有主观判断；技术测定法是最完备的方法；合同确认法需配合账户分析法。

三、总成本模型

将混合成本按照一定的方法区分为固定成本和变动成本后，根据成本性态，企业的总成本就可以表示为：

总成本（y）$=a+bx=$固定成本总额+变动成本总额=固定成本总额+单位变动成本×业务量

例解答·练

例题

例 1.（多选题·2019年）在一定期间及特定的业务量范围内，关于成本与业务量关系，下列说法正确的有（　）。

A. 变动成本总额随业务量的增加而增加

B. 单位固定成本随业务量的增加而降低

C. 固定成本总额随业务量的增加而增加

D. 单位变动成本随业务量的增加而降低

思路点拨 考核固定成本和变动成本的含义和特征，比较简单。

解 变动成本的基本特征是：在特定的业务量范围内，变动成本总额因业务量的变动而成正比例变动，但单位变动成本不变，选项A的说法正确，选项D的说法不正确。固定成本的基本特征是：在一定期间及特定的业务量范围内，固定成本总额不因业务量的变动而变动，但单位固定成本会与业务量的增减呈反方向变动，选项 B 的说法正确，选项 C 的说法不正确。

答 AB

例 2.（多选题·2019 年）基于成本性态分析，对于企业推出的新产品所发生的混合成本，不适宜采用（　）。

A. 合同确认法　　B. 技术测定法　　C. 回归分析法　　D. 高低点法

思路点拨 关键字眼“新产品”，没有历史数据。

解 高低点法和回归分析法，都属于历史成本分析的方法，它们仅限于有历史成本资料数据的情况，而新产品并不具有足够的历史数据。

答 CD

例 3.（多选题·2018 年）下列各项中，一般属于酌量性固定成本的有（　）。

A. 新产品研发费　　B. 广告费　　C. 职工培训费　　D. 设备折旧费

思路点拨 可增可减的成本就属于酌量性成本，设备是保持基本生产能力的必须投入，设备折旧费明显属于约束性固定成本。

解 酌量性固定成本是指管理当局的短期经营决策行动能改变其数额的固定成本。例如：广告费、职工培训费、新产品研究开发费用等。选项 D 属于约束性固定成本。

答 ABC

例 4.（判断题·2018 年）变动成本是指在特定业务范围内，其总额随业务量的变动而正比例变动的成本。（　）

思路点拨 找不到可以挑剔的字眼。

解 变动成本和业务量之间的线性关系，通常只在一定的相关范围内。在相关范围之外就可能表现为非线性的。

答 对

例 5.（单选题·2014 年）某公司电梯维修合同规定，当每年上门维修不超过 3 次时，年维修费用为 5 万元，当超过 3 次时，则在此基础上按每次 2 万元付费。根据成本性态分析，该项维修费用属于（　）。

A. 半变动成本　　B. 半固定成本　　C. 延期变动成本　　D. 曲线变动成本

思路点拨 维修不超过 3 次，不管 1 次、2 次、还是 3 次，维修费固定为 5 万元，所以维修不超过 3 次时，成本为固定成本，超过 3 次后，每次 2 万元付费，很明显属于与次数成正比例的变动成本。

解 延期变动成本在一定的业务量范围内有一个固定不变的基数，当业务量增长超出了这个范围，它就与业务量的增长成正比例变动，所以，本题的答案为选项 C。

答 C

例 6.（单选题·2013 年）下列混合成本的分解方法中，比较粗糙且带有主观判断特征的是（　）。

A. 高低点法　　B. 回归分析法　　C. 技术测定法　　D. 账户分析法

思路点拨 一看到“粗糙带有主观判断”，马上想到账户分析法。

解 账户分析法，又称会计分析法，它是根据有关成本账户及其明细账的内容，结合其与业务量的依存关系，判断其比较接近哪一类成本，就视其为哪一类成本，这种方法简便易行，但比较粗糙且带有主观判断。

 D

习题

1. (单选题)约束性固定成本不受管理当局的短期经营决策行动的影响。下列各项中，不属于企业约束性固定成本的是(   )。

   A. 管理人员的基本工资　　B. 房屋租金

   C. 职工培训费　　D. 保险费

2. (单选题)混合成本分解的下列方法中，较为精确的方法是(   )。

   A. 账户分析法　　B. 合同确认法　　C. 回归分析法　　D. 高低点法

3. (单选题)已知在正常范围内，企业生产设备所消耗的年固定成本为 10 万元，而单位变动成本为 0.8 元，假设企业预计下一年的生产能力为 220 万件，则预计下一年的总成本为(   )万元。

   A. 210　　B. 186　　C. 230　　D. 228

4. (计算分析题)某企业生产的甲产品 7—12 月份的产量及成本资料如表 17-4 所示：

表 17-4　产量及成本资料

月份	7	8	9	10	11	12
产量(件)	40	42	45	43	46	50
总成本(元)	8800	9100	9600	9300	9800	10500

要求：采用高低点法确定产量与总成本之间的关系式。

销售预测

划重点

指点迷津 销售预测的主要任务是预测销售量(销售量以“Q”代替，下文相同)。

一、销售预测的定性分析法★

适用情形：一般适用于预测对象的历史资料不完备或无法进行定量分析。

主要方法：营销员判断法、专家判断法(具体又包括个别专家意见汇集法、专家小组法和德尔菲法)和产品寿命周期分析法。

二、销售预测的定量分析法★★

(一)趋势预测分析法

主要方法：包括算术平均法、加权平均法、移动平均法、指数平滑法(见表 18-1)。

表 18-1 趋势预测分析法

<table>
<tr><th>方法</th><th>公式(X 代表历史实际销售量，Y 代表预测销售量)</th><th>特点</th></tr>
<tr><td>算术平均法</td><td>$Y=\frac{\sum X_i}{n}$</td><td>适用于每月销售量波动不大的产品的销售预测</td></tr>
<tr><td>加权平均法</td><td>$Y=\sum_{i=1}^{n} W_i X_i$</td><td>(1)权数的选取应遵循“近大远小”的原则。
(2)加权平均法较算术平均法更为合理，在实践中应用较多</td></tr>
<tr><td>移动平均法</td><td>$Y_{n+1}=\frac{X_{n-(m-1)}+X_{n-(m-2)}+\cdots+X_{n-1}+X_n}{m}$</td><td rowspan="2">这种方法假设预测值主要受最近 m 期销售量的影响，只选用了 n 期数据中的最后 m 期作为计算依据，代表性较差。适用于销售量略有波动的产品预测</td></tr>
<tr><td>移动平均法(修正)</td><td>$\overline{Y}_{n+1}=Y_{n+1}+(Y_{n+1}-Y_n)$</td></tr>
<tr><td rowspan="2">指数平滑法</td><td colspan="2">$Y_{n+1}=aX_n+(1-a)Y_n$
X_n 为上期实际销售量；Y_n 为上期预测量；a 为平滑指数</td></tr>
<tr><td colspan="2">①在销售量波动较大或进行短期预测时，可选择较大的平滑指数；②在销售量波动较小或进行长期预测时，可选择较小的平滑指数。
优点：运用比较灵活，适用范围较广。
缺点：在平滑指数的选择上具有一定的主观随意性</td></tr>
</table>

(二)因果预测分析法(回归直线法 $y=a+bx$)

可以通过下列方程组求解 a 和 b。

$$\begin{cases}\sum XY=a\sum X+b\sum X^2\\ \sum Y=na+b\sum X\end{cases}$$

其中 X 指影响销售量的因素。

例解答·练

例题

例 1.（单选题·2017 年）下列各项销售预测分析方法中，属于定性分析法的是（　）。

A. 指数平滑法　　B. 营销员判断法

C. 加权平均法　　D. 因果预测分析法

思路点拨 定性分析法的特征为非数量化。

解 销售预测的定性分析法包括营销员判断法、专家判断法和产品寿命周期分析法。选项 B 为正确答案，选项 ACD 的方法都属于定量分析法。

答 B

例 2.（单选题·2014 年）下列销售预测方法中，属于因果预测分析法的是（　）。

A. 指数平滑法　　B. 移动平均法

C. 专家小组法　　D. 回归直线法

思路点拨 因果预测分析法首先属于定量分析，可先排除定性分析法 C；定量分析法又包括趋势分析法和因果预测分析法，再次排除 AB。

解 因果预测分析法是指通过影响产品销售量（因变量）的相关因素（自变量）以及它们之间的函数关系，并利用这种函数关系进行产品销售预测的方法。因果预测分析法最常用的是回归分析法。所以，本题的答案为选项 D。

答 D

例 3.（计算分析题·2014 年）丙公司只生产销售 H 产品，其销售量预测相关资料见表 18-2

表 18-2　销售量预测相关资料

	2008 年	2009 年	2010 年	2011 年	2012 年	2013 年
预测销售量（吨）	990	1000	1020	1030	1030	1040
实际销售量（吨）	945	1005	1035	1050	1020	1080

公司拟使用修正的移动平均法预测 2014 年销售量，并以此为基础确定产品销售价格，样本期为 3 期。2014 年公司目标利润总额（不考虑所得税）为 307700 元。完全成本总额为 800000 元。H 产品适用的消费税税率为 5%。

要求：

（1）假设样本期为 3 期，使用移动平均法预测 2014 年 H 产品的销售量。

（2）使用修正的移动平均法预测 2014 年 H 产品的销售量。

（3）使用目标利润法确定 2014 年 H 产品的销售价格。

思路点拨 前两问仍然是记住公式就可以轻松解决。第三问和本专题的定价管理有关系，要注意消费税是价内税，是包含在价格中的，消费税的计算方法为“价格×消费税税率”，此外，消费税会减少利润。

答 (1)2014 年 H 产品的销售量=(1050+1020+1080)/3=1050(吨)。

(2)2014 年 H 产品的销售量=1050+(1050−1040)=1060(吨)。

(3)设销售价格为 X，X×1060×(1−5%)−800000=307700，解得 X=1100(元/吨)。

习题

1. (单选题)下列关于销售预测中的指数平滑法的表述中，不正确的是(　)。

A. 采用较大的平滑指数，预测值可以反映样本值新近的变化趋势

B. 平滑指数大小决定了前期实际值和预测值对本期预测值的影响

C. 在销售量波动较大的时候，可选择较大的平滑指数

D. 进行长期预测时，可选择较大的平滑指数

2. (多选题)趋势预测分析法包括(　)。

A. 算术平均法　　B. 加权平均法　　C. 指数平滑法　　D. 回归直线法

3. (单选题)已知某公司 2017 年的实际销售量为 5400 吨，假设原预测销售量为 5260 吨，平滑指数为 0.6。若采用指数平滑法，则 2018 年的预测销售量为(　)吨。

A. 5316　　B. 5344　　C. 5330　　D. 5635

4. (单选题)当产品的历史资料不完备，或者无法进行定量分析时，销售预测分析可以采用的方法是(　)。

A. 加权平均法　　B. 专家判断法　　C. 因果预测分析法　　D. 指数平滑法

5. (计算分析题)某公司 2011—2019 年的产品销售资料如表 18-3 所示：

表 18-3　产品销售资料

年度	2011	2012	2013	2014	2015	2016	2017	2018	2019
销售量(万件)	3000	3100	3150	3250	3400	3300	3450	3500	3600
权数	0.03	0.05	0.07	0.08	0.1	0.13	0.15	0.18	0.21

要求：

(1)根据上述资料，用算术平均法预测公司 2020 年的销售量。

(2)根据上述资料，用加权平均法预测公司 2020 年的销售量。

(3)要求分别用移动平均法和修正的移动平均法预测公司 2020 年的销售量(假设样本期为 3 期)。

(4)若平滑指数 a=0.6，要求利用指数平滑法预测公司 2020 年的销售量(2019 年预测销售量按 3 期移动平均法计算)。

参考答案及解析 

DAY 19 定价管理

划重点

一、产品定价方法★★

产品定价方法主要包括以成本为基础的定价方法和以市场需求为基础的定价方法。

(一)以成本为基础的定价方法

在企业成本范畴，基本上有三种成本可以作为定价基础，即变动成本、制造成本和全部成本费用，具体内容见表19-1。

表19-1　以成本为基础的定价方法

成本类别	成本范围	应用
变动成本	完全变动成本，包括变动制造成本和变动期间费用	变动成本可以作为**增量产量的定价依据**，但**不能作为一般产品的定价依据**
制造成本	一般包括直接材料、直接人工和制造费用	由于它不包括各种期间费用，因此**不能正确反映企业产品的真实价值消耗和转移**。利用制造成本定价不利于企业简单再生产的继续进行
全部成本费用	包括制造成本和管理费用、销售费用及财务费用等各种期间费用	在此成本基础上制定价格，既可以保证企业简单再生产的正常进行，又可以使劳动者为社会劳动所创造的价值得以全部实现

1. 全部成本费用加成定价法

(1)成本利润率定价。

$$成本利润率=\frac{预测利润总额}{预测成本总额}\times100\%$$

$$单位产品价格=\frac{单位成本\times(1+成本利润率)}{1-适用税率}$$

指点迷津 掌握一个常识就可以解决以下几乎所有的定价方法。常识告诉我们产品的价格里面应该包括成本、利润，如果有价内税则还包括税金(如消费税)，即单价=单位成本+单位税金+单位利润，而单位税金=单价×税率，所以通用公式为：单价=单位成本+单位税金+单位利润=单位成本+单价×税率+单位利润。此处由于采用“成本利润率”定价，因为成本利润率=利润/成本，因此利润=成本×成本利润率，把公式中的“单位利润”替换成“单位成本×成本利润率”，则单价=单位成本+单价×税率+单位成本×成本利润率，公式经过整理就可以得出这种定价方法的定价公式。

(2)销售利润率定价。

$$销售利润率=\frac{预测利润总额}{预测销售总额}\times100\%$$

$$单位产品价格=\frac{单位成本}{1-销售利润率-适用税率}$$

指点迷津 把公式“单价＝单位成本＋单价×税率＋单位利润”中的单位利润换成“单价×销售利润率”，即“单价＝单位成本＋单价×税率＋单价×销售利润率”，整理以后就可得出这种定价方法的定价公式。

易错易混 在工业企业一般采用成本利润率定价，在商业企业一般采用销售利润率定价。

2. 盈亏平衡点定价法

$$单位产品价格=\frac{单位固定成本+单位变动成本}{1-适用税率}=\frac{单位完全成本}{1-适用税率}$$

指点迷津 这种定价方法即目标利润=0，把公式“单价＝单位成本＋单价×税率＋单位利润”中的单位利润换成0，即单价＝单位成本＋单价×税率，整理即可得出这种定价方法的定价公式。

指点迷津 采用这一方法确定的价格是最低销售价格。

3. 目标利润法

$$单位产品价格=\frac{目标利润总额+完全成本总额}{产品销量\times(1-适用税率)}=\frac{单位目标利润+单位完全成本}{1-适用税率}$$

指点迷津 这种定价方法是为了实现既定的目标利润，可以用目标利润总额，也可以用单位目标利润来计算，建议大家用“单位目标利润”以便和其他几种定价方法统一起来。当题目中给定的是目标利润总额时，先将其换算成单位目标利润。直接将公式“单价＝单位成本＋单价×税率＋单位利润”整理即可得出这种定价方法的定价公式。

4. 变动成本定价法

变动成本定价法，是指企业在生产能力有剩余的情况下增加生产一定数量的产品，这些增加的产品可以不负担企业的固定成本，只负担变动成本，在确定价格时产品成本仅以变动成本计算。此处所指变动成本是指完全变动成本，包括变动制造成本和变动期间费用。

$$单位产品价格=\frac{单位变动成本\times(1+成本利润率)}{1-适用税率}$$

指点迷津 把公式“单价＝单位成本＋单价×税率＋单位成本×成本利润率”中的单位成本换成单位变动成本，即单价＝单位变动成本＋单价×税率＋单位变动成本×成本利润率，整理即可得出这种定价方法的定价公式。

易错易混 题目中若给出这种定价方法下的成本利润率，就要考虑成本利润率；如果题目中没有给出成本利润率，则公式中就不用考虑成本利润率了，即单位产品价格＝单位变动成本/(1－适用税率)。

(二)以市场需求为基础的定价方法

指点迷津 以成本为基础的定价方法，主要关注企业的成本状况而不考虑市场需求状况，因而运用这种方法制定的产品价格不一定满足企业销售收入或利润最大化的要求。

1. 需求价格弹性系数定价法

(1)需求价格弹性系数。

$$E=\frac{\Delta Q/Q_0}{\Delta P/P_0}$$

式中：Q_0表示基期需求量，ΔQ表示需求变动量，P_0表示基期单位产品价格，ΔP表示价格变动量。

(2)该方法确定的产品销售价格。

$$P=\frac{P_0 Q_0^{(1/|E|)}}{Q^{(1/|E|)}}=P_0\times(\frac{Q_0}{Q})^{(1/|E|)}$$

式中：P_0表示基期单位产品价格，Q_0表示基期销售数量，Q表示预计销售数量，E表示需求价格弹性系数。

指点迷津 利用这种方法计算出来的价格，是使产品能够销售出去的价格。如果实际售价超过这个价格，则产品不能完全销售出去。

2. 边际分析定价法

边际利润=边际收入-边际成本

指点迷津 边际收入等于边际成本时，边际利润等于零时，利润将达到最大值。此时的价格为最优销售价格。

二、价格运用策略★

(一)折让定价策略

主要包括有：现金折扣、数量折扣、季节折扣、团购折扣、预购折扣等策略。

(二)心理定价策略(见表19-2)

表19-2 心理定价策略

定价策略	分类	说明
心理定价策略	声望定价	一般地，声望越高，价格越高，这就是产品的“名牌效应”
	尾数定价	价格的尾数取接近整数的小数(如199.9元)或带有一定谐音的数(158元)等，一般只适用于价值较小的中低档日用消费品定价
	双位定价	如原价158元，现促销价99元
	高位定价	实行高标价促销的方法

(三)组合定价策略(见表19-3)

表19-3 组合定价策略

分类	定价策略
互补关系的相关产品(如：便宜的整车与高价的配件)	降低部分产品价格而提高互补产品价格
配套关系的相关产品(如：西服上衣和裤子)	对组合购买进行优惠

(四)寿命周期定价策略(见表19-4)

表19-4 寿命周期定价策略

寿命周期	定价策略
推广期	低价促销。目的在于获得消费者的认同，进一步占有市场
成长期	中等价格策略。产品有了一定的知名度，销售量稳步上升

续表

寿命周期	定价策略
成熟期	高价促销。产品市场知名度处于最佳状态，但由于市场需求接近饱和，竞争激烈，因此必须考虑竞争者的情况，以保持现有市场销售量
衰退期	降价促销或维持现价并辅以折扣等其他手段

例解答·练

例题

例 1.(计算分析题)甲企业生产甲产品，预计单位产品的制造成本为100元，计划销售10000件，计划期的期间费用总额为900000元，该产品适用的消费税税率为5%，成本利润率必须达到20%。要求：运用全部成本费用加成定价法确定产品的价格。

思路点拨 先将期间费用总额转化为单位产品负担的期间费用，从而计算出单位产品的完全成本，然后直接根据公式：价格=单位成本+单价×税率+单位成本×成本利润率，求出单价。

答 单位成本=单位制造成本+单位期间费用=100+900000/10000=190(元)

$$单位产品价格=\frac{190\times(1+20\%)}{1-5\%}=240(元)$$

例 2.(计算分析题)乙企业生产乙产品，本期计划销售量为10000件，应负担的固定成本总额为250000元，单位变动成本为70元，适用的消费税税率为5%。要求：运用盈亏平衡点定价法测算的单位乙产品的价格。

思路点拨 先将固定成本总额转化为单位产品负担的固定成本，从而计算出单位产品的完全成本，然后直接根据公式：价格=单位成本+单价×税率，求出单价。

答 $$单位乙产品价格=\frac{\frac{250000}{10000}+70}{1-5\%}=100(元)$$

例 3.(计算分析题)丙企业生产丙产品，本期计划销售量为10000件，目标利润总额为240000元，完全成本总额为520000元，适用的消费税税率为5%。要求：运用目标利润法测算单位丙产品的价格。

思路点拨 直接根据完全成本总额及目标利润总额计算。或者先将利润总额和完全成本总额转化为单位产品利润、单位产品完全成本，再根据公式：单价=单位成本+单价×税率+单位利润，求出单价。

答 单位完全成本=520000/10000=52(元)，单位产品利润=240000/10000=24(元)

$$单位丙产品价格=\frac{240000+520000}{10000\times(1-5\%)}=80(元)$$

$$或：单位丙产品价格=\frac{24+52}{1-5\%}=80(元)$$

例 4.(计算分析题)某企业生产丁产品，设计生产能力为12000件，计划生产10000件，预计单位变动成本为190元，计划期的固定成本费用总额为950000元，该产品适用的消费税税率为5%，成本利润率必须达到20%。假定本年度接到一额外订单，订购1000件丁产品，单价300元。要求：该企业计划外产品单位价格是多少？是否应接受这一额外订单？

思路点拨 从题干信息可知，计划生产10000件就应该已经把全部的固定成本费用950000元全部进行了补偿。计划外订单的1000件不再负担固定成本，则直接根据公式：单价=单位变动成本+单价×税率+单位变动成本×成本利润率，计算单价。只要额外订单的价格超过这个价格，便可接受。

答 追加生产1000件的单位变动成本为190元，则

$$计划外单位丁产品价格=\frac{190\times(1+20\%)}{1-5\%}=240(元)$$

因为额外订单单价300元高于其按变动成本计算的价格，故应接受这一额外订单。

例 5.（综合题·2015年节选改）戊公司生产和销售F产品，每年产销平衡。为了加强产品成本管理，合理确定下年度经营计划和产品销售价格，该公司专门召开总经理办公会进行讨论。相关资料如下：

资料一：F产品年设计生产能力为15000件，2015年计划生产12000件，预计单位变动成本为200元，计划期的固定成本总额为720000元。该产品适用的消费税税率为5%，成本利润率为20%。

资料二：戊公司接到F产品的一个额外订单，意向订购量为2800件，订单价格为290元/件，要求2015年内完工。

要求：

（1）根据资料一，运用全部成本费用加成定价法测算F产品的单价。

（2）根据资料二，运用变动成本定价法测算F产品的单价。

（3）根据资料一、资料二和上述测算结果，做出是否接受F产品额外订单的决策，并说明理由。

答（1）全部成本费用加成定价法制定F产品的单价

单位产品价格=(200+720000/12000)×(1+20%)/(1−5%)=328.42(元)

（2）变动成本定价法制定F产品的单价

单位产品价格=200×(1+20%)/(1−5%)=252.63(元)

（3）由于额外订单价格290元高于252.63元，故应接受订单。

习题

1.（单选题）某商业企业销售A商品，预计单位销售成本为200元，单位销售和管理费用为5元，销售利润率不能低于15%，该产品适用的消费税税率为5%，那么，运用销售利润率定价法，该企业的单位产品价格为(　)元。

A. 253.2　　B. 256.25　　C. 246　　D. 302

2.（单选题）某企业生产A产品，本期计划销售量为10000件，应负担的固定成本总额为250000元，单位产品变动成本为70元，适用的消费税税率为5%，根据上述资料，运用盈亏平衡点定价法测算的单位A产品的价格应为(　)元。

A. 70　　B. 95　　C. 25　　D. 100

3.（多选题）下列有关变动成本定价法的说法中，正确的有(　)。

A. 变动成本定价法下增加的产品负担企业的固定成本，也负担变动成本

B. 变动成本定价法在确定价格时产品成本仅以变动成本计算

C. 变动成本定价法所指变动成本是指完全变动成本，包括变动制造成本和变动期间费用

D. 变动成本定价法是在全部成本费用的基础上，加上合理利润来定价

4. (多选题)下列关于价格运用策略的说法中，不正确的有(　)。

A. 现金折扣是按照购买数量的多少给予的价格折扣，目的是鼓励购买者多购买商品

B. 尾数定价适用于高价的优质产品

C. 推广期一般应采用高价促销策略

D. 对于具有互补关系的相关产品，可以降低部分产品价格而提高互补产品价格

参考答案及解析 

DAY 20 本量利分析概述

划重点

一、本量利分析的基本假设★

(1)总成本由固定成本和变动成本两部分组成。

(2)销售收入与业务量呈完全线性关系。

(3)产销平衡。

(4)产品产销结构稳定。

指点迷津 假设①根据成本性态进行划分;假设②即假设产品的单价不变;假设③即假设每期生产量等于销售量,不存在期初期末存货的问题;假设④即在生产与销售多种产品的企业中,其销售产品的品种结构不变:数量结构不变或者各产品的产销额占全部产品产销额的比重不变(因为假设产品的单价不变,因此只要各种产品的数量结构不变则各产品产销额占全部产品产销额的比重就不变)。

二、本量利分析的基本原理★★★

(一)本量利分析的基本关系式

利润=销售收入-总成本=销售收入-(变动成本+固定成本)

=销售量×单价-销售量×单位变动成本-固定成本

=销售量×(单价-单位变动成本)-固定成本

$=Q\times(P-V)-F$

指点迷津 为了便于学习,我们用 Q 代表销售量;P 代表单价;V 代表单位变动成本;F 代表固定成本总额;M 代表边际贡献总额。

易错易混 此处的“利润”区别于传统报表的“利润总额”,在讨论本量利分析基本关系时,我们并不考虑筹资及所得税的影响,仅仅考虑企业的生产经营活动本身所创造的税前利润,即“息税前利润”,以便于我们把焦点更多的聚焦在企业经营活动创造的价值。

(二)边际贡献(边际利润、贡献毛益)

单位边际贡献=单价-单位变动成本$=P-V$

边际贡献总额(M)=销售收入-变动成本=销售量×(单价-单位变动成本)

=销售量×单位边际贡献

$=Q\times(P-V)$

$$\text{边际贡献率}=\frac{\text{边际贡献总额}}{\text{销售收入}}=\frac{\text{单位边际贡献}}{\text{单价}}=\frac{P-V}{P}$$

边际贡献总额=销售收入×边际贡献率

单位边际贡献=单价×边际贡献率

$$变动成本率=\frac{变动成本总额}{销售收入}=\frac{单位变动成本}{单价}=\frac{V}{P}$$

边际贡献率+变动成本率=1

因此，本量利分析的边际贡献方程式：

利润=边际贡献总额-固定成本=销售量×单位边际贡献-固定成本=销售收入×边际贡献率-固定成本

指点迷津 本部分公式比较多，千万别死记硬背，建立在理解的基础上去把握。建议结合以下图形把握。收入补偿完所有的成本后剩下的是利润，收入仅仅补偿完变动成本后剩下的是边际贡献。**变动成本率和边际贡献率都可以理解为结构比，在整个收入中变动成本占的比例即"变动成本率"，在整个收入中边际贡献占的比例即为"边际贡献率"。**图 20-1 可以站在总收入的角度，也可以站在一件产品收入(即单价)的角度，如果站在单件产品的角度，变动成本即为单位变动成本，固定成本即为单位产品应负担的固定成本，利润则为单位产品的利润。

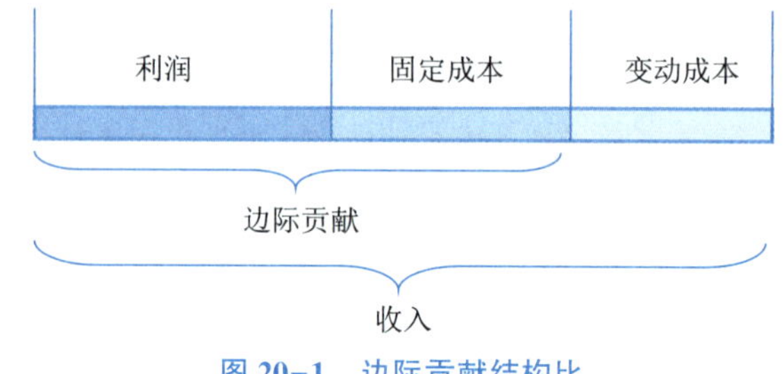

图 20-1 边际贡献结构比

例解答·练

例题

例 1.(单选题·2017 年)某企业生产单一产品，年销售收入为 100 万元，变动成本总额为 60 万元，固定成本总额为 16 万元，则该产品的边际贡献率为( )。

A. 76%　　B. 60%　　C. 24%　　D. 40%

思路点拨 把图形画出来就一目了然了。

解 边际贡献率=边际贡献总额/销售收入=(销售收入-变动成本总额)/销售收入=(100-60)/100×100% =40%。

答 D

例 2.(判断题·2019 年)不考虑其他因素，固定成本每增加 1 元，边际贡献就减少 1 元。( )

思路点拨 边际贡献=销售收入-变动成本，与固定成本没有关系。

解 边际贡献是销售收入减去变动成本之后的余额。如果销售收入和变动成本不变，则边际贡献不变。固定成本每增加 1 元，息税前利润就减少 1 元。

答 错

例 3.(单选题·2015 年)下列关于本量利分析基本假设的表述中，不正确的是( )。

A. 产销平衡

B. 产品产销结构稳定

C. 销售收入与业务量呈完全线性关系

D. 总成本由营业成本和期间费用两部分组成

思路点拨 本量利分析站在成本性态的基础上。成本性态中关于成本的分类分为固定成本和变动成本。

解 本量利分析主要假设条件包括：①总成本由固定成本和变动成本两部分组成；②销售收入与业务量呈完全线性关系；③产销平衡；④产品产销结构稳定。所以选项 D 不正确。

答 D

例 4.（计算分析题）某企业生产甲产品，售价为 60 元/件，单位变动成本为 24 元，固定成本总额为 100000 元，当年产销量为 20000 件。

要求：计算单位边际贡献、边际贡献总额、边际贡献率及利润。

思路点拨 仍然是画出图形更加便利计算。

答 单位边际贡献 = 60 − 24 = 36（元）

边际贡献总额 = 36 × 20000 = 720000（元）

$$\text{边际贡献率} = \frac{36}{60} \times 100\% = \frac{720000}{20000 \times 60} \times 100\% = 60\%$$

利润 = 720000 − 100000 = 620000（元）

习题

1.（单选题）某企业生产销售 A 产品，且产销平衡。其销售单价为 25 元/件，单位变动成本为 18 元/件，固定成本为 2520 万元，则边际贡献率为（　）。

A. 28%　　B. 72%　　C. 50%　　D. 30%

2.（单选题）下列计算息税前利润的公式中，不正确的是（　）。

A. 销售量×（单价−单位变动成本）−固定成本　　B. 销售收入×单位边际贡献−固定成本

C. 边际贡献−固定成本　　D. 销售收入×（1−变动成本率）−固定成本

3.（单选题）某企业只生产一种产品，当年取得的销售利润为 500 万元，总成本为 1500 万元，其中变动成本占总成本的比重为 75%，计算该企业的边际贡献率为（　）。

A. 40.25%　　B. 25.75%　　C. 43.75%　　D. 50.25

4.（多选题）下列各本量利分析的关系式中，正确的有（　）。

A. 边际贡献总额 = 销售收入 − 变动成本总额

B. 单位边际贡献 = 单价 − 单位变动成本

C. 边际贡献率 = 单位边际贡献/单价

D. 边际贡献率 = 边际贡献总额/销售收入

参考答案及解析 

单一产品盈亏平衡分析

划重点

一、盈亏平衡分析★★★

(一)盈亏平衡点(保本点)

盈亏平衡点(又称“保本点”，以下并不刻意区分)，是指企业达到盈亏平衡状态(利润=0)的业务量或金额(销售额)。

盈亏平衡点的两种表现形式：①盈亏平衡销售量；②盈亏平衡销售额。

$$盈亏平衡销售量=\frac{固定成本}{单价-单位变动成本}=\frac{固定成本}{单位边际贡献}=\frac{F}{P-V}$$

$$盈亏平衡销售额=盈亏平衡销售量\times 单价=\frac{固定成本}{边际贡献率}=\frac{F}{\frac{P-V}{P}}$$

指点迷津 只要清楚盈亏平衡点的含义就没必要记这些公式，令利润$=0=Q\times(P-V)-F$，其他因素已知，倒求 Q 即为盈亏平衡量，再乘以单价自然就是盈亏平衡额。

指点迷津 根据盈亏平衡点的含义，很容易得知：盈亏平衡点越低，企业的经营风险就越小。另外，从公式中也可以得出降低盈亏平衡点的途径：①降低固定成本总额；②降低单位变动成本；③提高销售单价。换句话说，降低盈亏平衡点即降低经营风险，能够提高利润的措施就可以降低盈亏平衡点从而降低经营风险。

(二)盈亏平衡作业率(又称“保本作业率”)

该指标可以提供企业在盈亏平衡状态下对生产能力利用程度的要求。

$$盈亏平衡作业率=\frac{盈亏平衡点销售量}{正常经营销售量(或实际销售量、预计销售量)}\times 100\%$$

$$=\frac{盈亏平衡销售额}{正常经营销售额(或实际销售额、预计销售额)}\times 100\%$$

指点迷津 该指标也可以理解为结构比，如图 21-1，全部的销售量(额)中盈亏平衡量(额)所占的比例。

超过保本量（额）的销售量（额）	保本量（额）

全部销售量（额）

图 21-1　盈亏平衡作业率结构比

二、安全边际分析★★★

安全边际，指企业正常销售量(或实际销售量、预计销售量)与盈亏平衡销售量之间的差额，或正常销售额(或实际销售额、预计销售额)与盈亏平衡销售额之间的差额。

安全边际量=正常销售量(或实际销售量、预计销售量)-盈亏平衡点销售量

安全边际额=正常销售额(或实际销售额、预计销售额)-盈亏平衡点销售额

=安全边际量×单价

安全边际率=安全边际量/正常销售量(或实际销售量、预计销售量)

=安全边际额/正常销售额(或实际销售额、预计销售额)

盈亏平衡销售量+安全边际量=销售量(正常销售量、实际或预计销售量)

盈亏平衡作业率+安全边际率=1

利润=安全边际量×单位边际贡献=安全边际额×边际贡献率

销售利润率=安全边际率×边际贡献率

指点迷津 一看到这些公式一定头大，正因为如此千万别死记硬背，太多了，容易混乱，还是要建立在理解的基础上把握，如图21-2所示：①全部的销售量(额)分为两部分，一部分盈亏平衡，另一部分就是安全边际，所以盈亏平衡量(额)+安全边际量(额)=全部销售量(额)；②如同盈亏平衡作业率是一个结构比一样，安全边际率也是一个结构比，即全部的销售量(额)中安全边际量(额)所占的比例，因此很容易得出结论：盈亏平衡作业率+安全边际率=1；③整个企业的利润是由全部的销售量(额)所带来的，盈亏平衡量用来盈亏平衡(此时不盈不亏损，利润为0)，因此整个企业的利润就是由超过盈亏平衡量(额)的安全边际量(额)所带来的，而且由于盈亏平衡量(额)已经把整个企业的固定成本总额全部补偿完毕，因此安全边际量(额)所带来的边际贡献就是一个企业全部的利润。即利润=安全边际量×单位边际贡献=安全边际额×边际贡献率。

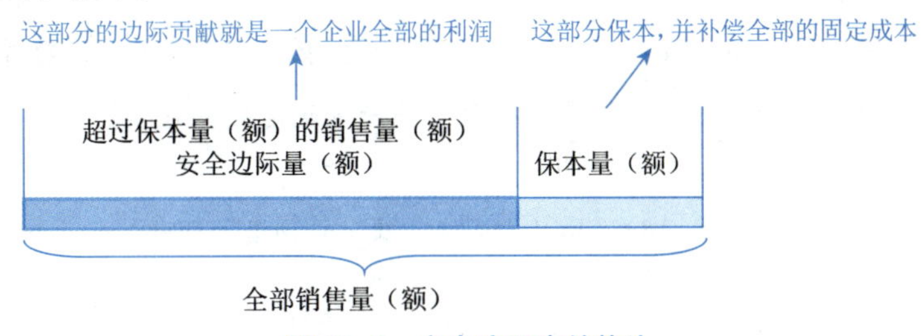

图21-2　安全边际率结构比

指点迷津 安全边际表明销售量、销售额下降多少，企业仍不至于亏损。安全边际体现了企业在生产经营中的风险程度大小。安全边际或安全边际率越大，反映出该企业经营风险越小，反之则相反。

例解答·练

例题

例1.(单选题·2016年)根据本量利分析原理，下列计算利润的公式中，正确的是(　)。

A. 利润=盈亏平衡销售量×边际贡献率

B. 利润=销售收入×变动成本率-固定成本

C. 利润=(销售收入-盈亏平衡销售额)×边际贡献率

D. 利润=销售收入×(1-边际贡献率)-固定成本

思路点拨 利润是由安全边际带来的而不是盈亏平衡量(额)带来的，选项A直接排除；销售收入×变动成本率=变动成本，排除选项B；全部的销售额扣减到盈亏平衡销售额就是安全边际额，安全边际额×边际贡献率=利润，选项C正确；1-边际贡献率=变动成本率，选项D同选项B，也是错误的。

解 利润=边际贡献-固定成本=销售收入×边际贡献率-盈亏平衡销售额×边际贡献率=(销售收入-盈亏平衡销售额)×边际贡献率

答 C

例 2.(多选题·2013年)下列各项指标中，与盈亏平衡点呈同向变化关系的有(　)。

A. 单位售价　　B. 预计销量　　C. 固定成本总额　　D. 单位变动成本

思路点拨 如前所述，记不住盈亏平衡点公式，知道盈亏平衡点的含义就可以。令利润=0=$Q\times(P-V)-F$，可以快速求出$Q=F/(P-V)$，有了这个公式哪个因素同向变化、反向变化一目了然。

解 盈亏平衡销售量=固定成本/(单价-单位变动成本)，可见，固定成本总额和单位变动成本与盈亏平衡点呈同向变化关系，单价与盈亏平衡点呈反向变化关系，预计销量与盈亏平衡点无关。

答 CD

例 3.(单选题·2019年)某企业生产销售A产品，且产销平衡。其销售单价为25元/件，单位变动成本为18元/件，固定成本为2520万元，若A产品的正常销售量为600万件，则安全边际率为(　)。

A. 40%　　B. 60%　　C. 50%　　D. 30%

思路点拨 先求盈亏平衡量，实际销售量减去盈亏平衡量就是安全边际量，安全边际量除以实际销售量就是安全边际率。

解 盈亏平衡销售量=2520/(25-18)=360(万件)，安全边际量=600-360=240(万件)，安全边际率=240/600×100%=40%。

答 A

例 4.(单选题·2019年)根据本量利分析原理，下列各项，将导致盈亏平衡点销售额提高的是(　)。

A. 降低单位变动成本　　B. 降低变动成本率

C. 降低边际贡献率　　D. 降低固定成本总额

思路点拨 如前所述，记不住盈亏平衡额公式，知道盈亏平衡点的含义就可以。令利润=0=$Q\times(P-V)-F$，可以快速求出$Q=F/(P-V)$，盈亏平衡额=$Q\times P=F/(P-V)\times P=\dfrac{F}{1-V/P}=\dfrac{F}{1-\text{变动成本率}}=\dfrac{F}{\text{边际贡献率}}$，到此本题应该不难拿下。

解 盈亏平衡点销售额=固定成本总额/边际贡献率，因此降低边际贡献率，会提高盈亏平衡点销售额。

答 C

例 5.（多选题·2019年）在单一产品本量利分析中，下列等式成立的有（　）。

A. 盈亏平衡作业率+安全边际率=1　　B. 变动成本率×营业毛利率=边际贡献率

C. 安全边际率×边际贡献率=销售利润率　　D. 变动成本率+边际贡献率=1

思路点拨 选项ACD应该是很直接的选项，关键是B选项。营业毛利率=（营业收入-营业成本）/营业收入，"变动成本率×营业毛利率"什么都不是。

解 边际贡献率=（单价-单位变动成本）/单价=1-单位变动成本/单价=1-变动成本率，所以选项B错误。

答 ACD

例 6.（计算分析题）某企业销售甲产品，单价为100元，单位变动成本为50元，固定成本为130000元。

要求：若本期销售该产品5000件，计算甲产品的盈亏平衡销售量、盈亏平衡销售额、盈亏平衡作业率、安全边际量、安全边际额、安全边际率、边际贡献率、利润、销售利润率。

思路点拨 一连串的问题，突破口建议先求盈亏平衡销售量，有了盈亏平衡销售量乘以单价就是盈亏平衡销售额，实际销售量-盈亏平衡销售量=安全边际量，安全边际量乘以单价就是安全边际额，盈亏平衡量（额）除以实际销售量（额）就是盈亏平衡作业率，1-盈亏平衡作业率=安全边际率，安全边际量乘以单位边际贡献就是利润，安全边际率乘以边际贡献率就是销售利润率。

答 盈亏平衡销售量=130000/（100-50）=2600（件）

盈亏平衡销售额=2600×100=260000（元）

盈亏平衡作业率=2600/5000=52%

安全边际量=5000-2600=2400（件）

安全边际额=2400×100=240000（元）

安全边际率=1-52%=48%

边际贡献率=（100-50）/100=50%

利润=2400×（100-50）=120000（元）

销售利润率=48%×50%=24%

习题

1.（判断题）根据本量利分析原理，盈亏平衡点越高，企业经营越安全。（　）

2.（单选题）下列各项指标中，能直接体现企业经营风险程度的是（　）。

A. 安全边际率　　B. 边际贡献率　　C. 净资产收益率　　D. 变动成本率

3.（多选题）降低盈亏平衡点的途径有（　）。

A. 降低固定成本总额　　B. 降低单位变动成本

C. 提高销售单价　　D. 提高单位变动成本

4.（单选题）若安全边际率为20%，正常销售额为100000元，则盈亏平衡点销售额为（　）元。

A. 20000　　B. 80000　　C. 60000　　D. 40000

5. (多选题)某企业只生产一种产品，单价为 20 元，单位变动成本为 12 元，固定成本为 2400 元，正常生产经营条件下的销售量为 400 件。以下说法中，正确的有(　)。

A. 盈亏平衡销售量为 120 件

B. 在盈亏平衡状态下，该企业生产经营能力的利用程度为 75%

C. 安全边际中的边际贡献等于 800 元

D. 安全边际率为 25%

参考答案及解析 

DAY 22 产品组合盈亏平衡分析

划重点

指点迷津 产品组合盈亏平衡分析，即多产品盈亏平衡分析或多产品保本分析，本量利分析基本假设中的“产品产销结构稳定”的假设就是针对多产品本量利分析而言的。

产品组合盈亏平衡分析的原理与“单一产品盈亏平衡分析”的原理是一样的，建议仍然站在单一产品的角度来理解。其中的“加权平均法”和“联合单位法”就是把多个产品作为一个整体，看成是多种产品构成的一个“套装”(单一产品)。而“分算法”“顺序法”和“主要产品法”几乎就是单一产品盈亏平衡分析的问题。

一、加权平均法★★(见表 22-1)

表 22-1　加权平均法

分析方法	应用
加权平均法	第一步：先计算综合边际贡献率 综合边际贡献率=Σ(某种产品销售额-某种产品变动成本)/Σ各种产品销售额×100% =总边际贡献/总销售收入=Σ(各产品销售收入占总收入比例×各产品边际贡献率)=1-综合变动成本率 第二步：计算综合的盈亏平衡点销售额(也称“综合保本点销售额”，以下并不刻意区分) 综合盈亏平衡点销售额=固定成本总额/综合边际贡献率 第三步：计算某产品盈亏平衡点销售额 某产品盈亏平衡点销售额=综合盈亏平衡点销售额×该产品的销售收入比重 第四步：计算某产品盈亏平衡点销售量 某产品盈亏平衡点销售量=某产品盈亏平衡点销售额/该产品的单价

指点迷津 第一步和第二步实际上与单一产品并无太大区别，只是这里的边际贡献率指的是多种产品整体的边际贡献率，或者是一个“套装”的边际贡献率，比如：某企业生产洗发水、沐浴露、护发素三种产品。具体信息见表 22-2。

表 22-2　产品信息

	套装(2000 套)		
	洗发水	沐浴露	护发素
数量(瓶/套)	1	2	4
单价(元)	20	10	8
单位变动成本(元)	12	6	7
固定成本总额(元)	20000		

续表

	套装(2000 套)		
	洗发水	沐浴露	护发素
实际销售量	2000	4000	8000

我们可以把三种产品看成一个“套装”内的三种产品，这样就可以把“套装”看成是一个单一产品，其余的问题就转化为单一产品本量利分析的问题了。套装的单位边际贡献即套装内三种产品边际贡献之和=1×(20−12)+2×(10−6)+4×(8−7)=20(元)，套装的收入即套装内三种产品的单价之和=1×20+2×10+4×8=72(元)，套装的边际贡献率即综合边际贡献率=20/72。有了套装的边际贡献率，就可以计算出套装的盈亏平衡销售额即综合盈亏平衡点销售额=20000/(20/72)=72000(元)。由于假设产销结构稳定，因此用综合盈亏平衡点销售额乘以每种产品的销售收入比重就可以计算出各产品的盈亏平衡销售额，洗发水销售收入比重=20/72=2000×20/(2000×20+4000×10+8000×8)，洗发水盈亏平衡销售额=综合盈亏平衡销售额×洗发水销售收入比重=72000×20/72=20000(元)，洗发水盈亏平衡销售量=洗发水盈亏平衡销售额/单价=20000/20=1000(瓶)；沐浴露销售收入比重=(2×10)/72=4000×10/(2000×20+4000×10+8000×8)，沐浴露盈亏平衡销售额=综合盈亏平衡销售额×沐浴露销售收入比重=72000×20/72=20000(元)，沐浴露盈亏平衡销售量=沐浴露盈亏平衡销售额/单价=20000/10=2000(瓶)；护发素销售收入比重=(4×8)/72=8000×8/(2000×20+4000×10+8000×8)，护发素盈亏平衡销售额=综合盈亏平衡销售额×护发素销售收入比重=72000×32/72=32000(元)，护发素盈亏平衡销售量=护发素盈亏平衡销售额/单价=32000/8=4000(瓶)。

指点迷津 计算出综合盈亏平衡销售额以后，如果要计算每种产品的盈亏平衡销售额，得用综合盈亏平衡销售额乘以各种产品的销售收入的比重，千万别乘以各种产品销量的比重。

二、联合单位法★★

联合单位法，是指在事先确定各种产品间产销实物量比例的基础上，将各种产品产销实物量的最小比例作为一个联合单位，确定每一联合单位的单价、单位变动成本，进行本量利分析的一种方法，具体应用见表 22−3。

表 22−3　联合单位法

分析方法	应用
联合单位法	联合单位：固定实物比例(产品销量比)构成的一组产品。 第一步：求联合单位边际贡献 联合单位边际贡献=联合单价−联合单位变动成本 联合单价：一个联合单位(一组产品)的全部收入 联合单位变动成本：一个联合单位(一组产品)的全部变动成本 第二步：求联合盈亏平衡量(即总共销售套装的盈亏平衡数量) 联合盈亏平衡量=固定成本总额/联合单位边际贡献 第三步：求某种产品的盈亏平衡量 某产品盈亏平衡量=联合盈亏平衡量×一个联合单位中包含的该产品的数量 第四步：求某种产品的盈亏平衡额 某产品的盈亏平衡额=某产品的盈亏平衡量×该产品的单价

指点迷津 这里所讲的"联合单位"其实就是前述的"套装"，一个联合单位就相当于一个套装。联合单位法和加权平均法其实是一个原理，根据前述的单一产品本量利分析的原理，我们可以得出结论，求盈亏平衡量(额)有两种方式：**其一，先求盈亏平衡销售额，再求盈亏平衡销售量，加权平均法就是这种思路；其二，先求盈亏平衡销售量，再求盈亏平衡销售额，联合单位法就是这样的思路。**仍以前例来说明(产品信息见表22-4)。

表 22-4 产品信息

	套装(2000套)		
	洗发水	沐浴露	护发素
数量(瓶/套)	1	2	4
单价(元)	20	10	8
单位变动成本(元)	12	6	7
固定成本总额(元)	20000		
实际销售量	2000	4000	8000

一个联合单位就是一个套装，一个套装内装有1瓶洗发水、2瓶沐浴露和3瓶护发素。如果我们能先计算出联合盈亏平衡量(即卖多少套装就能盈亏平衡)，那么洗发水的盈亏平衡销售量=联合盈亏平衡量×1，沐浴露的盈亏平衡销售量=联合盈亏平衡量×2，护发素的盈亏平衡销售量=联合盈亏平衡量×4。因此，过程如下：联合单价=1×20+2×10+4×8=72(元)，联合单位变动成本=1×12+2×6+4×7=52(元)，联合单位边际贡献=72-52=20(元)，联合盈亏平衡量=20000/20=1000(套)，洗发水盈亏平衡量=1000×1=1000(瓶)，洗发水盈亏平衡额=1000×20=20000(元)；沐浴露盈亏平衡量=1000×2=2000(瓶)，沐浴露盈亏平衡额=2000×10=20000(元)；护发素盈亏平衡量=1000×4=4000(瓶)，护发素盈亏平衡额=4000×8=32000(元)。

三、分算法★

分算法是在一定的条件下，将全部固定成本按一定标准在各种产品之间进行合理分配，确定每种产品应补偿的固定成本数额，然后再对每一种产品按单一品种条件下的情况分别进行本量利分析的方法，具体的应用见表22-5。

表 22-5 分算法

分析方法	应用
分算法	在分配固定成本时，对于**专属于某种产品的固定成本应直接计入产品成本**，对于应由多种产品共同负担的公共性固定成本，则应选择合适的分配标准。 鉴于固定成本需要由边际贡献来补偿，故按照各种产品的边际贡献比重分配固定成本的方法最为常见(考试中到底按什么标准分配，题目会有说明)

指点迷津 根据本量利分析的基本原理，我们清楚固定成本总额需要由企业的边际贡献总额进行弥补，弥补以后剩余的就是利润。如果一个企业生产多种产品，则固定成本总额将由几种产品的边际贡献总额进行弥补，分算法思路如下：

假设企业同时生产A、B、C三种产品，则

利润=收入总额−变动成本总额−固定成本总额

$$
\begin{aligned}
&= \left.\begin{aligned}&\text{收入}_A-\text{变动成本}_A\\&+\text{收入}_B-\text{变动成本}_B\\&+\text{收入}_C-\text{变动成本}_C\end{aligned}\right\}-\text{固定成本总额}
\end{aligned}
$$

如果企业能够按照一定的标准把固定成本总额依次分给A、B、C三种产品来负担，那么：

$$
\begin{aligned}
\text{利润}=&\text{收入}_A-\text{变动成本}_A-\text{固定成本}_A\\
&+\text{收入}_B-\text{变动成本}_B-\text{固定成本}_B\\
&+\text{收入}_C-\text{变动成本}_C-\text{固定成本}_C
\end{aligned}
$$

此时企业要实现盈亏平衡，即利润=0，则(收入$_A$−变动成本$_A$−固定成本$_A$)+(收入$_B$−变动成本$_B$−固定成本$_B$)+(收入$_C$−变动成本$_C$−固定成本$_C$)=0。令收入$_A$−变动成本$_A$−固定成本$_A$=0，收入$_B$−变动成本$_B$−固定成本$_B$=0，收入$_C$−变动成本$_C$−固定成本$_C$=0，这样就转化成单一产品的盈亏平衡问题了。

四、顺序法★

顺序法是指按照事先确定的各品种产品销售顺序，依次用各种产品的边际贡献补偿整个企业的全部固定成本，直至全部由产品的边际贡献补偿完为止，从而完成本量利分析的一种方法，具体应用见表22-6。

表22-6　顺序法

分析方法	应用
顺序法	通常按照边际贡献率的高低来确定各种产品的销售顺序。 一种是乐观的排列，按照边际贡献率由高到低的顺序； 一种是悲观的排列，按照边际贡献率由低到高的顺序

指点迷津 整个企业的固定成本总额是由边际贡献总额进行补偿的，但与分算法不同的是，不需要把固定成本总额事先按照一定的标准分摊给不同的产品。而是按照确定的产品的先后顺序(乐观还是悲观)依次用各产品的边际贡献来弥补固定成本总额。如果第一种产品的边际贡献能够完全补偿企业的固定成本总额，也就意味着整个企业的固定成本总额应当由这种产品来负担，那么整个企业盈亏平衡量(额)的问题其实就是这一种产品的盈亏平衡量(额)的问题，与其他几种产品没关系。如果第一种产品边际贡献不足以补偿固定成本总额，则这种产品应当足量生产，剩余未补偿完的固定成本接着由第二种产品进行补偿，如果第二种产品的边际贡献可以完全弥补剩余的固定成本，那么此时整个企业的盈亏平衡问题就聚集在该种产品的盈亏平衡量(额)的问题了[此时结论为第一种产品足量生产，外加第二种产品计算出来的盈亏平衡量(额)]，当然如果第二种产品仍然不能完全弥补剩余的固定成本，那么将由第三种产品的边际贡献来弥补，方法同理。

五、主要产品法

主要产品法计算方法与单一品种的本量利分析相同。

指点迷津 这种方法在考虑盈亏平衡问题时其实只考虑最主要的一种产品而不考虑其他产

品，其实就是单一产品的本量利分析。

例解答·练

例题

例 1.（单选题·2017年）对于生产多种产品的企业而言，如果能够将固定成本在各种产品之间进行合理分配，则比较适用的综合盈亏平衡分析方法是（　）。

A. 联合单位法　　B. 顺序法　　C. 加权平均法　　D. 分算法

思路点拨 题干中的关键字眼在于“将固定成本在各种产品之间进行合理分配”。

解 分算法是在一定条件下，将全部固定成本按一定标准在各产品之间进行合理分配，确定每种产品应补偿的固定成本数额。题干的描述符合分算法的含义，所以答案为选项D。

答 D

例 2.（多选题·2017年）如果采用加权平均法计算综合盈亏平衡点，下列各项中，将会影响综合盈亏平衡点大小的有（　）。

A. 固定成本总额　　B. 销售结构　　C. 单价　　D. 单位变动成本

思路点拨 把综合盈亏平衡额的公式列出来就很容易得出结论。综合盈亏平衡额=固定成本/综合边际贡献率，而计算综合边际贡献率需要用到单价、单位变动成本和销售结构。

解 综合盈亏平衡点销售额=固定成本总额/综合边际贡献率，销售结构、单价、单位变动成本都会影响综合边际贡献率，所以选项ABCD都是答案。

答 ABCD

例 3.（计算分析题）某公司生产销售A、B、C三种产品，销售单价分别为10元、15元、20元；预计销售量分别为60000件、40000件、20000件；预计各产品的单位变动成本分别为6元、12元、14元；预计固定成本总额为180000元。

要求：按加权平均法进行多种产品的本量利分析。

思路点拨 可以把A、B、C三种产品看成一个套装，根据预计销售量60000件、40000件和20000件来看，每一套装内包括A产品3件、B产品2件、C产品1件（即预计销售套装20000套），即销量结构比3∶2∶1。另外，加权平均法是先求盈亏平衡额，后求盈亏平衡量。

答 数据资料见表22-7。

表22-7　数据资料

项目	销售量（件）①	单价（元）②	单位变动成本（元）③	销售收入（元）④=①×②	各产品的销售比重（%）⑤=④/Σ④	边际贡献（元）⑥=①×（②-③）	边际贡献率（%）⑦=⑥/④
A产品	60000	10	6	600000	37.5	240000	40
B产品	40000	15	12	600000	37.5	120000	20
C产品	20000	20	14	400000	25	120000	30
合计				1600000	100	480000	30

综合边际贡献率 = 480000/1600000 = 40% ×37.5% +20% ×37.5% +30% ×25% = 30%

或者也可以按照单位套装来计算综合边际贡献率：

综合边际贡献率 = 套装单位边际贡献/套装单价

$$= \frac{3\times(10-6)+2\times(15-12)+1\times(20-14)}{3\times10+2\times15+1\times20} = 30\%$$

综合盈亏平衡销售额 = 180000/30% = 600000（元）

A 产品盈亏平衡销售额 = 600000×37.5% = 225000（元）

B 产品盈亏平衡销售额 = 600000×37.5% = 225000（元）

C 产品盈亏平衡销售额 = 600000×25% = 150000（元）

A 产品盈亏平衡销售量 = 225000÷10 = 22500（件）

B 产品盈亏平衡销售量 = 225000÷15 = 15000（件）

C 产品盈亏平衡销售量 = 150000÷20 = 7500（件）

例 4.（计算分析题）某公司生产销售 A、B、C 三种产品，销售单价分别为 10 元、15 元、20 元；预计销售量分别为 60000 件、40000 件、20000 件；预计各产品的单位变动成本分别为 6 元、12 元、14 元；预计固定成本总额为 180000 元。

要求：按联合单位法进行组合产品的盈亏平衡分析。

思路点拨 可以把 A、B、C 三种产品看成一个套装，根据预计销售量 60000 件、40000 件和 20000 件来看，每一套装内的 A 产品 3 件、B 产品 2 件、C 产品 1 件（即预计销售套装 20000 套），即销量结构比 3∶2∶1。另外，联合单位法是选求盈亏平衡量，再求盈亏平衡额。

答 产品销量比 = A∶B∶C = 60000∶40000∶20000 = 3∶2∶1

联合单价 = 10×3+15×2+20×1 = 80（元）

联合单位变动成本 = 6×3+12×2+14×1 = 56（元）

联合盈亏平衡量 = 180000/（80−56）= 7500（套）

A 产品盈亏平衡销售量 = 7500×3 = 22500（件）

B 产品盈亏平衡销售量 = 7500×2 = 15000（件）

C 产品盈亏平衡销售量 = 7500×1 = 7500（件）

例 5.（计算分析题）某公司生产销售 A、B、C 三种产品，销售单价分别为 10 元、15 元、20 元；预计销售量分别为 60000 件、40000 件、20000 件；预计各产品的单位变动成本分别为 6 元、12 元、14 元；预计固定成本总额为 180000 元。

要求：假设固定成本按边际贡献的比重分配，按分算法进行组合产品的盈亏平衡分析分析。

思路点拨 首先计算各产品应当分摊的固定成本，然后就转化成单一产品盈亏平衡分析的问题了。

答 A 产品边际贡献占比 = 240000/480000 = 50%

分配给 A 产品的固定成本 = 180000×50% = 90000（元）

B 产品边际贡献占比 = 120000/480000 = 25%

分配给 B 产品的固定成本 = 180000×25% = 45000（元）

C 产品边际贡献占比 = 120000/480000 = 25%

分配给 C 产品的固定成本 = 180000×25% = 45000(元)

A 产品的盈亏平衡量 = 90000/(10−6) = 22500(件)

A 产品的盈亏平衡额 = 22500×10 = 225000(元)

同理，B 产品和 C 产品的盈亏平衡量分别为 15000 件、7500 件，它们的盈亏平衡额分别为 225000 元、150000 元。

例 6.(计算分析题)某公司生产销售 A、B、C 三种产品，销售单价分别为 10 元、15 元、20 元；预计销售量分别为 60000 件、40000 件、20000 件；预计各产品的单位变动成本分别为 6 元、12 元、14 元；预计固定成本总额为 180000 元。

要求：按顺序法进行组合产品的盈亏平衡分析。

思路点拨 首先计算各产品的边际贡献率，明确分摊固定成本的先后顺序；其次依次按顺序用每一种产品的边际贡献确定可以弥补固定成本全额的大小，进而转化成单一产品本量利分析的问题。

答 (1)乐观排序：边际贡献率由高到低(见表 22-8)

表 22-8 顺序法(降序)

顺序	品种	边际贡献率(%)	销售收入	累计销售收入	边际贡献	累计边际贡献	固定成本补偿额	累计固定成本补偿额	累计损益
1	A	40	600000	600000	240000	240000	180000	180000	60000
2	C	30	400000	1000000	120000	360000	0	180000	180000
3	B	20	600000	1600000	120000	480000	0	180000	300000

由表可以看出，固定成本全部由 A 产品来补偿。要想达到盈亏平衡状态，A 产品的销售额(量)需达到：

销售额 = 180000÷40% = 450000(元)

销售量 = 450000÷10 = 45000(件)

当 A 产品销售额达到 450000 元，即销售 45000 件时，企业盈亏平衡。企业的盈亏平衡状态与 B、C 产品无关。

(2)悲观排序：边际贡献率由低到高(见表 22-9)

表 22-9 顺序法(升序)

顺序	品种	边际贡献率(%)	销售收入	累计销售收入	边际贡献	累计边际贡献	固定成本补偿额	累计固定成本补偿额	累计损益
1	B	20	600000	600000	120000	120000	120000	120000	−60000
2	C	30	400000	1000000	120000	240000	60000	180000	60000
3	A	40	600000	1600000	240000	480000	0	180000	300000

由表可以看出，固定成本将由 B、C 两种产品来补偿。企业要想达到盈亏平衡状态，B 产品的销售量需达到 40000 件，此时销售额为 600000 元。C 产品的销售额(量)需达到：

销售额 = 60000÷30% = 200000(元)

销售量 = 200000÷20 = 10000(件)

当 B 产品销售额达到 600000 元，即销售 40000 件，同时，C 产品销售额达到 200000 元，即销售10000件时，企业盈亏平衡。企业的盈亏平衡状态与A产品无关。

习题

1. (单选题)在进行多种产品本量利分析的方法中，其计算方法与单一品种的本量利分析相同的是(　)。

A. 加权平均法　　B. 联合单位法　　C. 顺序法　　D. 主要产品法

2. (单选题)在顺序法下，用来补偿整个企业的全部固定成本的是(　)。

A. 各种产品的边际贡献　　B. 各种产品的销售收入

C. 各种产品的经营利润　　D. 各种产品的税后利润

3. (单选题)某企业生产销售甲、乙两种产品，已知甲产品销售收入100万元，乙产品销售收入400万元，固定成本100万元，实现利润200万元，则该企业的综合边际贡献率为(　)。

A. 40%　　B. 50%　　C. 60%　　D. 无法确定

4. (多选题)某公司生产销售A、B、C三种产品，销售单价分别为20元、25元、10元；预计销售量分别为3000件、2000件、1500件；预计各产品的单位变动成本分别为12元、14元、8元；预计固定成本总额为245万元。按联合单位法(产品销量比为A：B：C=6：4：3)确定各产品的盈亏平衡销售量和盈亏平衡销售额。下列说法中正确的有(　)。

A. 联合单价为250元　　B. 联合单位销量为500件

C. 联合盈亏平衡量为2.5万件　　D. A产品的盈亏平衡销售额为300万元

目标利润分析与敏感性分析

划重点

一、目标利润分析(实现目标利润的措施)★★★

由“目标利润=销售量×(单价-单位变动成本)-固定成本=销售额×边际贡献率-固定成本”，可得出：

$$实现目标利润的销售量=\frac{固定成本+目标利润}{单价-单位变动成本}=\frac{固定成本+目标利润}{单位边际贡献}$$

$$实现目标利润的销售额=\frac{固定成本+目标利润}{边际贡献率}=实现目标利润销售量\times单价$$

$$实现目标利润的单位变动成本=单价-\frac{固定成本+目标利润}{销售量}$$

实现目标利润的固定成本=销售量×(单价-单位变动成本)-目标利润

$$实现目标利润的单价=单位变动成本+\frac{固定成本+目标利润}{销售量}$$

指点迷津 千万别去死记这些公式，以不变应万变的方法就是把握基本的本量利关系式“利润=销售量×(单价-单位变动成本)-固定成本=销售额×边际贡献率-固定成本”，把题目中的已知数据带入这个关系式即可求出实现目标利润相应的措施。

易错易混 如果题目给定变动成本率，也可以根据：利润=销售额×边际贡献率-固定成本=销售额×(1-变动成本率)-固定成本=销售量×单价×(1-变动成本率)-固定成本，已知目标利润和其他因素，倒求其中的未知数。但千万注意，变动成本率不变与单位变动成本不变是不一样的概念。比如：产品单价100元，销售量10件，单位变动成本60元。如果题干说变动成本率不变(60/100=60%)，则意味着单价上升时，单位变动成本也会同比例上升；如果题干说单位变动成本不变(60元)，则意味着单价上升时，变动成本率则会下降。

易错易混 要特别注意，如果题目中给定价内税，比如：消费税税率10%，要注意此时本量利关系式将为：目标利润=销售量×[单价×(1-消费税税率)-单位变动成本]-固定成本=销售额×(1-消费税税率)-销售额×变动成本率-固定成本。

上述公式中的目标利润一般是指息税前利润，如果企业预测的目标利润是税后利润，则应进行相应调整：

税后目标利润=[(单价-单位变动成本)×销售量-固定成本-利息]×(1-所得税税率)

在给定价内各税率(如消费税税率)时：

税后目标利润={[单价×(1-消费税税率)-单位变动成本]×销售量-固定成本-利息}×(1-所得税税率)

指点迷津 与给定目标息税前利润一样的原理，把握这两个基本关系式，已知税后目标利润和其他已知因素，将题目中的数据代入基本关系式，即可快速地求解出实现目标税后利润的相应措施。

产品组合的目标利润分析通常采用以下方法：

实现目标利润的销售额=(综合目标利润+固定成本)÷综合边际贡献率

=(综合目标利润+固定成本)÷(1 －综合变动成本率)

实现目标利润率的销售额=固定成本÷(1 －综合变动成本率－综合目标利润率)

指点迷津 综合目标利润=综合销售额×综合边际贡献率−固定成本，则综合销售额(实现目标利润的销售额)=(综合目标利润+固定成本)÷综合边际贡献率=(综合目标利润+固定成本)÷(1 －综合变动成本率)。销售利润率(综合目标利润率)=利润/销售额，因此，综合目标利润=综合销售额×销售利润率=综合销售额×综合边际贡献率−固定成本，可推出，综合销售额×(综合边际贡献率−销售利润率)=固定成本，则综合销售额(实现目标利润率的销售额)=固定成本÷(综合边际贡献率−销售利润率)=固定成本÷(1−综合变动成本率−综合目标利润率)。

二、敏感性分析★★★

敏感性分析，是研究本量利分析中影响利润的诸因素发生微小变化时，对利润的影响的方向和程度。

(一)各因素对利润的影响程度

$$敏感系数=\frac{利润变动百分比}{因素变动百分比}$$

指点迷津 ①首先要理解敏感系数的含义，从含义上来看，敏感系数的计算结果代表分母变动1%所带来的利润变动的方向与倍数。以销量的敏感系数为例，假如销量的敏感系数计算结果为2(大于0)，则意味着利润变动的方向与销量变动的方向相同，且利润变动百分比是销量变动百分比的2倍(即销量上升1%利润将会上升2%、销量下降1%利润将会下降2%或者销量上升10%利润将会上升20%、销量下降10%利润将会下降20%等等)。再以单位变动成本的敏感系数为例，假如单位变动成本的敏感系数计算结果为−2(小于0)，则意味着利润变动的方向与单位变动成本的方向相反，且利润变动百分比是单位变动成本变动百分比的2倍(即单位变动成本每上升1%利润将会下降2%、单位变动成本下降1%利润将会上升2%或者单位变动成本上升10%利润将会下降20%、单位变动成本下降10%利润将会上升20%等等)；②其次从公式来看，分子分母都为变动百分比(或者增长百分比)，因此敏感系数的计算需要前后两期的数据，以销量的敏感系数计算为例，要计算销量的敏感系数，需要知道前后两期的销量以及对应销量下的两期的利润。

指点迷津 要注意，如果知道目前的某因素大小及对应的利润，可以利用敏感系数计算某因素发生变动情况下对应实现的利润。比如：已知2019年的销售量100件，对应的利润为20000元，若敏感系数为2，则如果2020年销售量将达到200件(上升100%)，则对应的利润将达到20000×(1+200%)=60000(元)(因为敏感系数为2，所以销量上升100%，利润将上升200%)。

(二)目标利润要求变化时允许各因素的升降幅度

实质是各因素对利润影响程度分析的反向推算，在计算上表现为敏感系数的倒数。

指点迷津 以销量的敏感系数为例，假如销量的敏感系数为2，则可知销售量上升1%时利润将上升2%（1%×2=2%）。换个角度来看，也很容易得出结论，如果要求利润上升1%，则销售量需要上升0.5%（$\frac{1\%}{2}$=0.5%）。

例解答·练

例题

例 1.（单选题）某企业本月固定成本为10000元，生产一种产品，单价为100元，单位变动成本为80元，本月销售量为1000件。如果打算使下月比本月的利润提高20%，假设其他的资料不变，则销售量应提高（　）。

A. 12%　　B. 10%　　C. 8%　　D. 15%

思路点拨 先计算出本月的利润10000元，然后根据题干条件得出目标利润12000元，列出基本关系式"利润=销售量×(单价−单位变动成本)−固定成本"倒求销售量，即12000=销售量×(100−80)−10000，求出销售量即可得出提高了多少百分比。

解 本月的利润=1000×(100−80)−10000=10000(元)，提高后的销售量=[10000+10000×(1+20%)]/(100−80)=1100(件)，即销售量提高10%。

答 B

例 2.（单选题）产品的销售单价为8元/件，单位边际贡献是4元/件，固定成本为10000元，税后目标利润(假设利息为零)为22500元，所得税税率25%，则实现目标利润的销售额为（　）元。

A. 60000　　B. 80000　　C. 50000　　D. 40000

思路点拨 列出基本关系式"税后利润=[销售量×(单价−单位变动成本)−固定成本−利息]×(1−25%)"，把已知数字都代入式子，求未知数"销售量"，求出销售量再乘以单价即为销售额。或者先求出边际贡献率=4/8=50%，列出基本关系式"税后利润=(销售额×边际贡献率−固定成本−利息)×(1−25%)"，把已知数字代入式子，直接求出销售额。

解 目标税后利润=22500=(销售量×4−10000)×(1−25%)，可得销售量=10000(件)，销售额=10000×8=80000(元)。或者：边际贡献率=4/8=50%，目标税后利润=22500=(销售额×50%−10000)×(1−25%)，可得销售额=80000(元)。

答 B

例 3.（多选题）某企业制定的2020年目标利润为1000万元，初步估算的利润为900万元，则为了实现目标利润，企业可以采取的措施有（　）。

A. 提高销售量　　B. 提高单价

C. 提高固定成本　　D. 提高单位变动成本

思路点拨 从基本关系式"利润=销售量×(单价−单位变动成本)−固定成本"中很容易得出结论，单价与利润同向变化，单位变动成本和固定成本与利润反向变化，在单位边际贡献即"单价−单位变动成本"大于0的情况下，销量与利润同向变化。因初步估算的利润为900万元，则意味着单位边际贡献一定大于0。

解 通常情况下企业要实现目标利润，在其他因素不变时，销售数量或销售价格应当提高，而固定成本或单位变动成本则应下降。

答 AB

例 4.（单选题·2019年）某公司生产和销售某单一产品，预计计划年度销售量为10000件，单价为300元，单位变动成本为200元，固定成本为200000元，假设销售单价增长了10%，则销售单价的敏感系数（即息税前利润变化百分比相当于单价变化百分比的倍数）为（　）。

A. 3.75　　B. 1　　C. 3　　D. 0.1

思路点拨 敏感系数的计算需要两期的数据，求出：目前的单价及目前的利润；变化后的单价及变化后的利润，即可计算出利润变化百分比以及单价变化百分比，根据敏感系数的公式直接计算即可。

解 目前的息税前利润＝10000×（300－200）－200000＝800000（元），销售单价增长10%导致销售收入增加10000×300×10%＝300000（元），息税前利润增加300000元，息税前利润增长率＝300000/800000×100%＝37.5%，所以，单价敏感系数＝37.5%/10%＝3.75。

答 A

例 5.（单选题·2015年）某公司生产和销售单一产品，该产品单位边际贡献为2元，2014年销售量为40万件，利润为50万元。假设成本性态保持不变，则销售量的利润敏感系数是（　）。

A. 0.60　　B. 0.80　　C. 1.25　　D. 1.60

思路点拨 与第4题同理，需要两期的数据，求出：目前的销售量及目前的利润，变化后的销售量及变化后的利润，即可计算出利润变化百分比以及销售量变化百分比，根据敏感系数的公式直接计算即可。问题在于：①先要根据题干数据求出固定成本总额；②题目并没有给出变化后的销售量，此时可以任意进行设定，并不影响最终的计算结果。

解 单位边际贡献为2元，销售量为40万件，利润为50万元，根据$Q×(P-V)-F$＝利润，有$40×2-F$＝50（万元），可以得出固定成本F＝30（万元），假设销售量上升10%，变化后的销售量＝40×（1+10%）＝44（万件），变化后的利润＝44×2－30＝58（万元），利润的变化率＝（58－50）/50＝16%，所以销售量的敏感系数＝16%/10%＝1.60，选项D是答案。

答 D

例 6.（判断题·2018年）在企业盈利状态下进行敏感性分析，固定成本的敏感系数大于销售量的敏感系数。（　）

思路点拨 从基本关系式“利润＝销售量×（单价－单位变动成本）－固定成本”中很容易得出结论，单价与利润同向变化（敏感系数为正数），单位变动成本和固定成本与利润反向变化（敏感系数为负数），在单位边际贡献即“单价－单位变动成本”大于0的情况下，销量与利润同向变化（敏感系数为正数）。敏感系数有正有负，比较敏感系数的敏感程度时，是按绝对值排序的，并且敏感系数的排序是在题目所设定的条件下得到的，如果条件发生变化，各因素敏感系数的排序也可能发生变化。本题中无法得出固定成本的敏感系数大于销售量的敏感系数。

解 固定成本的敏感系数是负数，销售量的敏感系数是正数。敏感系数按绝对值进行排序，设定的条件不同，各因素敏感系数的变化就可能发生变化。

答 错

例 7.（单选题）已知企业销售量为10000件时，利润为100000元，且销售量的敏感系数为2。则如果企业目标利润达到110000元，销售量需要达到（ ）件。

A. 11000　　B. 9500　　C. 10500　　D. 12000

思路点拨 销量的敏感系数=利润变动百分比/销量变动百分比，现在敏感系数已知，那么知道利润变动百分比就可以求出销量变动百分比，因此，先根据题干信息求出利润变动百分比，再求出销量变动百分比，进而求出销售量需要达到多少。

解 销售量的敏感系数=利润变动百分比/销量变动百分比=2，利润变动百分比=（110000-100000）/100000=10%，则10%/销量变动百分比=2，可得出，销量变动百分比为5%，因此销售量需达到10000×（1+5%）=10500（件）。

答 C

例 8.（单选题）某公司生产和销售某单一产品，预计计划年度销售量为10000件，单价为300元，单位变动成本为200元，固定成本为200000元，消费税税率为10%，假设变动成本率不变，则单价的敏感系数为（ ）。

A. 5.4　　B. 2.4　　C. 1.4　　D. 3.6

思路点拨 列出本量利基本关系式：利润=销售量×[单价×（1-消费税税率）-单位变动成本]-固定成本，要注意因为题目给的条件是“变动成本率不变”而不是“单位变动成本不变”，因此上式可进一步变形为：利润=销售量×单价×（1-消费税税率）-销售量×单位变动成本-固定成本=。根据该等式，先求出计算年度的利润，再假设单价任意变动一个百分比，计算出单价变动后的利润，从而计算单价的敏感系数。

解 目前的单价为300元，目前的单位变动成本为200元，则变动成本率=2/3，目前的利润=销售量×单价×（1-消费税税率）-销售量×单价×变动成本率-固定成本=10000×300×（1-10%）-10000×300×2/3-200000=500000（元）。假设单价上升100%（上升至600元），则利润=10000×600×（1-10%）-10000×600×2/3-200000=1200000（元），则利润变动百分比=（1200000-500000）/500000=140%，单价的敏感系数=140%/100%=1.4。

答 C

例 9.（计算分析题·2017年）丙公司是一家汽车生产企业，只生产C型轿车，相关资料如下：

资料一：C型轿车年设计生产能力为60000辆。2016年C型轿车销售量为50000辆，销售单价为15万元。公司全年固定成本总额为67500万元。单位变动成本为11万元，适用的消费税税率为5%，假设不考虑其他税费。2017年该公司将继续维持原有产能规模，且成本性态不变。

资料二：预计2017年C型轿车的销售量为50000辆，公司目标是息税前利润比2016年增长9%。

资料三：2017年某跨国公司来国内拓展汽车租赁业务，向丙公司提出以每辆12.5万元价格购买500辆C型轿车。假设接受该订单不冲击原有市场。

要求：

（1）根据资料一和资料二，计算下列指标：①2017年目标税前利润；②2017年C型轿车的目标销售单价；③2017年目标销售单价与2016年单价相比的增长率。

(2)根据要求(1)的计算结果和资料二，计算C型轿车单价对利润的敏感系数。

(3)根据资料一和资料三，判断公司是否应该接受这个特殊订单，并说明理由。

思路点拨 本题考虑消费税，因此根据基本关系式“利润=销售量×[单价×(1-消费税率)-单位变动成本]-固定成本”先求2016年当前利润，其次计算2017年目标利润，根据2017年目标利润求出2017年单价，从而计算得出单价增长率，根据敏感系数的含义，利润增长率直接除以单价增长率即为敏感系数。第(3)问是关于企业利用剩余生产能力生产产品的定价问题，直接根据公式即可确定价格，如果订单价格超过该价格，则接受该订单，否则不接受。

答 (1)①2016年税前利润=50000×15×(1-5%)-50000×11-67500=95000(万元)

2017年目标税前利润=95000×(1+9%)=103550(万元)

②令2017年C型轿车的目标销售单价为X，则

50000×X×(1-5%)-50000×11-67500=103550

得出X=(103550+67500+50000×11)/[50000×(1-5%)]=15.18(万元)

③2017年目标销售单价与2016年单价相比的增长率=(15.18-15)/15×100%=1.2%

(2)C型轿车单价对利润的敏感系数=9%/1.2%=7.5

(3)企业还有剩余生产能力，接受特殊订单不影响固定成本，按变动成本计算的单价=11/(1-5%)=11.58(万元)，该特殊订单的单价12.5万元高于按变动成本计算的单价11.58万元，所以应该接受这个特殊订单。

习题

1. (单选题)某企业只生产A产品一种产品，预计下年销售价格为120元，单位变动成本为60元，固定成本为480000元，如果下一年要实现目标利润240000元，那么销售量应到达(　)件。

A. 6000　　B. 12000　　C. 4000　　D. 8000

2. (单选题)已知销售量的敏感系数为2，为了确保下年度企业不亏损，销售量下降的最大幅度为(　)。

A. 50%　　B. 100%　　C. 25%　　D. 40%

3. (计算分析题)某企业生产和销售单一产品，计划年度内有关数据预测如下：销售量为100000件，单价为30元，单位变动成本为20元，固定成本为200000元。假设销售量、单价、单位变动成本和固定成本均分别增长了10%。

要求：计算各因素的敏感系数。

参考答案及解析 

DAY 24 本量利分析在经营决策中的应用

划重点

指点迷津 经营决策属于短期决策，无论是“生产工艺设备的选择”，还是“新产品投产的选择”，决策的选择均以利润最大化方案为目标。哪种方案所带来利润大，就选择哪种方案。

一、生产工艺设备的选择★

假设不同生产线生产出产品的型号、质量、销售量和单价均相同，不同的生产设备加工产品的差异体现在投入的成本有大有小（单位变动成本、固定成本），选择怎样的设备取决于哪种设备投入的总成本最低，即利润最大。

指点迷津 决策时有两种思路：

（1）如果直接给定了销售量信息，则直接计算两种方案下的利润，选择利润大的方案即可。

（2）如果没有给定销售量信息，无法计算两个方案的利润。此时，可以计算使两方案总成本相同（变动成本总额+固定成本总额）或利润相同时的销售量，即所谓的“成本分界点”（即总成本相同或利润相同的销售量）。决策标准：**如果预计销售量>成本分界点，则选择“单位边际贡献高”的设备方案；如果预计销售量<成本分界点，则选择“单位边际贡献低”的设备方案。**

二、新产品投产的选择★★

指点迷津 在原有产品生产的基础上，企业需要开发新的产品，由于开发新的产品可能会对原有产品带来有利或不利的影响。因此，不能孤立地看待开发新产品项目，一定要**站在开发前、后给企业整体带来的“增量利润”的角度**进行考虑。比如：开发新产品前企业原产品带来的利润100万元，开发新产品本身可带来利润50万，但是会减少原产品利润20万，针对企业整体而言，增量利润为50−20＝30（万元）（或者现企业整体利润130−原企业利润100＝30万元），开发新产品有利可图。

例解答·练

例题

例 1.（计算分析题）某公司生产产品有两种设备可供选择，甲设备价格为300000元，乙设备价格为600000元，两台设备使用年限均为5年，无残值，且生产出来的产品型号、质量均相同，市场售价均为100元/件。有关数据如表24-1所示。

表 24-1　数据资料　　　　单位：元

项目		甲设备	乙设备
直接材料		30	30
直接人工		24	20
变动制造费用		20	20
固定制造费用(假设只包括折旧)		60000	120000
年销售费用	固定部分	20000	
	变动部分	10	
年管理费用(假设全部为固定费用)		20000	

要求：

(1)计算两种生产线预期成本相同情况下的业务量(即成本分界点或利润无差别点)；

(2)企业应当如何进行决策，并说明理由。

思路点拨

(1)先来看问题(1)，由于题干没有给出销售量(也即两种设备下的销售量是一致的)，单价均为100元，因此两种设备销售收入一致，那么选择哪台设备就取决于哪台设备的总成本最低，由于没有销售量也就得不出总成本，计算“成本分界点”的意义就在于可以建立一种普遍的决策规则。假设两台设备预期成本相同情况下的业务量(即成本分界点)为X，根据题干中给定的条件，让两台设备的利润相等即可求出X(或者让两台设备的总成本相等即可求出X)。

(2)再来看第(2)问，根据本量利基本关系式“利润=销售量×(单价-单位变动成本)-固定成本”，假设利润为y，销售量为X，则“y=(单价-单位变动成本)×X-固定成本=单位边际贡献×X-固定成本”(即$y=a+bX$)，很容易得出结论：利润(y)是销售量(X)的线性方程，直线方程的斜率(b值的大小，即单位边际贡献)越大，直线越陡峭(如下图黑线)，直线方程的斜率越小，直线越平坦(如下图蓝线)，两条线相交的点对应的销售量即为“成本分界点”。根据图形可以看到：当预计的销售量>成本分界点时，单位边际贡献较大的方案(黑线)利润更大；当预计的销售量<成本分界点时，单位边际贡献较小的方案(蓝线)利润更大。

答 (1)计算分析过程(见表24-2)：

表 24-2　计算分析过程　　　　单位：元

项目	甲设备	乙设备
单位产品售价	100	100
单位变动成本	30+24+20+10=84	30+20+20+10=80
单位边际贡献	16	20
年固定成本	60000+20000+20000=100000	120000+20000+20000=160000
盈亏平衡点	6250	8000

假设年产销量为X，则两台设备下的年利润分别为：

甲设备年利润$=16X-100000$

乙设备年利润$=20X-160000$

由 $16X-100000=20X-160000$，得到 $X=15000$(件)，即成本分界点为 15000 件，如图 24-1 所示：

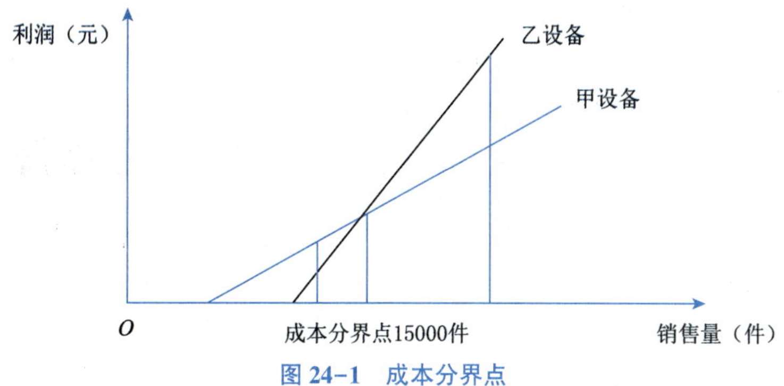

图 24-1　成本分界点

或者，两台设备下的总成本分别为：

甲设备总成本：$84X+100000$

乙设备总成本：$80X+160000$

由：$84X+100000=80X+160000$，得到 $X=15000$(件)，即成本分界点为 15000 件。

(2) 如何选择取决于未来产销量的水平。销售量刚好为 15000 件时，两种方案的总成本相等，利润相等，选择哪台设备都一样；当销售量超过 15000 件时，乙设备的利润大于甲设备的利润，应选择乙设备，此时恰恰意味着甲设备的总成本大于乙设备的总成本；同理，当销售量小于 15000 件时，甲设备的利润大于乙设备的利润，应选择甲设备，此时恰恰意味着乙设备的总成本大于甲设备的总成本。

例 2.（计算分析题）某公司拟在现有甲产品的基础上，研发乙、丙两种新产品，原有甲产品的产销量为 10000 件。经过认真调查研究，公司确定了如下可供选择的三种方案：

方案 1：投资新产品乙，乙产品预计年产销量将达到 8000 件，同时，由于乙产品的投产影响到原有甲产品的市场销售空间，使得甲产品产销量下降 10%；

方案 2：投资新产品丙，丙产品预计年产销量将达到 5000 件，同时，使得甲产品的产销量下降 20%；

方案 3：同时投产乙、丙产品，产销量将分别达到 9000 件和 4500 件，同时，使得甲产品的销量减少 40%。

另外，投产丙产品还需要增加额外的生产设备，这将导致每年的固定成本增加 10000 元。其他有关资料见表 24-3。

表 24-3　企业成本计算表

金额单位：元

项目	甲	乙	丙
年销售量(件)	10000	8000	5000
单位售价	100	60	75
单位变动成本	80	45	50
单位边际贡献	20	15	25
年固定成本	80000	–	10000

要求：

(1)计算投产乙产品导致甲产品减产损失。

(2)计算投产丙产品导致甲产品减产损失。

(3)计算乙、丙两种产品一起投产导致甲产品减产损失。

(4)完成计算表24-4分析过程表中空白单元格的填写。

表24-4 计算分析过程 金额单位：元

项目	投产乙产品	投产丙产品	同时投产乙和丙产品（视为联合单位，乙和丙的比为2∶1）
年销售量(件)	8000	5000	
单位边际贡献	15	25	
边际贡献总额	120000	125000	
原有产品减产损失			
增加的固定成本			
投产新产品增加的息税前利润			

(5)公司应该选择投产哪种产品。

思路点拨 因为新产品的投产减少了原有产品的产销量，所以原有产品因此而减少的边际贡献为投产新产品的机会成本(也即投产新产品导致原有产品减产给企业带来的损失)，在决策时应予以考虑。

答 (1)若投产乙产品导致甲产品减产损失=10000×20×10%=20000(元)。

(2)若投产丙产品导致甲产品减产损失=10000×20×20%=40000(元)。

(3)若两种产品一起投产导致原有产品减产损失=10000×20×40%=80000(元)。

(4)计算分析见表24-5：

表24-5 计算分析过程 金额单位：元

项目	投产乙产品	投产丙产品	同时投产乙和丙产品（视为联合单位，乙和丙的比为2∶1）
年销售量(件)	8000	5000	4500
单位边际贡献	15	25	55
边际贡献总额	120000	125000	247500
原有产品减产损失	20000	40000	80000
增加的固定成本	0	10000	10000
投产新产品增加的息税前利润	100000	75000	157500

(5)由表可知，同时投产乙和丙产品带来的利润较多，因此，该公司应同时投产乙、丙产品。

习题

1.(计算分析题)丙公司目前生产L产品，计划开发一种新产品，现有M、N两种可选。

资料一：L产品单价为600元，单位变动成本为450元，年产销量为2万件。

资料二：M 产品预计单价为 1000 元，边际贡献率为 30%，预计年产销量 2.2 万件。开发 M 产品需增加一台新设备，将导致公司每年的固定成本增加 100 万元。

资料三：N 产品的年边际贡献总额预计为 630 万元。开发 N 产品可利用 L 产品的现有设备，但是将使现有 L 产品年产销量减少 10%。

丙公司拟运用本量利分析法作出新产品开发决策。不考虑增值税及其他因素影响。

要求：

(1)根据资料二，计算 M 产品年边际贡献总额。

(2)根据资料二和要求(1)的计算结果，计算开发 M 产品后丙公司年息税前利润的增加额。

(3)根据资料一和资料三，计算开发 N 产品导致 L 产品年边际贡献总额的减少额。

(4)根据要求(3)的计算结果和资料三，计算开发 N 产品后丙公司年息税前利润的增加额。

(5)判断丙公司应该开发哪种产品，并说明理由。

参考答案及解析

DAY 25 杠杆效应

划重点

指点迷津 杠杆效应其实与前面讲到的敏感系数是一样的原理，都是某一个因素变动百分比引起另外一个因素变动百分比的倍数。

指点迷津 经营杠杆系数、财务杠杆系数、总杠杆系数的简化计算公式可借助于边际贡献、息税前利润、(归属于普通股股东的)税前利润之间计算的层进关系来把握。杠杆系数的计算如图 25-1 所示：

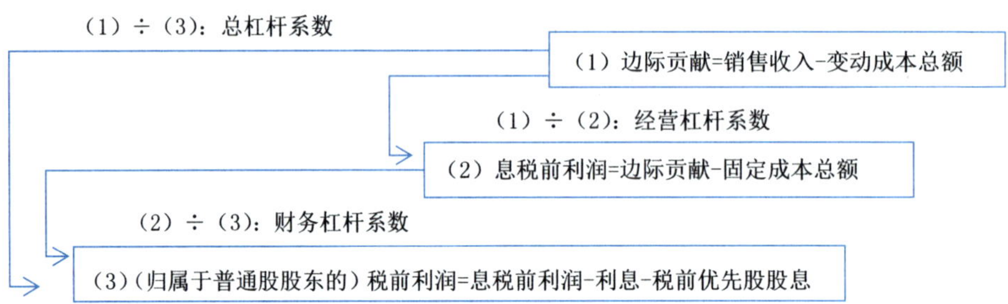

图 25-1 杠杆系数的计算

一、经营杠杆效应★★★

(一)经营杠杆含义

经营杠杆是指由于固定性经营成本的存在，而使得企业的资产收益(息税前利润)变动率大于业务量变动率的现象。

(二)经营杠杆系数

(1)定义公式：$DOL=\dfrac{\text{息税前利润变动率}}{\text{产销业务量变动率}}=\dfrac{\dfrac{\Delta EBIT}{EBIT_0}}{\dfrac{\Delta Q}{Q_0}}$

指点迷津 从定义来看，经营杠杆系数反映的就是销售量变动所引起息税前利润变动的倍数，也就是销售量对利润的敏感系数。

(2)简化公式(在其他因素不变的情况下)：

$$DOL=\frac{\text{基期边际贡献}}{\text{基期息税前利润}}=\frac{M_0}{EBIT_0}=\frac{EBIT_0+F_0}{EBIT_0}=1+\frac{F_0}{EBIT_0}$$

指点迷津 在息税前利润为正的前提下，经营杠杆系数最低为1；只要有固定性经营成本存在，经营杠杆系数总是大于1，即存在杠杆效应。

(三)经营杠杆与经营风险

(1)经营杠杆本身并不是资产收益不确定的根源，只是资产收益波动的表现。

(2)由于固定性经营成本的存在，经营杠杆放大了市场和生产等因素变化对利润波动的影响。

(3)经营杠杆系数越大，表明息税前利润受产销量变动的影响程度越大，经营风险越大。

(4)以不同的产销量为基础，企业的经营杠杆效应的大小程度是不一致的。在其他因素不变的情况下，当前产销量水平越低，经营杠杆系数越大，经营风险越大。

(5)影响经营杠杆的因素包括：固定成本比重(同向)、销售数量(反向)、销售单价(反向)、单位变动成本(同向)。

指点迷津 引起利润增加的因素与经营杠杆呈反向关系，引起利润减少的因素与经营杠杆呈同向关系。

二、财务杠杆效应★★★

(一)财务杠杆含义

财务杠杆是指由于固定性资本成本的存在，而使得企业的普通股每股收益变动率大于息税前利润变动率的现象。

(二)财务杠杆系数

(1)定义公式：$DFL=\frac{\text{普通股收益变动率}}{\text{息税前利润变动率}}=\frac{\frac{\Delta EPS}{EPS_0}}{\frac{\Delta EBIT}{EBIT_0}}$

(2)简化公式(在其他因素不变的情况下)：

$$DFL=\frac{\text{基期息税前利润}}{\text{基期利润总额}-\text{税前优先股股利}}=\frac{EBIT_0}{EBIT_0-I_0-\frac{D}{1-T}}=1+\frac{I_0+\frac{D}{1-T}}{EBIT_0-I_0-\frac{D}{1-T}}$$

若不考虑优先股，则

$$DFL=\frac{\text{基期息税前利润}}{\text{基期利润总额}}=\frac{EBIT_0}{EBIT_0-I_0}=1+\frac{I_0}{EBIT_0-I_0}$$

指点迷津 在企业有正的税前利润的前提下，财务杠杆系数最低为1；只要有固定性资本成本存在，财务杠杆系数总大于1。

(三)财务杠杆与财务风险

(1)财务杠杆放大了资产收益变化对普通股收益的影响，财务杠杆系数越高，表明普通股收益的波动程度越大，财务风险也就越大。

(2)以不同的息税前利润为基础，企业的财务杠杆效应的大小程度是不一致的。在其他因素不变的情况下，当前息税前利润水平越低，财务杠杆系数越大，财务风险越大。

(3)影响财务杠杆的因素包括：债务资金比重(同向)、息税前利润(反向)、所得税税率(同向)。

指点迷津 引起税后利润增加的因素与财务杠杆反向变化，引起税后利润减少的因素与财务杠杆同向变化。

三、总杠杆效应★★★

(一)总杠杆含义

总杠杆是指由于固定经营成本和固定资本成本的存在，导致普通股每股收益变动率大于产销业务量变动率的现象。

(二)总杠杆系数

(1)定义公式：$DTL=\dfrac{\text{普通股收益变动率}}{\text{产销业务量变动率}}=\dfrac{\dfrac{\Delta EPS}{EPS_0}}{\dfrac{\Delta Q}{Q_0}}$

(2)简化公式：

$$DTL=DOL\times DFL=\frac{\text{基期边际贡献}}{\text{基期息税前利润}}\times\frac{\text{基期息税前利润}}{\text{基期利润总额}-\text{税前优先股股利}}$$

$$=\frac{\text{基期边际贡献}}{\text{基期利润总额}-\text{税前优先股股利}}$$

若不考虑优先股，则

$$DTL=\frac{\text{基期边际贡献}}{\text{基期利润总额}}$$

(三)总杠杆与公司风险

公司风险包括企业的经营风险和财务风险，反映了企业的整体风险。总杠杆系数反映了经营杠杆和财务杠杆之间的关系，用以评价企业的整体风险水平。在总杠杆系数一定的情况下，经营杠杆系数与财务杠杆系数此消彼长。

1. 总杠杆的意义

(1)根据产销业务量，预计未来的每股收益水平。

(2)制定财务管理风险管理策略：保持一定的风险状况水平，需要维持一定的总杠杆系数，经营杠杆与财务杠杆此消彼长。

2. 成本不同企业的风险管理策略

(1)固定资产比重较大的资本密集型企业：经营杠杆系数高，经营风险大，企业筹资主要依靠权益资本，以保持较小的财务杠杆系数和财务风险。

(2)变动成本比重较大的劳动密集型企业：经营杠杆系数低，经营风险小，企业筹资主要依靠债务资本，保持较大的财务杠杆系数和财务风险。

3. 企业发展不同阶段的风险管理策略

(1)在企业初创阶段：产品市场占有率低，产销业务量小，经营杠杆系数大，此时企业筹资主要依靠权益资本，在较低程度上使用财务杠杆。

(2)在企业扩张成熟期：产品市场占有率高，产销业务量大，经营杠杆系数小，此时，企业资本结构中可扩大债务资本比重，在较高程度上使用财务杠杆。

指点迷津 每一个杠杆系数的计算都有两种方法，但要注意，定义公式需要用到两期的数据(算法与前述的敏感系数的算法一样)，简化计算公式只需要用到基期的数据就可以。但还要特别注意：以基期的数据计算出来杠杆系数是指下期的杠杆系数。比如：以2019年作为基期计算出来的经营杠杆系数为2，即2020年的经营杠杆系数为2，意味着如果2020年的销售量比2019年上升10%，则2020年的利润比2019年的利润上升20%。财务杠杆系数、总杠杆系数都是如此。

例解答·练

例题

例 1.（多选题·2019年）影响经营杠杆效应的因素有（　）。

A. 销售量　　B. 单价　　C. 利息　　D. 固定成本

思路点拨 根据前述的公式掌握技巧能写出公式就容易得出结论。

解 影响经营杠杆的因素包括：企业成本结构中的固定成本比重；息税前利润水平。其中，息税前利润水平又受产品销售数量、销售价格、成本水平（单位变动成本和固定成本总额）高低的影响。选项C是影响财务杠杆效应的因素。

答 ABD

例 2.（单选题·2019年）若企业基期固定成本为200万元，基期息税前利润为300万元，则经营杠杆系数为（　）。

A. 2.5　　B. 1.67　　C. 0.67　　D. 1.5

思路点拨 根据前述的公式掌握技巧能写出公式就容易得出结论。

解 经营杠杆系数=基期边际贡献/基期息税前利润=1+基期固定成本/基期息税前利润=1+200/300=1.67。

答 B

例 3.（多选题·2019年）在息税前利润为正的前提下，经营杠杆系数与之保持同向变化的因素有（　）。

A. 销售量　　B. 单位变动成本　　C. 销售价格　　D. 固定成本

思路点拨 经营杠杆大小衡量经营风险大小，一般来说利润越大风险越小，利润越小风险越大，所以引起利润增加的因素与经营杠杆系数反向变化，引起利润下降的因素与经营杠杆系数同向关系。

解 经营杠杆系数=边际贡献/息税前利润=销售量×（单价-单位变动成本）/［销售量×（单价-单位变动成本）-固定成本］，销售量、销售价格与经营杠杆系数反方向变化，单位变动成本、固定成本与经营杠杆系数同方向变化。关于这类题目，有更简单的判断方法，凡是能提高利润的，都会导致杠杆系数下降。能降低利润的，都会导致杠杆系数上升。

答 BD

例 4.（单选题·2018年）某公司基期息税前利润为1000万元，基期利息费用为400万元。假设与财务杠杆计算相关的其他因素保持不变，则该公司计划期的财务杠杆系数为（　）。

A. 1.88　　B. 2.50　　C. 1.25　　D. 1.67

思路点拨 “计划期的财务杠杆系数”直接用基期的数据代入简化计算公式即可。

解 本题没有优先股股利，不考虑优先股股利因素。财务杠杆系数=基期息税前利润/（基期息税前利润-基期利息费用)=1000/(1000-400)=1.67。

答 D

例 5.(单选题·2018年)下列筹资方式中，能给企业带来财务杠杆效应的是(　)。

A. 认股权证　　B. 融资租赁　　C. 留存收益　　D. 发行普通股

思路点拨 只有存在固定性资本成本(包括债务的利息、优先股股利、融资租赁的租金)，才会产生财务杠杆效应。

解 融资租赁属于债务筹资，会产生固定的资本成本(如租金)，融资租赁可以给企业带来财务杠杆效应。

答 B

例 6.(判断题·2018年)如果企业的全部资产来源于普通股权益，则该企业的总杠杆系数等于经营杠杆系数。　(　)

思路点拨 当全部资产来源于普通股权益时，不存在债务资本也不存在优先股股息，不存在财务杠杆效应(财务杠杆系数=1)，则总杠杆系数=经营杠杆系数×1=经营杠杆系数。

解 如果企业的全部资产来源于普通股权益，则企业不存在固定性资本成本，因此财务杠杆系数是1，经营杠杆系数等于总杠杆系数。

答 对

例 7.(判断题·2013年)在企业承担总风险能力一定且利率相同的情况下，对于经营杠杆水平较高的企业，应当保持较低的负债水平，而对于经营杠杆水平较低的企业，则可以保持较高的负债水平。　(　)

思路点拨 总杠杆系数=经营杠杆系数×财务杠杆系数，在总杠杆系数(总风险)一定的情况下，经营杠杆系数与财务杠杆系数此消彼长。

解 经营杠杆水平较高的企业，经营风险较高，应保持较低的负债水平，以降低财务杠杆水平。而对于经营杠杆水平较低的企业，则可以保持较高的负债水平，以充分利用财务杠杆效应。本题的表述正确。

答 对

例 8.(多选题·2017年)下列各项中，影响财务杠杆系数的有(　)。

A. 息税前利润　　B. 普通股股利　　C. 优先股股息　　D. 借款利息

思路点拨 根据前述的公式掌握技巧能写出公式就容易得出结论。

解 财务杠杆系数=息税前利润/[息税前利润-利息费用-优先股利/(1-所得税税率)]，所以选项ACD是答案。

答 ACD

例 9.(综合题·2019年)甲公司是一家制造业企业。有关资料如下：

资料一：2016年度公司产品产销量为2000万件，产品销售单价为50元，单位变动成本为30元，固定成本总额为20000万元。假设单价、单位变动成本和固定成本总额在2017年保持不变。

资料二：2016年度公司全部债务资金均为长期借款，借款本金为200000万元，年利率为5%，全部利息都计入当期费用。假定债务资金和利息水平在2017年保持不变。

资料三：公司在2016年末预计2017年产销量将比2016年增长20%。

要求：

(1)根据资料一，计算2016年边际贡献总额和息税前利润。

(2)根据资料一和资料二，以2016年为基期计算经营杠杆系数、财务杠杆系数和总杠杆系数。

(3)计算2017年息税前利润预计增长率和每股收益预计增长率。

思路点拨 本题前两问都很常规，很容易得到解决。第三问要求计算“息税前利润增长率”和“每股收益预计增长率”，由于第二问已经计算出经营杠杆系数和总杠杆系数，而经营杠杆系数反映的就是销售量变动百分比所引起的息税前利润变动百分比的倍数(即增长率)，总杠杆系数反映的就是销售量变动百分比所引起的每股收益变动百分比的倍数(即增长率)。因此，根据题干中给定的产销量增长率20%，直接乘以经营杠杆系数、总杠杆系数即可以得出第三问的结果。

答 (1)边际贡献总额=2000×(50-30)=40000(万元)

息税前利润=40000-20000=20000(万元)

(2)经营杠杆系数=40000/20000=2

财务杠杆系数=20000/(20000-200000×5%)=2

总杠杆系数=2×2=4

或总杠杆系数=40000/(20000-200000×5%)=4

(3)息税前利润预计增长率=20%×2=40%

每股收益预计增长率=40%×2=80%

习题

1. (单选题)某企业本年营业收入为1200万元，变动成本率为60%，下年经营杠杆系数为1.5，本年的经营杠杆系数为2，则该企业的固定性经营成本为(　)万元。

   A. 160　　B. 320　　C. 240　　D. 无法计算

2. (单选题)甲公司(无优先股)只生产一种产品，产品单价为6元，单位变动成本为4元，产品销量为10万件/年，固定成本为5万元/年，利息支出为3万元/年。甲公司的财务杠杆系数为(　)。

   A. 1.18　　B. 1.25　　C. 1.33　　D. 1.66

3. (多选题)关于经营杠杆与经营风险，下列说法中正确的有(　)。

   A. 经营风险是指企业生产经营上的原因而导致的资产收益波动的风险

   B. 引起企业经营风险的主要原因是市场需求和生产成本等因素的不确定性

   C. 经营杠杆是资产收益不确定的根源

   D. 经营杠杆系数越高，表明资产收益等利润波动程度越大，经营风险也就越大

4. (多选题)下列各因素中，与总杠杆系数呈同向变动的有(　)。

   A. 利息费用　　B. 营业收入　　C. 优先股股利　　D. 固定经营成本

5. (计算分析题)某企业只生产和销售A产品，其总成本习性模型为$y=10000+3x$。假定该企业2019年度A产品销售量为10000件，每件售价为5元，按市场预测2020年A产品的销售数量将增长10%。

要求：

(1)计算2019年该企业的边际贡献总额。

(2)计算2019年该企业的息税前利润。

(3)计算2020年的经营杠杆系数。

(4)计算2020年的息税前利润增长率。

(5)假定企业2019年发生负债利息5000元，2020年保持不变，计算2020年的总杠杆系数。

(6)假定该企业拟将2020年总杠杆系数控制在3以内，则在其他因素不变的情况下，2019年负债利息最多为多少？

参考答案及解析 

专题五 筹资管理概述、各种筹资方式内容及其筹资特点

本专题整合财务管理考试大纲“第四章　筹资管理（上）”中有关的内容，主要内容包括筹资管理概述、各种债务筹资方式的内容及筹资特点、各种股权筹资方式的内容及筹资特点、衍生工具筹资的内容及筹资特点四大部分，是考试客观题很重要的考点，纯文字信息比较多，没有太大的学习难度。共12天的学习量，其中：筹资管理概述部分分为：“DAY26　企业筹资的动机、内容及原则”和“DAY27　筹资方式与筹资的分类”。各种债券筹资方式的内容及筹资特点部分分为：“DAY28　银行借款及筹资特点”“DAY29　发行公司债券及筹资特点”“DAY30　融资租赁及筹资特点”。各种股权筹资方式的内容及筹资特点部分分为：“DAY31　吸收直接投资及筹资特点”“DAY32　发行普通股股票及筹资特点”“DAY33　留存收益及筹资特点”。另单设“DAY34　债务筹资与股权筹资的优缺点比较”。衍生工具筹资及筹资特点部分分为：“DAY35　可转换债券及筹资特点”“DAY36　认股权证及筹资特点”“DAY37　优先股及筹资特点、筹资实务创新”。

学 中级

DAY 26 企业筹资的动机、内容及原则

划重点

一、企业筹资的动机★(见表 26-1)

表 26-1 企业筹资的动机

筹资动机	含义
创立性	指企业设立时，为取得资本金并形成开展经营活动的基本条件而产生的筹资动机。如：全体股东认缴的出资额
支付性	指为了满足经营业务活动的正常波动所形成的支付需要而产生的筹资动机。如原材料购买的大额支付、员工工资的集中发放、银行借款的提前归还、股东股利的发放等
扩张性	指企业因扩大经营规模或对外投资需要而产生的筹资动机。如扩大再生产、开展对外投资追加的筹资
调整性	指企业因调整资本结构而产生的筹资动机。如举借长期债务偿还部分短期债务；一些债务即将到期，企业虽有足够的偿债能力，但仍然举借新债以偿还旧债
混合性	企业筹资的目的可能不是单纯和唯一的，通过追加筹资，既满足了经营活动、投资活动的资金需要，又达到了调整资本结构的目的

易错易混 要注意：①单纯看"调整性"筹资动机，其目的是调整资本结构，而不是为企业追加资金，通常不会增加企业的资本总额；②"扩张性"筹资动机的直接结果，往往是企业资产总规模的增加(扩张)和资本结构的明显变化(调整资本结构)。

二、筹资管理的内容★

(一)科学预计资金需要量

指点迷津 关于具体资金需要量的确定，在"专题六"中进行讲解。

(二)合理安排筹资渠道、选择筹资方式

1. 筹资渠道：直接筹资和间接筹资(见表 26-2)

表 26-2 直接筹资和间接筹资

筹资渠道	说明
直接筹资	企业与投资者协议或通过发行股票、债券等方式直接从社会取得资金
间接筹资	企业通过银行等金融机构以信贷关系间接从社会取得资金

2. 筹资方式：内部筹资和外部筹资(见表 26-3)

表 26-3　内部筹资和外部筹资

筹资方式	说明
内部筹资	主要依靠企业的利润留存积累
外部筹资	股权筹资(吸收直接投资、发行股票等)和债务筹资(银行借款、发行债券、商业信用、融资租赁等)

(三)降低资本成本、控制财务风险(见表 26-4)

表 26-4　降低资本成本、控制财务风险

项目	说明
降低资本成本	一般来说，债务资金资本成本低于股权资金资本成本，不同类型的债务(股权)资金，其资本成本也不相同
控制财务风险	财务风险，是指企业无法足额偿付到期债务的本金和利息的风险，主要表现为偿债风险。一般来说，债务筹资给企业带来的财务风险要大于股权筹资

指点迷津 资本成本是企业筹集和使用资金所付出的代价，包括筹资费用和占用(使用)费用。筹资费用是把资金筹集到位所发生的费用，包括股票发行费、借款手续费、证券印刷费、公证费、律师费等；资金占用费是使用资金过程中所发生的费用，包括借款利息支出、股利支出等。

当企业确定了资金需要量后，就要解决通过哪种筹资渠道，采用何种筹资方式来筹资资金，由于不同筹资方式的资本成本有大有小，财务风险也有大有小，因此需要进行相应的利弊综合权衡才能加以确定，关于具体筹资方式的选择将在“专题六”中进行讲解。

三、筹资管理的原则

筹资管理的原则包括：①筹措合法；②规模适当；③取得及时；④来源经济；⑤结构合理。

例解答·练

例题

例 1.(单选题·2017 年)企业因发放现金股利的需要而进行筹资的动机属于(　)。

A. 支付性筹资动机　　B. 调整性筹资动机

C. 创立性筹资动机　　D. 扩张性筹资动机

思路点拨 很直接的选项。

解 支付性筹资动机，是指企业为了满足经营业务活动的正常波动所形成的支付需要而产生的筹资动机，如原材料购买的大额支付、股东股利的发放等，所以正确答案为选项 A。

答 A

例 2.(单选题·2015 年)当一些债务即将到期时，企业虽然有足够的偿债能力，但为了保持现有的资本结构，仍然举新债还旧债。这种筹资的动机是(　)。

A. 扩张性筹资动机　　　　　　　　B. 支付性筹资动机
C. 调整性筹资动机　　　　　　　　D. 创立性筹资动机

思路点拨 借东墙补西墙很明显不改变资金总量，改变的是负债的结构。

解 调整性筹资动机，是指企业因调整资本结构而产生的筹资动机。当一些债务即将到期，企业虽然有足够的偿债能力，但为了保持现有的资本结构，仍然举借新债以偿还旧债，这是为了调整资本结构，所以本题的正确答案是选项 C。

答 C

例 3.（单选题·2019 年）下列各种中，属于资本成本中筹资费用的是（　）。
A. 融资租赁的资金利息　　　　　　B. 银行借款的手续费
C. 债券的利息费用　　　　　　　　D. 优先股的股利支出

思路点拨 资金筹集费是在资金筹集环节中发生的费用，目的是要把资金筹集到位。资金占用费是占用资金过程中发生的费用。

解 资本成本是企业筹集和使用资金所付出的代价，包括筹资费用和占用费用。在资金筹集过程中，要发生股票发行费、借款手续费、证券印刷费、公证费、律师费等费用，这些属于筹资费用。在企业生产经营和对外投资活动中，要发生利息支出、股利支出、融资租赁的资金利息等费用，这些属于占用费用。

答 B

习题

1.（单选题）甲公司是一家上市公司，因扩大经营规模需要资金 1000 万元，该公司目前债务比例过高，决定通过发行股票筹集资金，此行为产生的筹资动机是（　）。
A. 创立性筹资动机　　　　　　　　B. 支付性筹资动机
C. 扩张性筹资动机　　　　　　　　D. 混合性筹资动机

2.（多选题）混合性筹资动机的一般目的包括（　）。
A. 降低资产负债率　　　　　　　　B. 降低经营风险
C. 企业规模扩张　　　　　　　　　D. 调整资本结构

3.（多选题）下列各项中，属于企业支付性筹资动机的有（　）。
A. 购买原材料的大额支付　　　　　B. 发放股东股利
C. 企业创建时购买厂房设备　　　　D. 员工工资的集中发放

4.（多选题）下列属于资金的筹资费用的有（　）。
A. 股票发行费　　B. 借款手续费　　C. 利息支出　　D. 股利支出

DAY 27 筹资方式与筹资的分类

划重点

一、筹资方式★

企业最基本的筹资方式有两种：股权筹资和债务筹资，具体情况见表27-1。

表27-1 股权筹资和债务筹资

性质	方式	说明
股权筹资	吸收直接投资	主要适用于非股份制公司
	发行股票	只适用于股份有限公司
	留存收益	是将当年利润(以盈余公积和未分配利润的方式)转化为股东对企业追加投资的过程
债务筹资	发行债券	适用于向法人单位和自然人两种渠道筹资
	向金融机构借款	广泛适用于各类企业，既可以筹集长期资金，也可以筹集短期资金
	融资租赁	不直接取得货币资金，直接取得实物资产，可以快速形成生产经营能力
	商业信用	由供销活动而形成，是企业短期资金的一种重要的和经常性的来源

二、筹资的分类★★(见表27-2)

表27-2 筹资的分类

分类标准	分类结果	典型举例	特点
企业所取得资金的权益特性	股权筹资	如吸收直接投资、发行股票和内部积累等	财务风险小，资本成本相对较高
	债务筹资	如向金融机构借款、发行债券、融资租赁等	财务风险大，资本成本相对较低
	衍生工具筹资	如发行可转换债券(混合融资)、发行认股权证(其他衍生工具融资)等	
是否以金融机构为媒介	直接筹资	如发行股票、发行债券、吸收直接投资等	既可以筹集股权资金也可以筹集债务资金。筹资手续复杂，筹资费用较高，但筹资领域广阔，有利于提高企业知名度和资信度
	间接筹资	银行借款、融资租赁等	手续相对简便，筹资效率高，筹资费用较低，容易受金融政策的制约和影响

续表

分类标准	分类结果	典型举例	特点
资金的来源范围	内部筹资	通过利润留存而形成的筹资来源	一般无须筹资费用，从而降低了资本成本
	外部筹资	如发行股票、发行债券、向银行借款、取得商业信用等	大多需要筹资费用，从而提高了筹资成本
所筹集资金的使用期限	长期筹资	企业筹集使用期限在 1 年以上的资金。通常采取吸收直接投资、发行股票、发行债券、长期借款、融资租赁等方式	筹资目的主要在于形成和更新企业的生产和经营能力、扩大企业生产经营规模、为对外投资筹集资金
	短期筹资	企业筹集使用期限在 1 年以内的资金。经常利用商业信用、短期借款、保理业务等方式	主要用于企业的流动资产和资金日常周转

易错易混

(1)直接筹资既可以筹集股权资金，也可以筹集债务资金。

(2)金融机构借款既可以筹集长期资金，也可以筹集短期资金。

(3)处于初创期的企业，内部筹资的可能性是有限的。处于成长期的企业，内部筹资往往难以满足需要，这就需要企业广泛地开展外部筹资。

例解答・练

例题

例 1.(多选题・2018 年)属于直接筹资的有(　)。

A. 银行借款　B. 发行债券　C. 发行股票　D. 融资租赁

思路点拨 银行借款是最典型的间接筹资，直接放弃。

解 直接筹资是企业直接与资金供应者协商融通资金的筹资活动。直接筹资不需要通过金融机构来筹措资金，是企业直接从社会取得资金的方式。直接筹资方式主要有发行股票、发行债券、吸收直接投资等。选项 AD 属于间接筹资。

答 BC

例 2.(多选题・2018 年)下列各项中属于债务筹资方式的有(　)。

A. 商业信用　B. 融资租赁　C. 优先股　D. 普通股

思路点拨 几乎不用思考，直接选中。

解 选项 C 属于衍生工具筹资；选项 D 属于股权筹资。

答 AB

例 3.(单选题・2017 年)下列筹资方式中，属于间接筹资方式的是(　)。

A. 发行债券　B. 合资经营　C. 银行借款　D. 发行股票

思路点拨 银行借款是最典型的间接筹资，直接选中。

解 间接筹资，是企业借助于银行和非银行金融机构而筹集资金。在间接筹资方式下，银行等金融机构发挥中介作用，预先集聚资金，然后提供给企业。间接筹资的基本方式是银行借款，此外还有融资租赁等方式。

答 C

例 4.（判断题·2015 年）企业在初创期通常采用外部筹资，而在成长期通常采用内部筹资。（ ）

思路点拨 内部筹资的数量一般是有限的，初创期也好，成长期也好，需要大量资金时，内部筹资很难满足需要。

解 处于初创期的企业，内部筹资的可能性是有限的；处于成长期的企业，内部筹资往往难以满足需要。这就需要企业广泛地开展外部筹资，如发行股票、债券，取得商业信用、银行借款等。

答 错

例 5.（单选题·2019 年）关于直接筹资和间接筹资，下列表述错误的是（ ）。

A. 直接筹资仅可以筹集股权资金　　B. 发行股票属于直接筹资

C. 直接筹资的筹资费用较高　　D. 融资租赁属于间接筹资

思路点拨 直接筹资既可以筹集股权资金也可以筹集债务资金。

解 直接筹资是企业直接与资金供应者协商融通资金的筹资活动。直接筹资不需要通过金融机构来筹措资金，是企业直接从社会取得资金的方式。直接筹资方式主要有发行股票、发行债券、吸收直接投资等。

答 A

习题

1.（判断题）直接筹资是企业直接从社会取得资金的一种筹资方式，一般只能用来筹集股权资金。（ ）

2.（单选题）下列选项中属于我国上市公司目前最常见的混合筹资方式的是（ ）。

A. 发行可转换债券　　B. 吸收直接投资

C. 发行认股权证　　D. 发行债券

3.（单选题）下列各种筹资方式中，不属于长期筹资的是（ ）。

A. 吸收直接投资　　B. 保理业务　　C. 融资租赁　　D. 发行股票

4.（多选题）下列选项中，属于债务筹资方式的有（ ）。

A. 发行债券　　B. 商业信用

C. 向金融机构借款　　D. 融资租赁

5.（多选题）与直接筹资相比，间接筹资的优点有（ ）。

A. 手续相对简便　　B. 筹资效率高　　C. 筹资费用较低　　D. 筹资领域广阔

参考答案及解析 

DAY 28 银行借款及筹资特点

划重点

银行借款是企业向银行或其他非银行金融机构借入的、需要还本付息的款项。包括偿还期限超过1年的长期借款和不足1年的短期借款。

一、长期借款的保护性条款★(见表28-1)

表28-1 长期借款的保护性条款

类别	具体内容	目的
例行性保护条款(大多数合同中都会出现)	(1)定期提供财务报表。 (2)保持存货储备量(不准在正常情况下出售较多的非产成品存货)。 (3)及时清偿债务。 (4)禁止资产担保或抵押。 (5)禁止贴现应收票据或出售应收账款	(1)债权人可以随时掌握公司财务状况和经营成果。 (2)保持企业正常生产经营能力。 (3)以防被罚款造成现金流失。 (4)防止其他债权人取得对公司资产的优先索偿权。 (5)避免或有负债
一般性保护条款(应用于大多数合同)	(1)保持企业资产流动性。要求企业持有一定最低额度的货币资金及其他流动资产。 (2)限制非经营性支出。如限制支付现金股利、购入股票和职工加薪的数额规模。 (3)限制企业资本支出规模。 (4)限制再举债规模。 (5)限制长期投资	(1)保持企业资产的流动性和偿债能力。 (2)减少企业资金的过度外流。 (3)控制长期性资产的比例,以减少公司日后不得不变卖固定资产以偿还贷款的可能。 (4)防止其他债权人取得对公司资产的优先索偿权。 (5)防止短期内不能收回资金
特殊性保护条款(部分借款合同中出现)	如要求公司的主要领导人购买人身保险、借款的用途不得改变、违约惩罚条款等	

二、银行借款的筹资特点★★(见表28-2)

表28-2 银行借款的筹资特点

优点	(1)筹资速度快:借款程序相对简单。 (2)资本成本较低:利息较低、无须支付证券发行费用、租赁手续费用等筹资费用。 (3)筹资弹性较大:灵活与债权人协商
缺点	(1)限制条款多:保护性条款。 (2)筹资数额有限:受贷款机构资本实力的制约

指点迷津 关于筹资弹性，一般来说“一对一”的交易双方商量的余地会比较大，即弹性较大，比如银行借款，一个企业面对一家银行，弹性会比较大。但诸如发行股票、发行债券，一个企业面向成千上万的股东、债券投资者发行股票和债券，“一对多”的交易商量余地就很小，弹性较小。

例解答·练

例题

例 1.（单选题·2019年）下列筹资方式中，筹资速度较快，但在资金使用方面往往是有较多限制条款的是（　）。

A. 银行借款　　B. 发行债券　　C. 发行股票　　D. 融资租赁

思路点拨 一提到限制条款，马上要想到只有在银行借款中的长期借款中涉及到这个问题。

解 银行借款的筹资特点包括：筹资速度快、资本成本较低、筹资弹性较大、限制条款多、筹资数额有限。

答 A

例 2.（单选题·2017年）与发行公司债券相比，银行借款筹资的优点是（　）。

A. 资本成本较低　　B. 资金使用的限制条件少

C. 能提高公司的社会声誉　　D. 单次筹资数额较大

思路点拨 这种优缺点比较的题目建议使用排除法。

解 银行借款的筹资优点：①筹资速度快；②资本成本较低；③筹资弹性较大。

答 A

例 3.（判断题·2017年）长期借款的例行性保护条款、一般性保护条款、特殊性保护条款可结合使用，有利于全面保护债权人的权益。（　）

思路点拨 完全找不到可以怀疑错误的理由，描述也非常符合常理。

解 长期借款的例行性保护条款、一般性保护条款、特殊性保护条款结合使用，将有利于全面保护银行等债权人的权益。

答 对

习题

1.（单选题）相对于股票筹资而言，下列属于银行借款缺点的是（　）。

A. 筹资速度慢　　B. 筹资成本高　　C. 财务风险大　　D. 借款弹性差

2.（多选题）关于银行借款的筹资特点，下列说法正确的有（　）。

A. 筹资弹性较大　　B. 筹资成本较高　　C. 限制条件多　　D. 筹资速度快

3.（单选题）下列各项中，属于长期借款一般性保护条款的是（　）。

A. 限制企业资本支出的规模　　B. 借款的用途不得改变

C. 不准以资产做其他承诺的担保或抵押　　D. 要求公司的主要领导人购买人身保险

4.（多选题）相对发行债券筹资而言，长期借款筹资的优点主要有（　）。

A. 筹资弹性较大　　B. 资本成本较低

C. 筹资数额大　　D. 筹资速度较快

参考答案及解析 

DAY 29 发行公司债券及筹资特点

划重点

公司债券，是依照法定程序发行的、约定在一定期限内还本付息的有价证券。公司债券可公开发行，也可以非公开发行。

一、债券的偿还见表 29-1

表 29-1 债券的偿还方式

偿还方式		相关内容
提前偿还		提前赎回或收回，指在债券尚未到期之前就予以偿还(公司筹资具有较大的弹性)，但只有在公司发行债券的契约中明确规定了有关允许提前偿还的条款，公司才可以进行此项操作。具体应用：①公司资金有结余时；②预测利率下降时
到期偿还	到期分批偿还	同一种债券发行时规定了不同的到期日(发行费较高，但便于发行)
	到期一次偿还	在债券到期日一次归还债券本金并结算债券利息

指点迷津 因为债券本应在持有期间还本付息，公司提前偿还，意味着投资者将丧失后续的利息，因此债券如果提前偿还，所支付的价格通常要高于债券的面值，并随到期临近而逐渐下降(到期日越近，丧失的利息会越少)。

二、公司债券的筹资特点★★(见表 29-2)

表 29-2 公司债券的筹资特点

优点	(1)一次筹资数额大：这是与银行借款、融资租赁相比企业选择发行公司债券筹资的主要原因。 (2)募集资金的使用限制条件少(与银行借款相比)：发行债券募集资金在使用上具有相对灵活性和自主性。 (3)提高公司的社会声誉
缺点	资本成本负担较高(与银行借款比)：利息负担和筹资费用都比较高

例解答·练

例题

例 1.(多选题·2013 年)与银行借款相比，下列各项中，属于发行债券筹资特点的有( )。

A. 资本成本较高　　B. 一次筹资数额较大

C. 扩大公司的社会影响　　D. 募集资金使用限制较多

思路点拨 建议使用排除法，限制条款多的只有长期借款。

解 发行公司债券的筹资特点：一次筹资数额较大；筹集资金使用限制较少；资本成本负担较高；提高公司的社会声誉。

答 ABC

例 2.（单选题）相对于银行借款来说，下列关于债券筹资特点的说法中，不正确的是（ ）。

A. 募集资金使用的限制条件多　　B. 提高公司的社会声誉

C. 相对于银行借款来说，资本成本较高　　D. 一次筹资数额大

思路点拨 选项 A 中的限制条件多是银行借款的筹资特点。

解 与银行借款相比，发行债券募集的资金在使用上具有相对灵活性和自主性。特别是发行债券所筹集的大额资金，能够用于流动性较差的公司长期资产上，所以选项 A 的说法不正确。

答 A

例 3.（多选题）下列各项中，属于债券的偿还方式的有（ ）。

A. 提前偿还　　B. 分批偿还　　C. 一次偿还　　D. 到期偿还

思路点拨 要么提前偿还要么到期偿还，而到期偿还又分为分批偿还和一次偿还。

解 债券偿还时间按其实际发生与规定的到期日之间的关系，分为提前偿还与到期偿还两类，其中后者又包括分批偿还和一次偿还两种。

答 ABCD

习题

1.（多选题）关于公司债券筹资的特点表述正确的有（ ）。

A. 相比于银行借款、融资租赁等，一次筹资数额大

B. 相比于银行借款，募集资金的使用限制较少

C. 在债务筹资中，公司债券筹资的资本成本通常是最高的

D. 能够提高公司的社会声誉

2.（多选题）公司发行的债券可以在满足规定条件时提前赎回，以下情况会提前赎回的有（ ）。

A. 公司资金短缺　　B. 公司资金结余

C. 预测利率会下降　　D. 预测利率会上升

3.（多选题）下列关于债券偿还的说法中，正确的有（ ）。

A. 到期偿还包括分批偿还和一次偿还两种

B. 提前偿还所支付的价格通常要高于债券的面值，并随到期日的临近而逐渐下降

C. 具有提前偿还条款的债券可使公司筹资具有较大弹性

D. 具有提前偿还条款的债券，当预测利率下降时，不能提前赎回债券

参考答案及解析

DAY 30 融资租赁及筹资特点

划重点

一、融资租赁的基本形式★★(见表30-1)

表30-1 融资租赁的基本形式

基本形式	说明
直接租赁	融资租赁的主要形式：承租人提出申请，出租方购买设备出租给承租方
售后回租	承租人将自己资产出售给出租方，同时签订租赁合同租回资产的使用权
杠杆租赁	出租方自己只投入部分资金，其余资金则通过该资产抵押担保的方式，向第三方(银行)申请贷款解决。涉及承租人、出租人和资金出借人三方。出租人既是债权人也是债务人

二、融资租赁租金的计算★★(见表30-2)

表30-2 融资租赁租金的计算

项目	说明
租金的构成	(1)设备原价(买价、运杂费、安装调试费、保险费等)及预计残值。 (2)利息。租赁公司购置设备垫付资金所应支付的利息。 (3)租赁手续费。租赁公司承办租赁设备发生的业务费用和必要的利润
租金的支付方式	(1)按支付间隔期长短，分为年付、半年付、季付和月付。 (2)按在期初和期末支付，分为先付和后付。 (3)按每次支付额，分为等额支付和不等额支付
租金的计算(假设残值归出租人所有)	实务中，多采用等额年金的支付方法。等额年金法下，折现率=租费率=利率+租赁手续费率 (1)若租金在期末支付(普通年金)：租金=[设备原价-残值×$(P/F, i, n)$]/$(P/A, i, n)$。 (2)若租金在期初支付(预付年金)：租金=[设备原价-残值×$(P/F, i, n)$]/[$(P/A, i, n)\times(1+i)$]

易错易混 上述租金的计算公式是假设残值归出租人所有，如果残值归承租人所有，则不需要减去残值的现值。①若租金在期末支付：租金=设备原价/$(P/A, i, n)$；②若租金在期初支付：租金=设备原价/[$(P/A, i, n)\times(1+i)$]。

指点迷津 上述计算公式别死记，其本质就是已知现值倒求年金(即年资本回收额)的应用。建议站在出租方的角度来理解，例如设备原价(含买价、运杂费、保险费等)100万元，残值10万元，折现率10%，租期5年，租金每年末支付。

(1)假设残值归出租方。则站在出租方角度的资金收付时间轴如图30-1所示：

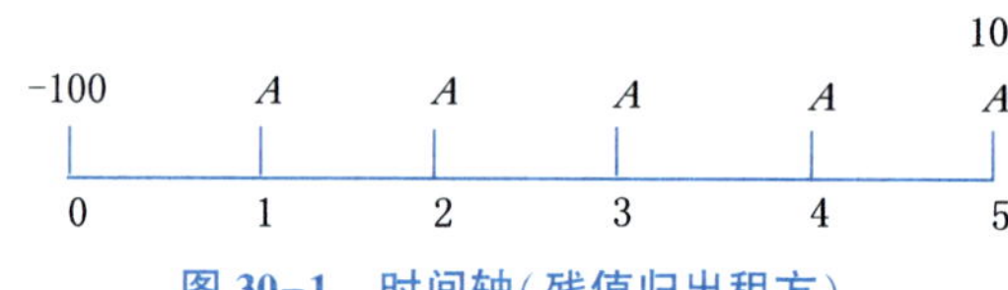

图 30-1　时间轴（残值归出租方）

站在出租方角度来看，我们要确定一个租金 A，以使得出租人现在支出 100 万购买设备租赁给承租人并在第 5 年末收取 10 万的残值，才能实现 10%的收益率（租费率）。即已知现值为 100 万，在利率已知的情况下倒求租金 A，列等式如下：

$100=A\times(P/A,\ 10\%,\ 5)+10\times(P/F,\ 10\%,\ 5)$，可得 $A=[100-10\times(P/F,\ 10\%,\ 5)]/(P/A,\ 10\%,\ 5)$。

（2）假设残值归承租方。则站在出租方角度的资金收付时间轴如图 30-2 所示：

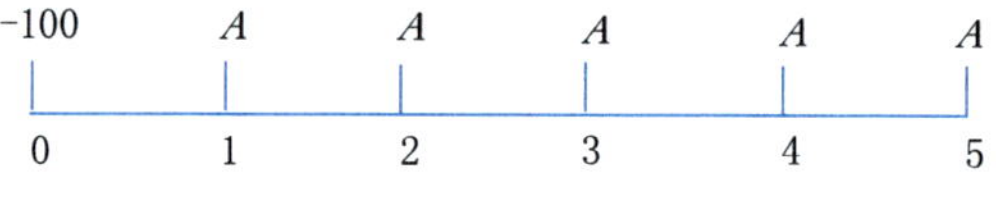

图 30-2　时间轴（残值归承租方）

一样的原理，列等式如下：$100=A\times(P/A,\ 10\%,\ 5)$，可得 $A=100/(P/A,\ 10\%,\ 5)$。

另外注意：如果租金是每年初付，将转化为一个预付年金的问题，即已知现值倒求预付年金，原理同上述原理一致。

三、融资租赁的筹资特点★★（见表 30-3）

表 30-3　融资租赁的筹资特点

优点	（1）无须大量资金就能迅速获得所需资产（能尽快形成生产能力）。 （2）财务风险小，财务优势明显（与一次性购买相比）。 （3）筹资的限制条件较少（与银行借款、发行债券、发行股票相比较）。 （4）能延长资金融通的期限且无融资额度的限制
缺点	资本成本负担较高（与银行借款或发行债券相比）：租金总额通常要比设备价值高出 30%

指点迷津

（1）与一次性全额购买相比，融资租赁分期支付租金，减轻资金压力，并且可通过项目本身产生的收益支付租金，财务风险较小。

（2）融资租赁的资金融通期限及额度随设备的使用寿命及金额而定，相比传统借款而言大大延长资金融通的期限及金额。

例解答·练

例题

例 1.（多选题·2016 年）与发行股票筹资相比，融资租赁筹资的特点有（　）。

A. 财务风险较小　　B. 筹资限制条件较少

C. 资本成本负担较低　　D. 形成生产能力较快

思路点拨 排除法。融资租赁筹资属于债务筹资，财务风险大于股权筹资，选项 A 排除；发行股票受到很多资格条件限制，融资租赁则很少，选项B是正确答案；债务资本成本总体低于股权资本成本，选项C是正确答案；融资租赁设备直接可以形成生产能力，选项D是正确答案。

解 企业运用发行股票筹资，受到相当多的资格条件的限制，因此与发行股票相比，融资租赁筹资的限制条件少，选项B是正确答案；融资租赁是债务筹资，资本成本要低于普通股，选项C是正确答案；融资租赁无须大量资金就能迅速获得资产，可以尽快形成生产能力，选项D是正确答案；融资租赁筹资属于债务筹资，所以财务风险大于发行股票筹资，选项A不是正确答案。

答 BCD

例 2.（单选题·2018年）某航空公司为开通一条国际航线，需增加两架空客飞机。为尽快形成航运能力，下列筹资方式中，该公司通常会优先考虑(　)。

A. 债券筹资　　B. 融资租赁筹资　　C. 普通股筹资　　D. 优先股筹资

思路点拨 能尽快形成生产能力的筹资一是融资租赁，二是吸收直接投资。

解 融资租赁无须大量资金就能迅速获得资产。融资租赁集“融资”与“融物”于一身，融资租赁使企业在资金短缺的情况下引进设备成为可能。大型企业的大型设备、工具等固定资产，经常通过融资租赁方式解决巨额资金的需要，如商业航空公司的飞机，大多是通过融资租赁取得的。

答 B

例 3.（多选题·2018年）在确定融资租赁的租金时，一般需要考虑的因素有(　)。

A. 租赁公司办理租赁业务所发生的费用

B. 租赁期满后租赁资产的预计残值

C. 租赁公司购买租赁资产所垫付资金的利息

D. 租赁资产价值

思路点拨 租赁资产价值即指设备原价。

解 融资租赁租金的多少，取决于以下几项因素：设备原价及预计残值、利息、租赁手续费。因此ABCD都是正确答案。

答 ABCD

例 4.（多选题·2017年）下列关于杠杆租赁的表述中，正确的有(　)。

A. 出租人既是债权人又是债务人

B. 涉及出租人、承租人和资金出借人三方当事人

C. 租赁的设备通常是出租方已有的设备

D. 出租人只投入设备购买款的部分资金

思路点拨 租赁的设备如果是出租方已有的设备的话，就不会存在杠杆租赁的问题。

解 租赁的设备通常是出租人根据设备需要者的要求重新购买。所以选项C不正确。

答 ABD

例 5.（计算分析题）某企业于2016年1月1日从租赁公司租入一套设备，价值为60万元，租期为6年，租赁期满时预计残值为5万元，归租赁公司。年利率为8%，租赁手续费率为每年2%。租金每年年末支付一次。

已知：$(P/F, 8\%, 6)=0.6302$，$(P/F, 10\%, 6)=0.5645$，$(P/A, 8\%, 6)=4.6229$，

$(P/A, 10\%, 6)=4.3553$。

要求：

(1)确定融资租赁的租费率。

(2)计算每年应付的租金(取整数)。

(3)填列租金摊销计划表，见表30-4。

表 30-4　租金摊销计划表　　单位：元

年份	期初本金(1)	支付租金(2)	应计租费(取整) (3)=(1)×租费率	本金偿还额 (4)=(2)-(3)	本金余额 (5)=(1)-(4)
2016					
2017					
2018					
2019					
2020					
2021					

思路点拨 租金摊销计划表是为了便于承租企业有计划地安排租金的支付而编制的计划表。但是建议大家站在出租方的角度来理解，可能更容易。如下图："期初本金"就相当于站在出租方角度购买设备的原价或者现值；"支付租金"站在出租人的角度相当于每年计算出来的租金即年金A；但要清楚，出租方每年收取的租金A，其中一部分是收取利息，一部分是收取本金。收取的利息"应计租费"=期初本金×租费率，则A-应计租费=收取的本金(本金偿还额)，每一期期末的"本金余额"就构成了下期的"期初本金"。

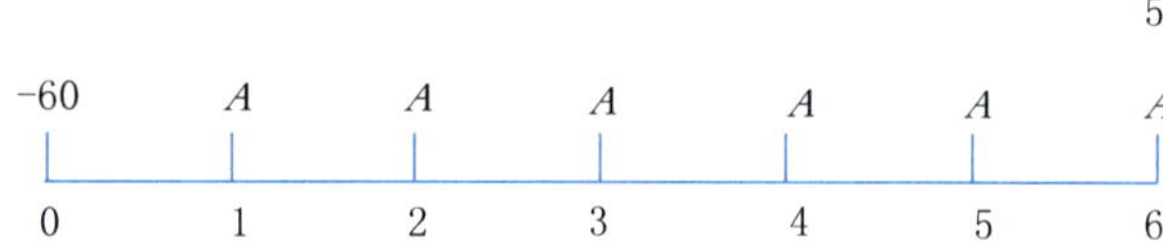

答 (1)租费率=利率+租赁手续费率=8%+2%=10%。

(2)每年租金=$[600000-50000\times(P/F, 10\%, 6)]/(P/A, 10\%, 6)=(600000-50000\times0.5645)/4.3553=131283$(元)。

(3)租金摊销计划表填列见表30-5。

表 30-5　租金摊销计划表　　单位：元

年份	期初本金(1)	支付租金(2)	应计租费(取整) (3)=(1)×10%	本金偿还额 (4)=(2)-(3)	本金余额 (5)=(1)-(4)
2016	600000	131283	60000	71283	528717
2017	528717	131283	52872	78411	450306
2018	450306	131283	45031	86252	364054
2019	364054	131283	36405	94878	269176
2020	269176	131283	26918	104365	164811
2021	164811	131283	16481	114802	50009(有误差)

习题

1. (单选题)下列选项中属于融资租赁主要形式的是(　)。

A. 售后租回　B. 直接租赁　C. 杠杆租赁　D. 间接租赁

2. (单选题)下列各项中，不属于融资租赁筹资特点的是(　)。

A. 能迅速获得所需资产　B. 财务风险小，财务优势明显

C. 融资租赁的限制条件较少　D. 资本成本较低

3. (单选题)企业向租赁公司租入一台设备，价值为 1500 万元，合同约定租赁期满时残值 15 万元归租赁公司所有，租期从 2013 年 1 月 1 日到 2018 年 1 月 1 日，租费率为 12%，若采用先付租金的方式，则平均每年支付的租金为(　)万元。[(P/F，12%，5)=0.5674，(P/A，12%，4)=3.0373，(P/A，12%，5)=3.6048]

A. 371.54　B. 369.42　C. 413.75　D. 491.06

4. (单选题)下列各项中，不属于融资租赁租金构成项目的是(　)。

A. 租赁设备的价款　B. 租赁期间利息

C. 租赁手续费　D. 租赁设备维护费

参考答案及解析 

DAY 31 吸收直接投资及筹资特点

划重点

一、吸收直接投资的出资方式★（见表31-1）

表31-1 吸收直接投资的出资方式

项目	内容
吸收直接投资的出资方式	(1)以货币资产出资：吸收直接投资中最重要的出资方式。 (2)以实物资产出资：往往需要协商作价或评估作价。 (3)以土地使用权出资：需要评估作价。 (4)以工业产权出资：需要评估作价且具有强烈的时效性，吸收工业产权等无形资产出资的风险较大。 (5)以特定债权出资(债转股)

易错易混 国家相关法律法规对无形资产出资方式另有限制：股东或者发起人不得以劳务、信用、自然人姓名、商誉、特许经营权或者设定担保的财产等作价出资。

指点迷津 将特定债权转为股权的情形主要有：①上市公司依法发行的可转换债券；②金融资产管理公司持有的国有及国有控股企业债权；③企业实行公司制改建时，经银行以外的其他债权人协商同意，将其债权转为股权；④外国投资者持有国有企业的债权实施转股改组为外商投资企业；⑤国有企业改制时欠发职工工资部分以及未退还职工的集资款转股。换句话说，只有银行对企业的债权不能转化为对企业的股权外，其他债权都可以转化为对企业的股权。

二、吸收直接投资的筹资特点★★（见表31-2）

表31-2 吸收直接投资的筹资特点

优点	(1)能够尽快形成生产能力：如吸收实物资产投资。 (2)(公司与投资者)容易进行信息沟通：投资者比较单一，股权没有社会化、分散化。 (3)手续简便，筹资费用低
缺点	(1)资本成本较高(相对股票来讲)：投资者往往要求将大部分盈余作为红利分配。 (2)公司控制权集中，不利于公司治理：投资者一般都要求获得与投资数额相适应的经营管理权。 (3)不易进行产权交易：没有以证券为媒介，难以进行产权转让

例解答·练

例题

例 1.（多选题·2017 年）下列各项中，能够作为吸收直接投资出资方式的有（ ）。

A. 土地使用权　　B. 非专利技术　　C. 特许经营权　　D. 商誉

思路点拨 应当记忆不能作为出资方式的结论。

解 吸收直接投资的出资方式有以货币资产出资、以实物资产出资、以土地使用权出资、以工业产权出资、以特定产权出资。非专利技术属于以工业产权出资，所以选项 AB 正确。

答 AB

例 2.（判断题·2017 年）企业吸收直接投资有时能够直接获得所需的设备和技术，及时形成生产能力。（ ）

思路点拨 找不到任何不合理的信息。

解 吸收直接投资不仅可以取得一部分货币资金，而且能够直接获得所需的先进设备和技术，尽快形成生产经营能力。

答 对

例 3.（单选题·2016 年）与发行股票筹资相比，吸收直接投资的优点是（ ）。

A. 筹资费用较低　　B. 资本成本较低

C. 易于进行产权交易　　D. 有利于提高公司声誉

思路点拨 股票发行需要大量的发行费用，筹资费用较吸收直接投资高；吸收直接投资不以证券作载体，不易进行产权交易；面向社会公众发行股票，有利于提高公司声誉。吸收直接投资因为投资者要求大量的盈余分配，资本成本较高。

解 相对于股票筹资方式来说，吸收直接投资的资本成本较高。当企业经营较好、盈利较多时，投资者往往要求将大部分盈余作为红利分配，因为向投资者支付的收益是按其出资数额和企业实现利润的比率来计算的。不过，吸收直接投资的手续相对比较简便，筹资费用较低。所以选项 A 是正确答案、选项 B 不是正确答案；吸收直接投资，由于没有证券为媒介，因此与发行股票筹资相比不易于进行产权交易，即选项 C 不是正确答案；与吸收直接投资相比，发行股票筹资使得股东大众化，有利于提高公司声誉，所以，选项 D 不是正确答案。

答 A

例 4.（多选题·2014 年）企业可将特定的债权转为股权的情形有（ ）。

A. 公司重组时的银行借款

B. 改制时未退还职工的集资款

C. 上市公司依法发行的可转换债券

D. 国有金融资产管理公司持有的国有企业债权

思路点拨 除银行对企业的债权不能转为股权外，其他债权都可以转为股权。

解 企业可以将特定债权转为股权的情形主要有：①上市公司依法发行的可转换债券；②金融资产管理公司持有的国有及国有控股企业债权；③企业实行公司制改建时，经银行以外的其他债权人协商同意，将其债权转为股权；④外国投资者持有国有企业债权实施转股改组为外商投资企业；⑤国有企业改制时欠发职工工资部分以及未退还职工的集资款转股。

BCD

习题

1.（单选题）在吸收直接投资中，最重要的出资方式是（　）。

A. 以实物资产出资　　B. 以货币资产出资

C. 以土地使用权出资　　D. 以工业产权出资

2.（单选题）企业在采用吸收直接投资方式筹集资金时，以下不能被投资者用于出资的是（　）。

A. 劳务　　B. 土地使用权　　C. 实物资产　　D. 无形资产

3.（多选题）以下关于吸收直接投资的说法，正确的有（　）。

A. 吸收直接投资能够尽快形成生产能力　　B. 吸收直接投资容易进行信息沟通

C. 吸收直接投资的资本成本较高　　D. 吸收直接投资不利于产权交易

4.（多选题）相比其他股权筹资来说，下列关于吸收直接投资的筹资特点中说法不正确的有（　）。

A. 能够尽快形成生产能力　　B. 资本成本较低

C. 不易进行产权交易　　D. 信息沟通困难

参考答案及解析 

DAY 32 发行普通股股票及筹资特点

划重点

一、股票的特征和股东的权利★(见表 32-1)

表 32-1 股票的特征和股东的权利

项目	说明
股票的特点	(1)永久性：股权资金属于长期自有资金，没有期限，无须归还。 (2)流通性：股票可以流通、继承、赠送、抵押。 (3)风险性：股票价格的波动性、红利的不确定性、破产清算时处于剩余财产分配的最后顺序。 (4)参与性：股东拥有参与企业管理的权限
股东的权利(普通股)	(1)公司管理权：重大决策参与权、经营者选择权、财务监控权、公司经营的建议和质询权、股东大会召集权等。 (2)收益分享权：股利分配。 (3)股份转让权：出售或转让。 (4)优先认股权：优先认购本公司增发股票的权利。 (5)剩余财产要求权：解散、清算时，对清偿债务、清偿优先股股东以后的剩余财产具有索取权

易错易混 注意普通股股东“优先认股权”是本公司增发新股票时老股东具有优先认购权。与优先股股东的股利分配优先权和剩余财产分配优先权要注意区分。

二、股票的发行方式(见表 32-2)

表 32-2 股票的发行方式

发行方式	说明	特点
公开间接发行股票	是指股份公司通过中介机构向社会公众公开发行股票。 募集设立的，向社会公开发行股票时，必须采用公开间接发行方式，由证券经营机构承销	优点：发行范围广，易于足额筹集资本；有利于提高公司知名度，扩大影响力。 缺点：审批手续复杂严格；发行成本高
非公开直接发行股票	是指股份公司只向少数特定对象直接发行股票，不需要中介机构承销。 发起设立或者募集设立(向特定对象募集发行股票)的，采用非公开直接发行方式	优点：弹性较大，企业能控制股票的发行过程，节省发行费用。 缺点：发行范围小，不易及时足额筹集资本；发行后股票变现性差

三、股票的上市交易（见表 32-3）

表 32-3 股票的上市交易

项目	说明
股票上市的目的	便于筹措新资金；促进股权流通和转让；便于确定公司价值
股票上市的不利影响	(1)上市成本较高，手续复杂严格。 (2)公司将负担较高的信息披露成本。 (3)信息公开的要求可能会暴露公司商业机密。 (4)股价有时会歪曲公司的实际情况，影响公司声誉。 (5)可能会分散公司的控制权，造成管理上的困难

四、引入战略投资者★（见表 32-4）

表 32-4 引入战略投资者

战略投资者含义	指与发行人具有合作关系或有合作意向和潜力，与发行公司业务联系紧密且欲长期持有发行公司股票的法人。一般认为，战略投资者是能够通过帮助公司融资，提供营销与销售支持的业务或通过个人关系增加投资价值的公司或个人投资者
基本要求	(1)要与公司的经营业务联系紧密。 (2)要出于长期投资目的而较长时期地持有股票。 (3)要具有相当的资金实力，且持股数量较多
作用	(1)提升公司形象，提高资本市场认同度。 (2)优化股权结构，健全公司法人治理。 (3)提高公司资源整合能力，增强公司的核心竞争力。 (4)达到阶段性的融资目标，加快实现公司上市融资的进程

指点迷津 战略投资者区别于一般的投资者，一般投资者对公司仅仅起到提供资金的作用，而战略投资者不仅仅可以提供资金，还能提供营销与销售支持、管理服务等众多功能。有资金有实力的公司可以成为战略投资者，有地位有金钱的明星、名人也可以通过个人关系增加公司的价值。

五、普通股股票的筹资特点★★（见表 32-5）

表 32-5 普通股股票的筹资特点

优点	(1)两权分离，有助于公司自主经营管理：股东拥有所有权，但公司日常经营管理事务主要由董事会和经理层负责。 (2)增强公司的社会声誉，促进股权流通和转让：股东的大众化有利于增加社会声誉；以股票作媒介便于股权的流通与转让
缺点	(1)资本成本较高：投资风险较大，股东要求较高的风险补偿。 (2)不易及时形成生产能力：吸收的一般都是货币资金。 (3)易分散控制权

例解答·练

例题

例 1.（单选题·2019年）与银行借款筹资相比，下列属于普通股筹资特点的是（　）。

A. 资本成本较低　　B. 筹资速度较快

C. 筹资数额有限　　D. 财务风险较小

思路点拨 财务风险主要指偿债风险，银行借款作为债务筹资财务风险较大；普通股投资风险较大，投资者要求收益率较高，筹资方的资本成本较高；普通股发行程序比较复杂，筹资速度较慢；面向社会公众发行股票，一次筹资数额较大。

解 股权资本不用在企业正常营运期内偿还，没有还本付息的财务压力。因此相对于债务资金而言，普通股筹资的财务风险较小。

答 D

例 2.（单选题·2018年）下列各项中，不属于普通股股东权利的是（　）。

A. 参与决策权　　B. 剩余财产要求权

C. 固定收益权　　D. 转让股份权

思路点拨 普通股股东面临股利收益的不确定性、股价波动的不确定性等，即普通股股东的收益是不确定的，而不是像债权投资一样一般享有固定的收益（如利息收益）。

解 普通股股东的权利有：公司管理权、收益分享权、股份转让权、优先认股权、剩余财产要求权。注意是收益分享权，不是固定收益权。

答 C

例 3.（单选题·2018年）关于普通股筹资方式，下列说法错误的是（　）。

A. 普通股筹资属于直接筹资　　B. 普通股筹资能降低公司的资本成本

C. 普通股筹资不需要还本付息　　D. 普通股筹资是公司良好的信誉基础

思路点拨 发行普通股，发行公司与投资者"面对面"，属于直接筹资；普通股投资风险较大，公司筹资资本成本较高；普通股股东收益具有不确定性，公司不需要还本付息；发行普通股筹资形成公司的股东权益，股东权益越大，就可以依赖较高的股东权益吸收更多的债务资本，公司实力越强，基础越牢固。

解 普通股筹资方式的筹资特点之一是资本成本较高，因此选项B的说法不正确。

答 B

例 4.（单选题·2017年）下列各项优先权中，属于普通股股东所享有的一项权利是（　）。

A. 优先认股权　　B. 优先股利分配权

C. 优先股份转让权　　D. 优先剩余财产分配权

思路点拨 选项BD属于优先股股东的权利；不存在选项C的优先股份转让权一说。

解 普通股股东的权利包括：①公司管理权；②收益分享权；③股份转让权；④优先认股权；⑤剩余财产要求权。

答 A

例 5.（单选题·2017年）与公开间接发行股票相比，非公开直接发行股票的优点是（ ）。

A. 有利于筹集足额的资本　　B. 有利于引入战略投资者

C. 有利于降低财务风险　　D. 有利于提升公司知名度

思路点拨 可以把公开间接发行股票想象成向很多很多的人发行股票，非公开直接发行股票是向少数的重要的人发行股票，很明显公开发行易于募集足额的资本、有利于提升公司知名度；而非公开发行有助于引进重要的投资者即战略投资者。公开发行与非公开发行同为股权筹资，在降低财务风险角度无法进行比较。

解 公开间接发行。这种发行方式的发行范围广，发行对象多，易于足额筹集资本。公开发行股票，同时还有利于提高公司的知名度，扩大其影响力，但公开发行方式审批手续复杂严格，发行成本高。非公开直接发行这种发行方式弹性较大，企业能控制股票的发行过程，节省发行费用，上市公司定向增发有利于引入战略投资者和机构投资者。所以选项B是正确答案。

答 B

例 6.（判断题·2016年）因为公司债务必须付息，而普通股不一定支付股利，所以普通股资本成本小于债务资本成本。（ ）

思路点拨 普通股投资风险大于债权投资，投资者要求的收益率高于债权人要求的收益率，筹资方的资本成本大于债务筹资的资本成本。

解 由于债务利息可以抵税，而股利不能抵税，此外股票投资的风险较大，收益具有不确定性，投资者要求的收益率较高，所以普通股资本成本大于债务资本成本。

答 错

习题

1.（单选题）下列各种筹资方式中，最有利于降低公司财务风险的是（ ）。

A. 发行普通股　　B. 发行优先股

C. 发行公司债券　　D. 发行可转换债券

2.（单选题）公司引入战略投资者的作用不包括（ ）。

A. 提升公司形象，提高资本市场认同度

B. 提高财务杠杆，优化资本结构

C. 提高公司资源整合能力，增强公司的核心竞争力

D. 达到阶段性的融资目标，加快实现公司上市融资的进程

3.（多选题）股票上市可以为企业筹措新资金，但对公司也有不利的方面，其中包括（ ）。

A. 公司将负担较高的信息披露成本　　B. 手续复杂严格

C. 上市成本较高　　D. 可能会分散公司的控制权

4.（多选题）下列各项中，属于公开间接发行股票特点的有（ ）。

A. 发行对象多　　B. 易于足额筹集资本

C. 发行成本低　　D. 有利于提高公司知名度，扩大其影响力

参考答案及解析 

留存收益及筹资特点

划重点

留存收益的主要内容见表 33-1。

表 33-1 留存收益筹资

性质	企业通过合法有效的经营所实现的税后净利润，属于企业的所有者
筹资途径	提取盈余公积金；未分配利润
特点	(1)属于内部筹资，不用发生筹资费用，资本成本较低(与普通股筹资比较)。 (2)维持公司的控制权分布(与普通股、吸收直接投资比较)。 (3)筹资数额有限
用途	盈余公积：未来经营发展、转增资本、弥补亏损 未分配利润：用于企业未来发展、转增资本、弥补亏损、以后年度利润分配

例解答·练

例题

例 1.(单选题·2019 年)相对于普通股筹资，下列属于留存收益筹资特点的是( )。

A. 增强公司声誉　B. 不发生筹资费用　C. 资本成本较高　D. 筹资额较大

思路点拨 留存收益属于内部筹资，不发生筹资费用。

解 利用留存收益的筹资特点：①不用发生筹资费用(与普通股筹资相比较，留存收益筹资不需要发生筹资费用，资本成本较低)；②维持公司的控制权分布；③筹资数额有限。

答 B

例 2.(多选题·2015 年)下列各项中，属于盈余公积金用途的有( )。

A. 弥补亏损　B. 转增股本　C. 扩大经营　D. 分配股利

思路点拨 盈余公积与未分配利润用途的差异体现在能不能分配股利。

解 盈余公积金主要用于企业未来的经营发展，经投资者审议后也可以用于转增股本(实收资本)和弥补以前年度经营亏损，所以选项 ABC 是正确答案。

答 ABC

例 3.(单选题·2014 年)下列关于留存收益筹资的表述中，错误的是( )。

A. 留存收益筹资可以维持公司的控制权结构

B. 留存收益筹资不会发生筹资费用，因此没有资本成本

C. 留存收益来源于提取的盈余公积金和留存于企业的利润

D. 留存收益筹资有企业的主动选择，也有法律的强制要求

思路点拨 留存收益属于股权筹资，虽然不会发生筹资费用，但与普通股筹资一样，还会发生资金占用费，仍然具有资本成本，只是资本成本较普通股资本成本低。

解 与普通股筹资相比较，留存收益筹资不需要发生筹资费用，资本成本较低，并不是“没有资本成本”。所以选项 B 的表述错误。

答 B

例 4.（判断题·2013 年）由于内部筹集一般不产生筹资费用，所以内部筹资的资本成本最低。（　）

思路点拨 资本成本包括筹资费用和资金占用费，留存收益筹资不产生筹资费用，但作为股权筹资，资本成本主要表现为资金占用费。而且，作为股权筹资，其资本成本相比较普通股较低，但相比较债务筹资来讲，资本成本则较大。

解 留存收益的资本成本率，表现为股东追加投资要求的收益率，其计算与普通股成本相同，不同点在于不考虑筹资费用。留存收益资本成本通常大于债务资本成本。因此本题的表述错误。

答 错

习题

1.（单选题）下列各项中，属于留存收益筹资途径的是（　）。

A. 只有盈余公积金　　B. 只有未分配利润

C. 包括盈余公积金和未分配利润　　D. 只是分配的股利

2.（单选题）下列各种筹资方式中，可以维持公司的控制权分布的是（　）。

A. 吸收直接投资　　B. 发行普通股

C. 留存收益筹资　　D. 引入战略投资者

3.（多选题）利用留存收益的筹资特点包括（　）。

A. 信息沟通与披露成本较大　　B. 不用发生筹资费用

C. 维持公司的控制权分布　　D. 筹资数额有限

参考答案及解析 

DAY 34 债务筹资与股权筹资的优缺点比较

划重点

一、债务筹资的优缺点★★（见表 34-1）

表 34-1 债务筹资的优缺点

优点	(1)筹资速度快：不需要经过复杂的审批手续和证券发行程序。 (2)筹资弹性较大：股权资本不能退还，债务筹资可灵活地商定债务条件，控制筹资数量，安排取得资金的时间。 (3)资本成本负担较轻：筹资费用较低、利息和租金等用资费用较低、利息可以抵税。 (4)可以利用财务杠杆：当企业的息税前利润率高于债务利率时，会增加普通股股东的每股收益，提高净资产收益率。 (5)稳定公司的控制权：债务筹资不会改变和分散股东控制权
缺点	(1)不能形成企业稳定的资本基础：债务需要偿还。 (2)财务风险较大：债务资本有固定的到期日和固定的利息负担。 (3)筹资数额有限：除发行债券方式外，一般难以像发行股票一样一次筹集到大笔资金

二、股权筹资的优缺点★★（见下表 34-2）

表 34-2 股权筹资的优缺点

优点	(1)股权筹资是企业稳定的资本基础：除非企业清算，无须偿还。 (2)股权筹资是企业良好的信誉基础：股权资本是企业最基本的资本，代表公司的资本实力，同时也是其他方式筹资的基础。 (3)企业的财务风险较小：没有还本付息的压力
缺点	(1)资本成本负担较重：股权投资风险较高，投资者要求的收益率较高；股息红利税后支付，无抵税效应；普通股发行、上市费用较高。 (2)控制权变更可能影响企业长期稳定发展：控制权变更导致管理层人事变动和决策效率，影响公司正常经营。 (3)信息沟通与披露成本较大：上市公司股东众多，公司需通过公开披露信息使其了解公司状况，甚至需要专设部门

例解答·练

例题

例 1.（多选题·2019 年）下列筹资方式，可以降低财务风险的有（ ）。

A. 银行借款筹资　　B. 留存收益筹资　　C. 融资租赁筹资　　D. 普通股筹资

思路点拨 股权筹资相比较债务筹资财务风险较小，所以只要选出股权筹资方式就可以。

解 普通股筹资和留存收益筹资属于股权筹资方式，股权筹资的财务风险较小。

答 BD

例 2.（单选题·2018 年）下列各项中，不属于债务筹资优点的是（　）。

A. 资本成本负担较轻　　B. 筹资弹性较大

C. 筹资速度较快　　D. 可形成企业稳定的资本基础

思路点拨 债务有借有还，不利于企业资本基础的稳定。

解 债务筹资的优点包括：①筹资速度较快；②筹资弹性较大；③资本成本负担较轻；④可以利用财务杠杆；⑤稳定公司的控制权。。债务筹资的缺点包括：①不能形成企业稳定的资本基础；②财务风险较大；③筹资数额有限。所以本题答案为选项 D。

答 D

例 3.（单选题·2014 年）与股票筹资相比，下列各项中，属于债务筹资缺点的是（　）。

A. 财务风险较大　　B. 资本成本较高

C. 稀释股东控制权　　D. 筹资灵活性较小

思路点拨 债务筹资财务风险较大，资本成本较低，不会稀释股东控制权，筹资灵活性强。

解 债务筹资的缺点包括：①不能形成企业稳定的资本基础；②财务风险较大；③筹资数额有限。

答 A

习题

1.（多选题）关于股权筹资的缺点，下列有关说法中正确的有（　）。

A. 资本成本负担较重　　B. 控制权变更可能影响企业长期稳定发展

C. 财务风险较大　　D. 信息沟通与披露成本较大

2.（多选题）与股权筹资相比，下列关于债务筹资的特点说法中，错误的有（　）。

A. 稀释公司控制权　　B. 资本成本负担轻

C. 可以利用财务杠杆　　D. 筹资速度较慢

3.（判断题）股权筹资是其他筹资方式的基础，可以为债务筹资等提供保障。（　）

4.（判断题）股权筹资是企业稳定的资本基础，利用股权筹资企业的财务风险较大。（　）

参考答案及解析 

可转换债券及筹资特点

划重点

衍生工具筹资，包括兼具股权和债务性质的混合融资和其他衍生工具融资。我国上市公司目前最常见的混合融资方式是可转换债券融资，最常见的其他衍生工具融资是认股权证融资。可转换债券是一种混合型证券，是公司普通债券与证券期权的组合体。可转换债券的持有人在一定期限内，可以按照事先规定的价格或转换比例，自由地选择是否转换为公司普通股。

一、可转换债券的分类(见表 35-1)

表 35-1　可转换债券的分类

分类	说明
不可分离的可转债	其转股权与债券不可分离，持有者直接按照债券面额和约定的转股价格，在规定的期限内将债券转换为股票
可分离交易的可转债	在发行时附有认股权证，是认股权证和公司债券的组合，发行上市后，公司债券和认股权证各自独立流通、交易

指点迷津　“不可分离的可转债”意思是说一旦投资者按约定的条款将债券转换为股票，投资者将从债权人身份转化为股东身份，不再享有收取债券本息的权利。“可分离交易的可转债”意思是说，投资者可根据这种可转债附带的认股权证购买股票，并不影响其继续持有债券，仍然可以作为债权人收取债券的本息，也就是说投资者一旦行使认股权证购买股票后，投资者既是公司的股东，同时又作为公司的债权人。

二、可转换债券的基本性质★(见表 35-2)

表 35-2　可转换债券的基本性质

基本性质	说明
证券期权性	可转换债券实质上是一种未来的买入期权(持有人具有在未来按一定的价格购买股票的权利)
资本转换性	(1)正常持有期，属于债权性质；转换成股票后，属于股权性质。 (2)在转换期间内，如果持有人没有将其转换为股票，发行企业到期必须无条件地支付本金和利息。 (3)资本双重性的转换，取决于投资者是否行权
赎回与回售	赎回条款(保护发行公司)：公司股票价格在一段时期内连续高于转股价格达到某一幅度时 回售条款(保护债券购买人)：公司股票价格在一段时期内连续低于转股价格达到某一幅度时

易错易混　要注意，这里证券的期权性指的是“买入期权”而不是“卖出期权”。所谓“买入期权”是指可转债的投资者可以按照事先约定的价格买入股票的权利。

指点迷津 “期权”实质上对于投资者来说是一种权利，可转债的投资者将来可以行使转换权将债券转换为股票，也可以放弃行使权利，不将债券转化为股票，如果放弃转换的权利，投资者仍将继续作为债权人持有债券并收本收息。

指点迷津

(1)赎回条款的理解：假设转股价格 10 元/股。当股票价格持续高于转股价，比如 30 元/股，对于发行公司而言意味着如果按现行价格每发行 1 股股票可以筹资 30 元，但如果投资者实施债转股，公司每 1 股股票只相当于筹到了 10 元，对公司不利，所以公司可以赎回可转债，而后再以当前较高的价格发行股票以筹措资金。

(2)回售条款的理解：假设转股价格 10 元/股。当股票价格持续低于转股价，比如 2 元/股，对于投资者而言，原本希望如果市价能高于 10 元，比如 30 元/股，投资者可以以 10 元的价格转换 1 股股票，然后以 30 元的价格卖出去，从而获取 20 元/股的差价收益，但是如果股价持续低于转股价，投资者将无法通过转股获取收益，显然对投资者不利。此时，投资者就可以选择回售可转债给公司。

三、可转换债券的基本要素★★(见表 35-3)

表 35-3　可转换债券的基本要素

要素	说明
标的股票	一般是发行公司自己的普通股票，也可以是其他公司(如发行公司的上市子公司)的股票
票面利率	一般会低于普通债券的票面利率，有时甚至还低于同期银行存款利率
转换价格	多少钱转 1 股股票。如 10 元转 1 股，即 10 元债券面值可转换 1 股股票。一般比发售日股票市场价格高出一定比例，如高出 10%−30%
转换比率	一张债券转为多少股股票。转换比率=债券面值÷转换价格
转换期	短于或等于债券期限
赎回条款	适用情形：一般发生在公司股票价格在一段时期内连续高于转股价格达到某一幅度时 功能：设置赎回条款最主要的功能是强制债券持有者积极行使转股权，因此又被称为加速条款。同时也能使发债公司避免在市场利率下降后，继续向债券持有人按照较高的票面利率支付利息所蒙受的损失
回售条款	适用情形：一般发生在公司股票价格在一段时期内连续低于转股价格达到某一幅度时
强制性转换条款	指在某些条件具备后，债券持有人必须将可转债转换为股票，无权要求偿还债券本金。 适用情形：股价长期低于转股价格，又未设置赎回条款，投资者不转股

四、可转换债券的筹资特点★★(见表 35-4)

表 35-4　可转换债券的筹资特点

优点	(1)筹资灵活性：投资者转股，发行公司避免还本付息的压力，投资者不转股，发行公司避免长期的股东资本成本负担。 (2)筹资成本低：可转债利率低于同一条件下普通债券的利率，且转股时无须支付筹资费用。 (3)筹资效率高：可转债在发行时规定的转换价格往往高于当时的股票价格，所以，在公司发行新股时机不佳时，可以先发行可转债，将来再变相发行普通股
缺点	存在不转换和回售的财务压力

指点迷津 关于“筹资效率高”的理解：假如目前公司如果发行新股需要筹措1000万元的资金的话，每股发行价只有2元/股，要足额筹资就需要发行500万股股票，公司认为价格太低，发行时机不佳。于是公司先按面值发行1000万元的可转换公司债券，并规定转股价格10元/股(即将来每10元面值的债券可以转换为1股股票)，这就意味着将来如果实施债转股，相当于每1股股票对应的资金是10元，要筹资1000万元的资金对应的股份数量只需要有100万股股票。

例解答·练

例题

例 1.(单选题·2019年)关于可转换债券，下列表述正确的是(　)。

A. 可转换债券的转换权是授予持有者一种买入期权

B. 可转换债券的回售条款有助于可转换债券顺利转换股票

C. 可转换债券的赎回条款有利于降低投资者的持券风险

D. 可转换债券的转换比率为标的股票市值与转换价格之比

思路点拨 回售条款保护的是投资者的利益，赎回条款保护的是发行公司的利益。赎回条款也称加速条款，有助于可转债顺利转换成股票。可转换债券的转换比率是指一份债券可以转成几股股票，是债券面值与转换价格之比。

解 可转换债券给予了债券持有者未来的选择权，在事先约定的期限内，投资者可以选择将债券转换为普通股票，也可以放弃转换权利，持有至债券到期还本付息。由于可转换债券持有人具有在未来按一定的价格购买股票的权利，因此可转换债券实质上是一种未来的买入期权。所以选项A的说法正确；可转换债券的回售条款对于投资者而言实际上是一种卖权，有利于降低投资者的持券风险，所以选项B的说法错误；可转换债券的赎回条款最主要的功能是强制债券持有者积极行使转股权，所以选项C的说法错误；可转换债券的转换比率是债券面值与转换价格之商，所以选项D的说法错误。

答 A

例 2.(单选题·2018年)下列各项条款中，有利于保护可转换债券持有者利益的是(　)。

A. 无担保条款　　B. 回售条款

C. 赎回条款　　D. 强制性转换条款

思路点拨 显而易见正确答案是回售条款。

解 回售条款是指债券持有人有权按照事先约定的价格将债券卖回给发债公司的条件规定。回售条款是债券持有人的权利，所以有利于保护债券持有人的利益。赎回条款是指发债公司按事先约定的价格买回未转股债券的条件规定，赎回条款是债券发行者的权利，所以有利于保护债券发行者利益。强制性转换条款是指在某些条件具备之后，债券持有人必须将可转换债券转换为股票，无权要求偿还债券本金的条件规定。所以有利于保护债券发行者利益。

答 B

例 3.(单选题·2018年)某公司发行的可转换债券的面值是100元，转换价格是20元，目前该债券已到转换期，股票市价为 25 元，则可转换债券的转换比率为(　)。

A. 5　　B. 4　　C. 1.25　　D. 0.8

思路点拨 转换比率是指一份债券按事先约定的转股价格能转换成几股股票。

解 可转换债券的转换比率=债券面值/转换价格=100/20=5

答 A

例 4.(判断题·2014 年)可转换债券的持有人具有在未来按一定的价格购买普通股股票的权利，因此可转换债券具有买入期权的性质。(　)

思路点拨 认准是买入期权而不是卖出期权就没问题。

解 可转换债券赋予了债券持有者未来的选择权，在事先约定的期限内，投资者可以选择将债券转换为普通股股票，也可以放弃转换权利，持有至债券到期还本付息。由于可转换债券持有人具有在未来按一定的价格购买股票的权利，因此可转换债券实质上是一种未来的买入期权。

答 对

例 5.(判断题·2012 年)企业在发行可转换债券时，可通过赎回条款来避免市场利率大幅下降后仍需支付较高利息的损失。(　)

思路点拨 市场利率下降，意味着公司如果现在筹资只需要付出较低的代价，因此，通过赎回条款来赎回当初较高利率的债券，而后再在市场上发行较低利率的债券，对公司而言可以节约资本成本。

解 设置赎回条款最主要的功能是强制债券持有者积极行使转股权，因此又被称为加速条款。同时也能使发债公司避免在市场利率下降后，继续向债券持有人按照较高的票面利率支付利息所蒙受的损失。所以本题的说法正确。

答 对

习题

1. (判断题)可转换债券的持有人具有在未来按一定的价格购买普通股股票的权利，因此可转换债券具有卖出期权的性质。(　)
2. (单选题)下列关于可转换债券的说法中不正确的是(　)。
   A. 标的股票必须是发行公司自己的普通股票
   B. 票面利率一般会低于普通债券的票面利率
   C. 回售有利于降低投资者的持券风险
   D. 资本成本较低
3. (单选题)可转换债券的基本性质不包括(　)。
   A. 证券期权性　　B. 资本转换性　　C. 赎回与回售　　D. 筹资灵活性
4. (单选题)下列关于可转换债券筹资特点的表述中不正确的是(　)。
   A. 筹资效率低　　B. 存在一定的财务压力
   C. 资本成本较低　　D. 筹资灵活
5. (单选题)下列属于可转换债券赎回条款情形的是(　)。
   A. 公司股票价格在一段时期内连续高于转股价格达到某一幅度
   B. 公司股票价格在一段时期内连续低于转股价格达到某一幅度

C. 可转换债券的票面利率大于市场利率

D. 可转换债券的票面利率小于市场利率

6. (单选题)某企业计划发行可转换债券，在面值确定的情况下，转换价格与转换比率的关系是(　)。

A. 正向　　B. 反向　　C. 不变　　D. 不确定

参考答案及解析

DAY 36 认股权证及筹资特点

划重点

一、认股权证的概念及其类型

认股权证是一种由上市公司发行的证明文件，持有人有权在一定时间内以约定的价格认购该公司发行的一定数量的股票。

广义的权证是一种期权，按买和卖的不同权利，可分为认购权证（看涨权证）和认沽权证（看跌权证）。认股权证属于认购权证（看涨权证）。

二、认股权证的性质★

（1）认股权证本质上是一种股票期权，属于衍生金融工具，具有实现融资和股票期权激励的双重功能。但认股权证本身是一种认购普通股的期权，它没有普通股的红利收入，也没有普通股相应的投票权。

（2）认股权证是一种投资工具。投资者获得的收益是认购时股票市场价与认购价之间的差额。

指点迷津 举个例子来理解认股权证的概念、类型以及性质：甲公司发行 100 万份认股权证，条款约定持有认股权证的投资者每持有一份认股权证，6 个月后就可以以 4 元/股的固定价格购买一股甲公司增发的股票，假如 6 个月后甲公司增发新股，每股发行价 10 元/股。假如投资者张三购入了 1 万份认股权证，那么 6 个月后张三就可以行使该认股权证（即行权），交付甲公司 1 万份认股权证外加 4 万元现金就可以取得 1 万股甲公司的股票，然后再以 10 元/股的价格抛售掉，每股获得利差 10-4=6（元），不考虑其他因素，总共可获利 6 万元。当然，如果甲公司新增发股票的市价低于 4 元/股，张三就不会去行权，因为以 4 元的价格购入一股股票还不如以低于 4 元的发行价取得一股股票更有利。从例子中我们可以看出：①将来如果股价高于行权价（涨），张三就行权，否则就不行权，所以认股权证本质是一种期权（赋予认股权证持有人的权利，而不承担到期一定购买的义务），而且是“看涨期权”；②该权利是一种以固定价格买入股票的权利，而不是以固定价格卖出股票的权利，因此是“认购权证”（或者“买入期权”）；③投资者获取的收益是认股价与市价之间的差；④只有张三行权以后，才真正持有股票，也才真正成为公司的股东，才享有股东享有的权利，而在没有行权之前，张三就不是股东，自然没有普通股的红利收入，也没有普通股相应的投票权。

三、认股权证的筹资特点★（见表 36-1）

表 36-1　认股权证的筹资特点

特点	说明
(1) 认股权证是一种融资促进工具	认股权证以约定价格认购股票，能保证公司在规定的期限内完成股票发行计划
(2) 有助于改善上市公司的治理结构	认股权证能够约束上市公司的败德行为，并激励他们更加努力地提升上市公司的市场价值
(3) 有利于推进上市公司的股权激励机制	认股权证是常用的员工激励工具

例解答·练

例题

例 1.（单选题·2019 年）下列各项中属于衍生工具筹资方式的是（　）。

A. 融资租赁筹资　　B. 认股权证筹资　　C. 商业信用筹资　　D. 普通股筹资

思路点拨 衍生工具筹资包括可转换公司债券筹资和认股权证筹资。

解 衍生工具筹资，包括兼具股权与债务筹资性质的混合融资和其他衍生工具融资。我国上市公司目前最常见的混合融资方式是可转换债券融资，最常见的其他衍生工具融资方式是认股权证融资。

答 B

例 2.（判断题·2017 年）可转换债券是常用的员工激励工具，可以把管理者和员工的利益与企业价值成长紧密联系在一起。（　）

思路点拨 很明显说的应该是认股权证。

解 认股权证是常用的员工激励工具，通过给予管理者和重要员工一定的认股权证，可以把管理者和员工的利益与企业价值成长紧密联系在一起，建立一个管理者与员工通过提升企业价值实现自身财富增值的利益驱动机制。

答 错

例 3.（单选题·2015 年）下列各种筹资方式中，企业无须支付资金占用费的是（　）。

A. 发行债券　　B. 发行优先股　　C. 发行短期票据　　D. 发行认股权证

思路点拨 认股权证持有人在持有认股权证期间不是公司的股东，更不是债权人，公司没有义务向其支付任何代价。

解 发行债券、发行短期票据需要支付利息费用，发行优先股需要支付优先股的股利，这些都会产生资金的占用费，发行认股权证不需要资金的占用费。所以选项 D 是正确的。

答 D

例 4.（多选题·2013 年）下列各项中，属于认股权证筹资特点的有（　）。

A. 认股权证是一种融资促进工具　　B. 认股权证是一种高风险融资工具

C. 有助于改善上市公司的治理结构　　D. 有利于推进上市公司的股权激励机制

思路点拨 发行认股权证是寄希望投资者将来行使认股权证，按照约定的价格认购股票实现企业筹资的目的，所以认股权证是一种融资促进工具而通常不直接作为一种融资工具。

解 认股权证的筹资特点有：认股权证是一种融资促进工具；有助于改善上市公司的治理结构；有利于推进上市公司股权激励机制。

答 ACD

习题

1. (单选题)认股权证是一种认购普通股的权利，它没有普通股的红利收入，也没有普通股相应的投票权，以上表述说明认股权证具有的性质是(　)。
   A. 投资工具　B. 具有期权性　C. 资本转换性　D. 赎回与回售
2. (单选题)认股权证具有实现融资和股票期权激励的双重功能，体现了认股权证(　)的性质。
   A. 资本转换性　B. 证券期权性　C. 期权性　D. 融资促进
3. (多选题)下列关于认股权证的表述中，正确的有(　)。
   A. 它有助于改善上市公司的治理结构　B. 它有利于推进上市公司的股权激励机制
   C. 它是一种融资促进工具　D. 它属于衍生金融工具

DAY 37 优先股及筹资特点、筹资实务创新

划重点

一、优先股的基本性质★

优先股是指股份公司发行的具有优先权利、相对优先于一般普通股的股份。其基本性质见表 37-1。

表 37-1　优先股的基本性质

基本性质	具体内容(相对于普通股而言)
约定股息	优先股的股利收益是事先约定的，也是相对固定的
权利优先	优先利润分配权和优先剩余财产分配权
权利范围小	一般没有选举权和被选举权，对股份公司重大经营事项无表决权，仅在股东大会表决与优先股股东自身利益相关的特定事项时，具有有限表决权

易错易混

(1)优先股的权利优先是相对于普通股而言，但要注意，在剩余财产方面，优先股的清偿顺序先于普通股而晚于债权人。

(2)优先股的优先权利与公司债权人不同，优先股股东不可以要求经营成果不佳无法分配股利的公司支付固定股息，也不可以要求无法支付股息的公司进入破产程序，不能向人民法院提出企业重整、和解或者破产清算申请。

二、优先股的种类★(见表 37-2)

表 37-2　优先股的种类

分类标准	分类结果
股息率在股权存续期内是否做调整	固定股息率优先股/浮动股息率优先股
在有可分配税后利润时是否必须向优先股股东分配利润	强制分红优先股/非强制分红优先股
公司因当年可分配利润不足而未向优先股股东足额派发股息，差额部分是否累积到下一会计年度	累积优先股/非累积优先股
按照确定的股息率分配股息后，优先股股东是否有权同普通股股东一起参加剩余税后利润分配	参与优先股/非参与优先股
是否可以转换成普通股	可转换优先股/不可转换优先股
是否享有要求公司回购优先股的权利	可回购优先股/不可回购优先股

三、优先股的筹资特点★

优先股筹资属于混合筹资，其筹资特点兼具有债务筹资和股权筹资性质，具体内容见表 37-3。

表 37-3　优先股的筹资特点

优点	(1)有利于丰富资本市场的投资结构。 (2)有利于股份公司股权资本结构的调整。 (3)有利于保障普通股收益和控制权。 (4)有利于降低公司财务风险
缺点	资本成本相对于债务较高且股利支付相对于普通股具有固定性，可能给股份公司带来一定的财务负担

四、筹资实务创新

企业创新性的筹资方式和筹资渠道主要包括：商业票据融资、中期票据融资、股权众筹融资、企业应收账款证券化、融资租赁债权资产证券化、商圈融资、供应链融资、绿色信贷、能效信贷。

例解答·练

例题

例 1.(单选题·2019 年)与普通股筹资相比，下列属于优先股筹资优点的是(　)。

A. 有利于降低公司财务风险　　B. 优先股股息可以抵减所得税

C. 有利于保障普通股股东的控制权　　D. 有利于减轻公司现金支付的财务压力

思路点拨 优先股固定股息支付，相比较普通股具有较大的财务压力，财务风险较大，选项 AD 排除。优先股和普通股同为股权筹资，股息都是税后支付，不具有抵税效应，选项 B 排除。

解 优先股筹资的优点：①有利于丰富资本市场的投资结构；②有利于股份公司股权资本结构的调整；③有利于保障普通股收益和控制权；④有利于降低公司财务风险。优先股筹资的缺点：可能给股份公司带来一定的财务压力。降低公司财务风险是与债券筹资相比的优点。由于优先股股东无表决权，因此不影响普通股股东对企业的控制权。

答 C

例 2.(判断题·2019 年)优先股的优先权体现在剩余财产清偿分配顺序上居于债权人之前。(　)

思路点拨 优先股的优先股利分配权和优先剩余财产分配权是相对于普通股股东而言，而不是相对于债权人。

解 优先股在年度利润分配和剩余财产清偿分配方面，具有比普通股股东优先的权利。优先股可以先于普通股获得股息，公司的可分配利润先分给优先股，剩余部分再分给普通股。在剩余财产方面，优先股的清偿顺序先于普通股而次于债权人。一旦公司清算，剩余财产先分给债权人，再分给优先股股东，最后分给普通股股东。

答 错

例 3.（判断题·2018年）若某公司当年可分配利润不足以支付优先股的全部股息时，所欠股息在以后年度不予补发，则该优先股属于非累积优先股。（ ）

思路点拨 所欠股息以后年度可以补发的是累积优先股，不可以累积到以后补发的即为非累积优先股。

解 非累积优先股是指公司不足以支付优先股的全部股息时，对所欠股息部分，优先股股东不能要求公司在以后年度补发。

答 对

例 4.（单选题·2017年）下列关于优先股筹资的表述中，不正确的是（ ）。

A. 优先股筹资有利于调整股权资本的内部结构

B. 优先股筹资兼有债务筹资和股权筹资的某些性质

C. 优先股筹资不利于保障普通股的控制权

D. 优先股筹资会给公司带来一定的财务压力

思路点拨 优先股筹资一定意义上与债务筹资类似，只要净利润增加高于优先股股息，就不会稀释普通股权益。同时，优先股股东无表决权，何来影响普通股对企业控制权一说。

解 优先股有利于保障普通股的收益和控制权，选项C的表述不正确。

答 C

习题

1.（单选题）优先股股息率在股权存续期内不做调整的称为（ ）。

A. 固定股息率优先股

B. 浮动股息率优先股

C. 参与优先股

D. 非参与优先股

2.（多选题）根据公司因当年可分配利润不足而未向优先股股东足额派发股息，差额部分是否累积到下一会计年度，可分为下列各项中的（ ）。

A. 强制分红优先股　　B. 非强制分红优先股

C. 累积优先股　　D. 非累积优先股

3.（多选题）关于优先股的股息率，下列说法中正确的有（ ）。

A. 优先股的固定股息率各年可以不同

B. 公司章程中规定优先股采用浮动股息率的，应当明确优先股存续期内票面股息率的计算方法

C. 优先股不可以采用浮动股息率分配利润

D. 优先股的股息一般不会随公司经营情况而变化

4.（单选题）下列有关优先股股东权利的表述中正确的是（ ）。

A. 优先表决权是优先股股东可以优先行使的权利

B. 优先股股东无公司管理权

C. 优先股股东在要求剩余财产时受到限制

D. 优先股利分配权是优先股股东可以优先行使的权利

5. (单选题) 根据发行人或优先股股东是否享有要求公司回购优先股的权利，优先股可分为(　)。

A. 强制分红优先股和非强制分红优先股　　B. 可转换优先股和不可转换优先股

C. 可回购优先股和不可回购优先股　　D. 累积优先股和非累积优先股

6. (单选题) 下列选项中，能够体现优先股的优先权的是(　)。

A. 剩余财产清偿分配

B. 要求无法支付股息的公司进入破产程序

C. 要求经营成果不佳无法分配股利的公司支付固定股息

D. 可以向人民法院提出企业重整、和解或者破产清算申请

参考答案及解析 

专题六 资金需要量预测、资本成本、资本结构、项目投资管理

学 中级

本专题整合财务管理考试大纲“第五章　筹资管理（下）”及“第六章　投资管理”中有关项目投资管理有关的内容。主要内容包括资金需要量预测、资本成本、资本结构、项目投资管理四大部分，是本书所有专题中最为重要的专题，内容比较多。共19天的学习量，其中：资金需要量预测部分分为：“DAY38　因素分析法与销售百分比法”和“DAY39　资金习性预测法”。资本成本部分分为：“DAY40　资本成本含义、作用及影响因素”“DAY41　个别资本成本—债务资本成本的计算”“DAY42　个别资本成本—股权资本成本的计算”“DAY43　平均资本成本、边际资本成本的计算”。资本结构部分分为：“DAY44　资本结构理论及影响资本结构的因素”“DAY45　资本结构优化—每股收益分析法和平均资本成本法”“DAY46　资本结构优化—公司价值分析法”。项目投资管理部分分为：“DAY47　投资管理的特点及投资的分类”“DAY48　项目现金流量的估算—投资期”“DAY49　项目现金流量的估算—营业期”“DAY50　项目现金流量的估算—终结期”“DAY51　项目投资评价指标—净现值、年金净流量”“DAY52　项目投资评价指标—现值指数、内含报酬率”“DAY53　项目投资评价指标—回收期”“DAY54　独立投资方案的决策”“DAY55　互斥投资方案的决策”“DAY56　固定资产更新决策”。

DAY 38 因素分析法与销售百分比法

划重点

一、因素分析法（分析调整法）★

（一）计算公式

资金需要量=（基期资金平均占用额-不合理资金占用额）×（1+预测期销售增长率）×（1-预测期资金周转速度增长率）

指点迷津 收入的实现需要靠资金来支持，销售收入越高所需要的资金量就越多。因此，销售增长率>0，意味着所需要的资金量增加，反之，所需要资金量减少；资金周转速度增长率>0，意味着资金周转加速，每实现一定的销售额所需要的资金量减少，反之，所需要资金量增加。

（二）优缺点及适用范围

优点：计算简便，容易掌握。缺点：预测结果不太精确。

适用范围：通常用于品种繁多、规格复杂、资金用量较小的项目。

二、销售百分比法★★★

（一）基本原理

假设某些资产（敏感性资产）和负债（敏感性负债）与销售额存在稳定的百分比关系，随着销售额的增长，敏感性资产和敏感性负债相应增加，从而增加企业未来的资金需求。这部分增加的资金需求，一部分来自预测期的收益留存，另一部分通过外部筹资取得。

指点迷津 原理解释：资产=负债+所有者权益，左边的“资产”代表资金占用，右边的“负债”“所有者权益”代表资金来源，假设某些资产和负债与销售额存在稳定的百分比关系，则上述等式可转化为：非敏感性资产增加+敏感性资产增加=非敏感性负债增加+敏感性负债增加+所有者权益增加。由于非敏感性资产不随销售额变化而变化，则在非敏感资产没有变化的情况下，上式进一步简化为：敏感性资产增加=非敏感性负债增加+敏感性负债增加+所有者权益增加。假设销售收入的增加导致敏感性资产（如存货）需要增加100万元，同时，随着销售收入的增长，敏感性负债（如应付账款）自发增加30万元，则“100=△非敏感性负债+30+△所有者权益”，即“△非敏感性负债+△所有者权益=70”，也就意味着企业新增资金需求70万元。根据该关系式可知，新增的70万元的资金需求需要来源于所有者权益和非敏感性负债（如长期借款），而因为所有者权益又包括利润留存和发行新股，因此新增70万元资金需求的来源包括三部分：内部利润留存、增发新股和非敏感性负债，而后两者（增发新股+非敏感性负债）又共同构成外部融资需求量。

(二)基本步骤

1. 确定随销售额变动而变动的资产和负债项目

经营性资产(敏感性资产)：随销售额的变动而同向变动。主要包括货币资金、应收账款、存货等正常经营中的流动资产。

经营性负债(敏感性负债、自发性负债、自动性债务)：随销售额的变动而同向变动。主要包括应付票据、应付账款等项目，不包括短期借款、短期融资券、长期负债等筹资性负债。

2. 确定有关项目与销售额的稳定比例关系

敏感资产占销售额的百分比 $=\frac{A}{S_1}$，敏感负债占销售额的百分比 $=\frac{B}{S_1}$。

3. 确定需要增加的筹资数量

$$外部融资需求量=\underbrace{\frac{A}{S_1}\times\Delta S-\frac{B}{S_1}\times\Delta S}_{新增资金需求}-\underbrace{P\times S_2\times E}_{内部利润留存}=A\times\frac{\Delta S}{S_1}-B\times\frac{\Delta S}{S_1}-P\times S_2\times E$$

式中：A 为基期敏感性资产；B 为基期敏感性负债；S_1 为基期销售额；S_2 为预测期销售额；ΔS 为销售变动额；P 为销售净利率；E 为利润留存率。

特别注意：如果销售额大量增加，可能还需要增加非敏感性资产，则外部融资需求量也要相应增加，此时：

$$外部融资需求量=\frac{A}{S_1}\times\Delta S-\frac{B}{S_1}\times\Delta S-P\times S_2\times E+非敏感性资产增加(1)$$

$$=A\times\frac{\Delta S}{S_1}-B\times\frac{\Delta S}{S_1}-P\times S_2\times E+非敏感性资产增加(2)$$

指点迷津 上述两个公式计算结果等同，如果要用公式(1)，先要计算敏感资产占销售收入的百分比 $\frac{A}{S_1}$、敏感负债占销售收入的百分比 $\frac{B}{S_1}$，然后要分别乘以销售收入的增加额(绝对数)。如果要用公式(2)则不需要计算敏感资产占收入的百分比和敏感负债占收入的百分比，直接用基期的敏感资产乘以销售增长率(相对数)、基期的敏感负债乘以销售增长率(相对数)即可。

易错易混 要特别注意题目的问法，要注意这个公式最终计算结果为“外部融资需要求量”，题目如果问的是“融资总需求”或者“新增的资金需求”则是指公式的前半部分，即 $\frac{A}{S_1}\times\Delta S-\frac{B}{S_1}\times\Delta S$。

(三)优缺点及注意事项

优点：能为筹资管理提供短期预计的财务报表；易于使用。

指点迷津 因为经营资产和经营负债与收入呈稳定百分比，因此可以根据未来的收入预计未来的经营资产和经营负债，即能提供短期的预计的财务报表。

例解答·练

例题

例 1.(单选题·2016年)根据资金需要量预测的销售百分比法，下列负债项目中，通常会随销售额变动而呈正比例变动的是(   )。

A. 应付票据　　B. 长期负债　　C. 短期借款　　D. 短期融资券

思路点拨 与销售额变动呈正比例变动的负债是经营活动中涉及的负债，称之为经营负债或者自发性负债。经营负债项目包括应付票据、应付账款等项目，不包括短期借款、短期融资券、长期负债等筹资性负债。

解 在销售百分比法下，假设经营负债与销售额保持稳定的比例关系，经营负债项目包括应付票据、应付账款等项目，不包括短期借款、短期融资券、长期负债等筹资性负债。

答 A

例 2.(单选题·2014年)采用销售百分比法预测资金需要量时，下列各项中，属于非敏感性项目的是(   )。

A. 现金　　B. 存货　　C. 长期借款　　D. 应付账款

思路点拨 长期借款属于筹资性负债。

解 经营性资产项目包括库存现金、应收账款、存货等项目；经营负债项目包括应付票据、应付账款等项目，不包括短期借款、短期融资券、长期负债等筹资性负债。

答 C

例 3.(单选题·2013年)甲企业本年度资金平均占用额为3500万元，经分析，其中不合理部分为500万元。预计下年度销售增长5%，资金周转加速2%，则下年度资金需要量预计为(   )万元。

A. 3000　　B. 3087　　C. 3150　　D. 3213

思路点拨 销售增长5%，资金需要量增加(1+5%)，资金周转加速2%，资金需要量减少(1−2%)。如果销售下降5%，则资金需要量减少(1−5%)，资金周转减速2%，则资金需要量增加(1+2%)。

解 资金需要量=(基期资金平均占用额−不合理资金占用额)×(1+预测期销售增长率)×(1−预测期资金周转速度增长率)=(3500−500)×(1+5%)×(1−2%)=3087(万元)。

答 B

例 4.(计算分析题·2019年)甲公司2018年实现销售收入100000万元，净利润5000万元，利润留存率为20%，公司2018年12月31日的资产负债表(简表)如表38−1所示：

表38−1　甲公司2018年12月31日的资产负债表(简表)　　单位：万元

资产	期末余额	负债和所有者权益	期末余额
货币资金	1500	应付账款	3000
应收账款	3500	长期借款	4000

续表

资产	期末余额	负债和所有者权益	期末余额
存货	5000	实收资本	8000
固定资产	11000	留存收益	6000
资产合计	21000	负债和所有者权益合计	21000

公司预计 2019 年销售收入比上年增长 20%，假定经营性资产和经营性负债与销售收入保持稳定的百分比，其他项目不随销售收入变化而变化，同时假设销售净利率与利润留存率保持不变，公司使用销售百分比法预测资金需要量。

要求：

(1) 计算 2019 预计经营性资产增加额。

(2) 计算 2019 预计经营性负债增加额。

(3) 计算 2019 预计留存收益增加额。

(4) 计算 2019 预计外部融资需求量。

思路点拨 ①首先要确定哪些资产属于经营资产(货币资金、应收账款、存货)，哪些负债属于经营负债(应付账款)，这一步出错将步步出错。②因为题干中直接给定了销售增长率 20%，所以建议直接用公式：外部融资需求量 $=A\times\frac{\Delta S}{S_1}-B\times\frac{\Delta S}{S_1}-P\times S_2\times E$。

答 (1) 经营性资产增加额 =(1500+3500+5000)×20% =2000(万元)

或者：经营资产占销售百分比 =(1500+3500+5000)/100000 =10%，2019 销售收入增加额 =100000×20% =20000(万元)，经营性资产增加额 =20000×10% =2000(万元)。

(2) 经营性负债增加额 =3000×20% =600(万元)

或者：经营负债占销售百分比 =3000/100000 =3%，2019 销售收入增加额 =100000×20% =20000(万元)，经营性负债增加额 =20000×3% =600(万元)。

(3) 留存收益增加额 =5000×(1+20%)×20% =1200(万元)

(4) 外部融资需求量 =2000−600−1200 =200(万元)

习题

1. (单选题) 甲企业上年度资金平均占用额为 2200 万元，经分析，其中不合理部分为 200 万元，预计本年度销售增长率为−5%，资金周转减速 2%。则本年度资金需要量为(　)万元。

   A. 1938　　B. 1862　　C. 2058　　D. 2142

2. (单选题) 丁公司 2019 年年末的经营性资产总额为 1600 万元，经营性负债总额为 800 万元，留存收益为 100 万元。公司预计 2020 年的销售收入将增长 20%，年末的留存收益为 140 万元。则采用销售百分比法预测 2020 年的外部融资需求量为(　)万元。

   A. 60　　B. 20　　C. 120　　D. 160

3. (多选题) 下列各项中，属于经营性负债的有(　)。

   A. 应付账款　　B. 应付票据

   C. 应付债券　　D. 应付销售人员薪酬

4. (多选题) 影响外部融资需求量的因素有(　)。

A. 敏感性资产销售百分比　　B. 敏感性负债销售百分比

C. 上期的销售净利率　　D. 上期的股利支付率

5. (多选题)下列各项中，会引起资金需要量增加的有(　)。

A. 不合理资金占用额减少　　B. 预测期销售收入增长

C. 预测期资金周转速度下降　　D. 预测期资金周转速度增长

6. (多选题)下列各项，属于销售百分比法优点的有(　)。

A. 在有关因素发生变动的情况下，原有的销售百分比仍然适用

B. 为筹资管理提供短期预计的财务报表

C. 易于使用

D. 结果精确

7. (计算分析题)甲公司上年销售收入为5000万元，销售净利率为10%，股利支付率为70%，上年12月31日的资产负债表(简表)如表38-2所示：

表38-2　资产负债表(简表)

单位：万元

资产	期末数	负债及所有者权益	期末数
货币资金	800	应付账款	800
应收账款	700	应付票据	600
存货	1500	长期借款	1200
固定资产净值	2000	实收资本	1000
无形资产	1000	资本公积	1800
		留存收益	600
资产总计	6000	负债及所有者权益总计	6000

公司现有生产能力已经达到饱和，本年计划销售收入达到6000万元，为实现这一目标，公司需新增设备一台，需要210万元资金。据历年财务数据分析，公司流动资产与流动负债随销售额同比率增减。假定本年销售净利率为15%，股利支付率为60%，适用的企业所得税税率为40%。

要求：

(1)计算本年需增加的营运资金。

(2)计算本年需要对外筹集的资金量。

DAY 39 资金习性预测法

划重点

一、资金习性★

按照资金同产销量之间的依存关系，可以把资金区分为不变资金、变动资金和半变动资金，具体情况见表 39-1。

表 39-1　资金的分类

分类	含义	典型举例
不变资金	在一定的产销量范围内，不受产销量变动的影响而保持固定不变的那部分资金	为维持营业而占用的最低数额的现金；原材料的保险储备；必要的产成品储备；厂房、机器设备等固定资产占用的资金
变动资金	随产销量的变动而同比例变动的那部分资金	直接构成产品实体的原材料、外购件等占用的资金；在最低储备以外的现金、存货、应收账款等
半变动资金	受产销量变化的影响，但不成同比例变动的资金，可划分为不变资金和变动资金两部分（即 $Y=a+bX$）	辅助材料上占用的资金

指点迷津 资金习性与专题四讲到的成本性态是一样的道理，成本就是一种特殊的资金表现。按照成本与业务量之间的储存关系，成本分为固定成本、变动成本和混合成本，固定成本即对应这里的“不变资金”，变动成本就对应这里的“变动资金”，混合成本就对应这里的“半变动资金”。

二、根据资金占用总额与产销量的关系预测（直接预测资金需要量总额）

指点迷津 既然资金根据业务的关系可以分为不变资金、变动资金和半变动资金，而且半变动资金又可以分解为不变资金和变动资金两部分。那么资金占用与业务量之间的关系就可以表达为：$Y=a+bX$，其中 Y 代表资金占用额；X 代表产销量；a 代表不变资金；b 代表单位变动资金。a 即为总资金占用当中的“不变资金”，bX 即为总资金占用当中的“变动资金”。只要根据历史数据求出 a 和 b，就可以得出业务量 X 与资金占用 Y 之间的数量关系式，那么给定任意的业务量 X，就可以预测出资金占用量的金额。

a 和 b 可以根据历史数据采用回归直线方程组求出。其中 n 指历史数据的期数。

$$\begin{cases} \sum XY=a\sum X+b\sum X^2 & (1) \\ \sum Y=na+b\sum X & (2) \end{cases}$$

易错易混 特别注意，用这种方法计算出来的资金占用量与销售百分比法的资金需要量并不是一样的概念。销售百分比法下计算出的资金需要量是未来“新增的资金需求”，而资金习性预测法计算出来资金需要量其实为“资金占用量”，与“新增的资金需求”有差异。如：2019年资金占用量为100万元，2020年资金占用量为300万元，则新增的资金需求量为300−100=200(万元)。

三、采用逐项分析法预测(先分项再汇总预测资金需要量总额)★★

根据各资金占用项目(如现金、存货、应收账款、固定资产)和资金来源项目(如应付账款)同产销量的关系，计算出各分项目资金占用的不变资金(a)与变动资金(b)，然后汇总在一起，计算出总的 a 和 b，求出企业变动资金总额和不变资金总额，进而预测资金需求量。

指点迷津 这种方法与上一种方法原理其实一样，只不过上一种方法直接根据业务量与资金占用总量的关系进行预测，比较粗糙。这种方法先按业务量与各资金占用项目的关系预测各项目资金占用的金额，最后再汇总得出企业总的资金占用量，相对精确些。在确定各资金占用项目和业务量之间的关系时(即确定各项目的 $Y=a+bX$)时，可以采用上述的回归分析法，也可以采用高低点法(往往会考核高低点法)。

易错易混 由于负债是资金来源，汇总计算 a 和 b 时，应该减掉负债项目的 a 和 b。类似于销售百分比法中的“敏感性负债”其实已经自然而然地满足了一部分资金需求。

易错易混 与上一种直接按总额预测的方法一样，用这种方法计算出来的资金占用量与销售百分比法的资金需要量也不是一样的概念，原理同上。

例解答·练

例题

例 1.(单选题·2017年)某公司2012−2016年度销售收入和资金占用的历史数据(单位：万元)分别为(800，18)，(760，19)，(900，20)，(1000，22)，(1100，21)，运用高低点法分离资金占用中的不变资金与变动资金时，应采用的两组数据是(　)。

A.(760，19)和(1000，22)　　B.(800，18)和(1100，21)

C.(760，19)和(1100，21)　　D.(800，18)和(1000，22)

思路点拨 高低点法的高点和低点是指业务量最高点和业务量最低点对应的那两组数据。

解 高低点法是以过去某一会计期间的总成本和业务量资料为依据，从中选取业务量最高点和业务量最低点，将总成本进行分解，得出成本性态的模型。选取最高点和最低点是以业务量(销售收入)为标准的。所以答案为选项C。

答 C

例 2.(计算分析题)某企业2014年至2019年历年产销量和资金变化情况见表39−2，2020年预计销售量为1500万件。

表 39-2 历年产销量和资金变化情况

年度	产销量(X：万件)	资金占用(Y：万元)
2014	1200	1000
2015	1100	950
2016	1000	900
2017	1200	1000
2018	1300	1050
2019	1400	1100
合计	$\sum X=7200$	$\sum Y=6000$

要求：

(1)采用回归直线法确定销售量与资金占用之间的数量关系($Y=a+bX$)。

(2)预计 2020 年的资金需要量。

(3)计算 2020 年企业新增的资金需要量。

思路点拨 首先要掌握回归分析法方程组的计算公式，这样的话可以列表计算出相应的参数，即可求出 a 和 b，剩下的问题都可迎刃而解。

答 (1)具体计算见表 39-3。

表 39-3 资金需要量预测表(按总额预测)

年度	产销量(X：万件)	资金占用(Y：万元)	XY	X^2
2014	1200	1000	1200000	1440000
2015	1100	950	1045000	1210000
2016	1000	900	900000	1000000
2017	1200	1000	1200000	1440000
2018	1300	1050	1365000	1690000
2019	1400	1100	1540000	1960000
合计	$\sum X=7200$	$\sum Y=6000$	$\sum XY=7250000$	$\sum X^2=8740000$

代入方程组：

$$\begin{cases}7250000=7200\times a+8740000\times b\\6000=6\times a+7200\times b\end{cases}$$

解得：$a=400$，$b=0.5$，因此，$Y=400+0.5X$。

(2)2020 年预计销售量 1500 万件，所以 2020 年资金需要量为：$400+0.5\times1500=1150$(万元)。

(3)2020 年企业新增的资金需要量=2020 年资金占用量−2019 年资金占用量=1150−1100=50(万元)。

例 3.(计算分析题)某企业历年现金占用与销售额之间的关系见表 39-4。

表 39-4　历年现金占用与销售额之间的关系

年度	销售收入 X(元)	现金占用 Y(元)
2015	2000000	110000
2016	2400000	130000
2017	2600000	140000
2018	2800000	150000
2019	3000000	160000

要求：

(1)根据上述资料，采用高低点法确定销售收入与现金占用之间的数量关系($y=a+bX$)。

(2)如果存货、应收账款、流动负债、固定资产与销售收入的关系如表 39-5 所示，假如 2020 年预计销售额为 3500000 元，请预计 2020 年的资金需要量。

表 39-5　存货、应收账款、流动负债、固定资产与销售收入的关系　　单位：元

项目	年度不变资金(a)	每一元销售收入所需变动资金(b)
流动资产		
应收账款	60000	0.14
存货	100000	0.22
固定资产(厂房、设备)	510000	—
应付账款及应付费用	80000	0.11

(3)若 2019 年的销售收入为 3000000 元，计算 2020 年企业新增的资金需要量。

思路点拨 高低点法选择的是最高业务量和最低业务量(销售收入)对应的两组数据，这两组数据均满足直线方程，所以将这两组数据代入方程即可求出 a 和 b；其次要注意由于负债是资金来源，汇总计算 a 和 b 时，应该减掉负债项目的 a 和 b。

答 (1)根据高低点法，确定下列方程组：

$$\begin{cases}110000=a+b\times2000000\\160000=a+b\times3000000\end{cases}$$

解得 $a=10000$，$b=0.05$。因此，现金占用与销售额之间的关系可以表述为：$Y_{现金}=10000+0.05X$。

(2)根据表中资料，年度总资金占用中不变资金 $a=10000+60000+100000+510000-80000=600000$(元)，年度总资金占用中单位变动资金 $b=0.05+0.14+0.22-0.11=0.30$。

则总资金占用与销售收入的关系为：$Y=600000+0.30X$，2020 年的资金需要量 $=600000+0.30\times3500000=1650000$(元)。

(3)2020 年企业新增的资金需要量 = 2020 年资金占用量 − 2019 年资金占用量 $=1650000-(600000+0.30\times3000000)=0.3\times(3500000-3000000)=150000$(元)。

习题

1. (单选题)某公司根据历年销售收入和资金需求的关系，建立的资金需要量模型是 $Y=7520+8.5X$。该公司2019年总资金为16020万元，预计2020年销售收入为1200万元，则预计2020年需要增加的资金为(   )万元。

A. 1700　　B. 1652　　C. 17720　　D. 17672

2. (多选题)按照资金与产销量之间的依存关系，可以把资金区分为(   )。

A. 不变资金　　B. 变动资金　　C. 半固定资金　　D. 半变动资金

3. (单选题)下列各项中，属于变动资金的是(   )。

A. 原材料的保险储备　　B. 辅助材料占用的资金

C. 直接构成产品实体的原材料占用资金　　D. 必要的成品储备

4. (单选题)某企业2016年—2020年产销量和资金变化情况如表39-6所示：

表 39-6　2016—2020年产销量和资金变化情况

年度	产销量(万件)	资金占用(万元)
2016	20	100
2017	26	104
2018	22	110
2019	30	108
2020	28	98

采用高低点法确定的单位变动资金为(   )元。

A. 0.8　　B. 0.9　　C. 1　　D. 2

参考答案及解析 

DAY 40 资本成本含义、作用及影响因素

划重点

一、资本成本的含义★

资本成本是指企业为筹集和使用资本而付出的代价，包括筹资费用和占用费用。资本成本是资本所有权与使用权分离的结果。筹资费用是指企业在资本筹措过程中为获取资本而付出的代价，如借款手续费、证券发行费、证券印刷费、公证费、律师费等；占用费用是指企业在资本使用过程中因占用资本而付出的代价，如利息、股利、融资租赁的资金利息等（专题五曾涉及到）。

指点迷津 筹资费用通常在资本筹集时一次性发生，在资本使用过程中不再发生，视为筹资数额的一项扣除。占用费用是因为占用了他人资金而必须支付的，是资本成本的主要内容。

指点迷津 资本成本可以用绝对数表示，也可以用相对数表示，一般用相对数资本成本率。资本成本与专题二讲到的必要收益率有着紧密的关系，不考虑其他因素时，建立在筹资方的资本成本即是建立在投资方的必要收益率。

二、资本成本作用（见表 40-1）

表 40-1 资本成本的作用

作用	含义
资本成本是比较筹资方式、选择筹资方案的依据	其他条件相同时，企业筹资应选择资本成本率最低的方式
平均资本成本是衡量资本结构是否合理的重要依据	当平均资本成本最小时，企业价值最大，此时的资本结构是企业理想的资本结构
资本成本是评价投资项目可行性的主要标准	资本成本率是企业用以确定项目要求达到的投资收益率的最低标准
资本成本是评价企业整体业绩的重要依据	企业的总资产税后收益率应高于其平均资本成本率，这样才能带来剩余收益

三、影响资本成本的因素★★

指点迷津 影响资本成本的几个因素都可以站在投资者所要求的最低收益率即必要收益率的角度来把握。①总体经济环境好，投资风险小，必要收益率低，资本成本低。反之，投资风险大，必要收益率高，资本成本高；②资本市场有效，投资风险小，必要收益率低，资本成本低。反之，资本市场效率差，投资风险大，必要收益率高，资本成本高；③企业经营状况和融资状况好，整体投资风险小，必要收益率低，资本成本低。反之，企业经营状况和融资状况差，整体投资风险大，必要收益率高，资本成本高；④筹资规模大，占用时间长，不确定性大，风险较大，必要收益率高，资本成本高。反之，筹资规模小，占用时间短，不确定性小，风险较低，必要收益率低，资本成本低。

例解答·练

例题

例 1.（单选题·2019 年）下列各项中，通常会引起资本成本上升的情形是（ ）。

A. 预期通货膨胀率呈下降趋势　　B. 证券市场流动性呈恶化趋势

C. 企业总体风险水平得到改善　　D. 投资者要求的预期收益率下降

思路点拨 能够判断出选项意味着投资风险加大还是投资风险变小就可以得出结论。

解 如果资本市场缺乏效率，证券的市场流动性低，投资者投资风险大，要求的预期收益率高，那么通过资本市场融通的资本，其成本水平就比较高。

答 B

例 2.（单选题·2018 年）资本成本一般由筹资费和占用费两部分构成。下列各项中，属于占用费的是（ ）。

A. 向银行支付的借款手续费　　B. 向股东支付的股利

C. 发行股票支付的宣传费　　D. 发行债券支付的发行费

思路点拨 筹资费是为了把资金筹集到位，在筹资环节一次性发生的费用，占用费是占用他人资金而付出的代价。

解 资本成本占用费用是指企业在资本使用过程中因占用资本而付出的代价，向股东支付的股利属于占用费用。

答 B

例 3.（多选题·2018 年）下列关于影响资本成本因素的表述中，正确的有（ ）。

A. 通货膨胀水平高，企业筹资的资本成本就高

B. 资本市场越有效，企业筹资的资本成本就越高

C. 企业经营风险高，财务风险大，企业筹资的资本成本就高

D. 企业一次性需要筹集的资金规模越大、占用资金时限越长，资本成本就越高

思路点拨 站在投资方的角度针对每一个选项判断投资风险大，还是投资风险小。投资风险越大，资本成本越高，投资风险越小，资本成本越低。

解 如果经济过热，通货膨胀持续居高不下，投资者投资的风险大，预期收益率高，筹资的资本成本就高，所以选项 A 的表述正确；如果资本市场缺乏效率，证券的市场流动性低，投资者投资风险大，要求的预期收益率高，那么通过资本市场融通的资本，其资本成本水平就比较高，相反，则资本成本就越低，所以选项 B 的表述不正确；企业的经营风险和财务风险共同构成企业总体风险，如果企业经营风险高，财务风险大，则企业总体风险水平高，投资者要求的预期收益率高，企业筹资的资本成本相应就大，所以选项 C 的说法正确；资本是一种稀缺资

源，因此，企业一次性需要筹集的资金规模大、占用资金时限长，资本成本就高，选项 D 的说法正确。

答 ACD

例 4.（判断题·2018 年）一般而言，短期债券融资比长期债券融资成本高。（ ）

思路点拨 期限短意味着不确定性小，投资风险小，因而期限短的融资资本成本会较低。

解 一般而言，企业一次性需要筹集的资金规模大、占用资金时限长，资本成本就高，因此长期债券融资的资本成本一般要高于短期债券。

答 错

例 5.（判断题·2015 年）资本成本率是企业用以确定项目要求达到的投资收益率的最低标准。（ ）

思路点拨 没有企业愿意以 10% 的资本成本筹资，然后投资于投资收益率低于 10% 的项目。

解 资本成本是衡量资本结构优化程度的标准，也是对投资获得经济效益的最低要求，通常用资本成本率表示。

答 对

习题

1.（单选题）下列关于资本成本的表述中，不正确的是（ ）。

A. 资本成本只能用相对数表示

B. 对出资者而言，资本成本表现为让渡资本使用权所带来的投资收益

C. 对筹资者而言，资本成本表现为取得资本使用权所付出的代价

D. 如果国民经济过热，筹资的资本成本就高

2.（单选题）下列各项中，通常不会导致企业资本成本增加的是（ ）。

A. 通货膨胀加剧　　B. 投资风险上升

C. 经济持续过热　　D. 证券市场流动性增强

3.（多选题）资本成本的作用包括（ ）。

A. 资本成本是比较筹资方式、选择筹资方案的依据

B. 资本成本是评价企业整体业绩的重要依据

C. 平均资本成本是衡量资本结构是否合理的依据

D. 资本成本是评价投资项目可行性的主要标准

4.（多选题）下列各项费用中，属于筹资费的有（ ）。

A. 借款手续费　　B. 公司债券的发行费

C. 股利　　D. 借款利息

参考答案及解析 

DAY 41 个别资本成本—债务资本成本的计算

划重点

一、资本成本计算的两种模式

1. 一般模式(不考虑资金时间价值)

$$资本成本率=\frac{年资金占用费}{筹资总额-筹资费用}=\frac{年资金占用费}{筹资总额\times(1-筹资费用率)}$$

2. 贴现模式(考虑资金时间价值，适用于金额大、时间超过1年的长期资本，计算更为准确)

资本成本率是使“筹资净额现值(抵扣完筹资费用的现金流入量现值)-未来资本清偿额现金流量现值(现金流出量现值)=0”的折现率。

指点迷津 即专题二讲到的插值法求解利率的方法。

二、银行借款的资本成本率★★

1. 一般模式

$$K=\frac{名义借款额\times年利率\times(1-所得税税率)}{名义借款额\times(1-手续费率)}=\frac{年利率\times(1-所得税税率)}{1-手续费率}$$

2. 贴现模式

$$名义借款额\times(1-手续费率)=年利息\times(1-所得税税率)\times(P/A,K,n)+名义借款额\times(P/F,K,n)$$

求出式中的K即资本成本率。

易错易混 债务资本(银行借款、公司债券等)的利息费用允许在税前支付，可以起到抵税作用，因此，一般计算税后资本成本率，以便与权益资本成本率进行对比。所以计算债务资本成本时，一定不要漏掉“(1-所得税税率)”。

三、公司债券的资本成本率★★

1. 一般模式

$$K=\frac{年利息\times(1-所得税税率)}{债券筹资总额\times(1-手续费率)}=\frac{债券面值\times票面年利率\times(1-所得税税率)}{债券筹资总额\times(1-手续费率)}$$

易错易混 银行借款资本成本可以表示为$\frac{“年利率\times(1-所得税税率)”}{1-手续费率}$，但公司债券的资本成本率千万不可简写为$\frac{“票面年利率\times(1-所得税税率)”}{1-手续费率}$，因为债券可以溢价、折价、面值发行，而债券的利息是按照面值计算的，分母的债券筹资总额不一定等于分子的债券面值。

2. 贴现模式(每年支付一次利息)

筹资总额×(1−手续费率)=年利息×(1−所得税税率)×$(P/A, K, n)$+债券面值×$(P/F, K, n)$

求出式中的 K 即资本成本率。

例解答·练

例题

例 1.(多选题·2019 年)关于银行借款筹资的资本成本,下列说法错误的有(　)。

A. 银行借款的资本成本与还本付息方式无关

B. 银行借款的手续费会影响银行借款的资本成本

C. 银行借款的资本成本仅包括银行借款的利息支出

D. 银行借款的资本成本率一般等于无风险利率

思路点拨 ①不同时点还本付息,会导致还款的现金流时间点发生变化,考虑货币时间价值,从而影响资本成本的计算;②银行借款手续费会影响筹资净额,从而影响资本成本;③资本成本即投资方要求的必要收益率,必要收益率=无风险收益率+风险收益率。

解 银行借款还本付息的方式影响货币时间价值的计算,因此影响银行借款资本成本,选项 A 的说法错误。银行借款的资本成本包括借款利息和借款手续费用,因此选项 C 的说法错误。一般情况下,为了方便起见,通常用短期国债的利率近似地代替无风险收益率,因此选项 D 的说法错误。

答 ACD

例 2.(单选题·2018 年)计算下列筹资方式的资本成本时,需考虑企业所得税因素的是(　)。

A. 优先股资本成本　　B. 债券资本成本

C. 普通股资本成本　　D. 留存收益资本成本

思路点拨 债务利息具有抵税效应,计算债务资本成本需要考虑所得税因素。

解 由于债券的利息可以抵税,所以,计算债券资本成本时需要考虑所得税因素。

答 B

例 3.(单选题·2015 年)某公司向银行借款 2000 万元,年利率为 8%,筹资费率为 0.5%,该公司适用的所得税税率为 25%,则该笔借款的资本成本是(　)。

A. 6.00%　　B. 6.03%　　C. 8.00%　　D. 8.04%

思路点拨 直接套入公式即可。

解 资本成本=年资金占用费/(筹资总额−筹资费用)=2000×8%×(1−25%)/[2000×(1−0.5%)]=6.03%。

答 B

例 4.(单选题·2014 年)某企业发行了期限为 5 年的长期债券 10000 万元,年利率为 8%,每年年末付息一次,到期一次还本,债券发行费率为 1.5%,企业所得税税率为 25%,该债券的资本成本率为(　)。

A. 6%　　B. 6.09%　　C. 8%　　D. 8.12%

思路点拨 直接套入公式即可。

解 债券的资本成本率=10000×8%×(1-25%)/[10000×(1-1.5%)]=6.09%

答 B

习题

1. (单选题)H公司按照面值的110%发行债券进行筹资，共发行了每张面值100元的债券10000份，利率为8%，期限为6年，发行费用率为5%，企业所得税税率为20%，若考虑时间价值的话，该批债券的资本成本率为(　)。

   A. 5.51%　　B. 7.09%　　C. 7.64%　　D. 7.49%

2. (单选题)某企业按年利率5%向银行借款500万，借款手续费率为5%。企业所得税税率为25%，则该企业借款的资本成本为(　)。

   A. 5%　　B. 3%　　C. 3.75%　　D. 3.95%

3. (多选题)关于资本成本率计算的基本模式，下列说法中正确的有(　)。

   A. 扣除筹资费用后的筹资额称为筹资净额

   B. 一般模式不用考虑时间价值

   C. 对于金额大、时间超过一年的长期资本，更为准确一些的资本成本计算方式是采用一般模式

   D. 一般模式通用的计算公式为“资本成本率=年资金占用费/(筹资总额-筹资费用)”

参考答案及解析 

DAY 42 个别资本成本—股权资本成本的计算

划重点

一、优先股的资本成本率

（一）固定股息率优先股（各期股利相等）

按一般模式计算：

优先股资本成本率 $K=\dfrac{\text{年固定股息}}{\text{发行价格}\times(1-\text{筹资费用率})}=\dfrac{D}{P_n\times(1-f)}$

指点迷津 其实，按贴现模式计算固定股息率优先股资本成本率，其结果与按一般模式的结果一致，此时可视为永续年金，已知现值[$P_n\times(1-f)$]、年金(D)，倒求折现率(K)。

（二）浮动股息率优先股

由于浮动优先股各期股利是波动的，因此其资本成本率只能按照贴现模式计算，并假定各期股利的变化呈一定的规律性，与普通股资本成本的股利增长模型法计算方式相同。

二、普通股的资本成本率★★★

指点迷津 前已述及，筹资方的资本成本其实就是站在投资方角度的必要收益率，因此，此外关于普通股资本成本率的计算方法与"专题二"中股票投资的内部收益率的计算其实是类似的模型。

1. 股利增长模型法

假定某股票本期支付股利为 D_0，未来各期股利按 g 速度增长，股票目前市场价格为 P_0，发行费用率为 f，则普通股资本成本为：

$$K=\frac{D_0(1+g)}{P_0\times(1-f)}+g$$

股利增长模型见图 42-1。

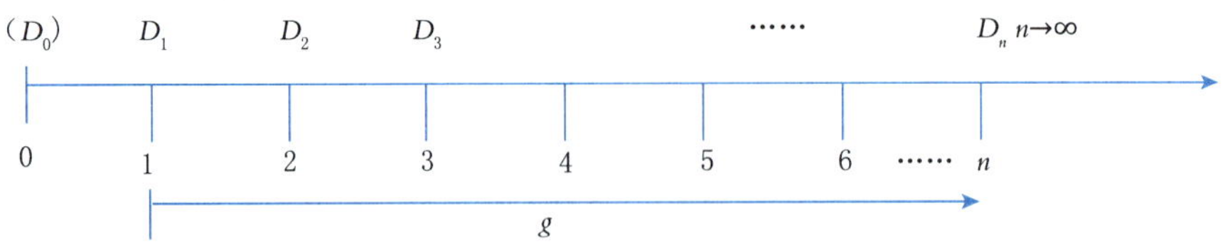

图 42-1 股利增长模型

2. 资本资产定价模型法（假定资本市场有效，股票市场价格与价值相等，投资者要求的必要收益率=筹资方的股权资本成本）

$K_s=R_f+\beta\times(R_m-R_f)$

式中，R_f 表示无风险收益率，R_m 表示市场平均收益率，β 表示公司股票贝塔系数。

三、留存收益的资本成本率★

如果企业将留存收益用于再投资，所获得的收益率低于股东自己进行一项风险相似的投资项目的收益率，企业就应该将其分配给股东。留存收益的资本成本率表现为股东追加投资所要求的收益率。

指点迷津 留存收益的资本成本与普通股资本成本计算相同，也分为股利增长模型法和资本资产定价模型法，不同点在于，如果采用股利增长模型法不考虑筹资费用。

例解答·练

例题

例 1.（判断题·2019 年）留存收益在实质上属于股东对企业的追加投资，因此留存收益资金成本的计算也应像普通股筹资一样考虑筹资费用。（ ）

思路点拨 留存收益筹资属于内部筹资，无须发生筹资费用。

解 留存收益是由企业税后净利润形成的，是一种所有者权益，其实质是所有者向企业的追加投资。企业利用留存收益筹资不需要发生筹资费用。

答 错

例 2.（单选题）某公司普通股市价 30 元，筹资费用率为 2%，本年发放现金股利每股 0.6 元，预期股利年增长率为 10%。则该普通股资本成本为（ ）。

A. 12.04%　　B. 12.24%　　C. 13%　　D. 12.24%

思路点拨 股利增长模型法中重点在于确定 D_1 的值。即使题目中给出 D_0，其主要目的也是为了以此为基础求出 D_1。

解 $K=0.6\times(1+10\%)/[30\times(1-2\%)]+10\%=12.24\%$

答 D

例 3.（单选题）假设资本市场有效，某公司普通股 β 系数为 1.5，此时一年期国债利率 5%，市场平均收益率 15%，则该普通股资本成本为（ ）。

A. 7.5%　　B. 10%　　C. 20%　　D. 2.5%

思路点拨 看到 β 系数自然就想到资本资产定价模型，那就应该没问题了。

解 普通股资本成本 $=5\%+1.5\times(15\%-5\%)=20\%$

答 C

例 4.（判断题）企业利用留存收益筹资无须发生筹资费用，因此留存收益筹资资本成本率等于零。（ ）

思路点拨 资本成本包括筹资费用和资金占用费，留存收益筹资不产生筹资费用，但作为股权筹资，资本成本主要表现为资金占用费。而且，作为股权筹资，其资本成本相比较普通股较低，但相比较债务筹资来讲，资本成本则较大。

解 留存收益的资本成本率，表现为股东追加投资要求的收益率，其计算与普通股成本相同，不同点在于不考虑筹资费用。留存收益资本成本通常大于债务资本成本。因此本题的表述错误。

答 错

习题

1. (单选题)某公司普通股目前的股价为 10 元/股，筹资费率为 4%，股利固定增长率 3%，所得税税率为 25%，预计下次支付的每股股利为 2 元，则该公司普通股资本成本为(　)。

A. 23%　　B. 18%　　C. 24.46%　　D. 23.83%

2. (单选题)已知某优先股的市价为 21 元，筹资费用为 1 元/股，股息年增长率长期固定为 6%，预计第一期的优先股股息为 2 元，则该优先股的资本成本率为(　)。

A. 16%　　B. 18%　　C. 20%　　D. 22%

3. (多选题)在计算个别资本成本时，可以运用贴现模式的有(　)。

A. 公司债券资本成本　　B. 长期借款资本成本

C. 普通股资本成本　　D. 留存收益资本成本

参考答案及解析 

DAY 43 平均资本成本、边际资本成本的计算

划重点

一、平均资本成本的计算★★

（一）含义

平均资本成本是指多元化融资方式下的综合资本成本，反映着企业资本成本整体水平的高低。平均资本成本用于衡量企业资本成本水平，确定企业理想的资本结构。

（二）计算方法

以各项个别资本在企业总资本中的比重为权数，对各项个别资本成本率进行加权平均。

$$K_w=\sum_{j=1}^{n}K_jW_j$$

式中，K_w 表示平均资本成本；K_j 表示第 j 种个别资本成本率；W_j 表示第 j 种个别资本在全部资本中的比重。

（三）权数的价值形式（见表 43-1）

表 43-1　权数的价值形式

权数	含义	优缺点
账面价值权数（反映过去，不反映现在及未来）	以各项个别资本的会计报表账面价值为基础来计算资本权数	优点：资料容易取得，计算结果比较稳定。 缺点：不能反映目前从资本市场上筹集资本的现时机会成本，不适合评价现时的资本结构
市场价值权数（反映现在，不反映未来）	以各项个别资本的现行市价为基础来计算资本权数	优点：能够反映现时的资本成本水平，有利于进行资本结构决策。 缺点：现行市价处于经常变动之中，不容易取得；现行市价反映的只是现时的资本结构，不适用未来的筹资决策
目标价值权数（反映未来）	以各项个别资本预计的未来价值为基础来确定资本权数。目标价值是目标资本结构下的产物，是公司筹措和使用资金对资本结构的一种要求	优点：适用于未来的筹资决策，能体现决策的相关性。 缺点：目标价值的确定依赖于财务经理的价值判断和职业经验，难免具有主观性

指点迷津 选用“目标价值权数”，在确定各项资本的权重时，可行方案是以现时市场价值为依据，选用市场价值的历史平均值。

二、边际资本成本的计算

边际资本成本是企业追加筹资的成本。企业在追加筹资时，不能仅仅考虑目前所使用资本的成本，还要考虑新筹集资金的成本，即边际资本成本。边际资本成本，是企业进行追加筹资的决策依据。

指点迷津 筹资方案组合时（即追加筹资涉及多种筹资方式时），边际资本成本的权数采用目标价值权数。

例解答·练

例题

例 1.（多选题·2019年）平均资本成本计算涉及对个别资本的权重选择问题，对于有关价值权数的说法，正确的有（ ）。

A. 账面价值权数不适合评价现时的资本结构合理性

B. 目标价值权数一般以历史账面价值为依据

C. 目标价值权数更适用于企业未来的筹资决策

D. 市场价值权数能够反映现时的资本成本水平

思路点拨 账面价值属于历史信息，作为权数只反映过去不反映现在和将来；市场价值权数以当前市价为基础确定权数，反映现在不能反映将来；目标价值权重以未来价值为基础确定权重，反映未来，而决策就是面向未来展开的，所以目标价值权重适用于未来的筹资决策。

解 目标价值权数的确定一般以现时市场价值为依据，选项B的说法不正确。

答 ACD

例 2.（判断题·2018年）计算加权平均资本成本，采用市场价值权数能反映企业期望的资本结构，但不能反映筹资的现时资本成本。（ ）

思路点拨 市场价值权数就是指以现在的市价为基础确定权数，因此反映现在，不能反映未来。

解 计算加权平均资本成本，采用市场价值权数，能够反映现时的资本成本水平，不能反映未来资本结构。

答 错

例 3.（判断题·2018年）相对于采用目标价值权数，采用市场价值权数计算的平均资本成本更适用于未来的筹资决策。（ ）

思路点拨 市场价值权数就是指以现在的市价为基础确定权数，因此反映现在，不能反映未来。

解 采用市场价值权数，现行市价反映的只是现时的资本结构，不适用未来的筹资决策。对于公司筹措新资金，需要反映期望的资本结构来说，目标价值是有益的，适用于未来的筹资决策。

答 错

例 4.（计算分析题·2016年）甲公司2015年年末长期资本为5000万元，其中长期银行借款为1000万元，年利率为6%；所有者权益（包括普通股股本和留存收益）为4000万元。公司计划在2016年追加筹集资金5000万元，其中按面值发行债券2000万元，票面年利率为6.86%，期限5年，每年付息一次，到期一次还本，筹资费用率为2%；发行优先股筹资3000万元，固定股息率为7.76%，筹集费用率为3%。

公司普通股β系数为2，一年期国债利率为4%，市场平均收益率为9%。公司适用的所得税税率为25%。假设不考虑筹资费用对资本结构的影响，发行债券和优先股不影响借款利率和普通股股价。

要求：

(1)计算甲公司长期银行借款的资本成本。

(2)假设不考虑货币时间价值，计算甲公司发行债券的资本成本。

(3)计算甲公司发行优先股的资本成本。

(4)利用资本资产定价模型计算甲公司留存收益的资本成本。

(5)计算甲公司2016年完成筹资计划后的平均资本成本。

思路点拨 常规的一道先计算个别资本成本，再计算平均资本成本的题目。要注意两个细节：①本题明确给出条件"假设不考虑筹资费用对资本结构的影响"，即在计算各个别资本占总资本的权重时，按照原始筹资额，不按照筹资净额来计算权重。②题目没有明确给定计算平均资本成本的权重，但从题干已有的数据看，只能依据给定的账面价值信息来确定权重。

答 (1)长期银行借款资本成本=6%×(1−25%)=4.5%

(2)债券的资本成本=2000×6.86%×(1−25%)/[2000×(1−2%)]=5.25%

(3)优先股资本成本=3000×7.76%/[3000×(1−3%)]=8%

(4)留存收益资本成本=4%+2×(9%−4%)=14%

(5)平均资本成本=1000/10000×4.5%+2000/10000×5.25%+3000/10000×8%+4000/10000×14%=9.5%

习题

1. (单选题)某公司设定的目标资本结构为：银行借款20%，公司债券15%，股东权益65%。现拟追加筹资300万元，按此资本结构来筹资。个别资本成本率预计分别为：银行借款7%，公司债券12%，股东权益15%。追加筹资300万元的边际资本成本为(　)。

A. 12.95%　B. 13.5%　C. 8%　D. 13.2%

2. (多选题)下列各项中，会直接影响企业平均资本成本的有(　)。

A. 个别资本成本　B. 各种资本在资本总额中占的比重

C. 筹资速度　D. 企业的经营杠杆

3. (单选题)依赖于财务经理的价值判断和职业经验，是主观愿望和预期的表现的价值形式是(　)。

A. 账面价值权数　B. 目标价值权数　C. 市场价值权数　D. 历史价值权数

4. (判断题)利用加权平均法计算筹资方案组合的边际资本成本时，应采用市场价值作为权数。(　)

5. (计算分析题)甲公司目前处于快速发展阶段，公司2019年的资本结构如表43-2所示：

表 43-2　甲公司 2019 年的资本结构　　单位：万元

项目	金额
银行借款	120
长期债券	600
普通股	500
留存收益	780

该公司正在着手编制 2020 年的财务计划，财务主管请你协助计算其平均资本成本，有关信息如下：

(1)公司银行借款利率当前是 8%，明年将下降为 7.6%。

(2)公司债券面值为 100 元，票面利率为 9%，期限为 5 年，每年年末支付一次利息，当前市价为 102 元；如果按公司债券当前市价溢价发行新的债券，发行成本为市价的 3%。

(3)公司普通股面值为 1 元，当前每股市价为 4.8 元，本年派发现金股利 0.35 元，预计股利增长率维持 7%。

(4)公司普通股的 β 值为 1.1，当前国债的收益率为 5.5%，市场平均收益率为 13.5%。

(5)公司所得税税率为 25%。

要求：

(1)按照一般模式计算银行借款资本成本。

(2)按照折现模式计算债券的资本成本。

(3)分别使用股利增长模型法和资本资产定价模型法计算股票资本成本，并将两种结果的算术平均值作为股票资本成本。

(4)如果明年不改变资本结构，计算其平均资本成本(计算时个别资本成本百分数保留 2 位小数)。

DAY 44 资本结构理论及影响资本结构的因素

划重点

一、资本结构理论★

(一)资本结构的含义

广义资本结构：是指全部债务与股东权益的构成比例；

狭义资本结构：是指长期负债与股东权益的构成比例，短期债务作为营运资金管理。(本教材指狭义的资本结构)。

根据资本结构理论，当公司平均资本成本最低时，公司价值最大。最佳资本结构是指在一定条件下使企业平均资本成本率最低、企业价值最大的资本结构。

从理论上讲，最佳资本结构是存在的，但由于企业内部条件和外部环境的经常性变化，动态地保持最佳资本结构十分困难。

(二)资本结构理论

1. MM 理论

(1)最初的 MM 理论(债务无关论，不考虑企业所得税)。

主要观点：①有无负债并不改变企业价值，因此企业价值不受资本结构的影响，即有负债企业的价值=无负债企业的价值；②有负债企业的股权成本随着负债程度的增大而增大。

(2)修正 MM 理论(债务有关论，考虑企业所得税)。

主要观点：①企业可利用财务杠杆增加企业价值，因为负债利息可带来避税利益，企业价值会随着资产负债率的增加而增加；②有负债企业的价值等于同一风险等级中某一无负债企业的价值加上赋税节余的价值，即有负债企业的价值=无负债企业的价值+利息抵税的现值；③有负债企业的股权成本等于相同风险等级的无负债企业的股权成本加上与以市值计算的债务与股权资本比例成比例的风险收益，且风险收益取决于企业的债务比例以及企业所得税税率。

指点迷津

(1)“最初的 MM 理论”与“修正 MM 理论”的不同点：最初的 MM 理论认为，一个企业有没有负债，企业价值都是一样的；而修正 MM 理论认为，一个企业负债越多，企业价值就会越大。

(2)“最初的 MM 理论”与“修正 MM 理论”的相同点，伴随着负债比例的提高，股权资本成本都是在上升的。

2. 权衡理论(考虑税收、财务困境成本)

主要观点：有负债企业的价值等于无负债企业价值加上税赋节约现值，再减去财务困境成本的现值。

有负债企业的价值=无负债企业的价值+利息抵税的现值-财务困境成本的现值

指点迷津 修正MM理论只考虑了债务利息抵税的好处，没有考虑债务增加给企业带来财务困境的不利影响，权衡理论因此而生。

3. 代理理论

主要观点：债务筹资具有很强的激励作用，从而降低由于两权分离产生的股权代理成本，但是，可能带来企业接受债权人监督而产生的另一种代理成本，均衡的企业所有权结构是由股权代理成本和债务代理成本之间的平衡关系来决定的。

有负债企业的价值=无负债企业的价值+利息抵税的现值-财务困境成本的现值+债务的代理收益现值(即减少的股权代理成本)-债务的代理成本现值(即新产生的代理成本)。

指点迷津 上述几种理论具有层进关系，可按表44-1掌握：

表44-1 资本结构的层进关系

资本结构理论	有负债企业的价值
最初的MM理论(1)	=无负债企业的价值
修正的MM理论(2)	=无负债企业的价值+利息抵税的现值
权衡理论(3)	=无负债企业的价值+利息抵税的现值-财务困境的现值
代理理论(4)	=无负债企业的价值+利息抵税的现值-财务困境的现值+债务的代理收益现值-债务的代理成本现值

4. 优序融资理论

主要观点：企业的筹资优序模式首先是先内后外，先债务再股权。即首先是内部筹资，其次是借款、发行债券、可转换债券，最后是发行新股筹资。

二、影响资本结构的因素★★

(1)企业经营状况的稳定性和成长率：主要关注经营风险高低，经营风险高就不适合高负债，因为高负债意味着高财务风险，总风险要控制在一定水平，经营风险与财务风险此消彼长。

(2)企业的财务状况和信用等级：这个比较容易，财务状况好信用等级高，易于取得债务资本。

(3)企业的资产结构：一般来说，长资长用，短资短用，即长期资产依靠长期资本支持，短期资产依靠短期资本支持；抵押品多易于取得债务资本，技术研发为主的高新企业经营风险高，应降低债务资本。

(4)企业投资人和管理当局的态度：管理当局而言，厌恶风险的对待负债都是谨慎的，喜好风险的对待负债都是大度的；股东而言，若希望股权分散，自然就多股权资本，若希望股权集中，自然就多债务资本。

(5)行业特征和企业发展周期：仍然站在经营风险高低的角度。

(6)经济环境的税务政策和货币政策：税务政策关注利息抵税效应；货币政策关注资本市场利率水平的高低。

例解答·练

例题

例 1.（单选题·2014 年）下列关于最佳资本结构的表述中，错误的是(　)。

A. 最佳资本结构在理论上是存在的

B. 资本结构优化的目标是提高企业价值

C. 企业平均资本成本最低时资本结构最佳

D. 企业的最佳资本结构应当长期固定不变

思路点拨 最佳资本结构只是在某一个特定的时点处于最佳状态，不是静态的也不是长期稳定不变的。

解 由于企业内部条件和外部环境的经常性变化，动态地保持最佳资本结构十分困难。

答 D

例 2.（多选题·2015 年）下列各项因素中，影响企业资本结构决策的有(　)。

A. 企业的经营状况　　B. 企业的信用等级

C. 国家的货币供应量　　D. 管理者的风险偏好

思路点拨 这种题靠常识应该可以解决。

解 影响资本结构的因素有：企业经营状况的稳定性和成长率、企业的财务状况和信用等级、企业的资产结构、企业投资人和管理当局的态度、行业特征和企业发展周期、经济环境的税务政策和货币政策，所以选项 ABCD 都是正确答案。

答 ABCD

例 3.（单选题·2012 年）出于优化资本结构和控制风险的考虑，比较而言，下列企业中最不适宜采用高负债资本结构的是(　)。

A. 电力企业　　B. 高新技术企业　　C. 汽车制造企业　　D. 餐饮服务企业

思路点拨 高负债反映高财务风险，因此经营风险较高就不适用高负债，否则整体风险就控制不住了。

解 不同行业资本结构差异很大。高新技术企业产品、技术、市场尚不成熟，经营风险高，因此可降低债务资本比重，控制财务风险。所以本题选择 B。

答 B

习题

1.（单选题）所谓的最佳资本结构，是指(　)。

A. 企业平均资本成本率最高，企业价值最大的资本结构

B. 企业平均资本成本率最低，企业价值最小的资本结构

C. 企业平均资本成本率最低，企业价值最大的资本结构

D. 企业平均资本成本率最高，企业价值最小的资本结构

2.（单选题）下列关于 MM 理论的说法中，不正确的是(　)。

A. 不考虑企业所得税的情况下，有无负债不改变企业的价值

B. 不考虑企业所得税的情况下，股权成本不受资本结构的影响

C. 考虑所得税的情况下，有负债企业的价值等于同一风险等级中某一无负债企业的价值加上赋税节余的价值

D. 考虑所得税的情况下，有负债企业的股权成本等于相同风险等级的无负债企业的股权成本加上与以市值计算的债务与股权比例成比例的风险收益

3. (多选题) 下列有关确定企业资本结构的表述正确的有(　)。

A. 高新技术企业，可适度增加债务资本比重

B. 若企业处于初创期，可适度增加债务资本比重

C. 若企业处于发展成熟阶段，可适度增加债务资本比重

D. 若企业处于收缩阶段，应逐步降低债务资本比重

4. (判断题) 一般来说，固定资产比重较大的资本密集企业，主要依靠债务资本。　(　)

5. (多选题) 下列各项中，影响资本结构的因素包括(　)。

A. 企业的资产结构　　B. 企业经营状况的稳定性和成长率

C. 企业信用等级　　D. 经济环境的税务政策和货币政策

6. (判断题) 拥有较多流动资产的企业更多地依赖流动负债融通资金；资产适用于抵押贷款的企业负债较少。　(　)

参考答案及解析 

资本结构优化—每股收益分析法和平均资本成本法

划重点

一、每股收益分析法★★

(一)原理

能提高普通股每股收益的资本结构就是合理的资本结构。

(二)决策程序

第一步：计算使不同筹资方案每股收益相同的息税前利润或业务量，即每股收益无差别点。

$$\frac{(\overline{EBIT}-I_1)\times(1-T)-DP_1}{N_1}=\frac{(\overline{EBIT}-I_2)\times(1-T)-DP_2}{N_2}$$

求解得出$\overline{EBIT}$即为每股收益无差别下的息税前利润。

式中，$\overline{EBIT}$表示息税前利润平衡点，即每股收益无差别点；I_1、I_2表示两种筹资方式下的债务利息；DP_1、DP_2表示两种筹资方式下的优先股股利；N_1、N_2表示两种筹资方式下普通股股数；T 表示所得税税率。

指点迷津 基于 $EBIT$ 与业务量 Q、单价 P、单位变动成本 V、固定成本 F 之间的关系，可以进一步延伸到相关的一些知识点，如联合本量利出题、联合杠杆效应出题等。

第二步：根据预期息税前利润或业务量水平与每股收益无差别点的大小选择筹资方案。

决策原则：当预期息税前利润或业务量水平等于每股收益无差别点息税前利润或业务量水平时，选择哪个方案都可以。当预期息税前利润或业务量水平大于每股收益无差别点息税前利润或业务量水平时，应当选择债务筹资较多(或普通股股数较少)的筹资方案，反之则选择债务筹资较少(或普通股股数较多)的筹资方案。

指点迷津 每股收益 $EPS=\frac{(EBIT-I)\times(1-T)-DP}{N}=\frac{1-T}{N}\times EBIT-\frac{I\times(1-T)+DP}{N}$，将 EPS 看成 y，将 $EBIT$ 看成 X，容易得出结论：每股收益是息税前利润的线性函数(直线方程)，该直线方程的斜率即$\frac{1-T}{N}$，也即 $y=a+bx$ 方程中的 b 值。斜率越大，直线越陡峭，斜率越小，直线越平缓。由此可见，不同筹资方案所体现的每股收益与息税前利润的直线关系的斜率的大小取决于股数 N 的大小，股数越大，斜率越小，直线越平缓，股数越小，斜率越大，直线越陡峭。如图 45-1 中的两个方案，方案 2 的股数多于方案 1(即方案 2 更多地采用股权筹资，方案 1 更多地采用债务筹资)。两条直线交点处对应的 $EBIT$ 即为每股收益无差别点。容易得出结论：如果预计的息税前利润超过无差别点，股数较少的方案将会带来更高的每股收益；如果预计的息税前利润低于无差别点，股数较多的方案将会带来更高的每股收益。

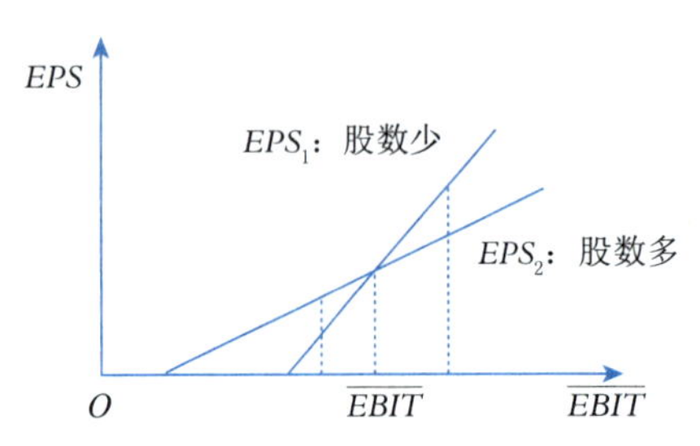

假定$N_1 < N_2$：

$$EPS_1=\frac{(\overline{EBIT}-I_1)\times(1-T)-DP_1}{N_1}$$

$$EPS_2=\frac{(\overline{EBIT}-I_2)\times(1-T)-DP_2}{N_2}$$

EPS_1直线斜率$\frac{1}{N_1}>EPS_2$直线斜率$\frac{1}{N_2}$，斜率越大，直线越陡峭

图 45-1　每股收益分析法

指点迷津 如果备选筹资方案有两个以上，就需要两两方案进行比较，可能会形成多个每股收益无差别点。根据预期息税前利润或业务量水平所处区间进行方案的选择。如图 45-2，三个筹资方案形成三个无差别点(当然也可能会少于三个交点，比如其中的两条直线平行)。若预期息税前利润<260(万元)，应选择甲方案(每股收益最大)；若 260(万元)<预期息税前利润<300 万元，应选择乙方案；若预期息税前利润>330(万元)，则应选择丙方案。

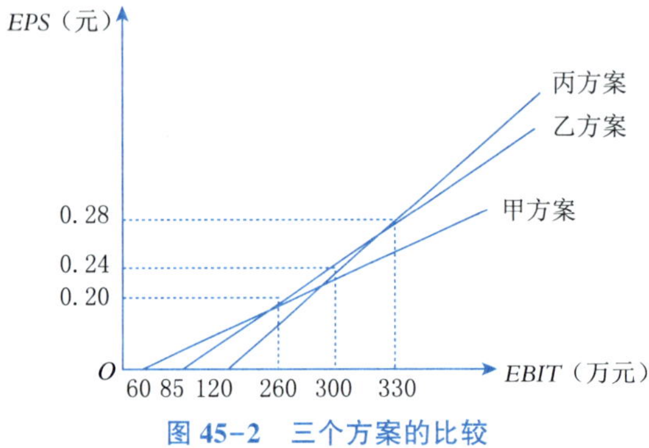

图 45-2　三个方案的比较

二、平均资本成本比较法

(一)原理

能够降低平均资本成本的资本结构，就是合理的资本结构。

(二)决策程序

通过计算和比较各种可能的筹资组合方案的平均资本成本，选择平均资本成本率最低的方案。

(三)特点

侧重于从资本投入的角度对筹资方案和资本结构进行优化分析。

例解答·练

例题

例 1.(判断题·2019 年)平均资本成本比较法侧重于从资本投入角度对筹资方案和资本结构进行优化分析。 (　)

思路点拨 平均资本成本就是站在筹资资本角度来计算各种方案平均资本成本的大小，即从资本投入角度(或筹资的资本成本大小角度)。

解 平均资本成本比较法，是通过计算和比较各种可能的筹资组合方案的平均资本成本，选择平均资本成本率最低的方案。即能够降低平均资本成本的资本结构，就是合理的资本结构。这种方法侧重于从资本投入的角度对筹资方案和资本结构进行优化分析。

答 对

例 2.（计算分析题·2019 年）甲公司发行在外的普通股总股数为 3000 万股，全部债务为 6000 万元(年利息率为 6%)，因业务发展需要，追加筹资 2400 万元，有 AB 两个方案：

A 方案：发行普通股 600 万股，每股 4 元。

B 方案：按面值发行债券 2400 万元，票面利率 8%。

公司采用资本结构优化的每股收益分析法进行方案选择，假设不考虑两个方案的筹资费用，公司追加投资后的销售总额达到 3600 万元，变动成本率为 50%，固定成本为 600 万元，企业所得税税率为 25%。

要求：

(1)计算两种方案的每股收益无差别点的息税前利润。

(2)公司追加筹资后，计算预计息税前利润。

(3)根据前两个问题计算的结果，选择最优方案。

思路点拨 千万切记，我们所计算的每股收益无差别点是假设按照两种筹资方法已经筹资到位以后的每股收益无差别点。

答 (1)根据$(EBIT-6000\times6\%)\times(1-25\%)/(3000+600)=(EBIT-6000\times6\%-2400\times8\%)\times(1-25\%)/3000$ 可知，每股收益无差别点的息税前利润=1512(万元)。

(2)预计息税前利润=3600×(1−50%)−600=1200(万元)。

(3)由于预计的息税前利润小于每股收益无差别点的息税前利润，所以，应该选择发行普通股的方案。

例 3.（计算分析题）长达公司需要筹集 100 万元长期资本，可以通过贷款、发行债券、发行普通股三种方式筹资，其个别资本成本率已分别测定，有关资料见表 45-1。

表 45-1　长达公司个别资本成本率有关资料

筹资方式	资本结构(单位：万元)			个别资本成本率
	A 方案	B 方案	C 方案	
贷款	40	30	20	6%
债券	10	15	20	8%
普通股	50	55	60	9%
合计	100	100	100	

要求：采用平均资本成本法计算各方案的平均资本成本并做出方案的选择。

思路点拨 就是一个简单的求平均资本成本的计算方法，而且这种方法个别资本的权重就是按照个别资本的账面价值比重。

答 平均资本成本 A＝40%×6%＋10%×8%＋50%×9%＝7.7%

平均资本成本 B＝30%×6%＋15%×8%＋55%×9%＝7.95%

平均资本成本 C＝20%×6%＋20%×8%＋60%×9%＝8.2%

由于 A 方案的平均资本成本最低，因此选择 A 方案进行筹资。

习题

1. (判断题)甲公司正在进行筹资方案的选择，预期息税前利润或业务量水平大于每股收益无差别点，则应当选择财务杠杆效应较小的筹资方案。 (　)

2. (计算分析题)甲公司 2018 年年末资本结构为：债务资金 800 万元，年利息率 10%；流通在外普通股 1200 万股，面值为 1 元；公司总资本为 2000 万元。2018 年公司总体呈向上的发展趋势，为了公司的长远发展，经股东大会研究，决定 2019 年新建一条生产线，该生产线需投资 1600 万元，公司适用的所得税税率为 20%，假设不考虑筹资费用因素，现有三种筹资方案如下。

方案 1：新发行普通股 400 万股，每股发行价为 4 元；

方案 2：平价发行面值为 1600 万元的债券，票面利率为 15%；

方案 3：平价发行 1000 万元的债券，票面利率为 15%，同时向银行借款 600 万元，年利率为 8%。

要求：

(1)作为公司的一名财务人员请计算以下数据：

①计算方案 1 和方案 2 的每股收益无差别点的息税前利润；

②计算方案 1 和方案 3 的每股收益无差别点的息税前利润；

③息税前利润相同时，比较方案 2 和方案 3 每股收益的大小。

(2)预计 2019 年息税前利润为 500 万元，根据要求(1)的计算结果，A 公司应当选择哪种方案进行筹资。

参考答案及解析 

DAY 46 资本结构优化—公司价值分析法

划重点

一、含义

每股收益分析法和平均资本成本比较法都是从账面价值的角度进行资本结构优化分析，没有考虑市场反应，也即没有考虑风险因素。

公司价值分析法，是在考虑市场风险的基础上，以公司市场价值为标准，进行资本结构优化。

二、决策方法★★★

原理：能够提升公司价值的资本结构，就是合理的资本结构。同时，在公司价值最大的资本结构下，公司的平均资本成本率也是最低的。

(1)假设前提：债务资金的市场价值等于其面值；企业未来各期的 $EBIT$ 保持不变，且净利润用来发放股利(永续年金)。

(2)计算公式：公司价值 V=权益资本价值 S+债务资金价值 B

$$S=\frac{(EBIT-I)\times(1-T)}{K_s}$$

其中，股权资本成本一般采用资本资产定价模型确定，即 $K_s=R_f+\beta\times(R_m-R_f)$

此时，平均资本成本 $K_W=K_b\times\frac{B}{V}+K_S\times\frac{S}{V}$(其中 K_b 是指税后债务资本成本)

(3)决策原则：计算出每种方案的公司价值，选择公司价值最大的方案。

指点迷津 这种方法关键是计算权益资本价值，在既定的假设条件下，权益资本的价值即未来净利润的现值。又因为债务资金的市场价值等于面值，因此未来各期的债务利息是固定的，再加之假设未来各期的 $EBIT$ 保持不变，因此每种方案未来各期的净利润是一致的，即每种方案未来股权现金流量构成永续年金，则权益资本价值=永续年金的现值=未来净利润现值$=\frac{(EBIT-I)\times(1-T)}{K_s}$。

例解答·练

例题

例 1.(多选题·2018年)下列财务决策方法中，可用于资本结构优化决策的有(　　)。

A. 公司价值分析法　　B. 安全边际分析法
C. 每股收益分析法　　D. 平均资本成本比较法

思路点拨 安全边际分析法属于本量利分析的内容。

解 资本结构优化，要求企业权衡负债的低资本成本和高财务风险的关系，确定合理的资本结构。资本结构优化的方法主要有：每股收益分析法、平均资本成本比较法、公司价值分析法。

答 ACD

例 2. (单选题・2016 年) 下列方法中，能够用于资本结构优化分析并考虑了市场风险的是(　)。

A. 杠杆分析法　　B. 公司价值分析法
C. 每股收益分析法　　D. 敏感性分析法

思路点拨 杠杆分析法属于杠杆效应有关的内容，敏感性分析法属于本量利分析的内容，它们都不能用于资本结构优化分析。每股收益分析法没有考虑市场风险。

解 公司价值分析法是在考虑市场风险基础上，以公司市场价值为标准，进行资本结构优化。即能够提升公司价值的资本结构，就是合理的资本结构，因此选项 B 是答案。每股收益分析法是从账面价值的角度进行资本结构优化分析，没有考虑市场反应，也没有考虑风险因素，因此选项 C 不是答案。杠杆分析法和敏感性分析法不属于资本结构优化分析的方法。所以选项 AD 不是答案。

答 B

例 3. (计算分析题・2013 年) 乙公司是一家上市公司，适用的企业所得税税率为 25%，当年息税前利润为 900 万元，预计未来年度保持不变。为简化计算，假定净利润全部分配，债务资本的市场价值等于其账面价值，确定债务资本成本时不考虑筹资费用。证券市场平均收益率为 12%，无风险收益率为 4%，两种不同的债务水平下的税前利率和 β 系数如表 46-1 所示。公司价值和平均资本成本如表 46-2 所示。

表 46-1　不同债务水平下的税前利率和 β 系数

债务账面价值(万元)	税前利率	β 系数
1000	6%	1.25
1500	8%	1.50

表 46-2　公司价值和平均资本成本

债务市场价值(万元)	股票市场价值(万元)	公司总价值(万元)	税后债务资本成本	权益资本成本	平均资本成本
1000	4500	5500	(A)	(B)	(C)
1500	(D)	(E)	*	16%	13.09%

注：表中的“*”表示省略的数据。

要求：

(1) 确定表 46-2 中英文字母代表的数值(不需要列示计算过程)。

(2) 依据公司价值分析法，确定上述两种债务水平的资本结构哪种更优，并说明理由。

思路点拨 根据资本资产定价模型确定方案的权益资本成本，计算每一种方案的净利润，然后对其按永续年金折现求现值即为股票市场价值，然后再加上每一种方案债务市场价值即可得出每种方案的公司总价值。在计算平均资本成本时，要注意债务资本成本一定要用税后的。

答 (1)数值确定结果见表46-3。

表46-3　公司价值和平均资本成本

债务市场价值(万元)	股票市场价值(万元)	公司总价值(万元)	税后债务资本成本	权益资本成本	平均资本成本
1000	4500	5500	(4.5%)	(14%)	(12.27%)
1500	(3656.25)	(5156.25)	*	16%	13.09%

说明：

$A=6\%\times(1-25\%)=4.5\%$

$B=4\%+1.25\times(12\%-4\%)=14\%$

$C=4.5\%\times(1000/5500)+14\%\times(4500/5500)=12.27\%$

$D=(900-1500\times8\%)\times(1-25\%)/16\%=3656.25$

$E=1500+3656.25=5156.25$

(2)债务市场价值为1000万元时，平均资本成本最低，公司总价值最大，所以债务市场价值为1000万元时的资本结构更优。

习题

1. (单选题)某公司息税前利润为700万元，债务资金为300万元，债务利率为8%，所得税税率为25%，权益资金为2000万元，普通股的资本成本为15%，则公司价值分析法下，公司此时股票的市场价值为(　)万元。

   A. 3000　　B. 3340　　C. 3380　　D. 2740

2. (多选题)下列有关公司价值分析法的表述正确的有(　)。

   A. 没有考虑货币时间价值

   B. 没有考虑风险因素

   C. 适用于对现有资本结构进行调整

   D. 在公司价值最大的资本结构下，公司的平均资本成本率也是最低的

3. (计算分析题)某公司息前税前利润为600万元，公司适用的所得税税率为25%，公司目前账面总资金为2000万元，其中80%由普通股资金构成，股票账面价值为1600万元，20%由债券资金构成，债券账面价值为400万元，假设债券市场价值与其账面价值基本一致。该公司认为目前的资本结构不够合理，准备用发行债券购回股票的办法予以调整。经咨询调查，目前债务利息和权益资金的成本情况见表46-4。

表 46-4　债务利息与权益资本成本

债券市场价值（万元）	债券利息率	股票的 β 系数	无风险收益率	平均风险股票的必要收益率	权益资本成本
400	8%	1.4	6%	16%	A
600	10%	1.42	6%	B	20.2%
800	12%	1.6	6%	16%	C
1000	14%	2.0	D	16%	26%

要求：

（1）填写表 46-4 中用字母表示的空格。

（2）填写表 46-5“公司市场价值与企业加权平均资本成本”（以市场价值为权重）用字母表示的空格。

表 46-5　公司市场价值与企业加权平均资本成本

债券市场价值（万元）	股票市场价值（万元）	公司市场总价值（万元）	债券资金比重	股票资金比重	债券资本成本	权益资本成本	加权平均资本成本
400	E	F	G	H	I	J	K
600	2004.95	2604.95	23.03%	76.97%	7.5%	20.20%	17.27%
800	1718.18	2518.18	31.77%	68.23%	9%	22%	17.87%
1000	L	M	N	O	P	Q	R

（3）根据表 46-5 的计算结果，确定该公司最优资本结构。

参考答案及解析 

投资管理的特点及投资的分类

划重点

一、企业投资管理的特点(与日常经营活动相比)

企业投资管理的特点包括：①属于企业的战略性决策；②属于企业的非程序化管理；③投资价值的波动性大。

二、企业投资的分类★(见表 47-1)

表 47-1　企业投资的分类

分类标准	分类结果	含义
按投资活动与企业本身的生产经营活动的关系	直接投资	将资金直接投放于形成生产经营能力的实体性资产，直接谋取经营利润的企业投资
	间接投资	将资金投放于股票、债券等权益性资产上的企业投资
投资对象的存在形态和性质	项目投资	购买具有实质内涵的经营资产，包括有形资产和无形资产，形成具体的生产经营能力，开展实质性的生产经营活动，谋取经营利润。 注意：项目投资属于直接投资
	证券投资	购买证券资产，通过证券资产上所赋予的权利，间接控制被投资企业的生产经营活动，获取投资收益，即购买属于综合生产要素的权益性权利资产的企业投资。 注意：证券投资属于间接投资
按对企业生产经营前景的影响	发展性投资	对企业未来的生产经营发展全局有重大影响的企业投资，也称为战略性投资。 如企业间兼并合并的投资、转换新行业和开发新产品的投资、大幅度扩大生产规模的投资等
	维持性投资	为了维持企业现有的生产经营正常顺利进行，不会改变企业未来生产经营发展全局的企业投资，也称为战术性投资。 如更新替换旧设备的投资、配套流动资金投资、生产技术革新的投资等
按资金投出的方向	对内投资	是在本企业范围内部的资金投放，用于购买和配置各种生产经营所需要的经营性资产。 注意：对内投资都是直接投资
	对外投资	向本企业范围以外的其他单位的资金投放。 注意：主要是间接投资，也可能是直接投资(如以设备、无形资产等资产对外投资)

续表

分类标准	分类结果	含义
按投资项目之间的相互关联关系	独立投资	相容性投资，各个投资项目互不关联，互不影响，可以同时并存。如：建造一个饮料厂和建造一个纺织厂。 注意：独立投资项目决策考虑的是方案本身是否满足某种决策标准
	互斥投资	非相容性投资，各个投资项目之间相互关联，相互替代，不能同时并存。 注意：互斥投资项目决策考虑的是各方案之间的排斥性，需要从中选择最优方案

例解答·练

例题

例 1.（单选题·2018 年）下列投资活动中，属于间接投资的是（　）。

A. 建设新的生产线　　B. 开办新的子公司

C. 吸收合并其他企业　　D. 购买公司债券

思路点拨 间接投资即证券投资。

解 间接投资，是指将资金投放于股票、债券等权益性资产上的企业投资。选项 D 属于间接投资。

答 D

例 2.（多选题·2016 年）按照企业投资的分类，下列各项中，属于发展性投资的有（　）。

A. 开发新产品的投资　　B. 更新替换旧设备的投资

C. 企业间兼并合并的投资　　D. 大幅度扩大生产规模的投资

思路点拨 发展性投资的主要特点“扩张”“改变”“重组”，维持性投资的主要特点“恢复”“保持”。

解 发展性投资也可以称为战略性投资，如企业间兼并合并的投资、转换新行业和开发新产品投资、大幅度扩大生产规模的投资等。更新替换旧设备的投资属于维持性投资。

答 ACD

例 3.（判断题·2015 年）某投资者进行间接投资，与其交易的筹资者是在进行直接筹资；某投资者进行直接投资，与其交易的筹资者是在进行间接筹资。（　）

思路点拨 这题有点绕，建议通过典型例子来判断。前半句话：投资者进行间接投资，即买股票、买债券，筹资者就是发行股票、发行债券，属于直接筹资。后半句话，投资者进行直接投资，比如投资者直接以设备投资，筹资方就是吸收设备投资，即吸收直接投资，而不是借助金融机构而筹集的资金。所以，前半句话对后半句话错。

解 直接筹资是企业直接与资金供应者协商融通资金的筹资活动；间接筹资是企业借助于银行和非银行金融机构而筹集的资金。直接投资是将资金直接投放于形成生产经营能力的实体性资产，直接谋取经营利润的企业投资；间接投资是将资金投放于股票、债券等权益性资产上的企业投资。例如甲企业对乙企业以实物资产投资，对于甲来说属于直接投资，对于乙来说属于直接筹资(吸收直接投资)。

答 错

习题

1. (单选题)各个投资项目之间相互关联、相互替代，不能同时并存的投资是(　)。

A. 对内投资　　B. 对外投资　　C. 独立投资　　D. 互斥投资

2. (单选题)企业的下列投资活动，既属于直接投资，又属于战术性投资和对内投资的是(　)。

A. 购买其他企业的债券　　B. 更新替换旧设备的投资

C. 与其他企业联营而进行的投资　　D. 企业间兼并的投资

3. (多选题)下列各项中，属于间接投资的有(　)。

A. 股票投资　　B. 债券投资　　C. 固定资产投资　　D. 流动资产投资

4. (多选题)下列各项中，属于维持性投资的有(　)。

A. 企业间兼并合并的投资　　B. 开发新产品投资

C. 更新替换旧设备的投资　　D. 生产技术革新的投资

5. (单选题)下列各项中，属于直接投资和间接投资的分类依据的是(　)。

A. 投资活动资金投出的方向

B. 投资活动对企业未来生产经营前景的影响

C. 投资活动与企业本身的生产经营活动的关系

D. 投资项目之间的相互关联关系

参考答案及解析 

DAY 48 项目现金流量的估算—投资期

划重点

一、项目现金流量的含义★

现金流量：由一项长期投资方案所引起的未来一定期间所发生的现金收支。包括现金流入量和现金流出量。

现金净流量：现金流入量与现金流出量相抵后的余额，称为现金净流量（Net Cash Flow，简称 NCF）。

易错易混 所谓的现金既指库存现金、银行存款等货币性资产，也可以指相关非货币性资产的变现价值。

指点迷津 特别注意，项目的现金流量是指项目产生的**现金流量增量**，即由于该项目而导致的企业现金净流量的增加量，正因为如此，采纳不采纳一个项目都会发生的现金流量就不应纳入该项目的现金流量。如图 48-1 所显示的例子。

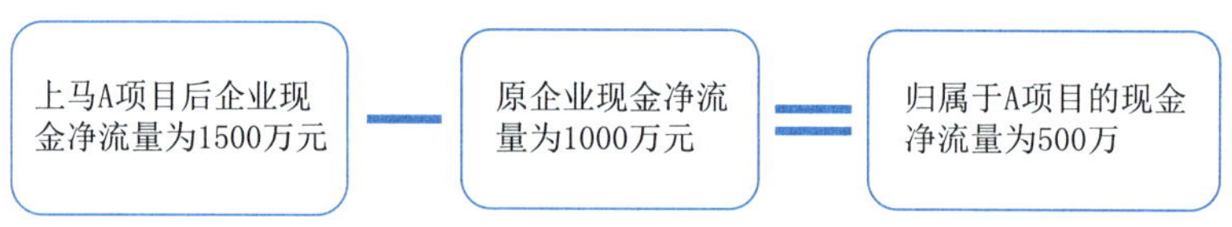

图 48-1 项目的现金流量举例

企业原有现金净流量为 1000 万元，现正在考虑是否采纳 A 项目的决策。预计如果采纳 A 项目后，整个企业的现金净流量将增加到 1500 万元，很容易理解，归属于 A 项目的现金净流量即为 500 万元。因为新增的这 500 万元是由于 A 项目实施后所导致的，如果不采纳 A 项目就不会增加这 500 万元的现金流量。同理：如果采纳 A 项目后预计企业整体的现金流量变为 800 万元，则归属于 A 项目的现金净流量则为-200 万元。

二、投资项目的寿命期

投资项目从整个经济寿命周期来看，大致可以分为三个时点阶段：投资期、营业期、终结期，现金流量的各个项目也可以归属于各个阶段之中，如图 48-2 所示：

图 48-2 投资项目的寿命期

三、投资期的现金流量★★(见表 48-1)

表 48-1　投资期的现金流量

期间	主要内容
投资期	主要是现金流出量，即在该投资项目上的原始投资。包括两部分： (1)在长期资产上的投资：如购置成本、运输费、安装费等。 (2)垫支的营运资金：追加的流动资产扩大量与结算性流动负债扩大量的净差额

指点迷津 ①投资中长期资产的原始投资通常在年内一次性投入(如购买设备)，如果不是一次性投入(如工程建造，建设期 2 年)，则应把投资归属于不同投入年份之中；②营运资金的垫支一般都是在营业期期初垫支；③对于投资实施后导致固定资产性能改进而发生的改良支出，属于固定资产的后期投资，影响后续各期现金流量的计算，不纳入这里的原始投资；④如果项目的筹建费较高，也可作为投资期的现金流出量计入递延资产(后续期间摊销)。

指点迷津 垫支营运资金的理解：营运资金=流动资产-流动负债，由于项目投资扩大了企业的生产能力(如销售收入增加)，需要匹配原材料、在产品、产成品等流动资产以支持销售收入的增长，流动资产规模随之扩大，比如需要新增存货等流动资产 100 万元，但同时应付账款等敏感性负债(自发性负债、结算性负债)随着收入的增加也在增加，比如增加了 30 万元，这就意味着为了满足生产能力提升需要增加 100 万元的存货，但只需要付出 70 万元的现金，即项目需要垫支营运资金 70 万元。如图 48-3 所显示的例子。

图 48-3　垫支营运资金举例

追加的流动资产扩大量：1500-1000=500(万元)

追加的流动负债扩大量：900-600=300(万元)

追加的流动资产扩大量与结算性流动负债扩大量的净差额：500-300=200(万元)

或者：投资前营运资金总量=400(万元)，投资后营运资金总量=600(万元)，建立在增量现金流量的角度，意味着新项目的实施导致营运资金增加了 200 万元，因此垫支的营运资金=投资后营运资金量-投资前营运资金量=600-400=200(万元)。

指点迷津 实际上，营运资金的垫支也有可能在营业期发生，比如营业期的收入规模增加，营业资金需求也在增加，但中级角度为了简化处理，一般仅考虑在投资期垫支营运资金。另外要特别注意，在投资期垫支的营运资金往往都假设在项目终结的时候全额回收。

例解答·练

例题

例 1.（单选题）下列各项中，在投资项目的投资期、营业期、终结期都有可能出现的是（　）。

A. 固定资产的购置成本　　B. 营运资金

C. 长期资产摊销费用　　D. 固定资产变价净收入

思路点拨 前已述及，垫支营运资金和销售收入之间存在一定的关系，一般收入增加，垫支的营运资本就需要增加，但是中级考试阶段，为了简化，一般假设垫支营运资金只发生在投资期。

解 在投资期和营业期都有可能存在营运资金的垫支或前期回收，在终结期存在营运资金的最终回收。所以选项B是答案。固定资产的购置成本是在投资期出现的，长期资产摊销费用在营业期出现，固定资产变价净收入在终结期出现。

答 B

例 2.（多选题）下列各项中，属于长期资产投资内容的有（　）。

A. 无形资产购置成本　　B. 固定资产运输费

C. 固定资产安装费　　D. 固定资产改良支出

思路点拨 前已述及，改良支出不纳入原始投资，属于固定资产的后期投资，影响后续期间的现金流量。

解 长期资产投资包括在固定资产、无形资产、递延资产等长期资产上的购入、建造、运输、安装、试运行等方面所需的现金支出，如购置成本、运输费、安装费等。对于投资实施后导致固定资产性能改进而发生的改良支出，属于固定资产的后期投资。

答 ABCD

例 3.（判断题）投资决策中的现金指的是库存现金、银行存款等货币性资产，与非货币性资产无关。（　）

思路点拨 假设项目某一年实现收入本应收到货币资金100万元，但收到非货币性资产100万元，会不会因为收到的是非货币性资产100万元就影响项目的可行性结论呢？显然不会。因此，项目投资中的现金是广义的现金，包括非货币性资产的变现价值。

解 投资决策中的现金既指库存现金、银行存款等货币性资产，也可以指相关非货币性资产（如原材料、设备等）的变现价值。

答 错

例 4.（判断题）投资垫支的营运资金是追加的流动资产扩大量与结算性流动负债扩大量的净差额。（　）

思路点拨 建立在增量现金流量的角度理解，追加的流动资产扩大量与结算性流动负债扩大量的净差额即项目实施后的营运资金总量减去项目实施前营运资金的总量，是因为实施该项目而引起的，应当归属于该项目。

解 垫支的营运资金是指投资项目形成了生产能力，需要在流动资产上追加的投资。由于扩大了企业生产能力，原材料、在产品、产成品等流动资产规模也随之扩大，需要追加投入日常营运资金。同时，企业营业规模扩充后，应付账款等结算性流动负债也随之增加，自动补充了一部分日常营运资金的需要。因此，为该投资垫支的营运资金是追加的流动资产扩大量与结算性流动负债扩大量的净差额。

答 对

例 5.（单选题）某企业某年全年现金流入量为100万元，现金流出量为40万元。假设某项目实施后该企业全年现金流入量将达到200万元，现金流出量将上升至70万元，则当年应归属于该项目的现金净流量为（　）万元。

A. 300　　B. 260　　C. 70　　D. 230

思路点拨 项目现金流量是指该项目所带来的增量现金流量。

解 项目实施前企业的现金净流量=100−40=60（万元），项目实施后企业的现金净流量=200−70=130（万元），因项目实施所带来的增量现金流量=130−60=70（万元）。

答 C

习题

1.（单选题）某投资项目需要3年建成，从明年开始每年年初投入建设资金45万元。建成投产之时，需投入营运资金70万元，以满足日常经营活动需要。使用后第4年预计进行一次改良，估计改良支出40万元。则关于该投资项目的原始投资额为（　）万元。

A. 135　　B. 205　　C. 65　　D. 120

2.（单选题）下列各项中，不属于投资项目现金流出量内容的是（　）。

A. 固定资产投资　　B. 折旧与摊销　　C. 无形资产投资　　D. 递延资产投资

3.（单选题）丁企业目前的流动资产为100万元，流动负债为30万元，预计进行一项长期资产投资，投资后丁企业的流动资产保持在200万元，流动负债保持在70万元，则丁企业的该项投资所需垫支营运资金为（　）万元。

A. 60　　B. 70　　C. 100　　D. 130

参考答案及解析 

DAY 49 项目现金流量的估算—营业期

划重点

一、营业期的现金流量的主要内容

营业阶段是投资项目的主要阶段，该阶段既有现金流入量，也有现金流出量。现金流入量主要是营运各年的营业收入，现金流出量主要是营运各年的付现营运成本。

二、营业期现金净流量的计算★★★（见表 49-1）

表 49-1 营业期现金净流量的计算

期间	主要公式
营业期	公式 1：营业现金净流量=营业收入-付现成本-所得税 公式 2：营业现金净流量=税后营业利润+非付现成本 公式 3：营业现金净流量=收入×(1-所得税税率)-付现成本×(1-所得税税率)+非付现成本×所得税税率

指点迷津 ①营业期的现金流量假设都在期末发生。②非付现成本主要是固定资产年折旧费用、长期资产摊销费用、资产减值损失等。长期资产摊销费用主要有跨年的大修理费用、改良工程折旧摊销费用、筹建费摊销费用等。③特别注意，上述公式中的"付现成本"是指"付现营业成本"，首先这部分成本属于营业成本，会影响利润从而影响所得税的成本，其次是付出现金的成本，也即"收益性支出"(即这部分支出可以一次性税前扣除)。如果某一笔现金流出，不会影响利润从而不会影响所得税，那么这笔现金流出也会减少当期的现金净流量，但不属于上述公式中的"付现成本"，要单独作为一项现金流出量，这部分现金流出量就是通常所讲的"投资性现金流出"。正因为如此，对于在营业期间的某一年发生的大修理支出来说，如果本年内一次性作为收益性支出(付现且可以减少利润)，则直接作为该年付现成本纳入上述公式计算；如果跨年摊销处理，则本年作为投资性的现金流出量(减少当年现金净流量，但不能纳入上述公式中的付现成本)，摊销年份以非付现成本形式处理。④营业期内某一年发生的改良支出是一种投资(投资性现金流出)，应作为该年的现金流出量，以后年份通过折旧收回(与前述跨年摊销的大修理支出是一样的道理)。⑤折旧、摊销等非付现成本一定要按照税法的口径计算，因为这部分非付现成本是通过影响所得税而影响现金流量的，因此必须按照税法允许扣除的折旧和摊销来进行计算。

指点迷津 三个公式中的第三个公式"营业现金净流量=收入×(1-所得税税率)-付现成本×(1-所得税税率)+非付现成本×所得税税率"更常用，一般使用起来比前两个公式相对简便些。

例解答·练

例题

例 1.(单选题·2017年)某投资项目某年的营业收入为600000元,付现成本为400000元,折旧额为100000元,所得税税率为25%,则该年营业现金净流量为(　)元。

A. 250000　　B. 175000　　C. 75000　　D. 100000

思路点拨 直接套用三个公式中的任意一个,建议直接用第三个公式更便利。

解 年营业现金净流量=税后收入-税后付现成本+非付现成本×所得税税率=600000×(1-25%)-400000×(1-25%)+100000×25%=175000(元)。

或者年营业现金净流量=税后营业利润+非付现成本=(600000-400000-100000)×(1-25%)+100000=175000(元)。

或者年营业现金净流量=营业收入-付现成本-所得税=600000-400000-(600000-400000-100000)×25%=175000(元)。

答 B

例 2.(多选题·2015年)在考虑所得税影响的情况下,下列可用于计算营业现金净流量的算式中,正确的有(　)。

A. 税后营业利润+非付现成本

B. 营业收入-付现成本-所得税

C. (营业收入-付现成本)×(1-所得税税率)

D. 营业收入×(1-所得税税率)+非付现成本×所得税税率

思路点拨 掌握了三个公式这种题很直接。

解 考虑所得税对投资项目现金流量的影响时,营业现金净流量=营业收入-付现成本-所得税=税后营业利润+非付现成本=收入×(1-所得税税率)-付现成本×(1-所得税税率)+非付现成本×所得税税率,所以选项AB正确。

答 AB

例 3.(单选题)某投资项目某年的营业收入为600000元,付现营业成本为400000元,折旧额为100000元,当年发生修理费100000元,假设该修理费不允许税前扣除,也不允许后续年度摊销,所得税税率为25%,则该年营业现金净流量、该年现金净流量分别为(　)元。

A. 75000、175000　　B. 175000、75000　　C. 75000、250000　　D. 100000、75000

思路点拨 修理费支出10万元会减少当年的现金净流量,但是由于不能税前扣除,所以不属于付现营业成本。

解 年营业现金净流量=税后收入-税后付现成本+非付现成本×所得税税率=600000×(1-25%)-400000×(1-25%)+100000×25%=175000(元),该年现金净流量=175000-100000(修理费)=75000(元)。

答 B

例 4.(单选题)某投资项目某年的营业收入为600000元,当年发生修理费100000元,假设该修理费允许税前一次扣除，除修理费以外的付现营业成本为 400000 元，折旧额为 100000 元，所得税税率为 25%，则该年营业现金净流量、该年现金净流量分别为(　)元。

A. 175000、137500　　B. 175000、75000

C. 75000、750000　　D. 100000、100000

思路点拨 修理费支出 10 万元允许税前扣除，即构成付现营业成本，可与其他付现营业成本一并考虑，纳入营业现金净流量计算公式考虑。

解 年营业现金净流量 = 税后收入 − 税后付现成本 + 非付现成本 × 所得税税率 = 600000 ×(1 − 25%)−(100000 + 400000)×(1 − 25%)+ 100000 × 25% = 100000(元)，该年现金净流量 = 该年营业现金净流量 = 100000(元)。

答 D

例 5.(单选题)某投资项目 2018 年、2019 年、2020 年的营业收入均为 600000 元，付现营业成本均为 400000 元，折旧额均为 100000 元，2018 年发生修理费 100000 元，假设税法规定该修理费准许在其后的两年内平均税前列支，所得税税率为 25%，则 2019 年营业现金净流量、2019 年现金净流量分别为(　)元。

A. 187500、187500　　B. 175000、75000

C. 75000、750000　　D. 137500、137500

思路点拨 修理费支出 10 万元会减少 2018 年的现金净流量，但是由于 2018 年不能税前扣除，所以不属于 2018 年的付现营业成本。但是该修理费支出 10 万元可以在 2019 年、2020 年每年税前列支 5 万元，即增加了 2019 年和 2020 年的非付现成本各 5 万元，从而影响 2019 年和 2020 年的所得税，进而影响 2019 年和 2020 年的营业现金净流量和现金净流量。

解 2019 年营业现金净流量 = 税后收入 − 税后付现成本 + 非付现成本 × 所得税税率 = 600000 ×(1 − 25%)− 400000 ×(1 − 25%)+(100000 + 50000)× 25% = 187500(元)，2019 年现金净流量 = 2019 年营业现金净流量 = 187500(元)。

答 A

例 6.(计算分析题 · 2015 年节选)甲公司拟投资 100 万元购置一台新设备，年初购入时支付 20% 的款项，剩余 80% 的款项下年初付清；新设备购入后可立即投入使用，使用年限为 5 年，预计净残值为 5 万元(与税法规定的净残值相同)，按直线法计提折旧。新设备投产时需垫支营运资金 10 万元，设备使用期满时全额收回。新设备投入使用后，该公司每年新增税后营业利润 11 万元。

要求：

(1)计算新设备每年折旧额。

(2)计算新设备投入使用后第 1—4 年营业现金净流量(NCF_{1-4})。

(3)计算新设备投入使用后第 5 年现金净流量(NCF_5)。

(4)计算原始投资额。

思路点拨 第一折旧要按照税法规定计算。第二确定各期现金流量时，建议画出时间轴以便利于确定每个时点的现金流量。如图 49-1 所示：

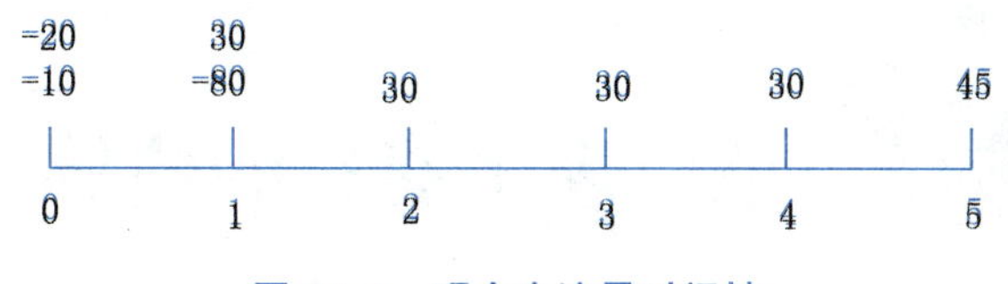

图 49-1 现金净流量时间轴

第三本题涉及到的终结期现金流量的计算在后续内容讲解。第四特别注意本题的问法。比如第二问问的是第 1-4 年的“营业现金净流量”，从图形中可以看出第 1 年末这个点有两笔现金流量，一笔是营业期的现金净流量 30 万元，另一笔是原始投资的-80 万元，但题目问的是营业现金净流量，就严格按照营业现金净流量的计算公式来计算，只包括 30 万元。但如果题目问的是第 1 年的“现金净流量”那就是指这一年所有的现金净流量，即-80+30=-50(万元)。就如同本题的第三问一样，问的是第 5 年的现金净流量，共计 45 万元，实际上这里面包括营业现金净流量的 30 万元和终结期现金净流量的 15 万元。第四问问的是“原始投资额”而不是“原始投资额的现值”，所以只要是属于原始投资额范畴的(包括设备款、垫支营运资金)，都直接纳入进来即可，不用考虑时间点的问题。

答 (1)年折旧额=(100-5)/5=19(万元)

(2) NCF_{1-4}=11+19=30(万元)

(3) NCF_5=30+5+10=45(万元)

(4)原始投资额=100+10=110(万元)

习题

1. (单选题)下列选项中，不属于营业期现金流量的是(　)。

A. 营业收入　B. 付现成本　C. 折旧　D. 所得税

2. (单选题)某投资方案投产后年营业收入为 1000 万元，年营业成本为 600 万元(其中折旧为 100 万元)，所得税税率为 25%，则该方案投产后年营业现金净流量为(　)万元。

A. 325　B. 400　C. 300　D. 475

3. (单选题)下列关于营业现金净流量的计算公式中，说法正确的是(　)。

A. 营业现金净流量=营业收入-付现成本-所得税

B. 营业现金净流量=收入-付现成本+非付现成本×(1-所得税税率)

C. 营业现金净流量=营业收入+非付现成本

D. 营业现金净流量=营业利润+非付现成本×(1-所得税税率)

参考答案及解析 

DAY 50 项目现金流量的估算—终结期

划重点

一、终结期现金流量的主要内容★

终结期现金流量主要是现金流入量，包括固定资产变价净收入、固定资产变现净损益的影响和垫支营运资金的收回。

二、终结期现金流量的计算★★★

(一)固定资产变价净收入

固定资产变价净收入，是指固定资产出售或报废时的出售价款或残值收入扣除清理费用后的净额。

固定资产变价净收入=终结时的变现收入(出售价款或残值收入)-清理费用

易错易混 注意这里的“残值收入”是指预计项目终结时的实际可变现的收入，而不是计算折旧时税法规定的“残值”，一定要区别开。

(二)垫支营运资金的收回

垫支营运资金的收回=垫支的营运资金

(三)固定资产变现净损益对现金净流量的影响(即变现净损益对所得税的影响)

固定资产变现净损益对现金净流量的影响

=固定资产变现净损益×所得税税率

=(变价净收入-账面价值)×所得税税率

其中，固定资产的账面价值=固定资产原值-按照税法规定计提的折旧

指点迷津 折旧本身并不影响现金流量，但是当考虑所得税后，折旧作为一项非付现成本会减少利润，从而减少所得税，进而影响现金流量。但是税法在计算应交所得税时准予扣除的折旧是按照税法口径计算的折旧，即使会计折旧与税法折旧不同，也需要把会计折旧调整为税法上规定的折扣。

指点迷津 若“变价净收入-账面价值”>0，即实现了固定资产变现净收益，则因该固定资产变现产生净收益导致整个企业需要多纳税，从而导致整个企业现金流出量增加，建立在增量现金流量的角度，使得整个企业的现金净流量减少。若“变价净收入-账面价值”<0，即发生了固定资产变现净损失，从而导致整个企业会因该固定资产发生变现损失而少交税，即减少了整个企业的现金流出量，建立在增量现金流量的角度，使得整个企业的现金净流量增加。因此：若固定资产实现变现净收益，则固定资产变现净收益纳税额，构成了该项目的现金流出量；若固定资产发生了变现净损失，固定资产变现净损失抵税额，构成了该项目的现金流入量。

指点迷津 另外，还要注意，项目终结期往往和最后一个营业期是在同一期。因此如果要求计算最后一期的现金净流量，那么既包括营业现金净流量，也包括终结期现金净流量。如果要求计算最后一期的营业现金净流量或者终结期现金净流量，那就需要各按照各的计算方法分开计算。

例解答·练

例题

例 1.（判断题·2018 年）进行固定资产投资时，税法规定的净残值与预计的净残值不同，终结期计算现金流量时应考虑所得税影响。（ ）

思路点拨 项目终结时，若折旧已提满，则账面价值=原值−固定资产累计折旧=原值−(原值−税法规定的净残值)=税法规定的净残值，固定资产变现净损益=项目预计的净残值−账面价值=项目预计的净残值−税法规定的净残值。因此，若两者相等，就不会对所得税产生影响，若两者不相等就会对所得税产生影响。

解 固定资产变现净损益对现金净流量的影响=(变价净收入−账面价值)×所得税税率，若项目终结时，税法规定的净残值与预计净残值不同，则变价净收入与账面价值就会有差异，就会对所得税产生影响。

答 对

例 2.（单选题·2015 年）某公司预计 M 设备报废时的净残值为 3500 元，税法规定的净残值为 5000 元，该公司适用的所得税税率为 25%，则该设备报废引起的预计现金净流量为（ ）元。

A. 3125 B. 3875 C. 4625 D. 5375

思路点拨 注意净残值 3500 元指的是项目预计的变现收入，税法规定的净残值是计提折旧时要考虑的净残值。该题目没有明确说折旧有没有提足，只能视为已提足折旧，因此，报废时账面价值=税法规定的净残值=5000(元)。账面值 5000 元的设备卖了 3500 元，得到 3500 元现金流入的同时，因亏损 1500 元导致可以少交税 1500×25% =375 元，构成项目的现金流入量。

解 该设备报废引起的预计现金净流量=变价净收入+(账面价值−变价净收入)×所得税税率=3500+(5000−3500)×25% =3875(元)。

答 B

例 3.（单选题）某企业 B 固定资产项目终结期数据如下：固定资产原值 100 万元，税法累计折旧 50 万元，变现收入 70 万元，清理费用 10 万元，回收垫支营运资金 20 万元，所得税税率 25%，则该项目终结期现金净流量为（ ）万元。

A. 80 B. 77.5 C. 87.5 D. 62.5

思路点拨 终结期现金净流量的三块内容：变价净收入(70−10)、回收垫支营运资金(20)、固定资产变现净损益对所得税的影响(要注意，变现净收益纳税构成现金流出量，变现净损失抵税构成现金流入量)。

解 终结期账面价值=100−50=50(万元)，变现净收入=70−10=60(万元)，固定资产变现净收益纳税=(60−50)×25% =2.5(万元)，终结期现金净流量=60+20−2.5=77.5(万元)。

 B

例 4.(单选题)某企业B固定资产投资项目2019年为项目终结期，2019年营业现金净流量100万元，该固定资产原值100万元，税法已累计折旧50万元，变现残值收入40万元，清理费用10万元，回收垫支营运资金20万元，所得税税率25%，则该项目终结期现金净流量、2019年现金净流量分别为(　)万元。

A. 155、155　　B. 65、165　　C. 50、155　　D. 55、155

思路点拨 终结期与最后一期营业期重合，题目若问营业现金净流量或者终结期现金净流量要各按各的算法计算，题目若要问这一期的现金净流量，则将两者合计起来。

解 终结期账面价值=100-50=50(万元)，变现净收入=40-10=30(万元)，固定资产变现净损失抵税=(50-30)×25%=5(万元)，终结期现金净流量=30+20+5=55(万元)。营业期现金净流量=100万，2019年现金净流量=100+55=155(万元)。

答 D

习题

1. (单选题)某公司正在考虑卖掉现有的一台闲置设备。该设备于8年前以40000元购入，税法规定的折旧年限为10年，按直线法计提折旧，税法残值率为10%，目前可以按10000元价格卖出，假设所得税税率为25%，卖出现有设备对本期现金净流量的影响是(　)元。

   A. 减少360　　B. 减少1200

   C. 增加9640　　D. 增加10300

2. (多选题)某投资项目需要3年建成，从明年开始每年年初投入建设资金45万元。建成投产之时，需投入营运资金70万元，以满足日常经营活动需要。生产出的A产品，估计每年可获净利润60万元。固定资产使用年限为8年，资产使用期满后，估计有残值净收入11万元(与税法同)，采用年限平均法计提折旧。使用后第4年预计进行一次改良，估计改良支出40万元，分4年平均摊销。根据上述资料下列各项计算正确的有(　)。

   A. 原始投资为135万元　　B. NCF_3为-70万元

   C. NCF_7为115.5万元　　D. NCF_{11}为166.5万元

3. (多选题)终结阶段的现金流量主要是现金流入量，包括(　)。

   A. 固定资产变价净收入　　B. 固定资产变现净损益的影响

   C. 营业收入　　D. 垫支营运资金的收回

4. (判断题)如果(账面价值-变价净收入)>0，则意味着发生了变现净损失，可以抵税，减少现金流出，增加现金净流量；反之，则相反。(　)

参考答案及解析 

项目投资评价指标—净现值、年金净流量

划重点

友情提示 本部分内容涉及的净现值、年金净流量指标在“专题二价值评估核心概念及应用”中曾有所涉及，主要涉及了这两个指标的计算公式及评价标准两部分内容。在本部分内容中将对这两个指标的其他内容进行补充完善，望读者朋友们前后关联起来学习。

一、净现值法的优缺点★★★

优点：①适用性强：基本满足项目年限相同的互斥投资方案决策；②能灵活地考虑投资风险：计算净现值需要给定折现率，而折现率无论怎么选择，其本质都是投资者所要求的必要收益率，必要收益率与风险大小有关系。

缺点：①所采用的折现率不易确定；②不适用于原始投资额现值不同的独立投资方案的比较决策；③不能对寿命期不同的互斥投资方案进行直接决策。

指点迷津

(1) 对于互斥项目：如果两个互斥项目的年限相同，则直接可以计算出两个项目的净现值，选择净现值较大的那个项目；但如果两个互斥项目的年限不相同，则不能直接根据这两个项目的净现值的大小进行选择。比如：A、B 两个互斥项目，A 项目期限 2 年，B 项目期限 3 年，假设净现值 A=80(万元)，净现值 B=100(万元)，不能因为 B 项目的净现值大于 A 项目就直接选择 B 项目，因为很容易理解，B 项目的净现值是干了 3 年干出来的，而 A 项目的净现值只干了 2 年，如果 A 项目也干 3 年的话，说不定 A 的净现值会超过 B 项目的净现值。

(2) 对于独立项目：独立投资项目之间是非排斥的，所以独立投资项目决策主要考虑投资效率高低的问题，有限的资金应该投入到效率更高的项目中去，不能简单地根据两个项目之间的净现值的大小进行决策。

指点迷津 还要注意：如果针对一个项目进行评价，项目的净现值>0 说明这个项目本身是可行的；如果针对几个期限相同的互斥项目进行选择，那么选择净现值最大的那个项目。

二、年金净流量的适用情形及优缺点★★★

(一) 适用情形

前已述用，净现值法在面对两个期限不同的互斥项目时有局限性，不能直接根据两个项目净现值的大小进行选择。年金净流量法此时就派上了用场。根据年金净流量法的计算公式，先求出两个期限不同的互斥项目的净现值，然后再把净现值按照各自相应项目期限对应的年金现值系数换算成年金，此时换算出来的年金即为每个项目的年金净流量。年金净流量意味着考虑货币时间价值的年平均现金净流量，因此，年金净流量>0，意味着每年平均的现金流入能抵补现金流出，那么，在两个寿命期不同的互斥方案间进行比较时，年金净流量越大，意味着每年平均的现金净流量越大，如果两个项目都调整为一样的寿命期，则年金净流量大的项目调整后的净现值就更大。**因此，在寿命期不同的互斥投资方案比较时，年金净流量越大，方案越好。**

(二)年金净流量的优缺点

年金净流量法是净现值法的辅助方法，在各方案寿命期相同时，实质上就是净现值法。它适用于期限不同的互斥投资方案决策。但同时，它也具有与净现值法同样的缺点，不便于对原始投资额现值不相等的独立投资方案进行决策。

指点迷津 同样要注意：如果针对一个项目进行评价，项目的年金净流量>0 说明这个项目本身是可行的；如果针对几个期限不相同的互斥项目进行选择，那么选择年金净流量最大的那个项目。

例解答·练

例题

例 1.(单选题·2018 年)某投资项目需要在第一年年初投资 840 万元，寿命期为 10 年，每年可带来营业现金净流量 180 万元，已知按照必要收益率计算的 10 年期年金现值系数为 7.0，则该投资项目的年金净流量为(　)万元。

A. 60　　B. 120　　C. 96　　D. 126

思路点拨 先求净现值，除以年金现值系数就得了。

解 年金净流量=净现值/年金现值系数=(180×7−840)/7=60(万元)

答 A

例 2.(单选题·2018 年)下列投资决策方法中，最适用于项目寿命期不同的互斥投资方案决策的是(　)。

A. 净现值法　　B. 静态回收期法　　C. 年金净流量法　　D. 动态回收期法

思路点拨 关键字眼"互斥""寿命期不同"，那就只有年金净流量法了。

解 互斥投资方案决策，当寿命期相同时，使用净现值法，当寿命期不同时，使用年金净流量法。

答 C

例 3.(多选题·2017 年)采用净现值法评价投资项目可行性时，贴现率选择的依据通常有(　)。

A. 市场利率　　B. 期望最低投资收益率

C. 企业平均资本成本率　　D. 投资项目的内含收益率

思路点拨 专题二有讲到，无论采用哪种贴现率(折现率)本质都是投资者要求的必要收益率。

解 确定贴现率的参考标准可以是：

(1)以市场利率为标准。资本市场的市场利率是整个社会投资收益率的最低水平，可以视为一般最低收益率要求。

(2)以投资者希望获得的预期最低投资收益率为标准。这就考虑了投资项目的风险补偿因素以及通货膨胀因素。

(3)以企业平均资本成本率为标准。企业投资所需要的资金，都或多或少的具有资本成本，企业筹资承担的资本成本率水平，给投资项目提出了最低收益率要求。

答 ABC

例 4.(判断题·2014年)净现值法不仅适宜于独立投资方案的比较决策，而且能够对寿命期不同的互斥投资方案进行直接决策。（ ）

思路点拨 净现值法的局限其中有两条就是：其一不适宜于独立投资方案的比较；其二不能对寿命期不同的互斥投资方案直接进行比较。

解 在独立投资方案比较中，尽管各项目净现值大于其他项目，但所需投资额大，获利能力可能低于其他项目，而该项目与其他项目又是非互斥的，因此只凭净现值大小无法决策，因此净现值法不适宜于独立方案的比较决策。净现值法有时也不能对寿命期不同的互斥投资方案进行直接决策，因为两项目寿命期不同的话，净现值是不可比的。

答 错

习题

1. (单选题)某投资项目的项目期限为5年，投资期为1年，原始投资额现值为2500万元，现值指数为1.6，资本成本为10%，$(P/A, 10\%, 4)=3.1699$，$(P/A, 10\%, 5)=3.7908$，则该项目年金净流量为( )万元。

   A. 305.09　　B. 1055.19　　C. 395.69　　D. 1200

2. (单选题)净现值法的缺点不包括( )。

   A. 不能灵活地考虑投资风险
   B. 所采用的贴现率不容易确定
   C. 不适宜于独立投资方案的比较决策
   D. 不能直接用于对寿命期不同的互斥投资方案进行决策

3. (单选题)已知某项目的现金净流量分别为：$NCF_0=-100$元，$NCF_1=0$元，$NCF_{2-6}=200$元，投资人要求的收益率为10%，则该项目的净现值为( )元。[已知：$(P/A, 10\%, 5)=3.7908$；$(P/F, 10\%, 1)=0.9091$。]

   A. 658.16　　B. 589.24　　C. 489.16　　D. 689.24

4. (单选题)某企业正在讨论更新现有的生产线，有两个备选方案A和B，A、B两方案的原始投资额不同，A方案的净现值为400万元，年金净流量为100万元；B方案的净现值为300万元，年金净流量为110万元，根据以上信息判断哪个方案较好( )。

   A. A方案　　B. B方案
   C. 没有区别　　D. 根据以上信息无法判断

参考答案及解析 

项目投资评价指标—现值指数、内含报酬率

划重点

友情提示 本部分内容涉及的内含收益率指标在“专题二价值评估核心概念及应用”中曾有所涉及，主要涉及了内含收益率指标的计算公式及评价标准两部分内容。在本部分内容中将对该指标的其他内容进行补充完善，望读者朋友们前后关联起来学习。

一、现值指数（*PVI*）★

（一）计算公式

$$\text{现值指数}=\frac{\text{未来现金净流量现值}}{\text{原始投资额现值}}=1+\frac{NPV}{\text{原始投资额现值}}$$

（二）评价标准

若现值指数≥1，则净现值≥0，预期收益率（内含收益率）≥必要收益率，方案可行；若现值指数<1，则净现值<0，预期收益率（内含收益率）<必要收益率，方案不可行。

（三）优缺点

现值指数法是净现值法的辅助方法，在各方案原始投资额现值相同时，实质就是净现值法。该指标克服了净现值指标不便于对原始投资额现值不同的独立投资方案进行比较和评价的缺点，但仍不能用于对寿命期不同的互斥投资方案进行直接决策。

指点迷津 现值指数法作为一个相对指标，与年金净流量法分别克服了净现值法的一个局限，但保留了另一个局限，见表52-1。

表52-1 净现值局限的克服

净现值两个局限		年金净流量	现值指数
互斥项目	期限不同不能直接比较	克服	未克服
独立项目	原始投资现值不同不能比较	未克服	克服

指点迷津 同样要注意，如果针对一个项目进行评价，如果项目的现值指数≥1，说明这个项目本身是可行的；如果评价几个项目的投资效率高低，选择现值指数高的项目。

二、内含收益率的优缺点★★★

优点：

（1）内含收益率反映了投资项目可能达到的投资收益率，易于被高层决策人员所理解。

（2）对于独立投资方案的比较决策，如果各方案原始投资额现值不同，可以通过计算各方案的内含收益率，反映各独立投资方案的获利水平。

缺点：

(1)计算复杂，不易直接考虑投资风险大小。

(2)在互斥投资方案决策时，如果各方案的原始投资额现值不相等，有时无法作出正确的决策

指点迷津 内含收益率与现值指数类似，也是一个衡量投资效率的相对数指标，通常都用于独立投资方案的比较，对于互斥投资方案一般不采用。

指点迷津 同样要注意，如果针对一个项目进行评价，如果项目的内含收益率≥投资者要求的必要收益率，说明方案本身是可行的；如果用于评价多个项目投资效率的高低，选择内含收益率高的项目。

例解答·练

例题

例 1.(判断题·2019年)对单个投资项目进行财务可行性评价时，利用净现值法和现值指数法所得出结论一致。 ( )

思路点拨 现值指数=未来现金净流量现值/原始投资额现值=1+净现值/原始投资额现值

解 现值指数=1+净现值/原始投资额现值，因此净现值大于0时，现值指数大于1，原题的说法正确。

答 对

例 2.(多选题·2019年)如果某项目投资方案的内含收益率大于必要收益率，则( )。

A. 年金净流量大于原始投资额现值　　B. 现值指数大于1

C. 净现值大于0　　D. 静态回收期小于项目寿命期的一半

思路点拨 关键在于针对“某项目”即单个项目，净现值>0，现值指数>1，内含收益率>必要收益率；净现值<0，现值指数<1，内含收益率<必要收益率。

解 某项目内含收益率大于必要收益率，则说明该项目具有可行性，则净现值大于0，年金净流量大于0，现值指数大于1，未来现金净流量现值大于原始投资额现值。选项A不是答案，选项BC是答案。项目可行，则静态回收期小于项目寿命期，但“静态回收期小于项目寿命期的一半”无法判断，选项D不是答案。

答 BC

例 3.(单选题·2014年)已知某投资项目的原始投资额现值为100万元，净现值为25万元，则该项目的现值指数为( )。

A. 0.25　　B. 0.75　　C. 1.05　　D. 1.25

思路点拨 列出公式就可以解决。

解 现值指数=未来现金净流量现值/原始投资额现值=1+净现值/原始投资额现值=1+25/100=1.25。

答 D

例 4.(多选题·2018年)某项目需要在第一年年初投资76万元，寿命期为6年，每年末产生

现金净流量 20 万元。已知$(P/A, 14\%, 6)=3.8887$，$(P/A, 15\%, 6)=3.7845$。若公司根据内含收益率法认定该项目具有可行性，则该项目的必要投资收益率不可能为(　)。

A. 16%　　B. 13%　　C. 14%　　D. 15%

思路点拨 关键点在于“项目具有可行性”，则内含收益率≥必要收益率。先求出内含收益率的区间，然后根据该结论进行推断。

解 根据题目可知：$20\times(P/A, \text{内含收益率}, 6)-76=0$，$(P/A, \text{内含收益率}, 6)=3.8$，所以内含收益率在 14%~15%之间。又因为项目具有可行性，所以内含收益率大于必要收益率，所以必要收益率不能大于等于 15%，即选项 AD 是答案。

答 AD

例 5.（单选题 · 2014 年）下列各项因素中，不会对投资项目内含收益率指标计算结果产生影响的是(　)。

A. 原始投资额　　B. 资本成本　　C. 项目计算期　　D. 现金净流量

思路点拨 内含收益率的计算公式中不需要事先知道折现率，即资本成本。

解 内含收益率是指对投资方案未来的每年现金净流量进行贴现，使所得的现值恰好与原始投资额现值相等，从而使净现值等于零时的贴现率。内含收益率是不受资本成本影响的，所以本题答案为选项 B。

答 B

例 6.（多选题 · 2014 年）在其他因素不变的情况下，下列财务评价指标中，指标数值越大表明项目可行性越强的有(　)。

A. 净现值　　B. 现值指数　　C. 内含收益率　　D. 动态回收期

思路点拨 回收期是反指标，指标越小越好。

解 用回收期指标评价方案时，回收期越短越好。

答 ABC

习题

1.（单选题）某项目的原始投资额现值为 2500 万元，现值指数为 1.6，则净现值为(　)万元。

A. 4000　　B. 3000　　C. 1500　　D. 2000

2.（单选题）某投资方案，当折现率为 15%时，其净现值为 45 元，当折现率为 17%时，其净现值为−10 元。该方案的内含收益率为(　)。

A. 14.88%　　B. 16.86%　　C. 16.64%　　D. 17.14%

3.（多选题）下列各项投资项目财务评价指标中，可以作为净现值法的辅助方法的有(　)。

A. 年金净流量法　　B. 现值指数法　　C. 内含收益率法　　D. 回收期法

4.（多选题）下列指标在计算时，需要事先估计资本成本的有(　)。

A. 内含收益率　　B. 净现值

C. 现值指数　　D. 静态投资回收期

5.（多选题）投资项目决策所采用的内含收益率法的优点有(　)。

A. 能够反映投资项目可能达到的收益率　　B. 计算简单

C. 易于被高层决策人员所理解　　D. 能够反映各独立投资方案的获利水平

6. (单选题)下列关于现值指数的说法中，错误的是(　)。

A. 若现值指数大于1，方案可行　　B. 若现值指数小于1，方案不可行

C. 若现值指数等于1，方案可行　　D. 若现值指数大于0，方案可行

7. (单选题)在原始投资额不同且项目寿命期不同的独立投资方案比较性决策时，以各独立方案的获利程度作为评价标准，一般采用的评价指标是(　)。

A. 现值指数　　B. 内含收益率　　C. 净现值　　D. 动态回收期

8. (多选题)下列说法中，正确的有(　)。

A. 净现值不便于对原始投资额现值不相等的独立方案进行决策

B. 净现值不能对寿命期不同的互斥投资方案进行直接决策

C. 年金净流量法属于净现值法的辅助方法，在各方案原始投资额相同时，实质上就是净现值法

D. 现值指数法属于净现值法的辅助方法，在各方案寿命期相同时，实质上就是净现值法

DAY 53 项目投资评价指标—回收期

划重点

一、回收期(*PP*)的含义

回收期，是指投资项目的未来现金净流量与原始投资额相等时所经历的时间，即原始投资额通过未来现金流量回收所需要的时间(通俗来理解，即通常所讲的“回本期”)。

二、静态与动态回收期

(1)静态回收期：不考虑货币时间价值时，未来现金净流量累计到原始投资数额时所经历的时间。

(2)动态回收期：考虑货币时间价值时，未来现金净流量的现值等于原始投资额现值时所经历的时间。

指点迷津 同一项目的动态回收期一定大于静态回收期。

三、计算方法★

指点迷津 回收期的计算公式根本没有必要去专门掌握，只要理解了静态回收期是不考虑货币时间价值的回本期(也即用项目各时间点位原始现金流量计算的回本期)，动态回收期是考虑货币时间价值的回本期(也即用项目各时点原始现金流量现值计算的回本期)，就一定会计算。如下例：

假设某公司5年的现金净流量及现值见表53-1。

表53-1 某公司5年的现金净流量及现值　　单位：元

年份	0	1	2	3	4	5
现金净流量(不考虑时间价值)	-150000	30000	35000	60000	50000	40000
对应现金净流量现值(考虑时间价值)		28560	31745	51840	41150	31360

静态回收期：计算用不考虑时间价值的原始现金流量数据，原始投资额150000元，容易计算得出前三年累计现金净流量=125000(元)(30000+35000+60000)小于150000元，第四年末累计现金净流量175000元(30000+35000+60000+50000)大于150000元，说明回收期介于三到四年间，第三年末结束还差25000元没有回收(150000-125000)，只需要在第四年产生的50000元现金净流量当中收回25000元即可，所经历的时间为25000/50000=0.5(年)，因此回收期为3.5年。

动态回收期：计算用考虑时间价值的现金流量数据，原始投资额150000元，容易计算得出前三年累计现金净流量现值=112145(元)(28560+31745+51840)小于150000元，第四年末累计现金净流量现值153295元(28560+31745+51840+41150)大于150000元，说明回收期介于三到四年间，第三年末结束还差37855元没有回收(150000−112145)，只需要在第四年产生的41150元现金净流量现值当中收回37855元即可，所经历的时间为37855/41150=0.92(年)，因此回收期为3.92年。

四、评价标准

用回收期指标评价方案时，回收期越短越好。回收期法是一种较为保守的方法(认为回收期越短，风险越小)。

五、优缺点★

优点：计算简便，易于理解

缺点：没有考虑回收期以后的现金流量，即没有考虑超过原始投资额(或现值)的部分。显然，回收期长的项目，其超过原始投资额(或现值)的现金流量并不一定比回收期短的项目少。

例解答·练

例题

例 1.(单选题·2019年)某投资项目只有第一年年初产生现金净流出，随后各年均产生现金净流入，且其动态回收期短于项目的寿命期，则该项目的净现值(　)。

A. 无法判断　　B. 小于0　　C. 大于0　　D. 等于0

思路点拨 动态回收期小于项目寿命期，也就意味着建立在折现流量的角度，未来现金流量的现值大于原始投资额的现值，而未来现金流量的现值−原始投资额的现值=净现值，即净现值大于0。

解 由于该项目的动态回收期小于项目的寿命期，而按照动态回收期计算的净现值等于0，因此项目的净现值大于0。

答 C

例 2.(单选题·2018年)在对某投资项目进行财务评价时，下列各项中，不能据以判断该项目具有财务可行性的是(　)。

A. 以必要收益率作为折现率计算的项目现值指数大于1

B. 以必要收益率作为折现率计算的年金净流量大于0

C. 项目静态投资回收期小于项目寿命期

D. 以必要收益率作为折现率计算的项目净现值大于0

思路点拨 回收期越短越好，但短到什么程度才可以接受，要看投资者可以接受的回收期有多长。

解 静态投资回收期没有考虑货币的时间价值。只考虑了未来现金净流量总和中等于原始投资额的部分，没有考虑超过原始投资额的部分，静态回收期只能说越短越好，具体短到什么程度可以接受，要具体看情况。

答 C

例 3.（单选题·2016 年）某投资项目需在开始时一次性投资 50000 元，其中固定资产投资 45000 元、营运资金垫支 5000 元，没有建设期。各年营业现金净流量分别为 10000 元、12000 元、16000 元、20000 元、21600 元、14500 元。则该项目的静态投资回收期是（　）年。

A. 3.35　　B. 3.40　　C. 3.60　　D. 4.00

思路点拨 直接按照原始现金净流量来计算。原始投资包括固定资产投资和垫支营运资金。

解 静态投资回收期=最后一项为负值的累计净现金流量对应的年数+最后一项为负值的累计净现金流量绝对值÷下年净现金流量=3+(50000−10000−12000−16000)/20000=3.6（年）。

答 C

习题

1.（单选题）静态回收期相对于动态回收期的缺点是（　）。

A. 如果各方案的原始投资额不相等，有时无法做出正确的决策

B. 不能对寿命期不同的互斥方案进行决策

C. 忽视货币时间价值，不能较为准确地计算投资经济效益

D. 难以理解

2.（单选题）某公司拟投资一项目，开始时一次性投入 100 万元，没有建设期，每年营业现金净流量为 40 万元，资本成本率为 8%，则该项目的动态回收期约为（　）年。[已知：$(P/A, 8\%, 2)=1.7833$，$(P/A, 8\%, 3)=2.5771$]

A. 2.8　　B. 2.6　　C. 2.7　　D. 2.9

3.（多选题）下列关于静态回收期的计算中，正确的有（　）。

A. $(P/A, i, n)$=原始投资额现值/每年现金净流量

B. 静态回收期=原始投资额/每年现金净流量

C. 静态回收期=M+第 M 年的尚未回收额/第(M+1)年的现金净流量

D. 静态回收期=M+第 M 年的尚未回收额的现值/第(M+1)年的现金净流量的现值

4.（多选题）下列关于回收期优点的说法中，错误的有（　）。

A. 计算简便　　B. 易于理解

C. 静态回收期考虑了货币时间价值　　D. 考虑了项目盈利能力

参考答案及解析 

独立投资方案的决策

划重点

一、独立投资方案的含义

独立投资方案，是指两个或两个以上项目互不依赖，可以同时并存，各方案的决策也是独立的。

二、独立投资方案的决策

(一)对于单个投资项目

独立投资方案的决策属于筛分决策，评价各方案本身是否可行，即方案本身是否达到某种要求的可行性标准。

(二)对于多个独立投资项目

独立投资方案之间比较时，决策要解决的问题是如何确定各种可行方案的投资顺序，即各独立方案之间的优先次序。

决策标准：排序分析时，以各独立方案的获利程度作为评价标准，一般采用内含收益率法进行比较决策。

指点迷津 为什么多个独立投资项目在进行比较时，要确定优先投资顺序？主要原因基于资金总量的限制。试想如果企业资金充足，那么所有本身可行的项目都可以全部得以实施，但如果资金总量不足，就需要考虑投资效率的问题，有限的资源先要投入到投资效率更高的项目中去。

例解答·练

例题

例 (多选题)关于独立投资方案决策，下列说法中正确的有(　)。

A. 排序分析时，一般采用内含收益率法进行比较决策

B. 在项目的投资额相同而期限不同的情况下，现值指数实质上就是内含收益率的表达形式

C. 现值指数和内含收益率都反映了方案的获利程度

D. 净现值指标和年金净流量指标，它们反映的是各方案的获利数额

思路点拨 现值指数=1+净现值/原始投资额现值，很明显如果两个项目原始投资额现值一样，则现值指数大的项目净现值一定也大。

 在项目的投资额相同而期限不同的情况下，现值指数实质上就是净现值的表达形式，所以选项 B 不正确。

答 ACD

习题

1. (综合题)已公司是一家饮料生产商，公司相关资料如下：

资料一：已公司 2019 年相关财务数据如表 54-1 所示。假设已公司成本性态不变，现有债务利息水平不变。

表 54-1　已公司 2019 年相关财务数据　　单位：万元

资产负债类项目(2019 年 12 月 31 日)	金额
流动资产	40000
非流动资产	60000
流动负债	30000
长期负债	30000
所有者权益	40000
收入成本类项目(2019 年度)	金额
营业收入	80000
固定成本	25000
变动成本	30000
财务费用(利息费用)	2000

资料二：已公司计划 2020 年推出一款新型饮料，年初需要购置一条新生产线，并立即投入使用。该生产线购置价格为 50000 万元，可使用 8 年，预计净残值为 2000 万元，采用直线法计提折旧。该生产线投入使用时需要垫支营运资金 5500 万元，在项目终结时收回。该生产线投产后已公司每年可增加营业收入 22000 万元，增加付现成本 10000 万元。会计上对于新生产线折旧年限、折旧方法以及净残值等的处理与税法保持一致。假设已公司要求的最低收益率为 10%。

资料三：为了满足购置新生产线的资金需求，已公司设计了两个筹资方案。第一个方案是以借款方式筹集资金 50000 万元，年利率为 8%；第二个方案是发行普通股 10000 万股，每股发行价 5 元。已公司 2020 年年初普通股股数为 30000 万股。

资料四：假设已公司不存在其他事项，已公司适用的所得税税率为 25%。相关货币时间价值系数如表 54-2 所示：

表 54-2　货币时间价值系数表

期数(n)	1	2	7	8
(P/F，10%，n)	0.9091	0.8264	0.5132	0.4665
(P/A，10%，n)	0.9091	1.7355	4.8684	5.3349

要求：

(1)根据资料一，计算已公司的下列指标：①营运资金；②产权比率；③边际贡献率；

④盈亏平衡销售额。

(2)根据资料一，以 2019 年为基期计算经营杠杆系数。

(3)根据资料二和资料四，计算新生产线项目的下列指标：①原始投资额；②第 1~7 年现金净流量($NCF_{1\sim7}$)；③第 8 年现金净流量(NCF_8)；④净现值(NPV)。

(4)根据要求(3)的计算结果，判断是否应该购置该生产线，并说明理由。

(5)根据资料一、资料三和资料四，计算两个筹资方案的每股收益无差别点($EBIT$)。

(6)假设己公司采用第一个方案进行筹资，根据资料一、资料二和资料三，计算新生产线投产后己公司的息税前利润和财务杠杆系数。

参考答案及解析 

DAY 55 互斥投资方案的决策

划重点

一、互斥投资方案的含义

互斥投资方案，方案之间互相排斥，不能并存，因此决策的实质在于选择最优方案，属于选择决策。选择决策要解决的问题是应该淘汰哪个方案，即选择最优方案。从选定经济效益最大的要求出发，互斥决策以方案的获利数额(即效益而不是效率)作为评价标准。

二、互斥投资方案的决策★★★

决策方法：一般采用净现值法和年金净流量法(绝对数指标)进行决策，但由于净现值法的局限性，年金净流量法是互斥方案最恰当的决策方法。

(一)项目寿命期相等的互斥投资方案决策

前已述及，年金净流量法是净现值法的辅助方法，在各方案寿命期相同时，实质上就是净现值法。因此，项目寿命期相等的互斥投资方案的决策规则是：

直接计算各方案的净现值或者年金净流量，选择净现值或者年金净流量大的方案。

易错易混 做题时一定要明确“互斥”“期限相同”，只要这两点同时满足，那么，不论各方案的原始投资额(现值)大小如何，净现值或年金净流量大的方案就是要选择的方案。换句话说，对于期限相同的互斥项目的选择，原始投资额的大小并不影响决策的结论。

(二)项目寿命期不相等的互斥投资方案决策

决策方法：以下两种方法都可以：①将两项目转化成同样的投资期限(按最小公倍数来确定)，比如A项目2年，B项目3年，调整后的共同年限6年(2×3)，然后计算调整后的净现值，选择调整后的净现值大的项目；②若两项目资本成本相同，则直接比较两项目的年金净流量，选择年金净流量大的项目；若两项目资本成本不一样，则计算各项目的永续净现值(永续净现值 =年金净流量/年金现值系数)，选择永续净现值大的项目。

指点迷津 调整年限法比较麻烦，实务中对于期限不等的互斥方案比较，无须换算共同寿命期限，直接按原始期限的年金净流量指标决策。

指点迷津 综上所述，最终可以得出结论：只要是互斥项目，无论寿命期相等还是不相等，年金净流量都可以采用，是最优的方法。具体情况见表55-1。

表 55-1　寿命期相等或不相等时互斥方案的决策方法

	寿命期相等	寿命期不等
决策方法	净现值、年金净流量	调整净现值、年金净流量
最优决策方法	年金净流量法	

例解答 · 练

例题

例 (单选题)现有 A、B 两个投资项目，A 项目寿命期为 5 年，预计净现值为 40 万元；B 项目投资额为 3.5 万元(0 时点一次投入)，可用 7 年，每年折旧 5000 元，残值为零，每年取得税后营业利润 12 万元，资本成本率为 10%。下列关于 A、B 两个项目的相关表述中，错误的是(　)。[已知：(P/A，10%，5)＝3.7908，(P/A，10%，7)＝4.8684]

A. A 项目的年金净流量为 10.55 万元

B. B 项目每年的营业现金净流量为 12.5 万元

C. B 项目的净现值为 57.36 万元

D. A 项目优于 B 项目

思路点拨 由于 A 项目和 B 项目的寿命期不一样，所以应该采用年金净流量法进行决策。

解 A 项目的年金净流量＝40÷(P/A，10%，5)＝40÷3.7908＝10.55(万元)，B 项目每年现金净流量＝12+0.5＝12.5(万元)，B 项目净现值＝12.5×(P/A，10%，7)−3.5＝12.5×4.8684−3.5＝57.36(万元)，B 项目年金净流量＝57.36/(P/A，10%，7)＝57.36/4.8684＝11.78(万元)，由于 A 项目年金净流量小于 B 项目年金净流量，因此 B 项目优于 A 项目。

答 D

习题

1. (单选题)假设 A、B 两个互斥项目的寿命期相等，下列说法中不正确的是(　)。

A. 可以用年金净流量或净现值指标对它们进行决策

B. 用年金净流量和净现值指标对它们进行决策，得出的结论一致

C. 净现值大的方案，即为最优方案

D. 只能用年金净流量指标对它们进行决策

2. (多选题)下列各项关于互斥投资方案的表述中，正确的有(　)。

A. 两项目原始投资额不同但期限相同，采用净现值较高的项目

B. 两项目原始投资额不同但期限相同，采用年金净流量较高的项目

C. 两项目原始投资额相同但期限不同，采用年金净流量较高的项目

D. 两项目原始投资额相同但期限不同，采用净现值较高的项目

3. (综合题)己公司现有生产线已满负荷运转，鉴于其产品在市场上供不应求，公司准备购置一条生产线，公司及生产线的相关资料如下：

资料一：己公司生产线的购置有两个方案可供选择：

A方案生产线的购买成本为7200万元，预计使用6年，采用直线法计提折旧，预计净残值率为10%(与税法同)。生产线投产时需要投入营运资金1200万元，以满足日常经营活动需要，生产线运营期满时垫支的营运资金全部收回。生产线投入使用后，预计每年新增销售收入11880万元，每年新增付现成本8800万元，假定生产线购入后可立即投入使用。

B方案生产线的购买成本为7200万元，预计使用8年，当设定贴现率为12%时，净现值为3228.94万元。

资料二：己公司适用的企业所得税税率为25%，不考虑其他相关税金，公司要求的最低投资收益率为12%，部分时间价值系数如表55-2所示：

表55-2 货币时间价值系数表

年度(n)	1	2	3	4	5	6	7	8
(P/F，12%，n)	0.8929	0.7972	0.7118	0.6355	0.5674	0.5066	0.4523	0.4039
(P/A，12%，n)	0.8929	1.6901	2.4018	3.0373	3.6048	4.1114	4.5638	4.9676

资料三：己公司目前资本结构(按市场价值计算)为：总资本40000万元，其中债务资本16000万元(市场价值等于其账面价值，平均年利率为8%)，普通股股本24000万元(市价6元/股，4000万股)。公司今年的每股股利(D_0)为0.3元，预计股利年增长率为10%，且未来股利政策保持不变。

资料四：己公司投资所需资金7200万元需要从外部筹措，有两种方案可供选择：方案一为全部增发普通股，增发价格为6元/股。方案二为全部发行债券，债券年利率为10%，按年支付利息，到期一次性归还本金。假设不考虑筹资过程中发生的筹资费用。己公司预期的年息税前利润为4500万元。

要求：

(1)根据资料一和资料二，计算A方案的下列指标：①投资期现金净流量；②年折旧额；③生产线投入使用后第1-5年每年的营业现金净流量；④生产线投入使用后第6年的现金净流量；⑤净现值。

(2)分别计算A、B方案的年金净流量，据以判断己公司应选择哪个方案，并说明理由。

(3)根据资料二、资料三和资料四：①计算方案一和方案二的每股收益无差别点(以EBIT表示)；②计算每股收益无差别点的每股收益；③运用每股收益分析法判断己公司应选择哪一种筹资方案，并说明理由。

(4)假定己公司按方案二进行筹资，根据资料二、资料三和资料四计算：①己公司普通股的资本成本；②筹资后己公司的加权平均资本成本。

参考答案及解析 

DAY 56 固定资产更新决策

划重点

一、固定资产更新决策的分类

固定资产更新决策即新旧设备选择决策。根据新旧设备对企业生产能力的影响不同，固定资产更新决策可分为：替换重置决策和扩建重置决策。

替换重置：是指用新设备替换旧设备并不改变企业的生产能力，换句话说，新旧设备所带来的营业收入是一致的。

扩建重置：是指新设备替换旧设备会改变企业的生产能力，换句话说，新设备所带来的营业收入大于旧设备所带来的营业收入。

二、固定资产更新决策的性质及决策方法★★★

性质：固定资产更新决策属于互斥投资方案的决策类型。即到底是选择新设备从而替换旧设备，还是继续使用旧设备，两者只能选其一。

决策方法：净现值法和年金净流量法。具体见表 56-1。

表 56-1　固定资产更新决策的决策方法

	改变生产能力(扩建重置)	不改变生产能力(替换重置)
寿命期相同	净现值法、年金净流量法	现金流出总现值法、年金成本法
寿命期不同	年金净流量法	年金成本法
决策方法	选择指标大的	选择指标小的

指点迷津 前已述及，两个互斥方案如果期限一致，那么可以直接采用净现值法，也可以采用年金净流量法。两个互斥方案如果期限不一致，那么可以采用调整年限法和年金净流量法(但实务中通常采用年金净流量)。上表中的“扩建重置”对应的两种情况所采用的方法就是这样的原理。

指点迷津 上表中“替换重置”下的两种情况涉及到两个新指标，一个是“现金流出总现值”，一个是“年金成本”，如何理解这两个指标？如下例：A 固定资产投资项目的现金流量分布见图 56-1，假定项目折现率 10%，单位为“万元”。

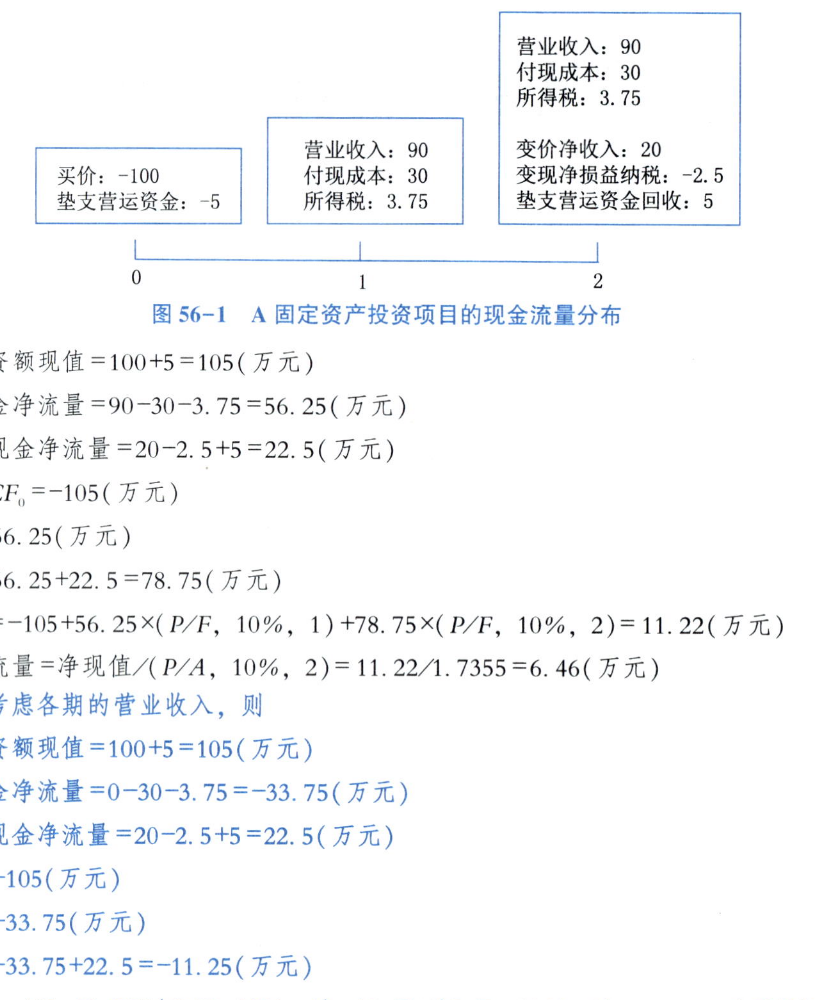

图 56-1 A 固定资产投资项目的现金流量分布

原始投资额现值 = 100+5 = 105（万元）

营业现金净流量 = 90−30−3.75 = 56.25（万元）

终结期现金净流量 = 20−2.5+5 = 22.5（万元）

因此 NCF_0 = −105（万元）

NCF_1 = 56.25（万元）

NCF_2 = 56.25+22.5 = 78.75（万元）

净现值 = −105+56.25×（P/F，10%，1）+78.75×（P/F，10%，2）= 11.22（万元）

年金净流量 = 净现值/（P/A，10%，2）= 11.22/1.7355 = 6.46（万元）

假设不考虑各期的营业收入，则

原始投资额现值 = 100+5 = 105（万元）

营业现金净流量 = 0−30−3.75 = −33.75（万元）

终结期现金净流量 = 20−2.5+5 = 22.5（万元）

NCF_0 = −105（万元）

NCF_1 = −33.75（万元）

NCF_2 = −33.75+22.5 = −11.25（万元）

净现值 = −105−33.75×（P/F，10%，1）−11.25×（P/F，10%，2）= −144.98（万元）

年金净流量 = 净现值/（P/A，10%，2）= −144.98/1.7355 = −83.54（万元）

现金流出总现值 = −NPV = 144.98（万元）

年金成本 = −年金净流量 = 83.54（万元）

由此可见，“现金流出总现值”的计算过程类似“净现值”的计算过程；“年金成本”的计算过程类似“年金净流量”的计算过程，而“现金流出总现值”与“年金成本”的关系就如同“净现值”与“年金净流量”的关系。

由本例我们也可以总结一个技巧：如果题目要求计算某项目的现金流出总现值，建议按净现值的算法先算不考虑营业收入的净现值，计算出净现值以后，现金流出总现值 = −净现值，这样不容易发生符号的错误。

三、继续使用旧设备方案 0 点现金流量的计算★★★

在新旧设备更新决策时，新设备相关各期的现金流量就如同常规项目一样比较容易确定。但是在考虑继续使用旧设备方案时，旧设备在 0 点的现金流量的确定是一个难点。比如：某旧设备原值 100 万元，已提折旧 40 万元，目前的市价（变现价值）是 70（万元），所得税税率 25%。那么，继续使用旧设备方案 0 点的现金流量是多少？

指点迷津 确定继续使用旧设备在0点的现金流量的技巧是：把0点看成终结期，按照计算终结期现金流量的方法计算出终结期现金净流量，那么继续使用旧设备在0点的现金流量=-终结期现金净流量。如上例，把0点看成终结期，变现净收入=70(万元)，目前账面价值=100-40=60(万元)，变现净收益=70-60=10(万元)，变现净收益纳税=10×25%=2.5(万元)，因此终结期现金净流量=70-2.5=67.5(万元)。那么继续使用旧设备在0点的现金流量=-67.5(万元)，可以站在增量现金流量的角度理解：如果不继续使用旧设备，那么就会处置旧设备，处置旧设备就会给企业带来67.5万元的现金净流量，但现在考虑的是继续使用旧设备的方案，因为要继续使用旧设备，就会导致企业得不到这67.5万元的现金净流量了，因此站在整个一个企业前后的角度来看，因继续使用旧设备而导致企业减少了现金流量67.5万元，归属于继续使用旧设备的现金流出量。

如果上例"目前的市价是50万元"，则一样的方法，把0点看成终结期，变现净收入=50(万元)，目前账面价值=100-40=60(万元)，变现净损失=60-50=10(万元)，变现净损失抵税=10×25%=2.5(万元)，因此终结期现金净流量=50+2.5=52.5(万元)。那么继续使用旧设备在0点的现金流量=-52.5(万元)。

例解答·练

例题

例 (计算分析题)宏基公司现有一台旧机床是三年前购进的，目前准备用一新机床替换。该公司所得税税率为40%，资本成本率为10%，大修理支出允许一次性税前扣除，其余资料见表56-2。

表56-2 相关资料

单位：元

项目	旧设备	新设备
原价	84000	76500
税法残值	4000	4500
税法使用年限(年)	8年	6年
已使用年限(年)	3年	0年
尚可使用年限(年)	6年	6年
垫支营运资金	10000	11000
大修理支出	18000(第2年末)	9000(第4年末)
每年折旧费(直线法)	10000	12000
每年营运成本	13000	7000
目前变现价值	40000	76500
最终报废残值	5500	6000

要求：

(1)确定各方案各期的现金流量。

(2)计算各方案的净现值。

(3)计算各方案的现金流出总现值。

(4)选择哪个方案。

思路点拨 ①题干中并没有给出各方案的“营业收入”，所以该方案决策为“替换重置”决策，分析时视同营业收入为0；②继续使用旧设备方案在0点的现金流量：旧设备目前变价收入40000元及变现净损失减税5600元，共计45600元构成继续使用旧设备而导致企业减少的现金流量，构成继续使用旧设备的现金流出量(增量现金流量的角度)；③计算现金流出总现值时，先计算净现值，然后“-净现值”即为现金流出总现值；④其他按照常规进行处理。

答 (1)本例中，两机床的使用年限均为6年，可采用净现值法决策。将两个方案的有关现金流量资料整理后，具体分析见表56-3、表56-4。

表56-3 保留旧机床方案

单位：元

项目	现金流量	年份	现值系数	现值
①目前变价收入	-40000	0	1	-40000
②变现净损失减税	(40000-54000)×40%=-5600	0	1	-5600
③垫支营运资金	-10000	0	1	-10000
④每年税后营运成本	-13000×(1-40%)=-7800	1-6	4.355	-33969
⑤每年折旧抵税	10000×40%=4000	1-5	3.791	15164
⑥税后大修理费	-18000×(1-40%)=-10800	2	0.826	-8920.8
⑦残值变价收入	5500	6	0.565	3107.5
⑧残值净收益纳税	-(5500-4000)×40%=-600	6	0.565	-339
⑨营运资金收回	10000	6	0.565	5650
净现值	-	-	-	-74907.3

表56-4 购买新机床方案

单位：元

项目	现金流量	年份	现值系数	现值
①设备投资	-76500	0	1	-76500
②垫支营运资金	-11000	0	1	-11000
③每年税后营运成本	-7000×(1-40%)=-4200	1-6	4.355	-18291
④每年折旧抵税	12000×40%=4800	1-6	4.355	20904
⑤税后大修理费	-9000×(1-40%)=-5400	4	0.683	-3688.2
⑥残值变价收入	6000	6	0.565	3390
⑦残值净收益纳税	-(6000-4500)×40%=-600	6	0.565	-339
⑧营运资金收回	11000	6	0.565	6215
净现值	-	-	-	-79309.2

(2)继续使用旧设备方案的净现值=-74907.3(万元)

使用新设备方案的净现值=-79309.2(万元)

(3)继续使用旧设备方案的现金流出总现值=-净现值=74907.3(万元)

使用新设备方案的现金流出总现值=-净现值=79309.2(万元)

(4)继续使用旧设备方案的净现值>使用新设备方案的净现值，或者：继续使用旧设备方案的现金流出总现值<使用新设备方案的现金流出总现值。因此，继续使用旧设备比较经济。

习题

1. (多选题)运用年金成本法进行设备重置决策时，应考虑的现金流量有(　)。

A. 新旧设备目前市场价值　　B. 旧设备原价

C. 新旧设备残值变价收入　　D. 新旧设备的年运营成本

2. (单选题)某企业打算继续使用旧机器，该机器是5年前以60000元购入的，残值率为10%，预计尚可使用3年，税法规定使用年限6年，目前变现价值为14000元。假定所得税税率为25%，则继续使用该设备初始的现金流出量为(　)元。

A. 14000　　B. 13750　　C. 14250　　D. 17900

3. (多选题)固定资产更新决策是项目投资决策的重要组成部分，下列可以作为固定资产更新决策所采用的决策方法有(　)。

A. 现值指数法　　B. 净现值法　　C. 年金净流量法　　D. 内含收益率法

4. (计算分析题)己公司是一家机械制作企业，适用的企业所得税税率为25%，该公司要求的最低收益率为12%。为了节约成本支出，提升运营效率和盈利水平，拟对正在使用的一台旧设备予以更新。其他资料如下：

资料一：折旧设备数据资料如表56-5所示：

表56-5　己公司折旧设备资料　　金额单位：万元

项目	使用旧设备	购置新设备
原值	4500	4800
预计使用年限(年)	10	6
已用年限(年)	4	0
尚可使用年限(年)	6	6
税法残值	500	600
最终报废残值	400	600
目前变现价值	1900	4800
年折旧	400	700
年付现成本	2000	1500
年营业收入	2800	2800

资料二：相关货币时间价值系数如表56-6所示：

表56-6　货币时间价值系数

期限(n)	5	6
(P/F，12%，n)	0.5674	0.5066
(P/A，12%，n)	3.6048	4.1114

要求：

(1)计算与购置新设备相关的下列指标：①税后年营业收入；②税后年付现成本；③每年折旧抵税；④残值变价收入；⑤残值净收益纳税；⑥第1~5年现金净流量($NCF_{1\sim5}$)和第6年现金净流量(NCF_6)；⑦净现值(NPV)。

(2)计算与使用旧设备相关的下列指标：①目前账面价值；②目前资产报废损益；③资产报废损益对所得税的影响；④残值报废损失减税。

(3)已知继续使用旧设备的净现值(*NPV*)为943.29万元，根据上述计算结果，做出固定资产是否更新的决策，并说明理由。

参考答案及解析 

专题七 营运资金管理

学 中级

本专题对应财务管理考试大纲“第七章 营运资金管理”有关的内容，主要内容包括营运资金管理策略、现金管理、应收账款管理、存货管理、流动负债管理五大部分。本专题与其他专题间的关联性不大，可较独立地来学习。共10天的学习量。其中，营运资金管理策略部分分为：“DAY57 营运资金管理策略—流动资产的投资策略”“DAY58 营运资金管理策略—流动资产的融资策略”。现金管理部分分为：“DAY59 目标现金余额的确定”“DAY60 现金收支日常管理、现金管理模式”。应收账款管理部分分为：“DAY61 信用政策决策”“DAY62 应收账款的监控和日常管理”。存货管理部分分为：“DAY63 经济订货基本模型”“DAY64 经济订货基本模型的扩展”“DAY65 保险储备”。流动负债管理部分分为：“DAY66 流动负债管理”。

DAY 57 营运资金管理策略—流动资产的投资策略

划重点

一、流动资产投资水平的影响因素★

企业经营的不确定性(风险大小)和风险忍受程度决定了流动资产的存量水平，表现为在流动资产账户上的投资水平。流动资产账户通常随着销售额的变化而立即变化。具体内容见表57-1。

表 57-1 流动资产投资水平的影响因素

影响因素	说明
经营的不确定性(风险大小)	销售稳定性和可预测性的相互作用反映流动资产投资的风险程度 (1)销售额不稳定但可以预测，则没有显著风险，将流动资产控制在合理水平即可。 (2)销售额不稳定且难以预测，则存在显著风险，需要维持较高的流动资产存量水平。 (3)销售稳定且可预测，则风险较小，必须维持一个较高的流动资产存量水平
风险忍受程度	(1)管理政策保守：会保持较高的流动资产与销售收入比率，保证更高的流动性，但盈利能力也降低。 (2)管理政策激进：会保持较低的流动资产与收入比率，流动性降低，但盈利能力增强

二、流动资产投资策略的类型★(见表57-2)

表 57-2 流动资产投资策略的类型

策略类型	流动资产与销售收入比率水平	成本表现	风险与收益水平
紧缩策略	较低	持有成本低、短缺成本高	高风险高收益
宽松策略	较高	持有成本高、短缺成本低	低风险低收益

易错易混 这里的流动资产通常只包括生产经营过程中产生的存货、应收款项以及现金等生产性流动资产(即经营性流动资产)，而不包括股票、债券等金融性流动资产。

指点迷津 采用紧缩的流动资产投资策略，对企业的管理水平有较高的要求。存货控制的适时管理系统(*Just In Time*, *JIT*)，便是其中一个代表。

例解答·练

例题

例 1.（多选题·2019年）不考虑其他因素，企业采用宽松的流动资产投资策略将导致（　）。

A. 较低的资产流动性　　B. 较低的偿债能力

C. 较低的流动资产短缺成本　　D. 较低的收益水平

思路点拨 宽松意味着流动资产较多，流动性强、偿债能力强，短缺成本低，流动资产占用资金增加，资金成本加大，收益水平下降。

解 在宽松的流动资产投资策略下，企业将保持较高的流动资产，会增加流动资产的持有成本，降低资产的收益性，但会提高资产的流动性，短缺成本会降低，会提高偿债能力。

答 CD

例 2.（多选题·2017年）下列关于营运资金管理的表述中，正确的有（　）。

A. 销售稳定并可预测时，投资于流动资产的资金可以相对少一些

B. 加速营运资金周转，有助于降低资金使用成本

C. 管理者偏好高风险高收益时，通常会保持较低的流动资产投资水平

D. 销售变数较大而难以预测时，通常要维持较低的流动资产与销售收入比率

思路点拨 ACD选项可站在风险的角度考虑，风险越大，流动资产水平就要高，风险小，流动资产水平就可以低些。B选项资金周转加速，比起以前每1块钱实现的收入，现在实现同样的收入只需要较少的流动资产，流动资产水平可以降低，从而降低资金成本。

解 销售额越不稳定，越不可预测，则投资于流动资产上的资金就应越多，以保证有足够的存货和应收账款占用来满足生产经营和顾客的需要，所以选项D不正确。

答 ABC

例 3.（单选题·2014年）某公司在营运资金管理中，为了降低流动资产的持有成本、提高资产的收益性，决定保持一个低水平的流动资产与销售收入比率，据此判断，该公司采取的流动资产投资策略是（　）。

A. 紧缩的流动资产投资策略　　B. 宽松的流动资产投资策略

C. 匹配的流动资产投资策略　　D. 稳健的流动资产投资策略

思路点拨 关键词“低水平”。

解 在紧缩的流动资产投资策略下，企业维持低水平的流动资产与销售收入比率。紧缩的流动资产投资策略可以节约流动资产的持有成本。所以本题的答案为A。

答 A

习题

1.（单选题）采用宽松的流动资产投资策略的特点是（　）。

A. 较低水平的流动资产与销售收入比率　　B. 较高的风险

C. 较高的投资收益　　D. 较高水平的流动资产与销售收入比率

2. (多选题) 在流动资产的投资策略中，下列各项正确的有(　)。

A. 若采用紧缩的流动资产投资策略，则企业会维持低水平的流动资产与销售收入比率

B. 若采用紧缩的流动资产投资策略，则企业会维持高水平的流动资产与销售收入比率

C. 若采用宽松的流动资产投资策略，则企业会维持低水平的流动资产与销售收入比率

D. 若采用宽松的流动资产投资策略，则企业会维持高水平的流动资产与销售收入比率

3. (判断题) 甲企业在营运资金管理中，想要降低流动资产的持有成本、提高企业的收益水平，则该企业应采取宽松的流动资产投资策略。 (　)

参考答案及解析 

营运资金管理策略—流动资产的融资策略

划重点

一、流动资产和流动负债的分类★（见表 58-1）

表 58-1　流动资产和流动负债的分类

项目	分类	说明
流动资产	永久性流动资产	满足企业长期最低需求的流动资产，其占有量相对稳定，属于长期资金占用
	波动性流动资产（临时性流动资产）	由于季节性或临时性的原因而形成的流动资产，其占用量随当时的需求而波动，属于短期资金占用
流动负债	自发性负债（经营性流动负债）	直接产生于企业持续经营中的负债，可供企业长期使用。如应付账款、应付票据、应付职工薪酬等，属于长期资金来源
	临时性负债（筹资性流动负债）	为了满足临时性流动资金需要所发生的负债，一般只能供企业短期使用，如短期借款、短期融资券等，属于短期资金来源

指点迷津 可借助以下的资产负债表结构来掌握。“资产＝负债+所有者权益”左边的“资产”可以理解为资金占用，即每 1 元资产需要占用 1 元资金，右边的“负债”和“所有者权益”可以理解为资金来源，即为满足左边的资金占用而提供的资金来源。如图 58-1 所示：

资产负债表

	资产	负债与股东权益	
短期占用	波动性流动资产	临时性流动负债	短期来源
长期占用	永久性流动资产	自发性流动负债	长期来源
	非流动资产	非流动负债	
		股东权益	
	资产合计	负债与股东权益合计	

图 58-1　资产负债表结构

一般来说，永久性流动资产的水平具有相对稳定性，需要通过长期来源（自发性负债、长期负债和股东权益资本）解决；而波动性流动资产的融资则相对灵活，最经济的办法是通过低成本的短期融资（临时性负债）解决。

二、流动资产融资策略的影响因素

主要取决于管理者的风险导向，此外它还受短期、中期、长期负债的利率差异的影响。

三、流动资产融资策略的类型及特点★★★

（一）融资策略的类型

融资策略的类型包括：匹配融资策略、保守融资策略、激进融资策略。

（二）不同融资策略的特点（见图 58-2、图 58-3、图 58-4）

波动性流动资产	临时性流动负债
永久性流动资产	自发性流动负债
非流动资产	非流动负债
	股东权益
资产合计	负债与股东权益合计

融资特点
短期融资满足波动性流动资产，长期融资满足永久性流动资产和非流动资产 波动性流动资产＝临时性流动负债（短期融资） 永久性流动资产＋非流动资产＝自发性流动负债+非流动负债+股东权益（长期融资）
风险适中、成本、收益适中

图 58-2　匹配融资策略

波动性流动资产	临时性流动负债
永久性流动资产	自发性流动负债
非流动资产	非流动负债
	股东权益
资产合计	负债与股东权益合计

融资特点
短期融资仅满足部分波动性流动资产，一部分波动性流动资产使用长期来源 波动性流动资产＞临时性流动负债（短期融资） 永久性流动资产＋非流动资产＜自发性流动负债+非流动负债+股东权益（长期融资）
低风险、高成本、低收益

图 58-3　保守融资策略

波动性流动资产	临时性流动负债
永久性流动资产	自发性流动负债
非流动资产	非流动负债
	股东权益
资产合计	负债与股东权益合计

融资特点
短期融资既满足全部波动性流动资产，还满足部分永久性流动性资产 波动性流动资产＜临时性流动负债（短期融资） 永久性流动资产＋非流动资产＞自发性流动负债+非流动负债+股东权益（长期融资）
高风险、低成本、高收益

图 58-4　激进融资策略

指点迷津 关于如何判断融资策略属于哪一种，没有必要去记忆图右侧的计算公式。关注一条线的位置即可，即临时性流动负债下面这条线的位置。如图 58-5 所示：

资产	负债与股东权益
波动性流动资产	临时性流动负债
永久性流动资产	自发性流动负债
非流动资产	非流动负债
	股东权益
资产合计	负债与股东权益合计

保守
匹配
激进

图 58-5 融资策略的判断

换句话说，可以根据这条线的位置来判断左方的“波动性流动资产”与右方的“临时性流动负债”孰大孰小，从而判断属于哪种融资策略。临时性流动负债由少到多，融资政策由保守至匹配再到激进。假设临时性流动负债 50 万元，只动用部分波动性流动资产就可以清偿所有临时性流动负债的就是保守融资策略(如波动性流动资产 100 万元)，偿债风险小，长期资金来源比较多，资本成本较高，收益较低；波动性流动资产刚好清偿所有临时性流动负债的就是匹配融资策略(如波动性流动资产 50 万元)，风险适中，资本成本适中，收益适中；全部波动性流动资产都不足以清偿所有临时性流动负债的就是激进融资策略(如波动性流动资产 30 万元)，偿债风险较大，长期资金来源比较少，资本成本较低，收益较高。

例解答 · 练

例题

例 1.(单选题 · 2017 年)某公司资产总额为 9000 万元，其中永久性流动资产为 2400 万元，波动性流动资产为 1600 万元。该公司长期资金来源金额为 8100 万元，不考虑其他情形，可以判断该公司的融资策略属于(　)。

A. 保守融资策略　　B. 匹配融资策略

C. 风险匹配融资策略　　D. 激进融资策略

思路点拨 先计算出临时性流动负债=9000−8100=900(万元)，再比较波动性流动资产与临时性流动负债的大小，波动性流动资产 1600>临时性流动负债 900，是保守型融资策略。

解 该公司非流动资产=资产总额−永久性流动资产−波动性流动资产=9000−2400−1600=5000(万元)，非流动资产+永久性流动资产=5000+2400=7400(万元)<长期资金来源 8100 万元，说明长期资金不仅支持了非流动资产和全部永久性流动资产，还支持了部分波动性流动资产，所以属于保守融资策略。

答 A

例 2.(单选题 · 2016 年)下列流动资产融资策略中，收益和风险均较低的是(　)。

A. 保守融资策略　　B. 激进融资策略

C. 产权匹配融资策略　　D. 匹配融资策略

思路点拨 收益低意味着成本高，即资本成本大，一般来说，长期资金资本成本大于短期资金成本，因此收益低意味着长期资金多，即短期资金来源少，属于保守型融资策略。

解 流动资产的融资策略包括保守融资策略、匹配融资策略、激进融资策略。三种融资策略中，保守型融资策略的短期来源比重最低，由于短期来源的融资风险大，所以，保守型融资策略的风险较低。但是由于保守型融资策略的长期来源比重最大，而长期负债成本高于短期负债成本，所以，保守型融资策略的收益较低。即选项 A 是正确答案。

答 A

例 3.（单选题·2015 年）某公司用长期资金来源满足全部非流动资产和部分永久性流动资产的需要，而用短期资金来源满足剩余部分永久性流动资产和全部波动性流动资产的需要，则该公司的流动资产融资策略是（　）。

A. 激进融资策略　　B. 保守融资策略

C. 折中融资策略　　D. 匹配融资策略

思路点拨 短期资金来源满足剩余部分永久性流动资产和全部波动性流动资产的需要，即短期资金来源（临时性流动负债）>波动性流动资产，是激进型。

解 激进融资策略的特点：长期融资<（非流动资产+永久性流动资产）、短期融资>波动性流动资产，收益和风险较高。所以选项 A 正确。

答 A

习题

1.（多选题）下列关于流动资产融资策略的表述中，正确的有（　）。

A. 保守融资策略中，永久性流动资产全部来源于长期融资

B. 保守融资策略中，波动性流动资产部分来源于短期融资

C. 激进融资策略中，波动性流动资产全部来源于短期融资

D. 激进融资策略中，永久性流动资产部分来源于长期融资

2.（单选题）某企业拥有流动资产 500 万元（其中永久性流动资产 160 万元），企业共融资 1500 万元，其中 80% 为长期融资，则以下说法正确的是（　）。

A. 该企业采取的是激进融资策略　　B. 该企业采取的是保守融资策略

C. 该企业的风险和收益居中　　D. 该企业的风险和收益较高

3.（单选题）甲公司资产总额为 700 万元，其中永久性流动资产为 220 万元，波动性流动资产为 140 万元，该公司长期资金来源金额为 520 万元，不考虑其他情形，则该公司的融资策略是（　）。

A. 保守融资策略　　B. 激进融资策略

C. 匹配融资策略　　D. 风险匹配融资策略

目标现金余额的确定

划重点

一、持有现金的动机★（见表59-1）

表59-1　持有现金的动机

动机	含义	影响因素
交易性需求	是指企业为了维持日常周转及正常商业活动所需持有的现金额	收入和支出在时间上不匹配、在数额上不相等
预防性需求	是指企业需要持有一定量的现金，以应付突发事件	(1)企业愿冒现金短缺风险的程度。 (2)企业预测现金收支可靠的程度。 (3)企业临时融资的能力
投机性需求	是企业需要持有一定量的现金以抓住突然出现的获利机会	预计突然出现的获利机会的多少

这里的现金是指广义的现金，包括库存现金、银行存款和其他货币资金等。

易错易混　企业的现金持有量一般小于三种需求下的现金持有量之和，因为为某一需求持有的现金可以用于满足其他需求。

二、目标现金余额的确定★★

（一）持有现金的成本（见表59-2）

表59-2　持有现金的成本

相关成本	含义	与现金持有量的关系
机会成本	因持有一定现金余额丧失的再投资收益	同向变化（正相关）
管理成本	因持有一定数量的现金而发生的管理费用	无明显关系
短缺成本	现金持有量不足而又无法及时通过有价证券变现加以补充所给企业造成的损失	反向变化（负相关）
交易成本（转换成本）	指企业用现金购入有价证券以及用有价证券换取现金时付出的交易费用	负相关（一般与交易次数有关，现金持有量越高，可供使用的时间越长，转换次数就会越少，交易成本越少）

指点迷津　以上是持有现金的所有成本，目标现金余额确定的不同模型考虑的成本不一样。

（二）成本模型

考虑的成本：机会成本（正相关）、管理成本（一般认为是固定成本）和短缺成本（负相关）。

最佳现金持有量：使上述三种成本之和最小的现金持有量。

最佳现金持有量下的现金持有总成本=min（管理成本+机会成本+短缺成本）

（三）存货模型

1. 考虑的成本

存货模型考虑的现金持有成本项目包括机会成本和交易成本（转换成本）。

2. 计算公式

相关总成本=交易成本+机会成本=$\frac{T}{C}\times F+\frac{C}{2}\times K$

其中，T 表示一定期间内的现金需求总量；C 表示现金持有量；F 表示每次出售有价证券以补充现金所需的交易成本；K 表示持有现金的机会成本率。

最佳现金持有量$C^*=\sqrt{\frac{2TF}{K}}$

最佳现金持有量下相关总成本=$\sqrt{2TFK}$=2×机会成本=2×交易成本

指点迷津 机会成本和交易成本的原始计算公式要掌握，这是关键，其他的几个公式没必要特别记忆了。使一定时期的机会成本和交易成本之和达到最小值的现金持有量为最佳现金持有量，也即"机会成本=交易成本"时的现金持有量，由$\frac{T}{C}\times F=\frac{C}{2}\times K$，可得出$C^*=\sqrt{\frac{2TF}{K}}$，再把最佳现金持有量代回机会成本、交易成本的原始公式中，就可以得到相关总成本，此时的相关总成本是在机会成本等于交易成本时得出来的，因此就有最佳现金持有量下相关总成本=2×机会成本=2×交易成本。

（四）随机模型

1. 考虑的成本

同存货模型一样，考虑机会成本和交易（转换）成本。

2. 基本原理

存货模型假定一定期间现金使用量可确定，且每日现金流量均匀发生。但实际工作中，企业现金流量往往具有很大的不确定性，且每日现金流量随机变化。因此，只能对现金持有量确定一个控制区域，定出上限和下限。

（1）当企业现金余额在上限和下限之间波动时，表明企业现金持有量处于合理水平，无须进行调整。如最高线 1000 元，最低线 100 元，回归线 400 元。若 100<现金余额<1000 时，说明现金持有量合理，不用调整。

（2）当现金余额达到或超过上限时，则将部分现金转换为有价证券（即购买有价证券，减少现金），使现金持有量减少到回归线水平。如最高线 1000 元，最低线 100 元，回归线 400 元。若现金余额=1100 元，说明现金持有量过多，需要买入有价证券 700 元减少现金，将现金余额拉回到 400 元的回归线。

（3）当现金余额下降到下限或低于下限时，则卖出部分证券增加现金，使现金持有量上升至回归线水平。如最高线 1000 元，最低线 100 元，回归线 400 元。若现金余额=80 元，说明现金持有量过少，需要卖出有价证券 320 元增加现金，将现金余额拉回到 400 元的回归线。

易错易混 当"现金余额=最高控制线"或"现金余额=最低控制线"时，也说明现金余额不合理，需要进行调整。

3. 具体计算(见图59-1)

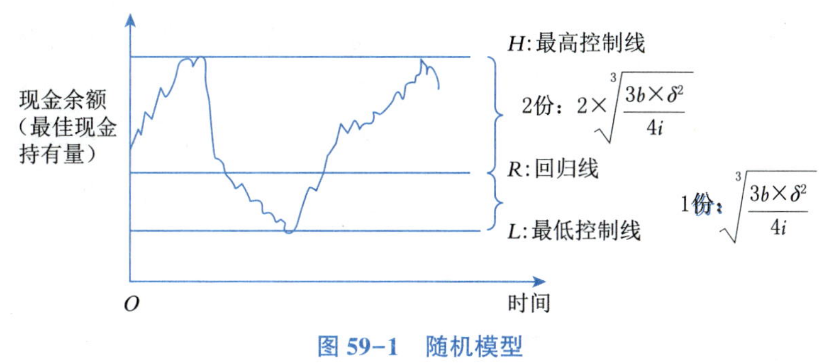

图59-1 随机模型

(1)最低控制线 L 的影响因素。

取决于短缺现金的风险程度、企业借款能力、企业日常周转所需资金、银行要求的补偿性余额等因素。

(2)三条线之间的关系。

关于三条线的高度，只需要明确两点即可：①把最低控制线 L 到最高控制线 H 之间的距离划分三等份，其中最高线 H 与回归线 R 之间的距离占2份，回归线 R 与最低控制下间的距离占1份。这样的话只要知道1份的距离，任意两条线之间的距离就都可以确定了；②1份的距离即回归线 R 与最低控制线 L 之间的距离为 $\sqrt[3]{\frac{3b\times\delta^2}{4i}}$，即 $R-L=\sqrt[3]{\frac{3b\times\delta^2}{4i}}$。式中 b 表示证券转换为现金或现金转换为证券的成本；δ 表示企业每日现金流量变动的标准差；i 表示以“日”为基础计算的现金机会成本。

4. 随机模型的特点

随机模型建立在企业的现金未来需求总需求和收支不可预测的前提下，适用于所有企业现金最佳持有量的测算，计算出来的现金持有量比较保守。

例解答·练

例题

例 1.(单选题·2019年)某公司发现某股票的价格因突发事件而大幅下降，预判有大的反弹空间，但苦于没有现金购买。这说明该公司持有的现金未能满足(　)。

A. 交易性需求　　B. 预防性需求　　C. 决策性需求　　D. 投机性需求

思路点拨 不要被题目中的“预判”带偏方向。证券价格的突然下跌苦于没有现金购买，对企业而言丧失了赚大钱的投资机会。

解 投机性需求是企业需要持有一定量的现金以抓住突然出现的获利机会，这种机会大多是一闪即逝的，如证券价格的突然下跌，企业若没有用于投机的现金，就会错过这一机会。所以该公司是持有的现金未能满足投机性需求。

答 D

例 2.(单选题·2019年)某公司采用随机模型计算得出目标现金余额为200万元，最低限额为 120 万元，则根据该模型计算的现金上限为( )万元。

A. 360　　B. 320　　C. 240　　D. 280

思路点拨 草稿快速画出三条线的大致图形，把最高线与最低线的距离划分三等份，最高线与回归线之间 2 份，回归线与最低线之间 1 份，看图算数。

解 回归线 200 万元，最低线 120 万元，两者间距 80 万元(一份距离)，则最高线与回归线间的距离为 160 万元(两份距离)，最高线与最低线间的距离为 240 万元(三份距离)，则最高线 = 120+240 = 360 万元。

答 A

例 3.(单选题·2019 年)在利用成本模型进行最佳现金持有量决策时，下列成本因素中没有考虑在内的是( )。

A. 交易成本　　B. 短缺成本　　C. 管理成本　　D. 机会成本

思路点拨 明确存货模型与随机模型考虑的成本一样，都包括机会成本和交易成本。成本模型不考虑交易成本。

解 成本模型考虑的现金持有成本包括机会成本、管理成本和短缺成本。在存货模型和随机模型中考虑了交易成本。

答 A

例 4.(多选题·2018 年)企业持有现金，主要出于交易性、预防性和投机性三大需求，下列各项中体现了交易性需求的有( )。

A. 为满足季节性库存的需求而持有现金

B. 为避免因客户违约导致的资金链意外断裂而持有现金

C. 为提供更长的商业信用期而持有现金

D. 为在证券价格下跌时买入证券而持有现金

思路点拨 先要明确交易性需求的含义，再结合排除法解题。

解 企业的交易性需求是指企业为了维持日常周转及正常商业活动所需持有的现金额。预防性需求是指企业需要持有一定量的现金，以应付突发事件。投机性需求是企业需要持有一定量的现金以抓住突然出现的获利机会。选项 B 属于应付突发事件，所以是预防性需求；选项 D 是企业需要持有一定量的现金以抓住突然出现的获利机会，所以是投机性需求。

答 AC

例 5.(多选题·2013 年)运用成本模型确定企业最佳现金持有量时，现金持有量与持有成本之间的关系表现为( )。

A. 现金持有量越小，总成本越大　　B. 现金持有量越大，机会成本越大

C. 现金持有量越小，短缺成本越大　　D. 现金持有量越大，管理总成本越大

思路点拨 A 选项要多加考虑，只有在最佳现金持有量下，总成本才是最小的。

解 成本模型考虑的现金持有成本包括机会成本、管理成本和短缺成本。一般认为管理成本是一种固定成本，在一定范围内和现金持有量之间没有明显的比例关系。因此选项 D 的说法不正确；由成本分析模型可知，如果减少现金持有量，则增加短缺成本，如果增加现金持有量，则增加机会成本。因此选项 BC 的说法正确，选项 A 的说法不正确。

答 BC

例 6. (计算分析题·2015 年)乙公司使用存货模型确定最佳现金持有量。根据有关资料分析，2015 年该公司全年现金需求量为 8100 万元，每次现金转换的成本为 0.2 万元，持有现金的机会成本率为 10%。

要求：

(1)计算最佳现金持有量。

(2)计算最佳现金持有量下的现金转换次数。

(3)计算最佳现金持有量下的现金交易成本。

(4)计算最佳现金持有量下持有现金的机会成本。

(5)计算最佳现金持有量下的相关总成本。

思路点拨 *存货模型各项计算的核心就是"最佳现金持有量"，其他相关计算在理解的基础上很容易把握。*

答 (1)最佳现金持有量 $=\sqrt{\dfrac{2\times8100\times0.2}{10\%}}=180$(万元)

(2)最佳现金持有量下的现金转换次数 =8100/180=45(次)

(3)最佳现金持有量下的现金交易成本 =45×0.2=9(万元)

(4)最佳现金持有量下持有现金的机会成本 =(180/2)×10% =9(万元)

(5)最佳现金持有量下的相关总成本 $=\sqrt{2\times8100\times0.2\times10\%}=2\times9=18$(万元)

习题

1. (单选题)某上市公司利用随机模型确定最佳现金持有量，已知现金余额下限为 200 万元，目标现金余额为 360 万元，则现金余额上限为(　)万元。

A. 480　　B. 560　　C. 960　　D. 680

2. (单选题)某企业根据现金持有量随机模型进行现金管理。已知现金最低持有量为 15 万元，现金余额回归线为 80 万元。如果公司现有现金 220 万元，此时应当投资于有价证券的金额是(　)万元。

A. 65　　B. 95　　C. 140　　D. 205

3. (单选题)某公司现金部经理决定 L 值应为 10000 元，估计公司现金流量标准差 δ 为 1000 元，持有现金的年机会成本为 14.04%，换算为 i 值是 0.00039，b=150 元。则目标现金余额为(　)元(取整数)。

A. 6607　　B. 10950　　C. 16607　　D. 11225

4. (判断题·2019 年)不考虑其他因素，如果企业临时融资能力较强，则其预防性需求的现金持有量一般较低。(　)

5. (判断题)企业持有现金的机会成本指企业为了取得投资机会所产生的佣金，手续费等相关成本。(　)

6. (单选题)企业在销售旺季为方便客户，提供商业信用而持有更多现金，该现金持有动机主要表现为(　)。

A. 投机性需求　　B. 投资性需求

C. 交易性需求　　D. 预防性需求

7. (多选题)在确定目标现金余额的存货模型中，需要考虑的相关现金成本有(　)。

A. 机会成本　　B. 短缺成本

C. 管理成本　　D. 交易成本

参考答案及解析 

现金收支日常管理、现金管理模式

划重点

一、现金周转期★★★(见图 60-1)

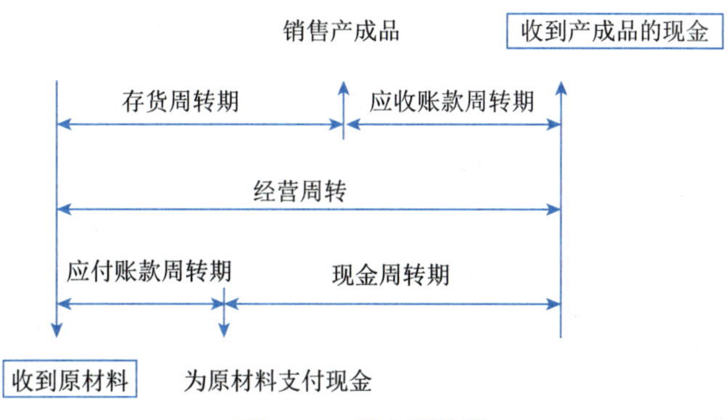

图 60-1 现金周转期

(一)相关概念(见表 60-1)

表 60-1 现金周转期的相关概念

相关概念	含义	注意事项
经营周期	从取得存货开始到销售存货并收回现金(收到销货款)为止的时期	(1)取得存货开始而不是取得存货并支付现金(支付购货款)开始。 (2)收到销货款结束而不是销售商品结束
存货周转期	收到原材料,加工原材料,形成产成品,到将产成品卖出的这一时期	(1)收到存货开始而不是支付购货款开始。 (2)销售商品结束而不是支付购货款结束
应付账款周转期	取得存货到支付购货款的时间段	(1)收到存货开始而不是支付购货款开始。 (2)支付购货款结束
应收账款周转期(收账期)	产品卖出后收到顾客支付货款的这一时期	(1)销售商品开始。 (2)收到货款结束
现金周转期		

指点迷津 “经营周期”从始至终经历的时间顺序如下:①取得存货形成应付款(赊购)→②支付货款→③销售存货形成应收款(赊销)→④收到现金。①~②为应付账款周转期,②~④为现金周转期,①~③为存货周转期,③~④为应收账款周转期。

(二)相关计算

经营周期=存货周转期+应收账款周转期=应付账款周转期+现金周转期

现金周转期=经营周期-应付账款周转期=存货周转期+应收账款周转期-应付账款周转期

其中，存货周转期=存货平均余额/每天的销货成本

应收账款周转期=应收账款平均余额/每天的销货收入

应付账款周转期=应付账款平均余额/每天的购货成本

存货周转期、应收账款周转期、应付账款周转期的记忆方法：根据三笔典型会计分录来记忆（为了简便，假设不考虑增值税）。

“存货周转期”借助结转销货成本的会计分录：

借：主营业务成本

　　贷：库存商品

“应收账款周转期”借助销售存货的会计分录：

借：应收账款

　　贷：主营业务收入

“应付账款周转期”借助购买存货的会计分录：

借：原材料

　　贷：应付账款

（三）缩短现金周转期的措施

现金周转期=经营周期-应付账款周转期=存货周转期+应收账款周转期-应付账款周转期。因此，如果要减少现金周转期，可以从以下方面着手：①加快制造与销售产成品来减少存货周转期；②加速应收账款的回收来减少应收账款周转期；③减缓支付应付账款来延长应付账款周转期。

二、收款管理

收款管理的主要目标是建立一套高效率的收款系统。

1. 收款系统

一个高效率的收款系统能够使收款成本和收款浮动期达到最小，同时能够保证与客户汇款及其他现金流入来源相关的信息的质量。

（1）收款成本。

收款成本包括浮动期成本、管理收款系统的相关费用（例如银行手续费）及第三方处理费用或清算相关费用。

（2）收款浮动期。

收款浮动期是指从（付款人）支付开始到（收款）企业收到资金的时间间隔，主要由纸基支付工具导致的。有下列三种类型：邮寄浮动期、处理浮动期、结算浮动期。具体说明见表60-2。

表60-2　收款浮动期的类型

类型	说明
邮寄浮动期	从付款人寄出支票到收款人或收款人的处理系统收到支票的时间间隔
处理浮动期	是指支票的接受方处理支票和将支票存入银行以收回现金所花时间
结算浮动期	是指通过银行系统进行支票结算所需的时间

2. 收款方式的改善

电子支付方式对纸基支付方式是一种改进。

三、付款管理

付款管理的主要目标是在合理合法的前提下，尽可能延缓现金的支出时间。主要措施包括：使用现金浮游量、推迟应付款的支付、汇票代替支票、改进员工工资支付模式、透支、争取现金流出与现金流入同步、使用零余额账户。

四、现金管理模式–集团企业资金集中管理模式★

资金集中管理模式的选择，实质上是集团管理是集权还是分权管理体制的体现。

集团企业资金集中管理模式主要有统收统支模式、拨付备用金模式、结算中心模式、内部银行模式(不属于金融机构)和财务公司模式(属于非银行金融机构)。

例解答·练

例题

例 1.(单选题·2018年)关于现金周转期的计算，下列公式正确的是(　)。

A. 现金周转期=存货周转期+应收账款周转期+应付账款周转期

B. 现金周转期=应收账款周转期+应付账款周转期−存货周转期

C. 现金周转期=存货周转期+应收账款周转期−应付账款周转期

D. 现金周转期=存货周转期+应付账款周转期−应收账款周转期

思路点拨 “经营周期”从始至终经历的时间顺序如下：①取得存货形成应付款(赊购)→②支付货款→③销售存货形成应收款(赊销)→④收到现金。①~②为应付账款周转期，②~④为现金周转期，①~③为存货周转期，③~④为应收账款周转期。

解 现金周转期=经营周期−应付账款周转期，经营周期=存货周转期+应收账款周转期，所以，现金周转期=存货周转期+应收账款周转期−应付账款周转期。

答 C

例 2.(单选题·2013年)在其他条件相同的情况下，下列各项中，可以加速现金周转的是(　)。

A. 减少存货量　　B. 减少应付账款

C. 放宽赊销信用期　　D. 利用供应商提供的现金折扣

思路点拨 加速现金周转意味着现金周转期缩短，降低存货周转期、应收账款周转期，延长应付账款周转期的措施都可以缩短现金周转期。

解 现金周转期=存货周转期+应收账款周转期−应付账款周转期，因为减少存货量会减少存货周转期，其他条件不变时，存货周转期减少会减少现金周转期，即加速现金周转。

答 A

例 3.(判断题·2014年)企业内部银行是一种经营部分银行业务的非银行金融机构，需要经过中国人民银行审核批准才能设立。(　)

思路点拨 内部银行有“银行”字眼，但不是金融机构，财务公司才是。

解 财务公司是一种经营部分银行业务的非银行金融机构，需要经过中国人民银行审核批准才能设立。

答 错

例 4.(计算分析题·2012年)D公司是一家服装加工企业，2011年营业收入为3600万元，营业成本为1800万元，日购货成本为5万元。该公司与经营有关的购销业务均采用赊账方式。假设一年按360天计算。D公司2011年12月31日的简化的资产负债表见表60-3。

表60-3　D公司2011年12月31日的资产负债表(简表)　单位：万元

资产	金额	负债和所有者权益	金额
货币资金	211	应付账款	120
应收账款	600	应付票据	200
存货	150	应付职工薪酬	255
流动资产合计	961	流动负债合计	575
固定资产	850	长期借款	300
非流动资产合计	850	负债合计	875
		实收资本	600
		留存收益	336
		所有者权益合计	936
资产合计	1811	负债和所有者权益总计	1811

要求：

(1)计算D公司2011年的营运资金数额。

(2)计算D公司2011年的应收账款周转期、应付账款周转期、存货周转期以及现金周转期(为简化计算，应收账款、存货、应付账款的平均余额均以期末数据代替)。

(3)在其他条件相同的情况下，如果D公司利用供应商提供的现金折扣，则对现金周转期会产生何种影响?

(4)在其他条件相同的情况下，如果D公司增加存货，则对现金周转期会产生何种影响?

思路点拨 本题各小问都比较简单，第(2)问在计算应收账款周转期、存货周转期的时候可以和财务分析有关的指标计算进行求解，比如：先求应收账款周转次数、存货周转次数，再计算周转期，也可以直接根据本专题的计算公式进行求解。

答 (1)2011年营运资金数额=流动资产-流动负债=961-575=386(万元)。

(2)应收账款周转期=600/(3600/360)=60(天)，存货周转期=150/(1800/360)=30(天)，应付账款周转期=120/5=24(天)，现金周转期=30+60-24=66(天)。

(3)利用现金折扣，会缩短应付账款周转期，则现金周转期会延长。

(4)增加存货，则存货周转期延长，会造成现金周转期的延长。

习题

1.(单选题)在集团企业资金集中管理模式中，有利于企业集团实现全面收支平衡，提高资金的周转效率，减少资金沉淀，监控现金收支，降低资金成本的是(　)。

A. 统收统支模式　　B. 拨付备用金模式

C. 结算中心模式 D. 财务公司模式

2. (单选题)某公司存货周转期为160天，应收账款周转期为90天，应付账款周转期为100天，则该公司现金周转期为( )天。

A. 30 B. 60 C. 150 D. 260

3. (多选题)下列各项措施中，能够缩短现金周转期的有( )。

A. 减少对外投资 B. 延迟支付货款

C. 加速应收账款的回收 D. 加快产品的生产和销售

4. (多选题)现金支出管理的主要任务是尽可能延缓现金的支出时间，下列各项中，属于延缓现金支出时间的方法有( )。

A. 使用零余额账户 B. 透支

C. 汇票代替支票 D. 推迟应付款的支付

5. (多选题)现金的收款成本包括( )。

A. 浮动期成本 B. 管理收款系统的相关费用

C. 第三方处理费用 D. 相关清算费用

6. (多选题)下列公式正确的有( )。

A. 存货周转期=平均存货/每天的销货收入

B. 应收账款周转期=平均应收账款/每天的销货收入

C. 经营周期=存货周转期+应收账款周转期

D. 现金周转期=经营周期+应付账款周转期

参考答案及解析

DAY 61 信用政策决策

划重点

一、应收账款增加的收益与应收账款的成本★★

(一)应收账款增加的收益

增加的收益=增加的销售量×(单价-单位变动成本)-增加的固定成本

=增加的销售量×单位边际贡献-增加的固定成本

提供赊销所增加的产品一般不增加固定成本，因此一般来讲：

增加的收益=增加的销售量×单位边际贡献

(二)应收账款的成本(见表61-1)

表61-1 应收账款的成本

项目	说明
机会成本	因投放于应收账款而放弃其他投资所带来的收益
管理成本	调查顾客信用状况的费用、收集各种信息的费用、账簿的记录费用、收账费用、数据处理成本、管理人员成本和第三方购买信用信息的成本等
坏账成本	债务人由于种种原因无力偿还债务而发生的损失 应收账款坏账成本=赊销额×预计坏账损失率

1. 机会成本的计算

应收账款占用资金的应计利息(机会成本)=应收账款占用资金×资本成本

=日销售额×平均收现期×变动成本率×资本成本

（日销售额×平均收现期：应收账款平均余额）

（应收账款平均余额×变动成本率：应收账款占用资金）

指点迷津 假设日销售额100元，平均收现期5天，则应收账款平均余额为100×5=500(元)，意味着企业平均每天的应收账款都是500元。但并不意味着应收账款占用资金500元，因为应收账款500元当中包括产品的成本和利润两部分，假设利润为100元，则成本为400元，但考虑到成本性态，产品成本400元当中还包括分摊的固定成本，假设分摊的固定成本为50元，因为固定成本不论是否生产销售产品都会发生，所以真正占用的资金为变动成本的350元(500-100-50)，变动成本率为350/500×100%=70%，应收账款占用的资金350=500×70%。

2. 平均收现期的计算(应收账款周转期、平均收账期)

(1)若信用条件不附带现金折扣，则平均收现期即为信用期限。如现金折扣条件为(n/60)，则从理性付款方的角度来讲，所有的客户都会选择在第60天付款，则平均收现期即为

60天。

(2)若信用条件附带现金折扣，则平均收现期为各种收现期的加权平均数。如现金折扣条件为(2/30，1/60，n/90)，假设20%的客户享受2%的折扣，70%的客户享受1%的折扣，10%的客户不享受折扣。即从理性付款人的角度意味着20%的客户30天付款，70%的客户60天付款，10%的客户90天付款，则平均收现期=20%×30+70%×60+10%×90=57天。

(3)若题干直接给明各客户的付款时间，则平均收现期为各种收现期的加权平均数。如现金折扣条件为(2/30，1/60，n/90)，假设20%的客户30天付款，70%的客户60天付款，10%的客户120天付款。则平均收现期=20%×30+70%×60+10%×120=60天。

(4)也可结合财务分析指标计算，应收账款周转次数=销售收入/应收账款平均余额，应收账款周转天数(平均收现期)=360/应收账款周转次数。

二、信用政策决策★★★

信用政策包括信用标准、信用条件和收账政策三个方面。

(一)信用标准

信用标准是指信用申请者获得企业提供信用所必须达到的最低信用水平，通常以预期的坏账损失率作为判别标准。

指点迷津 信用标准即赊销标准，是确定满足什么样的条件的客户才能进入企业的赊销名单。换句话说，是企业给不给予客户采用赊销的标准。

1. 信用的定性分析(5C信用评价系统)(见表61-2)

表61-2 5C信用评价系统

品质(*Character*)	个人申请人或企业申请人管理者的诚实和正直表现，反映了个人或企业在过去的还款中所体现的还款意图和愿望。这是5C中最主要的因素
能力(*Capacity*)	是指申请人的偿债能力
资本(*Capital*)	企业或个人当前现金流不足以还债时，其短期和长期内可供使用的财务资源
抵押(*Collateral*)	企业或个人不能满足还款条款时，可以用作债务担保的资产或其他担保物
条件(*Condition*)	影响申请人还款能力和还款意愿的各种外在因素

2. 信用的定量分析

进行商业信用的定量分析可以从考察信用申请人的财务报表开始。通常使用比率分析法评价顾客的财务状况。

(二)信用条件

信用条件是销货企业要求赊购客户支付货款的条件，由信用期限、折扣期限和现金折扣三个要素构成。其中折扣期限和现金折扣构成折扣条件。

指点迷津 信用条件的表达方式如(5/10、3/20、n/30)，表示信用期限为30天，折扣期限为10天时，对应的现金折扣5%，折扣期限为20天时，对应的现金折扣3%。

信用条件的构成要素见表61-3。

表 61-3　信用条件的构成要素

<table>
<tr><th colspan="2">项目</th><th>含义</th><th>决策要考虑的问题</th></tr>
<tr><td colspan="2">信用期限</td><td>是企业允许顾客从购货到付款之间的时间，或者说是企业给予顾客的最长付款时间，一般简称为信用期</td><td>(1)延长信用期有利影响：销售额增加→收益增加。
(2)延长信用期不利影响：应收账款、收账费用和坏账损失增加→收益减少。
如果缩短信用期，情况与此相反</td></tr>
<tr><td rowspan="2">折扣条件</td><td>折扣期限</td><td>是为顾客规定的可享受现金折扣的付款时间</td><td rowspan="2">(1)若现金折扣不能增加销售。
①有利影响：降低应收款持有成本→增加收益；
②不利影响：少收货款→减少收益。
(2)若现金折扣能扩大销售。
①有利影响：销售额增加→降低应收款持有成本→增加收益；
②不利影响：少收货款→减少收益</td></tr>
<tr><td>现金折扣</td><td>是在顾客提前付款时给予的优惠</td></tr>
</table>

信用条件的决策程序(假设原信用期的方案 A，现延长信用期的方案为 B)，具体的计算见表 61-4。

表 61-4　信用条件的决策程序

<table>
<tr><th>项目</th><th>相关公式</th></tr>
<tr><td>增加的盈利①</td><td>盈利=销售量×单位边际贡献-固定成本</td></tr>
<tr><td>增加的应收账款占用资金的应计利息(机会成本)②</td><td>机会成本=日销售额×平均收现期×变动成本率×资本成本</td></tr>
<tr><td>增加的坏账损失③</td><td>坏账损失=赊销额×预计坏账损失率(或题目给定)</td></tr>
<tr><td>增加的收账费用④</td><td>收账费用=赊销额×预计收账费用比率(或题目给定)</td></tr>
<tr><td>增加的现金折扣⑤</td><td>现金折扣=Σ(销售额×享受现金折扣的顾客比例×现金折扣率)</td></tr>
<tr><td>增加的存货占用资金的应计利息⑥</td><td>应计利息=平均存货量×单位变动成本×资本成本</td></tr>
<tr><td>增加的应付账款节约资金的应计利息⑦</td><td>应计利息=平均应付账款×资本成本</td></tr>
<tr><td colspan="2">增加的相关成本合计⑧=②+③+④+⑤+⑥-⑦</td></tr>
<tr><td colspan="2">增加的税前损益=①-⑧：若增加的税前损益>0，采用 B 方案，否则，采用 A 方案</td></tr>
</table>

指点迷津 上表中一般决策只需要考虑前五项，第 6 项原因在于延长信用期后，销售量增加，平均存货水平上升，从而存货增加引起多占用资金，多占用资金的应计利息即存货多占用资金的机会成本。第 7 项原因在于存货增加引起应付账款增加，应付账款的增加会节约企业的资金占用，减少资金占用的应计利息，相当于减少存货占用资金的机会成本。

(三)收账政策

信用条件被违反时，企业采取的收账政策。

(1)积极的收账政策：可能会减少应收账款投资，减少坏账损失，但要增加收账成本。

(2)消极的收账政策：可能会增加应收账款投资，增加坏账损失，但会减少收账费用。

决策方法：企业需要在积极的收账政策与消极的收账政策间做出权衡，决策方法与前述信用条件的决策方法一致。

例解答·练

例题

例 1.(单选题·2018年)下列各项中，可用来表示应收账款机会成本的是(　)。

A. 坏账损失　　B. 给予客户的现金折扣

C. 应收账款占用资金的应计利息　　D. 应收账款日常管理费用

解 应收账款机会成本指的是应收账款占用资金的应计利息，因此本题正确选项为C。

答 C

例 2.(单选题·2013年)某企业预计下年度销售净额为1800万元，应收账款周转天数为90天(一年按360天计算)，变动成本率为60%，资本成本为10%，则应收账款的机会成本是(　)万元。

A. 27　　B. 45　　C. 108　　D. 180

思路点拨 应收账款周转天数即应收账款周转期、平均收现期，代入公式即可。

解 应收账款机会成本=1800/360×90×60%×10%=27(万元)

答 A

例 3.(计算分析题)A企业目前采用30天按发票金额(即无现金折扣)付款的信用政策，拟将信用期间放宽至60天，并提出了(0.8/30，n/60)的现金折扣条件，估计会有一半的顾客将享受现金折扣优惠。另外，放宽信用条件后，因销售量增加，年平均存货水平从9000件上升到20000件，每件存货按变动成本4元计算。假设等风险投资的最低收益率为15%，其他有关数据如表61-5所示。

表61-5　相关数据

项目	信用期间(30天)	信用期间(60天)
全年销售量(件)	100000	120000
全年销售额(单价5元)	500000	600000
变动成本(每件4元)	400000	480000
固定成本(元)	50000	52000
可能发生的收账费用(元)	3000	4000
可能发生的坏账损失(元)	5000	7000

要求：

(1)计算盈利的增加(增加的盈利)。

(2)计算应收账款占用资金应计利息的增加。

(3)计算收账费用和坏账损失的增加。

(4)计算现金折扣成本的增加。

(5)计算存货占用资金应计利息的增加。

(6)计算增加的成本费用合计。

(7)计算增加的税前损益。

（8）应当如何选择信用政策。

思路点拨 注意两个细节：①两种信用政策固定成本不一样，要纳入考虑范围；②存货占用资金应计利息要按照“变动成本”为基础计算。另外要注意，成本费用项目比较多，不要有遗漏。

答 （1）盈利的增加=销售量的增加×单位边际贡献−增加的固定成本

=（120000−100000）×（5−4）−（52000−50000）=18000（元）

（2）应收账款占用资金的应计利息增加

30 天信用期应计利息=500000/360×30×80%×15%=5000（元）

60 天信用期提供现金折扣的平均收现期=30×50%+60×50%=45（天）

60 天信用期提供现金折扣的应计利息=600000/360×45×80%×15%=9000（元）

应收账款占用资金的应计利息增加=9000−5000=4000（元）

（说明，上面计算中的 80%是变动成本率，由“单位变动成本 4/单价 5”得出）

（3）收账费用和坏账损失增加

收账费用增加=4000−3000=1000（元）

坏账费用增加=7000−5000=2000（元）

（4）现金折扣成本的增加

现金折扣成本增加=60 天的销售额×享受现金折扣的顾客比例×现金折扣率

−30 天的销售额×享受现金折扣的顾客比例×现金折扣率

=600000×50%×0.8%−0=2400（元）

（5）存货占用资金应计利息的增加

30 天信用期存货占用资金应计利息=9000×4×15%=5400（元）

60 天信用期存货占用资金应计利息=20000×4×15%=12000（元）

存货占用资金应计利息的增加=12000−5400=6600（元）

（6）增加的成本费用合计=4000+1000+2000+2400+6600=16000（元）

（7）增加的税前损益=盈利的增加−增加的成本费用合计=18000−16000=2000（元）

（8）由于可增加税前收益，故应当放宽信用期并提供现金折扣。

习题

1.（单选题）企业将资金投放于应收账款而放弃其他投资项目，就会丧失这些投资项目可能带来的收益，则该收益是（　）。

A. 应收账款的短缺成本　　B. 应收账款的机会成本

C. 应收账款的坏账成本　　D. 应收账款的管理成本

2.（单选题）某企业年赊销收入为 360 万元，信用条件为“2/10，n/30”时，预计有 20%的客户选择现金折扣优惠，其余客户在信用期付款，变动成本率为 60%，资金成本率为 10%，则应收账款占用资金的应计利息为（　）元。（1 年按 360 天计算）

A. 20800　　B. 14568　　C. 12480　　D. 15600

3.（多选题）企业如果延长信用期限，可能导致的结果有（　）。

A. 扩大当期销售　　B. 延长平均收账期

C. 增加坏账损失　　D. 增加收账费用

4.（多选题）制定收账政策，需要权衡的内容包括（　）。

A. 销售收入　　B. 收账费用　　C. 坏账损失　　D. 采购成本

5. (计算分析题)某企业只生产销售一种产品，每年赊销额为 240 万元，该企业产品变动成本率为 60%，资本成本率为 25%。企业现有 A、B 两种收账政策可供选用。有关资料如表 61-6 所示。

表 61-6　相关资料

项目	A 政策	B 政策
平均收账期(天)	60	45
坏账损失率(%)	4	3
应收账款平均余额(万元)		
收账成本:		
应收账款占用资金应计利息(万元)		
坏账损失(万元)		
年收账费用(万元)	1.8	7
收账成本合计		

要求:

(1)计算并填列表中的空白部分(一年按 360 天计算)。

(2)对上述收账政策进行决策。

(3)若企业倾向于选择 B 政策，判断在其他条件不变的情况下，B 政策的收账费用上限。

参考答案及解析 

应收账款的监控和日常管理

划重点

一、应收账款的监控★

(一)应收账款周转天数

应收账款周转天数(平收收账期)=应收账款平均余额/平均日销售额

平均逾期天数=应收账款周转天数-平均信用期天数

应收账款周转天数可以反映企业整体的收款效率，不能明确表现出个别应收账款的拖欠情况，而且可能会被销售量的变动趋势和剧烈的销售季节性所破坏。

(二)账龄分析表

账龄分析表给出了应收账款分布的模式，比应收账款周转天数更能揭示应收账款变化趋势(应收账款周转天数仅仅是一个平均数)，但当各个月之间的销售额变化很大时，账龄分析表和应收账款周转天数都可能发出类似的错误信号(即不能正确反映应收账款的整体收账效果)。

(三)应收账款账户余额的模式

(1)应收账款账户余额：反映一定期间的赊销额，在发生赊销的当月月末及随后的各月仍未偿还的百分比。

(2)用途：进行应收账款金额水平的计划，衡量应收账款的收账效率以及预测未来的现金流。

(四)ABC分析法(重点管理法)(见表62-1)

表62-1　ABC分析法

类别	特点	收账策略
A类	逾期金额比重大，占客户总数的比例低	可以发出措辞较为严厉的信件催收，或派专人催收，或委托收款代理机构处理，甚至可通过法律解决
B类	介于A类与C类之间	可以多发几封信函催收，或打电话催收
C类	逾期金额比重小，占客户总数的比例高	只需要发出通知其付款的信函即可

二、应收账款日常管理★

(一)应收账款保理

应收账款保理是企业将赊销形成的未到期应收账款，在满足一定条件的情况下转让给保理商，以获得流动资金，加快资金的周转。

1. 应收账款保理的分类(见表62-2)

表 62-2　应收账款保理的分类

分类标准	分类结果	含义
有无追索权	有追索权保理（非买断型）	指供应商将债权转让给保理商，供应商向保理商融通货币资金后，如果购货商拒绝付款或无力付款，保理商有权向供应商要求偿还预付的货币资金
	无追索权保理（买断型）	指保理商将销售合同完全买断，并承担全部的收款风险
转让应收账款是否告知购货商	明保理	指保理商和供应商需要将销售合同被转让的情况通知购货商，并签订保理商、供应商、购货商之间的三方合同
	暗保理	指供应商为了避免让客户知道自己因流动资金不足而转让应收账款，并不将债权转让情况通知客户，货款到期时仍由供应商出面催款，再向银行偿还借款
保理是否提前预付款	折扣（融资）保理	在销售合同到期前，保理商将剩余未收款部分先预付给销售商，一般不超过全部合同额的 70~90%
	到期保理	保理商并不提供预付账款融资，而是在赊销到期时才支付，届时不管货款是否收到，保理商都必须向销售商支付货款

2. 应收账款保理对财务管理的作用

①融资功能；②减轻企业应收账款的管理负担；③减少坏账损失、降低经营风险；④改善企业的财务结构。

例解答・练

例题

例 1.（多选题・2014 年）运用应收账款余额控制模式进行应收账款管理可以发挥的作用有（　）。

A. 预测公司的现金流量　　B. 预计应收账款的水平

C. 反映应付账款的周转速度　　D. 评价应收账款的收账效率

思路点拨 C 选项中有关键词“应付账款”，可以直接排除，其他几个作用建立在下述第 5 题的角度理解掌握。

解 本题考核应收账款的监控。企业管理部门通过将当前的模式和过去的模式进行对比来评价应收账款余额模式的任何变化。企业还可以运用应收账款账户余额的模式来计划应收账款金额水平，衡量应收账款的收账效率以及预测未来的现金流。

答 ABD

例 2.（单选题・2017 年）在应收账款保理业务中，保理商和供应商将应收账款额转让的情况通知购货商，并签订三方合同，同时，供应商向保理商融通资金后，如果购货商拒绝付款，保理商有权向供应商要求偿还所融通的资金，则这种保理是（　）。

A. 明保理，且是有追索权的保理　　B. 暗保理，且是无追索权的保理

C. 明保理，且是无追索权的保理　　　　　　　　D. 暗保理，且是有追索权的保理

思路点拨 关键词“通知购货商”（即明保理）、“有权向供应商要求偿还”（即有权向供应商追索）。

解 明保理是指保理商和供应商需要将销售合同被转让的情况通知购货商，并签订保理商、供应商、购货商之间的三方合同。有追索权保理指供应商将债权转让给保理商，供应商向保理商融通货币资金后，如果购货商拒绝付款或无力付款，保理商有权向供应商要求偿还预付的货币资金。所以选项 A 是正确答案。

答 A

例 3.（判断题·2016 年）在应收账款保理中，从风险角度看，有追索权的保理相对于无追索权的保理对供应商更有利，对保理商更不利。（　）

思路点拨 供应商即销售方，有追索权指的是对供应商的追索，很明显对供应商不利。

解 有追索权保理指供应商将债权转让给保理商，供应商向保理商融通货币资金后，如果购货商拒绝付款或无力付款，保理商有权向供应商要求偿还预付的货币资金，如果购货商破产或无力支付，只要有关款项到期未能收回，保理商都有权向供应商进行追索，可见有追索权保理对保理商更有利。

答 错

例 4.（计算分析题）假设 2019 年一季度应收账款平均余额为 285000 元，信用条件为在 60 天按全额付清货款，过去三个月（一个月按 30 天计算）的赊销情况为：1 月份：90000 元，2 月份：105000 元，3 月份：115000 元。

要求：

（1）计算应收账款周转天数。

（2）计算应收账款平均逾期天数。

思路点拨 应收账款周转天数直接套用公式，平均信用期天数即为题目给定的 60 天。

答 （1）应收账款周转天数的计算：

平均日销售额 =（90000+105000+115000）/90 = 3444. 44（元）

应收账款周转天数 = 应收账款平均余额/平均日销售额 = 285000/3444. 44 = 82. 74（天）

（2）平均逾期天数 = 应收账款周转天数 − 平均信用期天数 = 82. 74 − 60 = 22. 74（天）

例 5.（计算分析题）假设没有坏账费用，某企业的收款模式如下：

（1）销售的当月收回销售额的 5%。

（2）销售后的第一个月收回销售额的 40%。

（3）销售后的第二个月收回销售额的 35%。

（4）销售后的第三个月收回销售额的 20%。

要求：

（1）计算表 62−3 中英文字母所代表的数字（不用列出计算过程）。

表 62−3　各月份应收账款账户余额模式　　　　金额单位：元

月份	销售额	月销售中于 3 月底未收回的金额	月销售中于 3 月底仍未收回的百分比（%）
1 月	200000	*A*	*D*

续表

月份	销售额	月销售中于3月底未收回的金额	月销售中于3月底仍未收回的百分比(%)
2月	300000	*B*	*E*
3月	400000	*C*	*F*
4月	500000		

(2)计算3月底未收回的应收账款余额。

(3)估计4月份的现金流入。

思路点拨 账户余额模式与"专题三"中销售预算预计现金收入的原理是一样的，建议结合前述预算的角度一并理解。从本题收款模式能够得出以下结论：①某月的销售额的一定比例均构成本月开始连续3个月的应收账款。如1月销售额的95%构成1月末的应收账款，1月销售额的55%构成2月末的应收账款，1月销售额的20%构成3月末的应收账款。②某月的现金流入包括本月及本月以前连续4个月的销售额的一定比例，如4月的现金流入包括4月销售额的5%，3月销售额的40%，2月销售额的35%，1月销售额的20%。

答 (1)各数字计算结果见表62-4。

表62-4 各月份应收账款账户余额模式 金额单位：元

月份	销售额	月销售中于3月底未收回的金额	月销售中于3月底仍未收回的百分比(%)
1月	200000	40000	20
2月	300000	165000	55
3月	400000	380000	95
4月	500000		

(2)3月底未收回应收账款余额合计=40000+165000+380000=585000(元)。

(3)4月份现金流入估计=4月份销售额的5%+3月份销售额的40%+2月份销售额的35%+1月份销售额的20%=(5%×500000)+(40%×400000)+(35%×300000)+(20%×200000)=330000(元)。

习题

1. (单选题)某公司第二季度的月赊销额分别为100万元、120万元和115万元，信用条件为n/60，二季度公司应收账款平均余额为270万元。则该公司在第二季度应收账款平均逾期(　)天。(一个月按30天计算)

   A. 72.58　　B. 60　　C. 0　　D. 12.58

2. (单选题)应收账款监控中的ABC分析法下，企业应重点关注的是(　)。

   A. 占应收账款逾期金额总额比重大，且占客户总额比重小

   B. 占应收账款逾期金额总额比重小，且占客户总额比重小

   C. 占应收账款逾期金额总额比重大，且占客户总额比重大

   D. 占应收账款逾期金额总额比重小，且占客户总额比重大

3. (单选题)下列关于账龄分析表的表述中，错误的是(　)。

   A. 可以按照应收账款总额进行账龄分析

B. 可以分顾客进行账龄分析

C. 计算应收账款周转天数比账龄分析表更能揭示应收账款变化趋势

D. 当各个月之间的销售额变化很大时，账龄分析表可能发出错误信号

4. (多选题)对于企业而言，应收账款保理的财务管理作用主要表现在(　)。

A. 融资功能

B. 使企业应收账款的管理负担加重

C. 减少坏账损失，降低经营风险

D. 改善企业的财务结构

5. (判断题)应收账款保理具有多种方式。在销售合同到期前，保理商将剩余未收款部分先预付给销售商，一般不超过全部合同额的70%～90%，这种保理方式是融资保理。(　)

6. (多选题)在应收账款保理业务中，从风险角度看，有追索权的保理相对于无追索权的保理，下列说法中，正确的有(　)。

A. 有追索权的保理对供应商有利

B. 有追索权的保理对供应商不利

C. 有追索权的保理对保理商有利

D. 有追索权的保理对保理商不利

参考答案及解析 

DAY 63 经济订货基本模型

划重点

一、存货的成本★★

(一)取得成本

(1)订货成本：取得订单的成本，如：办公费、差旅费、邮资、电话费、运输费等。

订货成本=订货固定成本+订货变动成本=$F_1+\frac{D}{Q}\times K$

其中，D为全年需要量；Q为每次订货批量；K为每次订货变动成本；F_1为固定订货成本

(2)购置成本：指为购买存货本身所支出的成本，即存货本身的价值。

购置成本=年需要量×单价=DU。其中，U为单价。

取得成本=TC_a=订货固定成本+订货变动成本+购置成本=$F_1+\frac{D}{Q}\times K+DU$

(二)储存成本

储存成本指为保持存货而发生的成本，包括存货占用资金所应计的利息、仓库费用、保险费用、存货破损和变质损失等。

(1)固定储存成本：与存货数量无关，如仓库折旧、仓库职工的固定工资。

(2)变动储存成本：与存货数量(平均库存量)成正比，如存货资金的应计利息、存货的破损和变质损失、存货的保险费用等。

储存成本=TC_c=固定储存成本+变动储存成本=$F_2+\frac{Q}{2}\times K_c$

其中，F_2为固定储存成本；Q为每次订货批量；K_c为单位变动储存成本；$\frac{Q}{2}$为存货平均持有量。

指点迷津 注意：①单位变动储存成本是指“每一单位数量存货的储存成本”，如每吨材料的储存成本为10元；②前述的现金、应收款都单独存在“机会成本”，存货管理的机会成本是包括在变动储存成本当中的(即存货占用资金应计的利息=存货占用资金×资本成本)。

(三)缺货成本

指由于材料供应中断造成的停工损失、产成品库存缺货造成的拖欠发货损失和丧失销售机会的损失及造成的商誉损失等。如果生产企业以紧急采购代用材料解决库存材料中断之急，那么缺货成本表现为紧急额外购入成本。

缺货成本用TC_S表示。

(四)储备存货的总成本

$$TC=TC_a+TC_c+TC_s=F_1+\frac{D}{Q}\times K+DU+F_2+\frac{Q}{2}\times K_c+TC_S$$

二、最优存货量的确定—经济订货基本模型★★★

最优存货量即最优采购批量、经济订货量或经济批量，是使存货的总成本最低的采购量。

(一)假设条件

(1)存货总需求量是已知常数(D已知且不变)。

(2)订货提前期是常数。

(3)货物是一次性入库(非陆续供应)。

(4)单位货物成本为常数，无批量折扣(单价U固定不变)。

(5)库存储存成本与库存水平呈线性关系(单位变动储存成本K_c固定不变)。

(6)货物是一种独立需求的物品，不受其他货物影响。

(7)不允许缺货，即无缺货成本(经济订货基本模型不考虑缺货成本)。

(二)最优存货量(经济订货批量)

储备存货的总成本：$TC=TC_a+TC_c+TC_s=F_1+\frac{D}{Q}\times K+DU+F_2+\frac{Q}{2}\times K_c+TC_S$

与批量相关的总成本：变动订货成本+变动储存成本$=\frac{D}{Q}\times K+\frac{Q}{2}\times K_c$

经济订货批量(最优存货量)：使变动储存成本与变动订货成本之和达到最小值，或是使二者相等的订货批量。

由$\frac{D}{Q}\times K=\frac{Q}{2}\times K_c$，可得出：

(1)经济订货批量(EOQ)$=\sqrt{\frac{2KD}{K_c}}$

(2)每年最佳订货次数$=\frac{存货年需求总量}{经济订货批量}=\frac{D}{EOQ}$

(3)最佳订货周期(年)$=\frac{1}{每年最佳订货次数}$

(4)与经济订货批量相关的存货总成本(最小相关总成本)

$=\sqrt{2KDK_c}=2\times$变动订货成本

$=2\times$变动储存成本

(5)经济订货量平均占用资金$=\frac{经济订货量}{2}\times$单价

指点迷津 此处的原理与目标现金余额的存货模型的原理是一致的。最核心在于掌握“变动储存成本”与“变动订货成本”的计算公式，根据两者相等求解出经济订货批量，其余的几个公式都可以快速得出。另外注意一个技巧：经济订货批量的计算公式与相关总成本的计算公式都是相同的因素，只不过经济订货批量是相除关系，相关总成本是连乘关系。

例解答·练

例题

例 1.（单选题·2018年）下列各项因素中，不影响存货经济订货批量计算结果的是（　）。

A. 单位变动储存成本　　B. 保险储备

C. 存货年需要量　　D. 每次订货变动成本

思路点拨 写出公式$\sqrt{\frac{2KD}{K_c}}$，一个一个选项对照。

解 根据存货经济订货批量计算公式可知，选项ACD影响存货经济订货批量计算结果，选项B不影响经济订货批量计算结果。通俗的理解是，保险储备是前期购入的，与本期的订货量无关。

答 B

例 2.（多选题·2017年）下列成本费用中，一般属于存货变动储存成本的有（　）。

A. 存货资金应计利息　　B. 存货毁损和变质损失

C. 仓库折旧费　　D. 库存商品保险费

思路点拨 仓库折旧明显属于固定成本范畴。

解 变动储存成本与存货的数量有关，如存货资金的应计利息、存货的破损和变质损失、存货的保险费用等。仓库折旧费属于固定储存成本。

答 ABD

例 3.（计算分析题·2019年节选）甲公司是一家冷冻设备生产企业，预计2019年全年需要使用某种型号的零件250000件，该零件的进价为350元/件，每次的订货费用为18000元，每个零件的年变动储存成本为10元。假设2019年开工250天，全年均衡耗用，每次订货后5天到货，保险储备量为10000件。

要求：

（1）计算经济订货批量。

（2）计算全年最佳订货次数。

（3）计算经济订货量平均占用资金。

（4）计算最低存货相关总成本。

思路点拨 ①明确题干中每个数字对应的符号及表示的含义，剩下的就是代入公式；②第（3）问要注意“平均”二字，并不是直接用“经济订货量×单价”。

答 （1）经济订货批量$=\sqrt{2\times18000\times250000/10}=30000$（件）

（2）全年最佳订货次数$=250000/30000=8.33$（次）

（3）经济订货批量平均占用资金$=30000/2\times350=5250000$（元）

（4）最低存货相关总成本$=\sqrt{2\times18000\times250000\times10}=300000$（元）

习题

1. (单选题)下列各项中，不属于存货储存成本的是(　)。

A. 存货仓储费用　　B. 存货破损和变质损失

C. 存货储备不足而造成的损失　　D. 存货占用资金的应计利息

2. (多选题)在存货经济订货量基本模型中，导致经济订货量减少的因素有(　)。

A. 存货年需要量减少　　B. 单位缺货成本降低

C. 存货单位变动储存成本增加　　D. 每次订货的变动成本增加

3. (多选题)存货的缺货成本包括(　)。

A. 材料供应中断造成的停工损失　　B. 产成品缺货造成的拖欠发货损失

C. 丧失销售机会的损失　　D. 存货占用资金的应计利息

4. (计算分析题)假设某企业每年所需的原材料为 80000 千克，单位成本为 15 元/千克。每次订货的变动成本为 20 元，单位变动储存成本为 0.8 元/千克。一年按 360 天计算。

要求计算：①经济订货批量；②每年最佳订货次数；③最佳订货周期(天)；④经济订货量平均占用资金；⑤与经济订货批量相关的存货总成本；⑥在经济订货批量下，变动订货成本和变动储存成本。

参考答案及解析 

DAY 64 经济订货基本模型的扩展

划重点

一、再订货点★

(1)再订货点：企业再次发出订单时应保持的存货库存量。

再订货点 R=预计交货期内的需求量=平均交货时间 L×每日平均需要量 d

(2)平均交货时间(订货提前期)：自企业发出订单到收到货物为止的时间间隔。

指点迷津 订货提前期与再订货点只是确定发出采购订单的时机，对经济订货量、订货次数、订货周期等结果并没有影响。

二、存货陆续供应和使用模型★★

经济订货基本模型建立在存货一次全部入库的假设之上，而事实上存货一般都是陆续入库和陆续耗用的。

假设每批订货数为 Q，每日送货量为 P，则该批货全部送达所需日数(即送货期)为：

$$送货期=\frac{Q}{P}$$

假设每日耗用量为 d，则送货期内的全部耗用量为：

$$送货期耗用量=\frac{Q}{P}\times d$$

由于零件边送边用，所以每批送完时：

$$最高库存量=Q-\frac{Q}{P}\times d$$

$$送货期内平均库存量为=\frac{1}{2}(Q-\frac{Q}{P}\times d)$$

指点迷津 开始送货时库存量为0，送完时最高库存量为 $Q-\frac{Q}{P}\times d$，由于每天存货均匀消耗，因此平均库存量 $\frac{1}{2}(Q-\frac{Q}{P}\times d)$。

易错易混 平均交货时间(订货提前期、交货期)与送货期的区别：①平均交货时间(订货提前期、交货期)：自发出订单开始到收到第一批货物为止所需要的时间；②送货期：自第一笔货物送达至该批货物全部送达所需要的时间。

与批量相关的总成本=变动订货成本+变动储存成本=$\frac{D}{Q}\times K+\frac{Q}{2}(1-\frac{d}{P})\times K_c$

指点迷津 陆续供应模型与经济订货基本模型相比，只是平均库存量发生变化，原理不变。也就意味着掌握只要掌握了经济订货基本模型，把其中的变动储存成本调整为$\frac{Q}{2}(1-\frac{d}{P})\times K_c$即可，剩下的原理就都是一样的。

由$\frac{D}{Q}\times K=\frac{Q}{2}(1-\frac{d}{P})\times K_c$，可得出：

经济订货批量$(EOQ)=\sqrt{\frac{2KD}{K_c\times\left(1-\frac{d}{p}\right)}}$

经济订货批量相关总成本$=\sqrt{2KDK_c\times(1-\frac{d}{p})}=2\times$变动订货成本$=2\times$变动储存成本

指点迷津 掌握陆续供货模型下经济订货批量与相关总成本计算公式时，建议把$K_c\times(1-\frac{d}{p})$作为一个整体，仍然与基本模型一样的技巧，同样的因素，经济订货批量相除的关系，相关总成本连乘的关系。

例解答·练

例题

例 1.(计算分析题·2017年)丙公司是一家设备制造企业，每年需要外购某材料108000千克，现有S和T两家符合要求的材料供应企业，他们所提供的材料质量和价格都相同。公司计划从两家企业中选择一家作为供应商，相关信息如下：

(1)从S企业购买该材料，一次性入库，每次订货费用为5000元，年单位材料变动储存成本为30元/千克，假设不存在缺货。

(2)从T企业购买该材料，每次订货费用为6050元，年单位材料变动储存成本为30元/千克，材料陆续到货和使用，每日送货量为400千克，每日耗用量为300千克。

要求：

(1)利用经济订货基本模型，计算从S企业购买材料的经济订货批量和相关存货总成本。

(2)利用经济订货扩展模型，计算从T企业购买材料的经济订货批量和相关存货总成本。

(3)基于成本最优原则，判断丙公司应该选择哪家企业作为供应商。

思路点拨 要先判断S企业为经济订货基本模型，T企业为陆续供货模型。把题干中的数字对应的字母对应正确，再代入相关公式即可。

答 (1)经济订货批量$=\sqrt{\frac{2KD}{K_c}}=\sqrt{\frac{2\times5000\times108000}{30}}=6000$(千克)

相关存货总成本$=\sqrt{2KDK_c}=\sqrt{2\times5000\times108000\times30}=180000$(元)

(2)经济订货批量$=\sqrt{\frac{2KD}{K_c\times(1-\frac{d}{p})}}=\sqrt{\frac{2\times6050\times108000}{30\times(1-\frac{300}{400})}}=13200$(千克)

相关存货总成本 $=\sqrt{2KDK_c\times(1-\frac{d}{p})}=\sqrt{2\times6050\times108000\times30\times(1-\frac{300}{400})}=99000$(元)

(3)从 T 企业购买材料的相关存货总成本为 99000 元小于从 S 企业购买材料的相关存货总成本 180000 元，所以丙公司应该选择 T 企业作为供应商。

习题

1. (单选题)企业订货日至到货期的时间为 10 天，每日存货需用量为 100 千克，假设没有保险储备，那么企业在库房尚存(　　)千克存货时，就应当再次订货。

   A. 1000　　B. 1080　　C. 920　　D. 1020

2. (单选题)关于存货陆续供应和使用模型，下列说法中不正确的是(　　)。

   A. 存货边送边用

   B. 建立在存货一次全部入库的假设之上

   C. 送货期内平均库存量 $=Q/2\times(1-d/p)$

   D. 需要对经济订货的基本模型做一些修正

3. (计算分析题)某生产企业使用 A 零件，可以外购，也可以自制。如果外购，单价 4 元，一次订货成本 10 元；如果自制，单位成本 3 元，每次生产准备成本 600 元，每日产量 50 件。零件的全年需求量为 3600 件，储存变动成本为零件价值的 20%，每日平均需求量为 10 件。

   要求：分别计算零件外购和自制的总成本，以选择较优的方案。

参考答案及解析 

DAY 65 保险储备

划重点

一、保险储备的含义★

在交货期内，如果对存货的需求量很大，或交货时间(平均交货时间、订货提前期)由于某种原因被延误，企业可能发生缺货。为防止存货中断，需建立保险储备以提高再订货点，此时，再订货点应等于交货期内的预计需求与保险储备之和。

再订货点=预计交货期内的需求+保险储备

指点迷津 假如企业全年存货需要量 36000 千克，经济订货批量为 3000 千克：①若日平均需要量 100 千克不变，平均交货时间 5 天不变，则此时再订货点=预计交货期内的需求=100×5=500(千克)，此时交货期内不会缺货，也不用设置保险储备。②若平均交货时间不变，但交货期内日平均需要量突然上升到 200 千克，则交货期 5 天内的存货总需求量上升至 1000 千克，此时如果再按照再订货点 500 千克发出订单时，企业在交货期的 5 天内将会出现 500 千克的缺货，从而产生缺货成本。③同理，若交货期内日平均需要量不变，平均交货时间突然延迟到 8 天，则交货期 8 天内的存货总需求量上升至 800 千克，此时如果再按照再订货点 500 千克发出订单时，企业在交货期的 8 天内将会出现 300 千克的缺货，从而产生缺货成本。由此可见，当交货期内的存货需求、平均交货时间不固定时，就有可能出现缺货成本，此时就需要建立相应的保险储备，以抬高再订货点，以防止缺货损失的产生。

二、保险储备的决策★★

保持多少保险储备，取决于存货中断的概率和存货中断的损失。较高的保险储备可降低缺货损失，但也增加了存货的储存成本。因此，最佳的保险储备应该是使缺货损失和保险储备的储存成本之和达到最低。

(一)交货期内存货需要量发生变化时的决策步骤

(1)确定各种保险储备方案下的再订货点(保险储备从 0 开始设置，递增单位按题目要求，一直递增至不存在缺货成本为止)。

(2)将各种保险储备方案下的再订货点与交货期内各种概率情况下的生产需要量进行对比，计算缺货量、缺货损失。

(3)计算各种保险储备方案下的保险储备的储存成本。

(4)计算各种保险储备方案下的缺货损失与储存成本之和。

(5)选择两者之和最小方案下的保险储备作为应选定的保险储备。

指点迷津 ①缺货损失=每年订货次数×缺货数量×缺货概率×单位缺货损失；②保险储备的储存成本=保险储备数量×单位变动储存成本。

（二）平均交货时间延迟下的决策步骤

（1）确定各种保险储备方案下的再订货点（保险储备从0开始设置，递增单位按题目要求，一直递增至不存在缺货成本为止）。

（2）将平均交货时间的延迟转化为交货期内的需求量。

（3）将各种保险储备方案下的再订货点与交货期内各种概率情况下的生产需要量进行对比，计算缺货量、缺货损失。

（4）计算各种保险储备方案下的保险储备的储存成本。

（5）计算各种保险储备方案下的缺货损失与储存成本之和。

（6）选择两者之和最小方案下的保险储备作为应选定的保险储备。

指点迷津 由上述步骤可以看出，不论是交货期内存货需要量发生变化时的决策、还是平均交货时间延迟下的决策，最关键的是要将这些不确定因素的影响转化为"交货期内的需求量"，从而与对应的再订货点进行对比（可通过后续的计算分析题加以熟悉总结）。

例解答·练

例题

例 1.（单选题·2019年）某公司全年（360天）材料采购量预计为7200吨，假定材料日耗均衡，从订货到送达正常需要3天，鉴于延迟交货会产生较大损失，公司按照延误天数2天建立保险储备。不考虑其他因素，材料再订货点为（　）吨。

A. 40　　B. 80　　C. 60　　D. 100

思路点拨 再订货点=平均交货时间×日需求量+保险储备，题干中的"正常需要3天"即平均交货时间，保险储备的数量题干已交代"按照延误2天建立保险储备"。

解 日耗用量=7200/360=20（吨），保险储备量=20×2=40（吨），再订货点=20×3+40=100（吨）。

答 D

例 2.（单选题·2017年）下列关于存货保险储备的表述中，正确的是（　）。

A. 较低的保险储备可降低存货缺货成本

B. 保险储备的多少取决于经济订货量的大小

C. 最佳保险储备能使缺货损失和保险储备的储存成本之和达到最低

D. 较高的保险储备可降低存货储存成本

思路点拨 保险储备越多，则存货量越大、缺货损失越小、存货占用资金越多、储存成本越大。保险储备决策只是抬高了再订货点，并不影响经济订货量、订货次数、订货周期等结论。

解 较高的保险储备可降低缺货损失，但也增加了存货的储存成本。因此，最佳的保险储备应该是使缺货损失和保险储备的储存成本之和达到最低。

答 C

例 3.（计算分析题）信达公司计划年度耗用某材料100000千克，材料单价为50元，经济订货量为25000千克，全年订货4次（100000/25000），预计交货期内的需求为1200千克（期望值）。单位材料年变动储存成本为材料单价的25%，单位材料缺货损失为24元。在交货期内，生产需要量及其概率如表 65-1 所示：

表 65-1　生产需要量及其概率

生产需要量(千克)	1000	1100	1200	1300	1400
概率	0.1	0.2	0.4	0.2	0.1

如果设置保险储备，以 100 千克为递增单位进行设置。

要求：进行保险储备的决策。

思路点拨 对照前述的“交货期内存货需要量发生变化时的决策步骤”来把握本题。

答 该公司最佳保险储备的计算如表 65-2 所示：

表 65-2　最佳保险储备的计算　　金额单位：元

保险储备量(千克)	生产需要量(千克)	缺货量(千克)	缺货概率	缺货损失	保险储备的储存成本	总成本
方案 1：保险储备 = 0(千克) 此时：再订货点 = 预计交货期内的需求 + 保险储备 = 1200(千克)	1000	0	0.1	0		
	1100	0	0.2	0		
	1200	0	0.4	0		
	1300	100	0.2	4×100×0.2×24 = 1920		
	1400	200	0.1	4×200×0.1×24 = 1920		
				缺货损失期望值 = 3840	0	3840
方案 2：保险储备 = 100(千克) 此时，再订货点 = 预计交货期内的需求 + 保险储备 = 1200 + 100 = 1300(千克)	1000	0	0.1	0		
	1100	0	0.2	0		
	1200	0	0.4	0		
	1300	0	0.2	0		
	1400	100	0.1	4×100×0.1×24 = 960		
				缺货损失期望值 = 960	100×50×0.25 = 1250	2210
方案 3：保险储备 = 200(千克) 此时，再订货点 = 预计交货期内的需求 + 保险储备 = 1200 + 200 = 1400(千克)	1000	0	0.1	0		
	1100	0	0.2	0		
	1200	0	0.4	0		
	1300	0	0.2	0		
	1400	0	0.1	0		
				缺货损失期望值 = 0	200×50×0.25 = 2500	2500

由此可见，当保险储备为 100 千克时，缺货损失与保险储备的储存成本之和最低。因此，该企业保险储备量为 100 千克比较合适，此时再订货点为 1300 千克。

指点迷津 如果不是填表的方式，在计算每种方案下的“缺货损失”时，可以先计算“平均缺货量”，然后再计算缺货损失。如方案 1：平均缺货量 = 0.2×100 + 0.1×200 = 40(千克)，则每订货一次的缺货损失=40×24=960(元)，全年采购4次的缺货损失=960×4=3840(元)。

习题

1. (单选题)某公司全年需用X材料18000件，计划开工360天。该材料订货日至到货日的时间为5天，保险储备量为100件。该材料的再订货点是(　)件。

A. 100　　B. 150　　C. 250　　D. 350

2. (计算分析题)信达公司计划年度耗用某材料360000千克，材料日平均需要量1000千克，材料单价50元，经济订货量72000千克，全年订货5次(360000/72000)。单位材料年变动储存成本为材料单价的25%，单位材料缺货损失24元。预计平均交货时间为7天，具体的平均交货时间及概率如表65-3所示：

表65-3　平均交货时间及概率

平均交货时间(天)	5	6	7	8	9
概率	0.1	0.2	0.4	0.2	0.1

如果设置保险储备，以材料日平均需要量1000千克为递增单位进行设置。

要求：进行保险储备的决策。

参考答案及解析 

DAY 66 流动负债管理

划重点

一、短期借款★★

（一）短期借款的信用条件（见表66-1）

表66-1 短期借款的信用条件

信用条件	含义	说明
信贷额度（贷款限额）	借款企业与银行在协议中规定的借款最高限额	在信贷额度内，企业可以随时按需要支用借款，但银行并不承担必须贷款的义务，有效期限通常为1年
周转信贷协定	银行具有法律义务地承诺向企业提供不超过某一最高限额的贷款协定	在协议的有效期，只要企业借款总额未超过最高限额，银行必须满足企业任何时候提出的借款要求。 对贷款限额未使用的部分，企业需要向银行支付承诺费
补偿性余额	银行要求借款企业在银行中保持按贷款限额或实际借用额一定比例计算的最低存款余额	补偿性余额提高了借款的实际利率 实际利率=名义利率/（1-补偿性余额比例）×100%

（二）短期借款的成本

短期借款成本主要包括利息、手续费等。短期借款成本的高低主要取决于贷款利率的高低和利息的支付方式，具体内容见表66-2。

表66-2 短期借款的成本

付息方式	含义	实际利率
收款法（利随本清）	借款到期时向银行支付利息	名义利率
贴现法（折价法）	是指银行向企业发放贷款时，先从本金中扣除利息部分，而到期时借款企业再偿还全部本金	实际利率高于名义利率 实际利率 $=\frac{\text{名义利率}}{1-\text{名义利率}}$
加息法	银行发放分期等额偿还贷款时采用的利息收取方法。将贷款的本息和在贷款期内分期偿付	实际利率=名义利率×2

二、短期融资券

在我国，短期融资券是指企业在银行间债券市场发行和交易并约定在一定期限内还本付息的有价证券，是企业筹措短期（1年以内）资金的直接融资方式。

短期融资券的筹资特点主要有：①相对于公司债券，筹资成本较低；②相对于银行借款，筹资数额比较大；③发行条件比较严格，只有具备一定信用等级的实力强的企业才能发行。

三、商业信用★★★

（一）商业信用的形式

商业信用的形式有应付账款、应付票据、预收货款、应计未付款。

（二）放弃现金折扣的信用决策

1. 放弃现金折扣的信用成本（率）

$$放弃折扣的信用成本率=\frac{折扣百分比}{1-折扣百分比}\times\frac{360}{付款期-折扣期}$$

易错易混 应付账款不带息并不意味着无资本成本，当应付账款附带现金折扣条件时，“放弃现金折扣的信用成本率”即为应付账款的资本成本。

指点迷津 通俗理解，“放弃折扣的信用成本率”即为企业向供应商借款的资本成本（利率）。

2. 放弃现金折扣的信用决策

（1）如果将应付账款用于短期投资所获得的收益率高于放弃现金折扣的信用成本率，则应当放弃现金折扣，不提前付款（比如：以10%的利率向供应商借款用于15%投资收益率的项目）。

（2）如果放弃现金折扣成本>短期借款利率，则在折扣期期末借入短期借款，偿还应付账款，享受现金折扣（比如向供应商借款的利率20%，向银行借款的利率10%，那肯定选择向银行借款，因此就要享受现金折扣，向银行低利率借入款项偿还供应商的款项，相当于借西墙补东墙）。

（3）如果放弃现金折扣成本<短期借款利率，则在信用期期末付款，放弃现金折扣，不提前付款（比如向供应商借款的利率10%，向银行借款的利率20%，那肯定选择向供应商借款，因此就要放弃现金折扣，不提前付款）。

（4）如果有多种现金折扣，需要考虑净收益，即选择净收益最大的方案。

（三）商业信用筹资的优缺点（见表66-3）

表66-3 商业信用筹资的优缺点

优点	商业信用容易获得
	企业有较大的机动权（商业信用筹资数额和期限长短由企业决定，还可以延期还款）
	企业一般不用提供担保
缺点	商业信用筹资成本高（在附有现金折扣条件的应付账款融资方式下，其筹资成本与银行信用相比较高）
	容易恶化企业的信用水平（期限短，还款压力大，对企业现金流量管理的要求很高）
	受外部环境影响较大（受商品和资金市场的影响）

四、流动负债的利弊★（见表66-4）

表66-4 流动负债的利弊

经营优势	容易获得、具有灵活性，能够有效满足企业季节性信贷需求、短期借款一般比长期借款具有更少的约束性条款
经营劣势	需要持续地重新谈判或滚动安排负债

例解答·练

例题

例 1.(单选题·2019 年)某公司向银行借款2000 万元，期限1 年，年利率6.5%，银行要求的补偿性余额比例为 12%，则借款的实际利率为(　)。

A. 7.28%　　B. 6.5%　　C. 12%　　D. 7.39%

思路点拨 短期负债的利率并不考虑货币时间价值，实际利率=利息/实际可动用的本金。

解 借款实际利率=2000×6.5%/[2000×(1-12%)]=6.5%/(1-12%)=7.39%

答 D

例 2.(多选题·2019 年)商业信用作为企业短期资金的一种来源，主要表现形式有(　)。

A. 应付票据　　B. 预收货款　　C. 季节性周转贷款　　D. 应付账款

思路点拨 周转贷款属于银行借款。

解 商业信用的形式包括应付账款、应付票据、预收货款、应计未付款。

答 ABD

例 3.(多选题·2019 年)在我国，下列关于短期融资券的说法，正确的有(　)。

A. 相对银行借款，信用要求等级高

B. 相对企业债券，筹资成本较高

C. 相对商业信用，偿还方式灵活

D. 相对于银行借款，一次性筹资金额较大

思路点拨 债券没特殊说明均指长期债券，长期债券风险较高，资本成本较高。短期融资券发行方为一方，购买方为多方，一对多灵活性差。

解 只有具备一定的信用等级的实力强的企业，才能发行短期融资券筹资，银行借款没有这样的规定，选项 A 正确。相对于发行企业债券筹资而言，发行短期融资券的筹资成本较低，选项 B 不正确。采用商业信用筹资，如果在期限内不能付款或交货时，一般还可以通过与客户的协商，请求延长时限，偿还方式更为灵活，选项 C 不正确。相对于银行借款筹资而言，短期融资券一次性的筹资数额比较大，选项 D 正确。

答 AD

例 4.(判断题·2019 年)如果企业利用应付账款进行筹资而无须支付利息，则可以认为采用这种商业信用形式是没有筹资成本的。(　)

思路点拨 应付账款附带现金折扣，资金成本是比较高的。

解 供应商提供现金折扣时，放弃现金折扣是有成本的。在附有现金折扣条件的应付账款融资方式下，其筹资成本与银行信用相比较高。

答 错

例 5.(判断题·2018 年)在银行授予企业的信贷额度内，企业可按需贷款，银行应承担支付企业在限额内贷款所需资金的全部义务。(　)

思路点拨 关键词“信贷额度”。信贷额度，银行不负有一定贷款的义务；周转信贷协定，银行

负有无条件贷款的义务。

解 一般情况下，在信贷额度内，企业可以随时按需要支用借款。但是，银行并不承担必须支付全部信贷数额的义务。如果企业信誉恶化，即使在信贷限额内，企业也可能得不到借款。此时，银行不会承担法律责任。

答 错

例 6.（单选题·2017 年）某企业获批 100 万元的周转信贷额度，约定年利率为 10%，承诺费率为 0.5%，年度内企业实际动用贷款 60 万元，使用了 12 个月，则该笔业务在当年实际发生的借款成本为（ ）万元。

A. 10　　B. 6　　C. 6.2　　D. 10.2

思路点拨 “利息费用”按照实际贷款的 60 万计算，使用了 12 个月即利息费用 =60×10% =6（万元），全年未动用的 40 万元需要支付 40×0.5% =0.2（万元）的承诺费。

解 实际借款成本即支付的利息和承诺费之和，企业有 40 万额度没有使用，利息费用+承诺费 =60×10% +40×0.5% =6.2（万元）。

答 C

例 7.（计算分析题·2013 年）丙公司是一家汽车配件制造企业，近期销售量迅速增加。为满足生产和销售的需求，丙公司需要筹集资金 495000 元用于增加存货，占用期限为 30 天。现有三个可满足资金需求的筹资方案：

方案 1：利用供应商提供的商业信用，选择放弃现金折扣，信用条件为“2/10，N/40”。

方案 2：向银行贷款，借款期限为 30 天，年利率为 8%。银行要求的补偿性金额为借款额的 20%。

方案 3：以贴现法向银行借款，借款期限为 30 天，月利率为 1%。

要求：

（1）如果丙公司选择方案 1，计算其放弃现金折扣的机会成本。

（2）如果丙公司选择方案 2，为获得 495000 元的实际用款额，计算该公司应借款总额和该笔借款的实际年利率。

（3）如果丙公司选择方案 3，为获得 495000 元的实际用款额，计算该公司应借款总额和该笔借款的实际年利率。

（4）根据以上各方案的计算结果，为丙公司选择最优筹资方案。

思路点拨 筹集资金 495000 元意味着实际可用资金为 495000 元。方案（3）要求计算实际年利率，需将月利率转化成年利率。

答 （1）放弃现金折扣的机会成本 =［2%/（1-2%）］×［360/（40-10）］=24.49%

（2）借款总额 =495000/（1-20%）= 618750（元）

借款的实际年利率 =8%/（1-20%）= 10%

（3）借款总额 =495000/（1-1%）= 500000（元）

借款的实际年利率 =12%/（1-12%）= 13.64%

（4）方案 2 的实际年利率最低，所以丙公司应选择的是方案 2。

习题

1. (单选题)ABC 公司 2019 年取得为期 1 年的周转信贷额 2000 万元，承诺费率为 0.4%。2019 年 1 月 1 日从银行借入 1000 万元，7 月 1 日又借入 600 万元，如果年利率为 4%，则 ABC 公司 2019 年末向银行支付的利息和承诺费合计为(　　)万元。

A. 52　　B. 61.2　　C. 68.5　　D. 54.8

2. (单选题)某企业年初从银行贷款 100 万元，期限 1 年，年利率为 10%，按照贴现法付息，则年末应偿还的金额为(　　)万元。

A. 70　　B. 90　　C. 100　　D. 110

3. (单选题)某企业从银行取得一年期贷款 2000 万元，按 8% 计算全年利息，银行要求贷款本息分 12 个月等额偿还，则该项借款的实际利率大约为(　　)。

A. 8.30%　　B. 12%　　C. 8%　　D. 16%

4. (多选题)一般而言，与短期融资券和短期借款相比，商业信用融资的优点有(　　)。

A. 融资数额较大　　B. 融资条件宽松　　C. 融资机动权大　　D. 不需提供担保

5. (计算分析题)公司采购一批材料，供应商报价为 1 万元，付款条件为：3/10、2.5/30、1.8/50、N/90。目前企业用于支付账款的资金需要在 90 天时才能周转回来，在 90 天内付款，只能通过银行借款解决。

要求：如果银行贷款利率为 12%，确定公司材料采购款的付款时间和价格。

参考答案及解析 

专题八 标准成本控制与分析、作业成本与责任成本

本专题对应财务管理考试大纲中“第八章　成本管理”中的标准成本控制与分析、作业成本与责任成本有关的内容。本专题与其他专题间的关系性不大，可较独立地来学习。共8天的学习量。其中标准成本控制与分析部分分别为：“DAY67　标准成本的制定”“DAY68　变动成本项目成本差异的计算原理”“DAY69　变动成本项目成本差异的计算分析”“DAY70　固定制造费用成本差异的计算分析”。作业成本部分分别为“DAY71　作业成本相关概念及作业成本计算”“DAY72　作业成本管理”。责任成本部分分为“DAY73　成本中心、利润中心”“DAY74　投资中心、内部转移价格”。

学中级

标准成本的制定

划重点

一、标准成本控制与分析的相关概念★

(一)标准成本及其分类

标准成本是指在正常的生产技术水平和有效的经营管理条件下，企业经过努力应达到的产品成本水平。具体内容见表67-1。

表67-1　标准成本及其分类

分类	含义
理想标准成本	是一种理论标准，是指在现有条件下所能达到的最优成本水平，即在生产过程无浪费、机器无故障、人员无闲置、产品无废品的假设条件下制定的成本标准
正常标准成本	指在正常情况下，企业经过努力可以达到的成本标准。考虑了生产中不可避免的损失、故障和偏差等。通常都会高于理想标准成本

由于理想标准成本要求异常严格，一般很难达到，而正常标准成本具有客观性、现实性、激励性的特点，因此，正常标准成本在实践中得到广泛应用。

(二)标准成本法

标准成本法是指企业以预先制定的标准成本为基础，通过比较标准成本与实际成本，核算和分析成本差异、揭示成本差异动因、实施成本控制、评价经济业绩的一种成本管理方法。

二、标准成本的制定★

产品标准成本=直接材料标准成本+直接人工标准成本+制造费用标准成本

每一成本项目的标准成本=用量标准×价格标准

用量标准和价格标准的计算见图67-1。

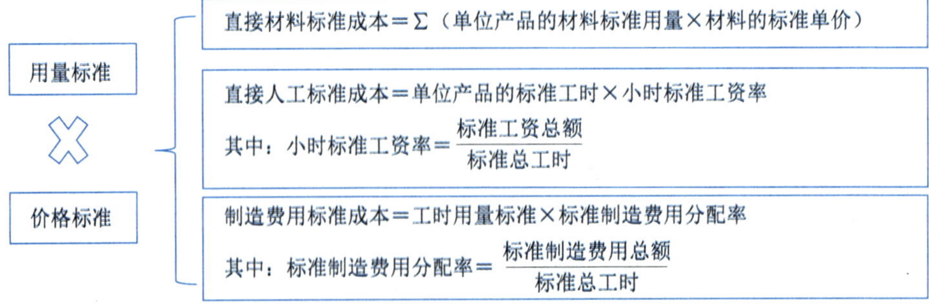

图67-1　用量标准和价格标准

指点迷津 标准成本的制定是要制定“单位产品的标准成本”，即每一件产品的标准成本。

包括每一件产品的直接材料标准成本、直接人工标准成本、变动制造费用标准成本和固定制造费用标准成本。

指点迷津 制造费用标准成本应区分变动制造费用项目和固定制造费用项目分别进行。变动制造费用，是指通常随产量变化而成正比例变化的制造费用，固定制造费用，是指在一定产量范围内，其费用总额不会随产量变化而变化，始终保持不变的制造费用，一般实行总量控制。

例解答·练

例题

例 1.(判断题·2014 年)理想标准成本考虑了生产过程中不可避免的损失、故障和偏差，属于企业经过努力可以达到的成本标准。 ( )

思路点拨 “理想”是达不到的，“正常”是经过努力可以达到的。

解 正常标准成本是指在正常情况下，企业经过努力可以达到的成本标准，这一标准考虑了生产过程中不可避免的损失、故障和偏差等。

答 错

例 2.(计算分析题)假定某企业 A 产品直接材料标准成本、直接人工标准成本、制造费用标准成本有关的信息见表 67-2、表 67-3 及表 67-4。

表 67-2 A 产品直接材料标准成本

项目	标准		
	甲材料	乙材料	丙材料
标准单价	45 元/千克	15 元/千克	30 元/千克
标准(用量)	3 千克/件	6 千克/件	9 千克/件

表 67-3 A 产品直接人工标准成本

项目	标准
月标准总工时	15600 小时
月标准工资	168480 元
单位产品工时用量标准	1.5 小时/件

表 67-4 A 产品制造费用标准成本

项目		标准
工时	月标准总工时	15600 小时
	单位产品工时标准	1.5 小时/件
变动制造费用	标准变动制造费用总额	56160 元
固定制造费用	标准固定制造费用总额	187200 元

要求：

(1)计算单位产品甲材料标准成本、单位产品乙材料标准成本、单位产品丙材料标准成本、单位产品直接材料标准成本。

(2)计算小时标准工资率、单位产品直接人工标准成本。

(3)计算标准变动制造费用分配率、单位产品变动制造费用标准成本、标准固定制造费用分配率、单位产品固定制造费用标准成本、单位产品制造费用标准成本。

(4)计算单位产品标准成本。

思路点拨 一定要有清晰的概念认识和逻辑关系。①单位产品的标准成本由单位产品的直接材料成本、单位产品的直接人工标准成本、单位产品制造费用标准成本三部分构成。②单位产品的直接材料成本由甲、乙、丙三种材料标准成本构成,而每种材料的标准成本又包括用量标准和价格标准。用量标准即每件产品用几千克的料,价格标准即每千克的料多少钱。③单位产品直接人工标准成本包括用量标准和价格标准,用量标准即每件产品用几个工时,价格标准即每个工时多少钱的工资。④单位产品制造费用标准成本分为变动制造费用标准成本和固定制造费用标准成本,变动制造费用标准成本又包括用量标准和价格标准,用量标准即每件产品用几个工时,价格标准即每个工时应分配多少变动制造费用;固定制造费用标准成本又包括用量标准和价格标准,用量标准即每件产品用几个工时,价格标准即每个工时应分配多少固定制造费用。

答 (1)单位产品甲材料标准成本=45×3=135(元)

单位产品乙材料标准成本=15×6=90(元)

单位产品丙材料标准成本=30×9=270(元)

单位产品直接材料标准成本=135+90+270=495(元)

如表67-5所示:

表67-5 单位产品直接材料标准成本

项目	标准		
	甲材料	乙材料	丙材料
标准单价①	45元/千克	15元/千克	30元/千克
标准(用量)②	3千克/件	6千克/件	9千克/件
标准成本③=②×①	135元/件	90元/件	270元/件
单位产品直接材料标准成本④=Σ③	495元		

(2)小时标准工资率=标准工资总额/标准总工时=168480/15600=10.8(元/小时)

单位产品直接人工标准成本=1.5×10.8=16.2(元/件)

如表67-6所示:

表67-6 单位产品直接人工标准成本

项目	标准
月标准总工时①	15600小时
月标准工资②	168480元
小时标准工资率③=②÷①	10.8元/小时
单位产品工时用量标准④	1.5小时/件

续表

项目	标准
单位产品直接人工标准成本⑤=④×③	16.2元/件

(3)标准变动制造费用分配率=56160/15600=3.6(元/小时)

单位产品变动制造费用标准成本=1.5×3.6=5.4(元/件)

标准固定制造费用分配率=187200/15600=12(元/小时)

单位产品固定制造费用标准成本=1.5×12=18(元/件)

单位产品制造费用标准成本=单位产品变动制造费用标准成本+单位产品固定制造费用标准成本=5.4+18=23.4(元/件)

如表67-7所示：

表67-7 单位产品制造费用标准成本

项目		标准
工时	月标准总工时①	15600小时
	单位产品工时标准②	1.5小时/件
变动制造费用	标准变动制造费用总额③	56160元
	标准变动制造费用分配率④=③÷①	3.6元/小时
	单位产品变动制造费用标准成本⑤=②×④	5.4元/件
固定制造费用	标准固定制造费用总额⑥	187200元
	标准固定制造费用分配率⑦=⑥÷①	12元/小时
	单位产品固定制造费用标准成本⑧=②×⑦	18元/件
单位产品制造费用标准成本⑨=⑤+⑧		23.4元

(4)单位产品标准成本=单位产品直接材料标准成本+单位产品直接人工标准成本+单位产品制造费用标准成本=495+16.2+23.4=534.6(元/件)。

习题

1. (多选题)确定直接材料的标准成本的因素包括(　)。

A. 用量标准　B. 标准工时　C. 价格标准　D. 以上都正确

2. (多选题)下列各项中，属于正常标准成本特点的有(　)。

A. 客观性　B. 现实性　C. 激励性　D. 一致性

3. (单选题)下列关于理想标准成本和正常标准成本的说法中，正确的是(　)。

A. 理想标准成本考虑了生产过程中不可避免的损失、故障和偏差等

B. 正常标准成本要求异常严格，一般很难达到

C. 正常标准成本具有客观性、现实性、激励性等特点

D. 理想标准成本是在正常情况下，企业经过努力可以达到的成本标准

参考答案及解析

DAY 68 变动成本项目成本差异的计算原理

划重点

一、成本差异★

成本差异是指实际成本与相应标准成本之间的差额。当实际成本高于标准成本时，形成超支差异；当实际成本低于标准成本时，形成节约差异，即

总差异=实际产量下实际成本-实际产量下标准成本

=实际用量×实际价格-实际产量下标准用量×标准价格

=(实际用量-实际产量下标准用量)×标准价格+实际用量×(实际价格-标准价格)

=用量差异+价格差异

其中，用量差异=(实际用量-实际产量下标准用量)×标准价格

价格差异=实际用量×(实际价格-标准价格)

总差异>0是超支差异；总差异<0是节约差异。

易错易混 千万注意，成本差异是以产品的“实际产量”为基础计算的。比如实际生产产品100件，单位产品实际成本50元/件，单位产品标准成本40元/件，则成本差异=实际产量下实际成本-实际产量下标准成本=100×50-100×40=1000(元)。

指点迷津 上述公式在具体应用的时候实际上是分不同的成本项目进行应用的。

二、变动成本项目成本差异的计算分析原理★★★

总差异=用量差异+价格差异

用量差异=(实际用量-实际产量下标准用量)×标准价格

价格差异=实际用量×(实际价格-标准价格)

指点迷津 上述几个公式不要死记硬背，否则难以变通。建议掌握如下的图形(见图68-1)，可以以不变应万变，并可快速掌握上述公式。

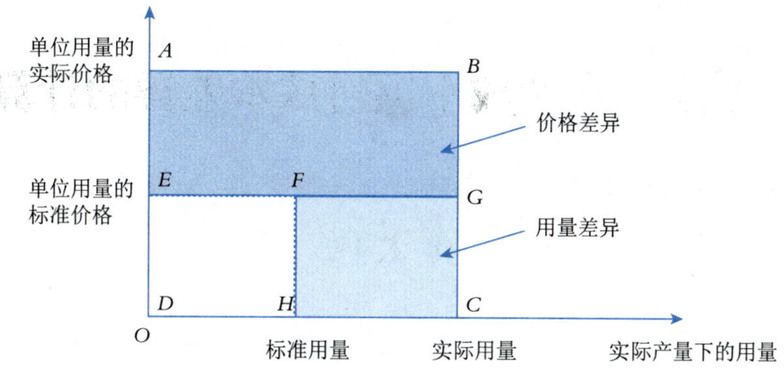

图 68-1　变动成本项目成本差异的计算

(一)不同变动成本项目的"用量"(横轴)

直接材料的用量：一般指材料的数量，如吨、千克、公斤、件等。

直接人工的用量：一般指人工的耗时数量，如工时等。

变动制造费用的用量：一般指人工工时、机器工时、燃料、动力、辅助材料用量等。

(二)不同变动成本项目的"价格"(纵轴)

直接材料的价格：一般指材料的价格，如元/吨、元/千克、元/公斤、元/件等。

直接人工的价格：一般指人工的小时工资率，如元/工时等。

变动制造费用的价格：一般指变动制造费用的分配率，如元/人工工时、元/机器工时等。

(三)图形的说明

上述图形适用于直接材料、直接人工和变动制造费用成本差异的计算分析。其中横轴代表实际产品产量所对应的直接材料的用量、直接人工的工时和变动制造费用的工时等用量，纵轴代表单位材料用量的价格、单位人工工时的价格(小时工资率)、单位人工工时的变动制造费用(变动制造费用分配率)等价格。

众所周知，长方形的面积=底×高，因此，对应图形可知：

总差异=实际产量下实际成本-实际产量下标准成本

=实际用量×实际价格-实际产量下标准用量×标准价格

=$DC \times BC - DH \times FH$=图形 $ABCD$ 面积-图形 $DEFH$ 面积(即两块彩色图形的面积和)

用量差异=(实际用量-实际产量下标准用量)×标准价格

=$(CD - HD) \times GC$=图形 $CGFH$ 的面积

价格差异=实际用量×(实际价格-标准价格)= $CD \times (BC - GC)$ = 图形 $ABGE$ 的面积

以直接材料为例(直接人工、变动制造费用同理，只要横轴与纵轴转换下概念就可以)：某企业本月生产产品 1000 件，每件产品实际耗用材料 10 千克，每件产品标准耗用材料 8 千克。每千克材料实际价格为 20 元/千克，每千克材料标准价格为 15 元/千克。见图 68-2。

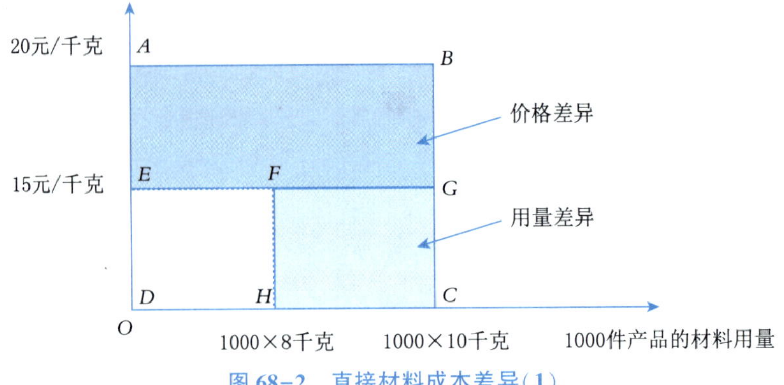

图 68-2　直接材料成本差异(1)

则总差异=图形 *ABCD* 面积-图形 *DEFH* 面积=1000×10×20-1000×8×15=80000(元)

用量差异=图形 *CGFH* 的面积=(1000×10-1000×8)×15=30000(元)

价格差异=图形 *ABGE* 的面积=1000×10×(20-15)=50000(元)

因此只要能把题目中给定的信息在图形中对号入座，所有变动成本项目的差异计算与分析自然异常轻松。

指点迷津 另外提醒一点，为便于解决问题，上述图形位置固定不变，无论给出的实际用量与标准用量孰大孰小，实际价格与标准价格孰大孰小，标准用量总画在实际用量的左边，标准价格总画在实际价格的下面。如：某企业本月生产产品 1000 件，每件产品实际耗用材料 10 千克，每件产品标准耗用材料 8 千克。每千克材料实际价格为 15 元/千克，每千克材料标准价格为 20 元/千克。虽然标准价格大于实际价格，但图形我们仍然按照前述的规则(只不过原来算出来是正值，现在变成了负值)，如图 68-3 所示：

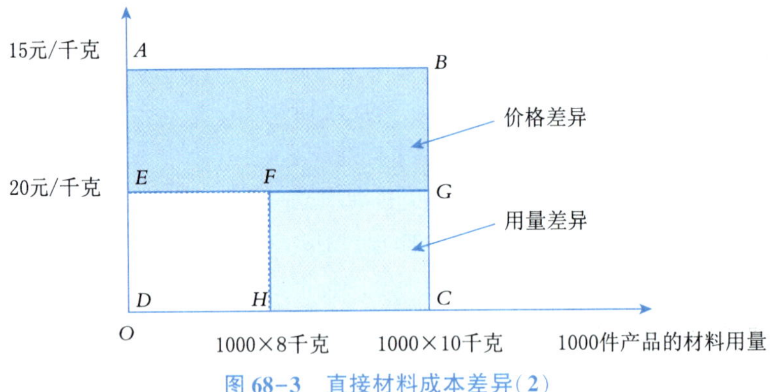

图 68-3　直接材料成本差异(2)

则总差异=图形 *ABCD* 面积-图形 *DEFH* 面积=1000×10×15-1000×8×20=-10000(元)

用量差异=图形 *CGFH* 的面积=(1000×10-1000×8)×20=40000(元)

价格差异=图形 *ABGE* 的面积=1000×10×(15-20)=-50000(元)

变动成本项目成本差异的计算分析

划重点

一、直接材料成本差异的计算分析★★

1. 直接材料数量差异(用量差异)

直接材料数量差异=(实际用量-实际产量下标准用量)×标准单价

2. 直接材料价格差异(价格差异)

直接材料价格差异=实际用量×(实际单价-标准单价)=实际材料成本-实际用量×标准单价

直接材料数量差异主要应由生产部门承担。但形成的原因是多方面的，有生产部门原因，也有非生产部门原因。直接材料价格差异主要由采购部门承担责任，其形成的原因也是多方面的。

二、直接人工成本差异的计算分析★★

1. 直接人工效率差异(用量差异)

直接人工效率差异=(实际工时-实际产量下标准工时)×标准工资率

2. 直接人工工资率差异(价格差异)

直接人工工资率差异=实际工时×(实际工资率-标准工资率)

=实际工资总额-实际工时×标准工资率

直接人工效率差异，形成原因是多方面的，如工人技术状况、工作环境和设备条件的好坏等，但其主要责任还是在生产部门；直接人工工资率的差异，形成原因也是多方面的，如工资制度的变动、工人的升降级、加班或临时工的增减等，一般地讲，劳动人事部门更应对其承担责任。

三、变动制造费用成本差异的计算和分析★★

1. 变动制造费用效率差异(用量差异)

变动制造费用效率差异=(实际工时-实际产量下标准工时)×变动制造费用标准分配率

2. 变动制造费用耗费差异(价格差异)

变动制造费用耗费差异

=实际工时×(变动制造费用实际分配率-变动制造费用标准分配率)

=实际变动制造费用总额-实际工时×变动制造费用标准分配率

变动制造费用效率差异的形成原因与直接人工效率差异的形成原因基本相同。

指点迷津 不同成本项目的用量差异和价格差异使用了不同的名称，这一点大家要建立在理解的基础上把握。比如直接人工、变动制造费用的用量一般和“工时”的长短有关系，工时越长效率越低，工时越短效率越高，所以这里起名为“效率差异”。直接人工的价格即每小时支付的工资，所以这里起名为“工资率差异”，变动制造费用的价格即每小时分配的变动制造费用，即变动制造费用分配率，每小时分配的变动制造越多即耗费越多，每小时分配的变动制造费用少即耗费越少，所以这里起名为“耗费差异”。

例解答·练

例题

例 1.（多选题·2019 年）在标准成本差异的计算中，下列成本差异属于价格差异的有（　）。

A. 直接人工工资率差异　　B. 变动制造费用耗费差异

C. 固定制造费用能量差异　　D. 变动制造费用效率差异

思路点拨 工资率即每工时需要分配多少工资，系人工的价格。变动制造费用耗费即每工时分配制造费用的多少，即变动制造费用分配率，系变动制造费用的价格。

解 直接人工工资率差异、变动制造费用耗费差异是价格差异，变动制造费用效率差异是用量差异。固定制造费用成本差异不区分为用量差异或者价格差异。

答 AB

例 2.（判断题·2019 年））在标准成本法下，变动制造费用成本差异指实际变动制造费用与预算产量下的标准变动制造费用之间的差额。（　）

思路点拨 成本差异是建立在“实际产量”基础上进行分析的。

解 变动制造费用成本差异分析，都是基于实际产量进行分析的。

答 错

例 3.（单选题·2018 年）某产品本期产量为 60 套，直接材料标准用量为 18 千克/套，直接材料标准单价为 270 元/千克，直接材料实际用量为 1200 千克，实际价格为 210 元/千克，则该产品的直接材料数量差异为（　）元。

A. 10800　　B. 12000　　C. 32400　　D. 33600

思路点拨 草稿快速画出图形即可解决，如图中的图形 FGCH 的面积 =（1200−60×18）×270 = 32400（元）。如图 69−1 所示。

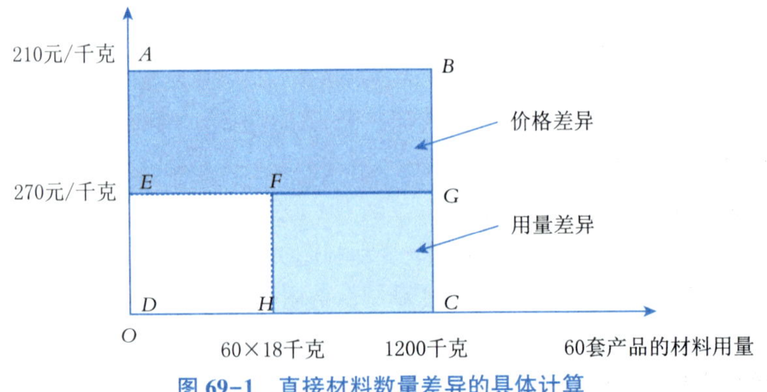

图 69−1　直接材料数量差异的具体计算

解 直接材料数量差异 =（实际用量−实际产量下标准用量）×标准单价 =（1200−60×18）×270 =

32400(元)。

答 C

例 4.(单选题·2016年)下列因素中，一般不会导致直接人工工资率差异的是(　)。

A. 工资制度的变动　　B. 工作环境的好坏

C. 工资级别的升降　　D. 加班或临时工的增减

思路点拨 **工资率即人工的价格，而工作环境的好坏会影响心情，从而影响工作效率。**

解 工资率差异是价格差异，其形成原因比较复杂，工资制度的变动、工人的升降级、加班或临时工的增减等都将导致工资率差异。工作环境的好坏影响的是直接人工的效率差异。所以选项B是答案。

答 B

例 5.(单选题·2017年)企业生产X产品，工时标准为2小时/件，变动制造费用标准分配率为24元/小时，当期实际产量为600件。实际变动制造费用为32400元。实际工时为1296小时。则在标准成本法下，当期变动制造费用效率差异为(　)元。

A. 2400　　B. 1296　　C. 1200　　D. 2304

思路点拨 **先把图形画出来，然后根据题干中的数字对号入座，发现少一个实际价格，即变动制造费用实际分配率，得先求出来，变动制造费用实际分配率＝32400/1296＝25(元/工时)，图中的图形 *FGCH* 的面积＝(1296－600×2)×24＝2304(元)即为效率差异，如图69-2所示：**

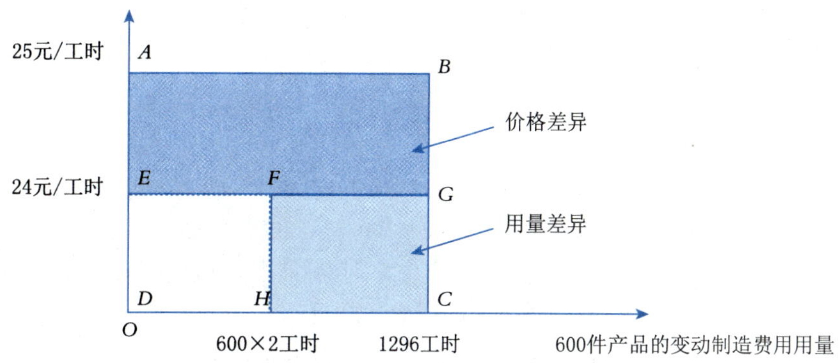

图 69-2　变动制造费用效率差异的具体计算

解 变动制造费用效率差异＝(实际工时－实际产量下标准工时)×变动制造费用标准分配率＝(1296－600×2)×24＝2304(元)。

答 D

例 6.(计算分析题·2019年)甲公司是一家生产经营比较稳定的制造企业，假定只生产一种产品，并采用标准成本法进行成本计算与分析。单位产品用料标准为6千克/件，材料标准单价为1.5元/千克。2019年1月份实际产量为500件，实际用料2500千克，直接材料实际成本为5000元。另外，直接人工成本为9000元，实际耗用工时为2100小时，经计算，直接人工效率差异为500元，直接人工工资率差异为－1500元。

要求：

(1)计算单位产品直接材料标准成本。

(2)计算直接材料成本差异、直接材料数量差异和直接材料价格差异。

(3)计算该产品的直接人工单位标准成本。

思路点拨 ①关于直接材料相关成本差异：打草图，缺少实际价格，先计算，实际单价＝5000/2500＝2(元/千克)，在图中对号入座，可较方便求得；②题干给出了直接人工效率差异和工资率差异，可以求出总差异，然后间接求得直接人工标准成本。但要注意这里求出的直接人工标准成本是实际产量下的标准成本，除以实际产量即可得到直接人工的单位标准成本。如图 69-3 所示：

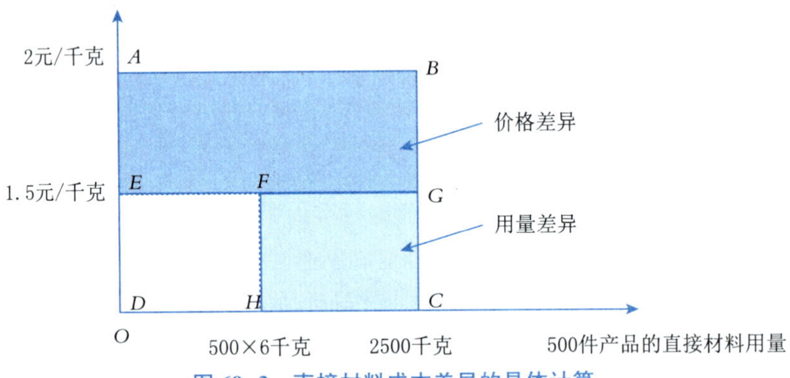

图 69-3 直接材料成本差异的具体计算

答 (1)单位产品直接材料标准成本＝6×1.5＝9(元)

(2)直接材料成本差异＝5000－500×9＝500(元)

直接材料数量差异＝(2500－500×6)×1.5＝－750(元)

直接材料价格差异＝2500×(5000/2500－1.5)＝1250(元)

(3)直接人工总差异＝500－1500＝－1000(元)

实际成本－标准成本＝－1000(元)，得出

标准成本＝实际成本＋1000＝9000＋1000＝10000(元)

该产品的直接人工单位标准成本＝10000/500＝20(元/件)

例 7.(计算分析题·2014 年)乙公司生产 M 产品，采用标准成本法进行成本管理。月标准总工时为 23400 小时，月标准变动制造费用总额为 84240 元。工时标准为 2.2 小时/件。假定乙公司本月实际生产 M 产品 7500 件，实际耗用总工时 15000 小时，实际发生变动制造费用 57000 元。

要求：

(1)计算 M 产品的变动制造费用标准分配率。

(2)计算 M 产品的变动制造费用实际分配率。

(3)计算 M 产品的变动制造费用成本差异。

(4)计算 M 产品的变动制造费用效率差异。

(5)计算 M 产品的变动制造费用耗费差异。

思路点拨 ①前两问原理一样，分子分母都用实际数就是变动制造费用实际分配率，分子分母都用标准数就是变动制造费用标准分配率。②第(3)(4)问仍然画草图，对号入座，方便求得。如图 69-4 所示：

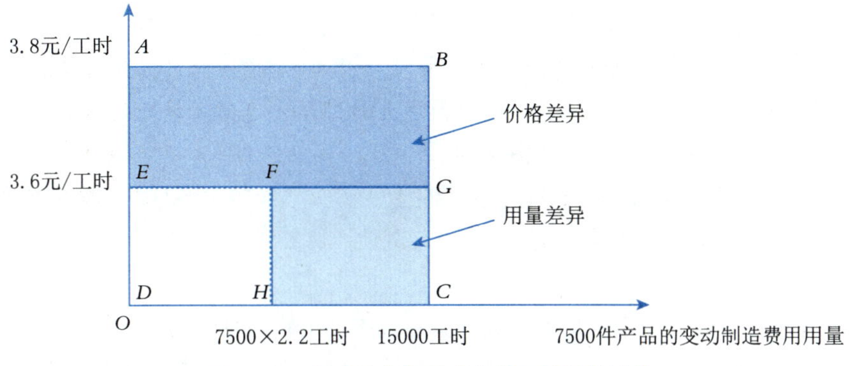

图 69-4　变动制造费用成本差异的具体计算

答 (1)M 产品的变动制造费用标准分配率=84240/23400=3.6(元/小时)

(2)M 产品的变动制造费用实际分配率=57000/15000=3.8(元/小时)

(3)M 产品的变动制造费用成本差异=57000−7500×2.2×3.6=−2400(元)

(4)M 产品的变动制造费用效率差异=(15000−7500×2.2)×3.6=−5400(元)

(5)M 产品的变动制造费用耗费差异=(3.8−3.6)×15000=3000(元)

习题

1. (单选题)某公司生产单一产品，实行标准成本管理。每件产品的标准工时为 3 小时，变动制造费用的标准成本为 6 元，企业生产能力为每月 380 件。7 月份公司实际生产产品 350 件，发生变动制造费用 2250 元，实际工时为 1100 小时。则该公司 7 月份的变动制造费用效率差异为(　)元。

A. −30　　B. 100　　C. −150　　D. −300

2. (单选题)某企业本月生产产品 1200 件，实际使用工时 2670 小时，支付工资 13617 元；直接人工的标准成本为 10 元/件，每件产品标准工时为 2 小时。则直接人工效率差异是(　)元。

A. 1617　　B. 240　　C. 1350　　D. 267

3. (多选题)下列变动成本差异中，可以从生产过程分析中找出产生原因的有(　)。

A. 直接人工效率差异　　B. 变动制造费用耗费差异

C. 变动制造费用效率差异　　D. 直接材料价格差异

4. (单选题)下列成本差异的计算公式中，不正确的是(　)。

A. 总差异=实际产量下实际成本−标准产量下标准成本

B. 用量差异=(实际用量−实际产量下标准用量)×标准价格

C. 价格差异=实际用量×(实际价格−标准价格)

D. 总差异=用量差异+价格差异

5. (多选题)假定某企业生产一种产品耗用甲、乙两种直接材料，其中甲、乙材料的价格标准分别为 40 元/千克和 20 元/千克，用量标准分别为 3 千克/件和 5 千克/件；该产品的月标准总工时为 10000 小时，月标准总工资为 110000 元，单位产品工时用量标准为 1.5 小时/件，则下列各项中，正确的有(　)。

A. 该产品的单位产品直接材料标准成本为 220 元

B. 该产品的单位产品直接材料标准成本为 640 元

C. 该产品的直接人工标准成本为16.5元/件

D. 该产品的直接人工标准成本为18.5元/件

6.（多选题）下列关于变动成本差异责任归属表述正确的有（　）。

A. 直接材料价格差异的责任部门是采购部门

B. 直接人工工资率差异的责任部门是生产部门

C. 直接人工效率差异的责任部门是劳动人事部门

D. 直接材料用量差异的责任部门是生产部门

7.（多选题）下列关于变动制造费用的相关计算公式中，正确的有（　）。

A. 变动制造费用成本差异=实际总变动制造费用-实际产量下标准变动制造费用

B. 变动制造费用成本差异=变动制造费用效率差异+变动制造费用耗费差异

C. 变动制造费用效率差异=实际工时×(变动制造费用实际分配率-变动制造费用标准分配率)

D. 变动制造费用耗费差异=(实际工时-实际产量下标准工时)×变动制造费用标准分配率

参考答案及解析 

DAY 70 固定制造费用成本差异的计算分析

划重点

一、固定制造费用成本差异分析的特殊性

由于固定制造费用相对固定，实际产量与预算产量的差异会对单位产品所应承担的固定制造费用产生影响。所以，固定制造费用成本差异的分析有其特殊性，**需要考虑实际产量与预算产量的差异问题。**

指点迷津 比如进行直接材料成本差异分析、直接人工成本差异分析、变动制造费用成本差异分析时，均建立在实际产量对应的用量消耗与价格消耗的差异进行分析，并不考虑实际产量与预算产量之间的差异，如直接材料成本差异分析时，实际产量 1000 件，每件产品实际用量 8 公斤，每件产品标准用量 10 公斤，材料的标准价格 5 元/公斤，则直接材料的数量差异＝(1000×8−1000×10)×5＝−10000(元)，只要每件产品实际用量低于标准用量，就会产生节约差异(有利差异)，并不需要比较实际产量与预算产量的关系。而固定制造费用在一定业务量范围内一般实行总量控制，即按照预算产量安排固定制造费用总额，如果产量没有达到预算产量，则意味着生产能力利用不足，因此在分析固定制造费用成本差异时，需要考虑实际产量与预算产量间的关系。

二、固定制造费用成本差异分析★★★

固定制造费用项目成本差异

=固定制造费用项目实际成本 - 固定制造费用项目标准成本

=实际固定制造费用−实际产量下标准固定制造费用

=实际工时×实际分配率−实际产量下标准工时×标准分配率

其中，$标准分配率=\dfrac{固定制造费用预算总额}{预算产量下标准总工时}$

指点迷津 与变动制造费用分配率一样的原理，固定制造费用标准分配率分子分母都用标准数，只不过固定制造费用安排的标准数与预算有关系，因此分子的“固定制造费用预算总额”即为标准固定制造费用总额，分母的“预算产量下标准总工时”即为固定制造费用“标准总工时”。

(一)两差异分析法(见表 70−1)

表 70-1　两差异分析法

成本差异		计算公式
两差异法	固定制造费用**耗费差异**	**=实际固定制造费用-固定制造费用预算数** =实际固定制造费用-预算产量下标准固定制造费用 =实际固定制造费用-预算产量下标准工时×标准分配率 =实际固定制造费用-预算产量×工时标准×标准分配率
	固定制造费用**能量差异**	**=固定制造费用预算数-实际产量下标准固定制造费用** =预算产量下标准固定制造费用-实际产量下标准固定制造费用 =预算产量×工时标准×标准分配率-实际产量×工时标准×标准分配率 =(预算产量下标准工时-实际产量下标准工时)×标准分配率 **若，能量差异>0(超支)，则意味着实际产量小于预算产量导致的生产能力利用不足**

(二)三差异分析法(见表 70-2)

表 70-2　三差异分析法

成本差异		计算公式
三差异法	固定制造费用**耗费差异(同"二差异分析法")**	=实际固定制造费用-固定制造费用预算数 =实际固定制造费用-预算产量下标准固定制造费用 =实际固定制造费用-预算产量下标准工时×标准分配率 =实际固定制造费用-预算产量×工时标准×标准分配率
	固定制造费用**产量差异**	(预算产量下标准工时-实际产量下实际工时)×标准分配率 **若产量差异>0(超支)，则意味着通过生产能力利用程度不足**
	固定制造费用**效率差异**	(实际产量下实际工时-实际产量下标准工时)×标准分配率 **若效率差异>0(超支)，则意味着生产效率较低**

指点迷津 固定制造费用成本差异分析分为两差异分析法和三差异分析法，是比较难的一个问题，上表中涉及到很多计算公式，但是都不建议大家去死记。下面给出大家掌握两种方法的技巧。

(1)首先要明确，两差异分析法把总差异分为“耗费差异”和“能量差异”，三差异分析法将二差异分析法下的“能量差异”进一步分解为“产量差异”和“效率差异”。

(2)两差异分析法建议按照如下思路去分析：

成本总差异=实际产量下实际固定制造费用-实际产量下标准固定制造费用

在成本总差异的中间插入一道“固定制造费用的预算数”，前两项差为“耗费差异”，后两项差异为“能量差异”。

耗费差异=实际产量下实际固定制造费用-**固定制造费用预算数**

能量差异=**固定制造费用预算数**-实际产量下标准固定制造费用

(注意：“实际产量下实际固定制造费用=实际产量×单位产品实际工时×实际分配率”简称“全部按照实际数来”“固定制造费用预算数=预算产量×单位产品标准工时×标准分配率”简称“全部按照标准来”“实际产量下标准固定制造费用=实际产量×单位产品标准工时×标准分配率”简称“产量按实际，其他按标准”。)

(3)三差异分析法建议按照如下思路去分析：

"耗费差异"与两差异分析法下一样；三因素分析法把两差异分析下的能量差异进一步分解为"产量差异"和"效率差异"，**建议先求"耗费差异"，再求"效率差异"，最后倒挤"产量差异"。固定制造费用三差异分析法中的"效率差异"计算方法等同于直接人工、变动制造费用的"效率差异"，即变动成本项目差异分析中的"用量差异"。**

【草稿打法】

耗费差异=实际产量下实际固定制造费用-固定制造费用预算数

产量差异=固定制造费用预算数-实际产量实际工时×标准分配率

效率差异=(实际产量实际工时-实际产量标准工时)×标准分配率

例解答·练

例题

例 1.（单选题·2018年）某产品的预算产量为10000件，实际产量为9000件，实际发生固定制造费用180000元，固定制造费用标准分配率为8元/小时，工时标准为1.5小时/件，则固定制造费用成本差异为(　)。

A. 节约60000元　　B. 节约72000元　　C. 超支72000元　　D. 超支60000元

思路点拨 固定制造费用的成本差异=实际产量下实际固定制造费用-实际产量下标准固定制造费用=实际产量×单位实际工时×实际分配率-实际产量×单位标准工时×标准分配率=180000-9000×1.5×8=72000(元)。

解 固定制造费用的成本差异=实际产量下实际固定制造费用-实际产量下标准固定制造费用=实际产量下实际固定制造费用-实际产量下标准工时×标准分配率=180000-9000×1.5×8=72000(元)，是超支差异。

答 C

例 2.（判断题·2017年）在标准成本法下，固定制造费用成本差异是指固定制造费用实际金额与固定制造费用预算金额之间的差异。(　)

思路点拨 无论变动成本项目还是固定制造费用，成本差异均是建立在实际产量的基础上计算的。固定制造费用实际金额与固定制造费用预算金额之间的差异指的是耗费差异。

解 在标准成本法下，固定制造费用耗费差异是指固定制造费用实际金额与固定制造费用预算金额之间的差异，固定制造费用成本差异是指固定制造费用实际金额与固定制造费用标准金额之间的差异。

答 错

例 3.（计算分析题）A产品固定制造费用标准分配率为12元/小时，标准工时为1.5小时/件。假定企业A产品预算产量为10400件，实际生产A产品8000件，用工10000小时，实际发生固定制造费用190000元。

要求：

(1)采用两差异分析法计算固定制造费用耗费差异、能量差异与成本总差异。

(2)采用三差异分析法计算固定制造费用耗费差异、产量差异、效率差异与成本总差异。

思路点拨 ①两差异分析法按前述的技巧列草稿，将题干中的数字对号入座，关键是求一个固定制造费用预算数，全部按照标准来，即固定制造费用预算数=10400×1.5×12=187200(元)；②三差异分析下也按前述的技巧列草稿，注意先求效率差异，首尾相接倒求产量差异。

答 (1)固定制造费用成本差异=190000-8000×1.5×12=46000(元)(超支)

其中，耗费差异=190000-10400×1.5×12=2800(元)(超支)

能量差异=(10400×1.5-8000×1.5)×12=43200(元)(超支)

通过以上计算可以看出，该企业A产品固定制造费用超支46000元，主要是由于生产能力利用不足，实际产量小于预算产量所致。

(2)固定制造费用成本差异=190000-8000×1.5×12=46000(元)(超支)

其中，耗费差异=190000-10400×1.5×12=2800(元)(超支)

产量差异=(10400×1.5-10000)×12=67200(元)(超支)

效率差异=(10000-8000×1.5)×12=-24000(元)(节约)

习题

1. (单选题)某公司生产单一产品，实行标准成本管理。每件产品的标准工时为3小时，固定制造费用的标准成本为6元，企业生产能力为每月生产产品400件。7月份公司实际生产产品350件，发生固定制造成本2250元，实际工时为1100小时。根据上述数据计算，7月份公司固定制造费用效率差异为(　)元。

A. 100　　B. 150　　C. 200　　D. 300

2. (判断题)固定制造费用能量差异指的是预算产量下的标准工时与实际产量下的实际工时的差额与固定制造费用标准分配率的乘积。(　)

3. (判断题)在两差异法分析法下，固定制造费用成本差异分为耗费差异和能量差异两部分。(　)

参考答案及解析

作业成本相关概念及作业成本计算

划重点

一、作业成本法的相关概念★

（一）作业成本法的概念

作业成本法以"作业消耗资源、产出消耗作业"为原则，按照资源动因将资源费用追溯或分配至各项作业，计算出作业成本，然后再根据作业动因，将作业成本追溯或分配至各成本对象，最终完成成本计算的过程。如图 71-1 所示：

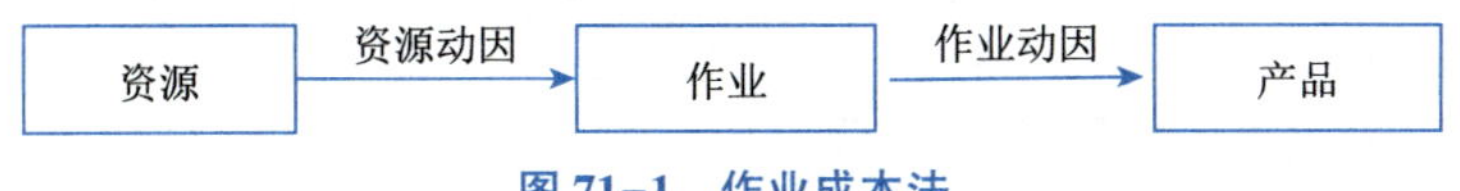

图 71-1 作业成本法

（二）相关概念（见下表 71-1）

表 71-1 作业成本法相关概念

相关概念	内容
资源费用	企业在一定期间开展经济活动所发生的各项资源耗费
作业	指企业基于特定目的的重复执行的任务或活动，是连接资源和成本对象的桥梁。一项作业既可以是一项非常具体的任务或活动，也可以泛指一类任务或活动。 按消耗对象不同，作业可分为主要作业和次要作业： （1）主要作业：指被产品、服务或顾客等最终成本对象消耗的作业。 （2）次要作业：指被原材料、主要作业等介于中间地位的成本对象消耗的作业
成本对象	指企业追溯或分配资源费用、计算成本的对象物。如工艺、流程、零部件、产品、服务等
成本动因	也称成本驱动因素，是指诱导成本发生的原因，可分为资源动因和作业动因。 （1）资源动因：引起作业成本变动的驱动因素，反映作业量与耗费之间的因果关系。根据资源动因可将资源成本分配给各有关作业。 （2）作业动因：是引起产品成本变动的驱动因素，反映产品产量与作业成本之间的因果关系。根据作业动因可将作业成本分配给各有关成本对象（如产品）
作业中心	又称成本库，是指构成一个业务过程的相互联系的作业集合，用来汇集业务过程及其产出的成本。换言之，按照统一的作业动因，将各种资源耗费项目归结在一起，便形成了作业中心

二、作业成本法的计算★

第一步：资源识别及资源费用的确认和计量。

第二步：成本对象选择。

第三步：作业认定。

第四步：作业中心设计。

企业可按照受益对象、层次和重要性，将作业分为五类，并分别设计相应的作业中心。作业的分类见表 71-2。

表 71-2 作业的分类

作业的分类	内容
产量级作业	是指明确地为个别产品(或服务)实施的、使单个产品(或服务)受益的作业。 特点：该类作业的数量与**产品(或服务)的数量**成正比例变动。 典型举例：**产品加工、检验等**
批别级作业	是指为一组(或一批)产品(或服务)实施的、使该批该组产品(或服务)受益的作业。 特点：该类作业的发生是由**生产的批量数**而不是单个产品(或服务)引起的，其数量与产品(或服务)的批量数成正比例变动。 典型举例：**设备调试、生产准备等**
品种级作业	是指为生产和销售某种产品(或服务)实施的、使该种产品(或服务)的每个单位都受益的作业。 特点：该类作业用于产品(或服务)的生产或销售，但独立于实际产量或批量，其数量与**品种的多少**成正比例变动。 典型举例：**新产品的设计、现有产品质量与功能改进、生产流程监控、工艺变换需要的流程设计、产品广告**等
顾客级作业	是指为服务特定顾客所实施的作业。 特点：该类作业保证企业将产品(或服务)销售给个别客户，但作业本身与产品(或服务)数量独立。 典型举例：**向个别客户提供的技术支持活动、咨询活动、独特包装等**
设施级作业	是指为提供生产产品(或服务)的基本能力而实施的作业。 特点：该类作业是开展业务的基本条件，其使所有产品(或服务)都受益，但**与产量或销量无关**。 典型举例：**管理作业、针对企业整体的广告活动**等

第五步：资源动因选择与计量。

如“产品质量检验”作业消耗了 1000 度电，每度电的成本为 0.55 元，以“消耗的电力度数”作为资源动因，则“产品质量检验”作业中的电力成本为 550 元；当然，该项作业还会消耗的其他资源最终都要选择相应的资源动因分配到该作业中心。

如果某项作业所消耗的资源具有专属性，则该资源的价值可直接记入该作业的成本。如“产品质量检验”作业中检验人员的工资、专用设备的折旧费等成本，一般可以直接归属于检验作业。

第六步：作业成本汇集。

(1)对于为执行某项作业直接消耗的资源，应直接追溯至该作业中心。

(2)对于为执行两种或两种以上作业共同消耗的资源，应按照各种作业中心的资源动因比例分配至各作业中心。

第七步：作业动因选择与计量。

作业动因需要在交易动因、持续时间动因和强度动因间进行选择。作业动因的选择见表 71-3。

表 71-3　作业动因的选择

作业动因选择	含义	应用前提
交易动因	指用**执行频率或次数**计量的成本动因，包括接受或发出订单数、处理收据数等	每次执行所需要的资源数量相同或相近
持续时间动因	指用**执行时间**计量的成本动因，包括产品安装时间、检查小时等	每次执行所需要的时间存在显著的不同
强度动因	指不易按照频率、次数或执行时间进行分配而需要直接衡量每次执行所需资源的成本动因，包括**特别复杂产品的安装、质量检验**等	作业的执行比较特殊或复杂

第八步：作业成本分配。

一般分为两个步骤：

(1)分配次要作业至主要作业，计算主要作业的总成本和单位成本。

次要作业成本分配率=次要作业总成本/该作业动因总量

某主要作业分配的次要作业成本=该主要作业耗用的次要作业动因量×次要作业成本分配率

主要作业总成本=**直接追溯至该作业的资源费用+分配至该主要作业的次要作业成本之和**

主要作业单位成本=主要作业总成本/该主要作业动因总量

(2)分配主要作业成本至成本对象。

某成本对象分配的主要作业成本=该成本对象耗用的主要作业成本动因量×主要作业单位成本

某成本对象总成本=**直接追溯至该成本对象的资源费用+分配至该成本对象的主要作业成本之和**

某成本对象单位成本=该成本对象总成本/该成本对象的产出量

例解答·练

例题

例 1.(判断题)作业成本法下，资源动因是将作业成本分配给各有关作业的依据。（　）

思路点拨 资源动因将资源成本分配给作业成本，作业动因将作用成本分配给各成本计算对象。

解 作业成本法下，根据资源动因可将资源成本分配给各有关作业；根据作业动因可将作业成本分配给各成本对象。

答 错

例 2.(多选题)下列作业中，属于产量级作业的有(　)。

A. 产品加工　　B. 某批产品生产前的设备调试

C. 新产品的设计　　D. 产品检验

思路点拨 产量级作业每一件产品都要经历。

解 选项 B 属于批别级作业；选项 C 属于品种级作业。

答 AD

例 3.（单选题）在作业成本法下，引起作业成本变动的驱动因素称为（　）。

A. 资源动因　　B. 作业动因　　C. 数量动因　　D. 产品动因

思路点拨 资源动因驱动作业成本增加，作业动因驱动产品成本增加。

解 成本动因分为两种：①资源动因，即引起作业成本变动的驱动因素，反映作业量与耗费之间的因果关系；②作业动因，即引起产品成本变动的驱动因素，反映产品产量与作业成本之间的因果关系。

答 A

习题

1.（单选题）企业可按照受益对象、层次和重要性，将作业分为五类，下列作业中作业的数量与产品的数量成正比例变化的是（　）。

A. 产量级作业　　B. 批别级作业　　C. 品种级作业　　D. 设施级作业

2.（多选题）下列关于作业成本计算法的说法中，正确的有（　）。

A. 作业成本计算法基于资源耗费的因果关系进行成本分配

B. 作业成本法以“作业消耗资源、产出消耗作业”为原则

C. 一项作业指的是一项非常具体的业务或活动

D. 根据作业活动耗用资源的情况，将资源消耗分配给作业

3.（多选题）下列各项作业动因中，属于交易动因的有（　）。

A. 接受订单次数　　B. 发出订单次数

C. 产品安装时间　　D. 特别复杂产品的安装

4.（单选题）下列各项作业中，属于品种级作业的是（　）。

A. 设备调试　　B. 生产流程监控　　C. 生产准备　　D. 加工作业

参考答案及解析 

作业成本管理

划重点

作业成本管理是基于作业成本法的，以提高客户价值、增加企业利润为目的的一种新型管理方法。目的在于指导企业有效地执行必要的作业，消除和精简不能创造价值的作业，以达到降低成本、提高效率的目的。

作业成本管理包含两个维度的含义：成本分配观和流程观。具体内容见图 72-1。

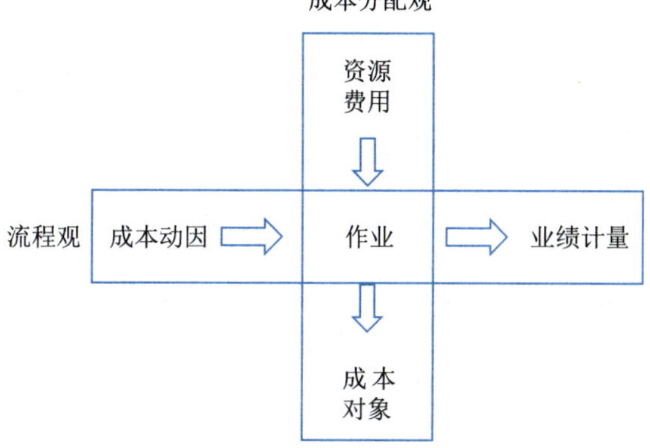

图 72-1　作业成本管理结构

一、成本分配观维度

成本分配观反映了作业成本计算的核心(也就是前面所讲到的作业成本计算的有关内容)。

二、流程观维度(流程价值分析)★★

流程观关注的是确认作业成本的根源、评价已经完成的工作和已实现的结果，利用流程观提供的信息，企业可以改进作业链，提高从外部顾客获得的价值。流程价值分析关心的是作业的责任，包括成本动因分析、作业分析和业绩考核三个部分。

(一)成本动因分析

目标：找出导致作业成本产生的根本原因，采取相应的措施改善作业。如搬运作业成本过大，可能是由于车间布局不合理造成的，因此，企业可以采取措施，改善车间布局，减少搬运成本。

(二)作业分析(流程价值分析的核心)

目标：认识企业的作业过程，以便从中发现持续改善的机会及途径。分析和评价作业、改进作业和消除非增值作业构成了流程价值分析与管理的基本内容。

1. 增值作业与非增值作业

按照对顾客价值的贡献，作业可以分为增值作业和非增值作业，具体内容见表 72-1。

表 72-1　增值作业和非增值作业

项目	说明
增值作业	顾客认为可以增加其购买的产品或服务的有用性，有必要保留在企业中的作业，须同时满足三个条件：①该作业导致了状态的改变；②该状态的变化不能由其他作业来完成；③该作业使其他作业得以进行。 注意：增值作业可分为高效增值作业和低效增值作业
非增值作业	即便消除也不会影响产品对顾客服务的潜能，不必要的或可消除的作业。如果一项作业不能同时满足增值作业的三个条件，就可断定为非增值作业。如：检验作业、次品返工作业、运输作业

指点迷津 基于增值作业的三个条件有时候并不容易判断该作业是增值作业还是非增值作业。建议采用如下思路：如果消除掉某作业就会影响到产品对顾客的价值，该作业就是增值作业；如果消除掉某作业不会影响到产品对顾客的价值，该作业就是非增值作业。比如某作业消除掉以后，产品得不到顾客的认同了，价格下降，该作业就认定为增值作业；某作业消除掉以后，并不影响顾客对产品的认同，该作业就是非增值作业。

2. 增值成本和非增值成本(见表 72-2)

表 72-2　增值成本和非增值成本

项目	说明
增值成本	以完美效率执行增值作业所发生的成本，即高效增值作业的成本
非增值成本	①增值作业中因为低效率所发生的成本；②执行非增值作业发生的全部成本

指点迷津 简而言之，能够提升顾客价值，从而提升企业价值的作业就是增值作业(比如一条传统牛仔裤售价 100 元，一条破洞的牛仔裤可以卖到 300 元，剪洞作业使得顾客认同，并愿意出更高的价格购买产品，这样的作业就是值得的，就是需要保留的作业，即增值作业)。

易错易混 并不是增值作业的成本就是增值成本，只有高效增值作业的成本才是增值成本。同理，并不是只有非增值作业的成本才是非增值成本，非增值成本=低效增值作业的成本+非增值作业的成本。

3. 作业成本管理中进行成本节约的途径(见表 72-3)

表 72-3　成本节约的途径

途径	说明
作业消除	消除非增值作业或不必要的作业，降低非增值成本
作业选择	对所有能够达到同样目的的不同作业，选择其中最佳的方案
作业减少	以不断改进的方式降低作业消耗的资源或时间
作业共享	利用规模经济来提高增值作业的效率

关注几个典型的举例：①将原材料从集中保管的仓库搬运到生产部门，将某部门生产的零部件搬运到下一个生产部门都是非增值作业；②将原料供应商的交货方式改变为直线送达原料使用部门，将功能性地工厂布局转变为单元制造式布局，从而缩短运输距离，可以消减甚至消除非增值作业；③选择作业成本最低的销售策略，属于作业选择；④减少整备次数，从而改善作业及其成本，属于作业减少；⑤新产品在设计时，如果考虑到充分利用现有其他产品使用的

零件，就可以免除新产品零件的设计作业，属于作业共享。

4. 作业业绩考核

目标：评价作业和流程的执行情况。

手段：建立业绩评价指标，可以是财务指标，也可以是非财务指标。

例解答·练

例题

例 1.（单选题·2017年）根据作业成本管理原理，某制造企业的下列作业中，属于增值作业的是（　）。

A. 产品运输作业　　B. 次品返工作业　　C. 产品检验作业　　D. 零件组装作业

思路点拨 如果消除掉某作业就会影响到产品对顾客的价值，该作业就是增值作业，如果消除掉某作业不会影响到产品对顾客的价值，该作业就是非增值作业。基于这个角度选项ABC消除并不会影响产品对顾客的任何价值，即选项ABC为非增值作业。

解 增值作业必须同时满足三个条件：①该作业导致了状态的改变；②该状态的变化不能由其他作业来完成；③该作业使其他作业得以进行。产品运输、检验都不会引起产品状态改变，次品返工作业对其他作业的进行没有影响。只有选项D满足条件。

答 D

例 2.（单选题·2018年）根据作业成本管理原理，关于成本节约途径的表述中不正确的是（　）。

A. 将外购材料交货地点从厂外临时仓库变更为材料耗车间属于作业选择

B. 不断改进技术降低作业消耗的时间属于作业减少

C. 新产品设计时尽量考虑利用现有其他产品使用的零件属于作业共享

D. 将内部货物运输业务由自营转为外包属于作业选择

思路点拨 关注前述的典型举例。

解 作业消除是指消除非增值作业或不必要的作业、降低非增值成本。作业选择是指对所有能够达到同样目的的不同作业，选取其中最佳的方案。将外购材料交货地点从厂外临时仓库变更为材料耗用车间，将功能性的工厂布局转变为单元制造式布局，就可以缩短运输距离，削减甚至消除非增值作业。因此选项A属于作业消除。

答 A

例 3.（多选题·2016年）作业成本管理的一个重要内容是寻找非增值作业，将非增值成本降至最低。下列各项中，属于非增值作业的有（　）。

A. 零部件加工作业　　B. 零部件组装作业

C. 产成品质量检验作业　　D. 从仓库到车间的材料运输作业

思路点拨 运输作业、检验作业并不会增加产品对顾客的任何价值，属于非增值作业。

解 非增值作业，是指即便消除也不会影响产品对顾客服务的潜能，不必要的或可消除的作业。

答 CD

习题

1. (单选题)下列关于增值成本和非增值成本的说法中错误的是(　)。

A. 增值成本是企业以完美效率执行增值作业所发生的成本

B. 非增值成本是执行非增值作业所发生的成本

C. 对于一项非增值作业来讲，执行它所发生的成本全部是非增值成本

D. 增值成本是高效增值作业产生的成本

2. (单选题)在作业成本管理中，利用规模经济来提高增值作业效率的是(　)。

A. 作业消除　　B. 作业选择　　C. 作业减少　　D. 作业共享

3. (多选题)在某制造企业的下列作业中，属于非增值作业的有(　)。

A. 零件组装作业　　B. 产品检验作业　　C. 次品返工作业　　D. 产品运输作业

4. (判断题)作业选择是指利用规模经济来提高增值作业的效率。　(　)

参考答案及解析 

DAY 73 成本中心、利润中心

划重点

一、责任成本管理的含义

责任成本管理是指将企业内部划分成不同的责任中心，明确责任成本，并根据各责任中心的权、责、利关系来考核其工作业绩的一种成本管理模式。责任中心是指企业内部独立提供产品(或服务)、资金等的责任主体。

按照企业内部责任中心的权责范围以及业务活动的不同特点，责任中心一般可以划分为成本中心、利润中心和投资中心三类。

二、成本中心及其考核★

(一)成本中心含义及特点(见表73-1)

表73-1　成本中心含义及特点

成本中心	含义：有权发生并控制成本的单位。一般不会产生收入，通常只计量考核发生的成本。成本中心是责任中心中应用最为广泛的一种形式，只要是对成本的发生负有责任的单位或个人都可以成为成本中心。如车间、工段、班组等。 特点：①不考核收入，只考核成本；②只对可控成本负责，不负责不可控成本；③责任成本(可控成本之和)是成本中心考核和控制的主要内容

(二)可控成本应具备三个条件(同时满足)

(1)该成本的发生是成本中心可以预见的。

(2)该成本是成本中心可以计量的。

(3)该成本是成本中心可以调节和控制的。

不具备上述三个条件的都属于不可控成本。

(三)成本中心的考核

预算成本节约额=实际产量预算责任成本-实际责任成本

预算成本节约率=预算成本节约额/实际产量预算责任成本×100%

三、利润中心及其考核★★

(一)利润中心含义及特点(见表73-2)

表 73-2　利润中心含义及特点

利润中心	含义：**既能控制成本，又能控制收入和利润的责任单位**，同时对成本、收入以及利润负责。包括**自然利润中心和人为利润中心**。 特点：利润中心往往处于企业内部的较高层次，如**分厂、分店**。利润中心与成本中心相比，其权利和责任都相对较大，它不仅要降低绝对成本，还要寻求收入的增长使之超过成本的增长，即更要强调相对成本的降低

(二)利润中心的考核(见表 73-3)

表 73-3　利润中心的考核

考核指标	计算公式	注意事项
边际贡献	销售收入总额-变动成本总额	边际贡献反映了该利润中心的盈利能力，但**它对业绩评价没有太大的作用**
可控边际贡献(部门经理边际贡献)	边际贡献-该中心负责人**可控固定成本**	可控边际贡献也称部门经理边际贡献，它衡量了部门经理有效运用其控制下的资源的能力，是评价**利润中心管理者业绩**的理想指标。但不能全面反映该利润中心对整个公司所做的经济贡献
部门边际贡献(部门毛利)	可控边际贡献-该中心负责人不可控固定成本	部门边际贡献也称部门毛利，反映了部门为企业利润和弥补与生产能力有关的成本所作的贡献，它更多地用于**评价部门业绩而不是利润中心管理者**的业绩

例解答·练

例题

例 1.(单选题·2019 年)在责任绩效评价中，用于评价利润中心管理者业绩的理想指标是(　)。

A. 部门税前利润　　B. 可控边际贡献　　C. 边际贡献　　D. 部门边际贡献

思路点拨 可控边际贡献评价的是“人”的业绩。

解 可控边际贡献也称部门经理边际贡献，它衡量了部门经理有效运用其控制下的资源的能力，是评价利润中心管理者业绩的理想指标。

答 B

例 2.(多选题·2019 年)在责任成本管理体制下，有关成本中心说法错误的有(　)。

A. 成本中心对边际贡献负责　　B. 成本中心对不可控成本负责

C. 成本中心对可控成本负责　　D. 成本中心对利润负责

思路点拨 成本中心是最小的责任中心，只能对成本负责，而且只是可控成本。

解 成本中心只对可控成本负责，不负责不可控成本。

答 ABD

例 3.(单选题·2017 年)某利润中心本期销售收入为 7000 万元，变动成本总额为 3800 万元，中心负责人可控的固定成本为 1300 万元，其不可控但由该中心负担的固定成本为 600 万元，则该中心的可控边际贡献为(　)万元。

A. 1900　　B. 3200　　C. 5100　　D. 1300

思路点拨 有公式即有结果。

解 可控边际贡献=销售收入-变动成本-该中心负责人可控固定成本=7000-3800-1300=1900(万元)。

答 A

例 4.(单选题·2013年)在企业责任成本管理中，责任成本是成本中心考核和控制的主要指标，其构成内容是(　)。

A. 产品成本之和　　B. 固定成本之和

C. 可控成本之和　　D. 不可控成本之和

思路点拨 要公平合理地让被考核者承担责任，则必须考核那些责任者可负责的成本。如果某些成本被考核者不可控，则纳入考核范围对被考核者显然不公平，如果某些成本被考核者可控，但又没纳入考核范围，则考核就没有意义。

解 责任成本是成本中心考核和控制的主要内容。成本中心当期发生的所有的可控成本之和就是其责任成本。

答 C

例 5.(多选题·2015年)根据责任成本管理基本原理，成本中心只对可控成本负责。可控成本应具备的条件有(　)。

A. 该成本是成本中心可计量的

B. 该成本的发生是成本中心可预见的

C. 该成本是成本中心可调节和控制的

D. 该成本是为成本中心取得收入而发生的

思路点拨 不可计量、不可预见、不可调节或控制，只要满足一个都无法保证计算出来的成本是客观的、合理的。

解 可控成本是指成本中心可以控制的各种耗费，它应具备三个条件：第一，该成本的发生是成本中心可以预见的；第二，该成本是成本中心可以计量的；第三，该成本是成本中心可以调节和控制的，所以本题的正确选项是ABC。

答 ABC

习题

1. (多选题)关于成本中心，下列说法中正确的有(　)。

A. 成本中心是责任中心中应用最为广泛的一种形式

B. 成本中心不考核收入，只考核成本

C. 成本中心需要对所有成本负责

D. 责任成本是成本中心考核和控制的主要内容

2. (多选题)甲利润中心某年的销售收入10000元，变动成本为4000元，利润中心负责人可控固定成本1000元、不可控固定成本500元。则下列计算中正确的有(　)。

A. 边际贡献为6000元　　B. 可控边际贡献为5000元

C. 部门边际贡献为 4500 元　　D. 部门边际贡献为 5500 元

3. (判断题)利润中心既能控制成本，也能控制收入和利润。 (　)

4. (单选题)某车间为成本中心，生产甲产品，预算产量为 5000 件，单位成本为 200 元，实际产量为 6000 件，单位成本为 195 元，则预算成本节约率为(　)。

A. 17%　　B. −2.5%　　C. 2.5%　　D. 6%

5. (单选题)某公司某部门的有关数据为：销售收入 50000 元，已销产品的变动成本为 30000 元，可控固定成本 2500 元，不可控固定成本 3000 元。那么，该利润中心部门边际贡献为(　)元。

A. 20000　　B. 17500　　C. 14500　　D. 10750

参考答案及解析 

DAY 74 投资中心、内部转移价格

划重点

一、投资中心及其考核★★★

（一）投资中心含义及特点（见表74-1）

表74-1 投资中心含义及特点

投资中心	含义：既能控制成本、收入和利润，又能对投入的资金进行控制，同时对成本、收入、利润和投资效果负责。如：子公司、事业部。 特点：投资中心是最高层次的责任中心，拥有最大的决策权，也承担最大的责任。利润中心与投资中心的区别在于，利润中心没有投资决策权，而且在考核利润时也不考虑所占用的资产

（二）投资中心的考核

1. 投资收益率

（1）公式。

投资收益率=息税前利润/平均经营资产

其中，平均经营资产=（期初经营资产+期末经营资产）/2

（2）优缺点（见表74-2）。

表74-2 投资收益率优缺点

优点	①根据现有的会计资料计算，比较客观，可用于部门之间以及不同行业之间的比较；②可促使经理人员关注经营资产运用效率，并有利于资产存量的调整，优化资源配置
缺点	①引起短期行为的产生；②追求局部利益最大化而损害整体利益最大化目标

2. 剩余收益

（1）公式。

剩余收益=息税前利润-（平均经营资产×最低投资收益率）

=平均经营资产×（投资收益率-最低投资收益率）

其中，最低投资收益率一般大于或等于资本成本，通常采用企业整体的最低期望投资收益率，也可以是企业为该投资中心单独规定的最低投资收益率。

（2）优缺点（见表74-3）。

表74-3 剩余收益优缺点

优点	弥补了投资收益率指标会使局部利益与整体利益相冲突的不足，只要新增投资的预期收益率大于企业所要求的最低水平，即可使投资中心的剩余收益增加

续表

缺点	(1)绝对数指标，难以在不同规模的投资中心之间进行业绩比较。 (2)仅反映当期业绩，单纯使用该指标也会导致投资中心管理者的短视行为

指点迷津 关于投资收益率会产生追求局部利益、损害整体利益而剩余收益有助于弥补这一不足的理解：假设企业整体最低的期望收益率为15%(意味着只要有超过15%收益率的项目都对企业整体有利，都应该去做)。A部门现有的投资收益率为20%，现在有一投资收益率17%的项目。①如果企业采用投资收益率作为部门业绩考核的标准，对于A部门来讲就不会接受这个项目，因为A部门现有的收益率20%，如果接受一个低于20%收益率的项目，整体的收益率就会低于20%，从业绩评价的角度公司认为该部门的业绩从原来的20%下降到20%以下，不利于A部门，但很明显，该项目收益率超过了企业整体所要求的收益率，对企业整体是有利的；②如果企业采用剩余收益作为部门业绩考核的标准，对于A部门来讲就会接受这个项目，因为接受该项目后虽然整体的收益率会低于20%，但一定会高于17%，而企业整体最低的期望收益率只有15%，从而会产生绝对的剩余收益，剩余收益在增加，对于部门的评价以及对于企业整体都是有利的。

二、内部转移价格的制定★

(一)内部转移价格的含义

内部转移价格，是指企业内部有关责任单位之间提供产品或劳务的结算价格。

(二)内部转移价格的类型(见表74-4)

表74-4 内部转移价格的类型

类型	含义	适用条件
价格型内部转移定价	以市场价格为基础制定的、由成本和毛利构成内部转移价格的方法，一般适用于内部利润中心	(1)责任中心所提供的产品(或服务)经常外销且外销比例较大的，或所提供的产品(或服务)有外部活跃市场可靠报价的，可以外销价或活跃市场报价作为内部转移价格。 (2)责任中心一般不对外销售且外部市场没有可靠报价的产品(或服务)，或企业管理层和有关各方认为不需要频繁变动价格的，可以参照外部市场价或预测价制定模拟市场价作为内部转移价格。 (3)没有外部市场但企业出于管理需要设置为模拟利润中心的责任中心，可以在生产成本基础上加一定比例毛利作为内部转移价格
成本型内部转移定价	以标准成本等相对稳定的成本数据为基础，制定内部转移价格的方法，一般适用于内部成本中心	适用于内部转移的产品或劳务没有市价的情况，包括完全成本、完全成本加成、变动成本以及变动成本加固定制造费用四种形式
协商型内部转移定价	企业内部供求双方为使双方利益相对均衡，通过协商机制制定内部转移价格的方法，主要适用于分权程度较高的情形。	采用该价格的前提是中间产品存在非完全竞争的外部市场，在该市场内双方有权决定是否买卖这种产品。协商价格的上限是市场价格，下限则是单位变动成本。当双方协商陷入僵持时，会导致公司高层的干预

例解答·练

例题

例 1.(单选题·2017 年)企业以协商价格作为内部转移价格时，该协商价格的下限一般是(　)。

A. 单位完全成本加上单位毛利　　B. 单位变动成本加上单位边际贡献

C. 单位完全成本　　D. 单位变动成本

思路点拨 如果超过市场价格对下游单位不利(下游单位就转而面向市场购买)，如果低于单位变动成本对上游单位不利(上游单位连最起码投入的变动成本都得不到补偿)。

解 协商价格的上限是市场价格，下限则是单位变动成本。

答 D

例 2.(计算分析题·2013 年)甲公司为某企业集团的一个投资中心，X 是甲公司下设的一个利润中心，相关资料如下：

资料一：2012 年 X 利润中心的营业收入为 120 万元，变动成本为 72 万元，该利润中心负责人可控固定成本为 10 万元，不可控但应由该利润中心负担的固定成本为 8 万元。

资料二：甲公司 2013 年初已投资 700 万元，预计可实现利润 98 万元，现有一个投资额为 300 万元的投资机会，预计可获利润 36 万元，该企业集团要求的最低投资收益率为 10%。

要求：

(1)根据资料一，计算 X 利润中心 2012 年度的部门边际贡献。

(2)根据资料二，计算甲公司接受新投资机会前的投资收益率和剩余收益。

(3)根据资料二，计算甲公司接受新投资机会后的投资收益率和剩余收益。

(4)根据(2)、(3)的计算结果从企业集团整体利益的角度，分析甲公司是否应接受新投资机会，并说明理由。

思路点拨 注意剩余收益的两种算法更有助于理解剩余收益的含义。

答 (1)部门边际贡献 = 120−72−10−8 = 30(万元)

(2)接受新投资机会前：

投资收益率 = 98/700×100% = 14%

剩余收益 = 98−700×10% = 700×(14% −10%) = 28(万元)

(3)接受新投资机会后：

投资收益率 = (98+36)/(700+300)×100% = 13.4%

剩余收益 = (98+36)−(700+300)×10% = (700+300)×(13.4% −10%) = 34(万元)

(4)从企业集团整体利益角度，甲公司应该接受新投资机会。因为接受新投资机会后，甲公司的剩余收益增加了。

习题

1. 下列各种内部转移价格类型中，有可能导致公司高层干预的是(　)。

A. 价格型内部转移定价　　B. 协商型内部转移定价

C. 成本型内部转移定价　　　　　　　　　D. 双重内部转移定价

2. (计算分析题)甲公司下设 A、B 两个投资中心。A 投资中心的经营资产为 200 万元，投资收益率为 15%；B 投资中心的投资收益率为 17%，剩余收益为 20 万元；甲公司要求的平均最低投资收益率为 12%。甲公司决定追加投资 100 万元，若投向 A 投资中心，每年可增加息税前利润 20 万元；若投向 B 投资中心，每年可增加息税前利润 15 万元。

要求：

(1) 计算追加投资前 A 投资中心的剩余收益。

(2) 计算追加投资前 B 投资中心的经营资产。

(3) 计算追加投资前甲公司的投资收益率。

(4) 若 A 投资中心接受追加投资，计算其剩余收益。

(5) 若 B 投资中心接受追加投资，计算其投资收益率。

参考答案及解析 

专题九 股利分配、股票分割、股票回购与股权激励

本专题对应财务管理考试大纲中“第九章 收入与分配管理”中分配管理中有关股利分配、股票分割、股票回购与股权激励有关的内容，共5天的学习量，分别为：“DAY75 股利分配理论”“DAY76 股利政策、利润分配的制约因素”“DAY77 股利支付形式与程序”“DAY78 股票分割”“DAY79 股票回购、股权激励”。

学中级

DAY 75 股利分配理论

划重点

股利分配理论的核心问题是股利政策与公司价值的关系问题。

一、股利无关论(股利政策不影响公司价值)(见表 75-1)

表 75-1 股利无关论

假设条件	①市场具有强式效率，没有交易成本，没有任何一个股东的实力足以影响股票价格；②不存在任何公司或个人所得税；②不存在任何筹资费用；④公司的投资决策与股利决策彼此独立；⑤股东对股利收入和资本增值之间并无偏好
主要观点	股利政策不会对公司的价值或股票的价格产生任何影响，投资者不关心公司股利的分配。公司市场价值的高低，是由公司所选择的投资决策的获利能力和风险组合所决定的，而与公司的利润分配政策无关

二、股利相关理论(股利政策会影响公司价值)★★(见表 75-2)

表 75-2 股利相关论

相关理论	主要观点
“手中鸟”理论	【观点】用留存收益再投资给投资者带来的收益具有较大的不确定性，并且投资的风险随着时间的推移将进一步加大，因此，厌恶风险的投资者会偏好确定的股利收益，而不愿将收益留存在公司内部去承担未来的投资风险。 【结论】股利政策与公司价值紧密相关。当公司支付较高的股利时，公司的股票价格会随之上升，公司价值将得到提高
信号传递理论	【观点】信号传递理论认为，在信息不对称的情况下，公司可以通过股利政策向市场传递有关公司未来获利能力的信息，从而会影响公司的股价。 【结论】一般来讲，预期未来获利能力强的公司，往往愿意通过相对较高的股利支付水平把自己同预期获利能力差的公司区别开来，以吸引更多的投资者
所得税差异理论	【观点】①由于普遍存在的税率及纳税时间的差异，资本利得收益比股利收益更有助于实现收益最大化目标(一般来说，对资本利得收益征收的税率低于对股利收益征收的税率)；②即使两者没有税率上的差异，但投资者对资本利得收益的纳税时间选择更具有弹性，可以享受延迟纳税带来的收益。 【结论】公司应当采用低股利政策

续表

相关理论	主要观点
代理理论	【观点】股利政策有助于减缓管理者与股东之间的代理冲突，股利的支付能够有效地降低代理成本。原因在于：①股利的支付减少了管理者对自由现金流量的支配权，可以抑制公司管理者的过度投资或在职消费行为；②较多的现金股利发放，导致公司寻求外部融资，从而公司将接受资本市场上更多的、更严格的监督，减少了代理成本。 【结论】高水平的股利政策降低了企业的代理成本，但同时增加了外部融资成本，**理想的股利政策应当使两种成本之和最小**

例解答·练

例题

例 1.（单选题·2019年）股利无关论认为股利分配对公司市场价值不产生影响，下列关于股利无关论的假设表述错误的是（　）。

A. 不存在个人或企业所得税　　B. 不存在资本增值

C. 投资决策不受股利分配影响　　D. 不存在股票筹资费用

思路点拨 股利无关论的假设有一点可以归结为“不考虑相关税费”，则选项AD正确，再者无关论即意味着企业价值、投资决策与股利分配没关系，则选项C正确。

解 股利无关论是建立在完全资本市场理论之上的，假定条件包括：①市场具有强式效率，没有交易成本，没有任何一个股东的实力足以影响股票价格；②不存在任何公司或个人所得税；③不存在任何筹资费用；④公司的投资决策与股利决策彼此独立，即投资决策不受股利分配的影响；⑤股东对股利收入和资本增值之间并无偏好。股东对股利收入和资本增值之间并无偏好，而非“不存在资本增值”，所以选项B的说法错误。

答 B

例 2.（单选题·2018年）有种观点认为，企业支付高现金股利可以减少管理者对自由现金流量的支配，从而在一定程度上抑制管理者的在职消费，持这种观点的股利分配理论是（　）。

A.“手中鸟”理论　　B. 信号传递理论　　C. 所得税差异理论　　D. 代理理论

思路点拨 “手中鸟”理论强调获得现实的既得利益（现金股利）比未来的资本利得更有利。

解 代理理论认为，股利的支付减少了管理者对自由现金流量的支配权，这在一定程度上可以抑制公司管理者的过度投资或在职消费行为，从而保护外部投资者的利益。

答 D

例 3.（单选题·2017年）当公司宣布高股利政策后，投资者认为公司有充足的财务实力和良好的发展前景，从而使股价产生正向反映。持有这种观点的股利理论是（　）。

A. 所得税差异理论　　B. 信号传递理论　　C. 代理理论　　D.“手中鸟”理论

思路点拨 关键字眼“公司宣布高股利政策后”，即信息传递出去所产生的影响。

解 信号传递理论认为，在信息不对称的情况下，公司可以通过股利政策向市场传递有关公司未来获利能力的信息，从而会影响公司的股价。此题公司通过宣布高股利政策，向投资者传递

"公司有充足的财务实力和良好的发展前景"的信息，从而对股价产生正向影响。

答 B

例 4.（单选题·2017 年）下列股利理论中，支持"低现金股利有助于实现股东利益最大化目标"观点的是（ ）。

A. 信号传递理论
B. "手中鸟"理论
C. 代理理论
D. 所得税差异理论

思路点拨 现金股利所得税税率高于资本利得所得税税率，因此支持低现金股利意味着为了降低税负。

解 所得税差异理论认为，由于普遍存在的税率以及纳税时间的差异，资本利得收益比股利收益更有助于实现收益最大化目标，公司应当采用低股利政策，所以正确答案为选项 D。

答 D

例 5.（单选题·2016 年）厌恶风险的投资者偏好确定的股利收益，而不愿将收益留存在公司内部去承担未来的投资风险，因此公司采用高现金股利政策有利于提升公司价值。这种观点的理论依据是（ ）。

A. 代理理论
B. 信号传递理论
C. 所得税差异理论
D. "手中鸟"理论

思路点拨 "手中鸟"理论强调获得现实的既得利益（现金股利）为未来的资本利得更有利。

解 "手中鸟"理论认为，用留存收益再投资给投资人带来的收益具有较大的不确定性，并且投资的风险随着时间的推移会进一步加大，因此，厌恶风险的投资者会偏好确定的股利收益，而不愿意将收益留存在公司内部去承担未来的投资风险。

答 D

习题

1.（单选题）A 公司董事会确定今年不发放股利，董事甲提出，当前市场的信息是不对称的，建议发放股利以向市场传递有关公司未来获利能力的信息，从而提高公司的股价。其观点属于（ ）。

A. "手中鸟"理论
B. 信号传递理论
C. 所得税差异理论
D. 代理理论

2.（单选题）下列股利理论中，认为少发股利较好的是（ ）。

A. 所得税差异理论
B. "手中鸟"理论
C. 信号传递理论
D. 代理理论

3.（单选题）某企业在选择股利政策时，以代理成本和外部融资成本之和最小化为标准。该企业所依据的股利理论是（ ）。

A. "手中鸟"理论
B. 信号传递理论
C. 所得税差异理论
D. 代理理论

4.（多选题）下列有关信号传递理论的说法中，正确的有（ ）。

A. 信号传递理论认为，公司无法通过股利政策影响公司的股价

B. 一般来讲，预期未来获利能力强的公司，往往愿意通过相对较高的股利支付水平把自己同预期获利能力差的公司区别开来，以吸引更多的投资者

C. 对于市场上的投资者来讲，股利政策的差异反映公司预期获利能力的大小

D. 如果公司现在的股利支付水平与过去相比有所变动，股票市价将会对股利的变动作出反应

参考答案及解析 

DAY 76 股利政策、利润分配的制约因素

划重点

一、利润分配的顺序★（见表76-1）

表76-1 利润分配的顺序

顺序	说明
1. 弥补以前年度亏损	企业在提取法定公积金之前，应先用当年利润弥补以前年度亏损。企业年度亏损可以用下一年度的税前利润弥补，下一年度不足弥补的，可以在五年之内用税前利润连续弥补，连续五年未弥补的亏损则用税后利润弥补
2. 提取法定公积金	根据《公司法》的规定，法定公积金的提取比例为当年税后利润(弥补亏损后)的10%。当年法定公积金的累积额已达注册资本的50%时，可以不再提取。法定公积金可用于弥补亏损或转增资本，但企业用法定公积金转增资本后，法定公积金的余额不得低于转增前公司注册资本的25%
3. 提取任意公积金	根据《公司法》的规定，公司从税后利润中提取法定公积金后，经股东会或者股东大会决议，还可以从税后利润中提取任意盈余公积金
4. 向股东(投资者)分配股利(利润)	根据《公司法》的规定，公司弥补亏损和提取公积金后所余税后利润，可以向股东(投资者)分配。其中，有限责任公司股东按照实缴的出资比例分取红利，全体股东约定不按照出资比例分取红利的除外；股份有限公司按照股东持有的股份比例分配，但股份有限公司章程规定不按持股比例分配的除外

二、股利政策★★★

股利政策是指在法律允许的范围内，企业是否发放股利、发放多少股利以及何时发放股利的方针和政策。股利政策的最终目标是使公司价值最大化。

（一）剩余股利政策（见表76-2）

表76-2 剩余股利政策

项目	内容
含义	公司在有良好投资机会时，根据目标资本结构，测算出投资所需的权益资本额，先从盈余中留用，然后将剩余的盈余作为股利发放。 剩余股利政策的理论依据是股利无关理论
步骤	(1)设定目标资本结构，加权平均资本成本将达最低水平。 (2)确定最佳资本预算，根据目标资本结构预计所需增加的权益资本数额。 (3)最大限度地使用留存收益来满足资金需求中所需的权益资本数额。 (4)留存收益在满足权益资本增加需求后，若还有剩余再用来发放股利
优点	有助于降低再投资的资金成本，保持最佳的资本结构，实现企业价值的长期最大化

续表

项目	内容
缺点	(1)若完全遵照执行剩余股利政策，股利发放额就会每年随着投资机会和盈利水平的波动而波动。盈利水平不变的情况下，股利发放额与投资机会的多寡呈反方向变动；在投资机会维持不变的情况下，股利发放额将与公司盈利呈同方向变动。 (2)不利于投资者安排收入与支出，不利于树立公司良好形象
适用范围	一般适用于公司初创阶段

指点迷津 比如某公司2019年税后净利润1000万元，2020年的投资计划需要资金1200万元(资本预算)，公司的目标资本结构为权益资本占60%，债务资本占40%，则该投资项目需要权益资本1200×60% =720万元，因为留存收益构成权益资本的来源，所以当年净利润中保留的利润留存为720万元，剩余的280万元即为剩余股利政策下发放的现金股利。另外还需要注意，假如2019年初的未分配利润为正数(即不存在累计未弥补的亏损)，该公司按净利润的10%提取法定公积金，则当前利润留存的720万元包括100万元(1000×10%)的法定公积金和620万元(720−100)的未分配利润。

(二)固定或稳定增长的股利政策(见表76-3)

表76-3 固定或稳定增长的股利政策

项目	内容
含义	公司将每年派发的股利额固定在某一特定水平或是在此基础上维持某一固定比率逐年稳定增长。公司只有在确信**未来盈余不会发生逆转时**，才会宣布实施固定或稳定增长的股利政策。在这一政策下，首先确定的是股利分配额，而且该分配额一般不随资金需求的波动而波动
优点	(1)稳定的股利向市场传递公司正常发展的信息，有利于树立公司的良好形象，增强投资者对公司的信心，稳定股票的价格。 (2)稳定的股利额有助于投资者安排股利收入与支出，有利于吸引那些打算进行长期投资并对股利有很高依赖性的股东。 (3)为了将股利或股利增长率维持在稳定的水平上，即使推迟某些投资方案或暂时偏离目标资本结构，也可能比降低股利或股利增长率更为有利(即没有什么比发放股利更重要的事情)
缺点	(1)股利的支付与企业的盈利相脱节。 (2)在企业无利可分时，若依然实施该政策，是违反《公司法》的行为
适用范围	通常适用于经营比较稳定或正处于成长期的企业，但很难被长期采用

指点迷津 该股利政策实际上可细分为两种：固定股利政策和稳定增长的股利政策。固定股利政策即每年的股利保持一个固定的水平，稳定增长的股利政策即每年的股利比上年有所增长，很明显，如果公司未来的盈余不稳定，净利润将不稳定，将难以支付固定的股利，更难以维系不断增长的股利，因此，这种股利政策很难被长期采用。但是反过来说，一旦公司实施这种政策，必然对外界传出去的信息表明公司管理层对公司未来的发展充满信心，根据信号传递理论，有助于稳定股价。

(三)固定股利支付率政策(见表76-4)

表76-4　固定股利支付率政策

项目	内容
含义	公司将每年净利润的某一固定百分比作为股利分派给股东(股利支付率)
优点	(1)采用固定股利支付率政策，股利与公司盈余紧密地配合，体现了“多盈多分、少盈少分、无盈不分”的股利分配原则。 (2)采用固定股利支付率政策，公司每年按固定的比例从税后利润中支付现金股利，从企业支付能力的角度看，这是一种稳定的股利政策
缺点	(1)股利支付额波动较大，很容易给投资者带来经营状况不稳定、投资风险较大的不良印象，成为影响股价的不利因素。 (2)容易使公司面临较大的财务压力。因为公司实现的盈利多，并不代表公司有足够的现金流用来支付较多的股利额。 (3)合适的固定股利支付率的确定难度大
适用范围	较适用于那些处于稳定发展且财务状况稳定的公司

(四)低正常股利加额外股利政策(见表76-5)

表76-5　低正常股利加额外股利政策

项目	内容
含义	是指企业事先设定一个较低的正常股利额，每年除了按正常股利额向股东发放现金股利外，还在企业盈余较多、资金较为充裕的年份向股东发放额外股利
优点	(1)赋予公司较大的灵活性，使公司在股利发放上留有余地，并具有较大的财务弹性。 (2)使那些依靠股利度日的股东每年至少可以得到虽然较低但比较稳定的股利收入，从而吸引住这部分股东
缺点	(1)由于各年度之间公司盈利的波动使得额外股利不断变化，造成分派的股利不同，容易给投资者造成收益不稳定的感觉。 (2)当公司在较长时期持续发放额外股利后，可能会被股东误认为是“正常股利”，一旦取消，传递出去的信号可能会使股东认为这是公司财务状况恶化的表现，进而导致股价下跌
适用范围	对那些盈利随着经济周期而波动较大的公司或者盈利与现金流量很不稳定时，低正常股利加额外股利政策也许是一种不错的选择

指点迷津 低正常股利加额外股利政策实际上“低正常”这部分股利相当于固定股利政策，“额外股利”这部分相当于固定股利支付率政策，因此，低正常股利加额外股利政策实际上是吸收了“固定或稳定增长的股利政策”以及“固定股利支付率政策”各自的优点。

三、利润分配的制约因素★（见表 76-6）

表 76-6　利润分配的制约因素

影响因素	具体因素	相关内容
法律因素	资本保全约束	规定公司不能用资本（包括实收资本或股本和资本公积）发放股利，目的在于维持企业资本的完整性，保障债权人的利益
	资本积累约束	规定公司必须按照一定的比例和基数提取各种公积金，股利只能从企业的可供股东分配利润中支付。在进行利润分配时，一般应贯彻"无利不分"的原则，即当企业出现年度亏损时，一般不进行利润分配
	超额累积利润约束	如果公司为了股东避税而使得盈余的保留大大超过了公司目前及未来的投资需要时（逃避股息收益征税），将被加征额外的税款
	偿债能力约束	要求公司考虑现金股利分配对偿债能力的影响，确定在现金股利分配后仍能保持较强的偿债能力
公司因素	现金流量	公司在进行利润分配时，要保证正常的经营活动对现金的需求，以维持资金的正常周转
	资产的流动性	现金股利支付会降低资产的流动性，保持一定的资产流动性是企业正常运转的必备条件
	盈余的稳定性	通常盈余越稳定，股利支付水平越高。对于盈利不稳定的公司，可以采用低股利政策
	投资机会	投资机会多，采用低股利政策；投资机会少，采用较高股利分配政策。另外，如果公司使用留存收益进行再投资的收益低于股东个人将股利收入进行投资的收益时，公司应多发放股利，以增加股东财富
	筹资因素	筹资能力强，有较强的股利支付能力
	其他因素	股利分配政策应保持一定的连续性和稳定性，并考虑公司发展阶段以及所处行业状况
股东因素	控制权	考虑控制权的股东会倾向于较低的股利支付水平
	稳定的收入	靠股利维持生活的股东要求支付稳定的股利，反对留存过多的利润
	避税	一般来讲，股利收入的税率要高于资本利得的税率，一些高股利收入的股东出于避税的考虑，偏好较低的股利支付水平
其他因素	债务契约	债权人通常都会在债务契约、租赁合同中加入关于借款公司股利政策的限制条款
	通货膨胀	在通货膨胀时期，企业一般采用偏紧的利润分配政策

例解答·练

例题

例 1.（判断题·2019 年）在固定股利支付率政策下，各年的股利随着收益的波动而波动，容易给投资者带来公司经营状况不稳定的印象。（　）

思路点拨 股利支付率固定，则收益波动，股利就会同比发生波动。

解 采用固定股利支付率政策，由于大多数公司每年的收益很难保持稳定不变，导致年度间的股利额波动较大，由于股利的信号传递作用，波动的股利很容易给投资者带来经营状况不稳定、投资风险较大的不良印象，成为影响股价的不利因素。

答 对

例 2.（单选题·2018年）下列各项中，有利于保持企业最优资本结构的是（　）。

A. 剩余股利政策　　B. 固定或稳定增长的股利政策

C. 固定股利支付率政策　　D. 低正常股利加额外股利政策

思路点拨 只有剩余股利政策涉及到“目标资本结构”的问题。

解 剩余股利政策是指在公司有良好的投资机会时，根据目标资本结构，测算出投资所需的权益资本额，先从盈余中留用，然后将剩余的盈余作为股利来分配。

答 A

例 3.（多选题·2018年）下列各项中，属于固定或稳定增长的股利政策优点的有（　）。

A. 稳定的股利有利于稳定股价

B. 稳定的股利有利于树立公司的良好形象

C. 稳定的股利使股利与公司盈余密切挂钩

D. 稳定的股利有利于优化公司资本结构

思路点拨 对于几种股利政策凡是股利相对稳定的，都有利于稳定股价、树立公司的良好形象。凡是股利不稳定的，都不利于稳定股价、不利于树立公司的良好形象。

解 固定或稳定增长股利政策的优点有：①稳定的股利向市场传递着公司正常发展的信息，有利于树立公司的良好形象，增强投资者对公司的信心，稳定股票的价格；②稳定的股利额有助于投资者安排股利收入和支出，有利于吸引那些打算进行长期投资并对股利有很高依赖性的股东；③固定或稳定增长的股利政策可能会不符合剩余股利理论，但考虑到股票市场会受多种因素影响（包括股东的心理状态和其他要求），为了将股利或股利增长率维持在稳定的水平上，即使推迟某些投资方案或暂时偏离目标资本结构，也可能比降低股利或股利增长率更为有利。选项AB是答案。

答 AB

例 4.（多选题·2014年）下列各项股利政策中，股利水平与当期盈利直接关联的有（　）。

A. 固定股利政策　　B. 稳定增长股利政策

C. 固定股利支付率政策　　D. 低正常股利加额外股利政策

思路点拨 选项C与选项D的“额外股利”都会与当期盈利有直接关系。

解 固定或稳定增长股利政策的缺点之一是股利的支付与企业的盈利相脱节。

答 CD

例 5.（单选题·2014年）下列股利政策中，根据股利无关理论制定的是（　）。

A. 剩余股利政策　　B. 固定股利支付率政策

C. 稳定增长股利政策　　D. 低正常股利加额外股利政策

思路点拨 既然股利政策叫“剩余股利政策”，就意味着发不发股利，发多少股利取决于未来项目所需要的权益资本的数量，所以对企业价值而言，投资项目更重要，股利不重要。

 剩余股利政策的理论依据是股利无关理论。根据股利无关理论，在完全理想的资本市场中，公司的股利政策与普通股每股市价无关，故而股利政策只需随着公司投资、融资方案的制定而自然确定。

答 A

习题

（计算分析题）某公司成立于2018年1月1日。2018年度实现的净利润为1000万元，分配现金股利550万元，提取盈余公积450万元（所提盈余公积均已指定用途）。2019年度实现的净利润为900万元（不考虑计提法定盈余公积的因素）。2020年计划增加投资，所需资金为700万元。假定公司目标资本结构为自有资金占60%，借入资金占40%。

要求：

（1）在保持目标资本结构的前提下，计算2020年投资方案所需的自有资金金额和需要从外部借入的资金金额。

（2）在保持目标资本结构的前提下，如果公司执行剩余股利政策，计算2019年度应分配的现金股利。

（3）在不考虑目标资本结构的前提下，如果公司执行固定股利政策，计算2019年应分配的现金股利、可用于2020年投资的留存收益和需要额外筹集的资金额。

（4）在不考虑目标资本结构的前提下，如果公司执行固定股利支付率政策，计算该公司的股利支付率和2019年度应分配的现金股利。

（5）假定公司2020年面临着从外部筹资的困难，只能从内部筹集筹资，不考虑目标资本结构，计算在此情况下2019年度应分配的现金股利。

参考答案及解析 

DAY 77 股利支付形式与程序

划重点

一、股利支付形式★(见表77-1)

表77-1 股利支付形式

支付形式	相关内容	
现金股利	以现金支付股利，股利支付的最常见的方式	
财产股利	以现金以外的其他资产支付的股利，主要是以公司所拥有的其他公司的有价证券，如债券、股票等，作为股利支付给股东	我国公司实务中很少使用
负债股利	公司以负债(通常为公司的应付票据或发放公司债券)支付股利	
股票股利	以增发(本公司)股票的方式所支付的股利，我国实务中通常也称其为“红股”	

指点迷津 注意财产股利与股票股利的区别：财产股利是公司以其持有的其他公司的证券(其他公司的证券属于本公司的财产)支付的股利，而股票股利是公司以本公司的股票支付的股利。

二、股票股利★★

(一)股票股利的影响(见表77-2)

表77-2 股票股利的影响

对公司的影响	对股东的影响
(1)无现金流出，资产、负债和所有者权益总额不变。资本结构不发生变化。 (2)股东权益结构变化(留存收益转为股本和资本公积)。 (3)不增加公司的价值	(1)增加流通在外的股票数量，同时降低股票的每股价值，降低普通股每股收益。 (2)股东持股比例不变。 (3)不改变股东财富

指点迷津 注意，在确定股票股利价格(即股票股利相当于发放了多少现金股利)时，西方国家股票股利通常按市价计算，在我国股票股利按面值计算。

指点迷津 在理解股票股利对公司的影响时，建议站在公司发放股票股利的会计分录的角度理解，如下：

(1)按西方国家的做法，发放股票股利的会计分录为：

借：利润分配(股票数量×每股市价)

贷：股本(股票数量×每股面值)

资本公积(借贷平衡金额，可在借方)

由此可见，不涉及现金流出，不涉及资产、负债，借贷涉及三个科目均为股东权益科目，因此，股东权益总额不变，但内部结构变化，对公司价值没有影响。

(2)按我国的做法，发放股票股利的会计分录为：

借：利润分配(股票数量×每股面值)

贷：股本(股票数量×每股面值)

指点迷津 关于股票股利对股东的影响，比如：公司当前普通股总数量10万股，当前市价10元/股，当前每股收益2元/股，某投资者张三手中现持有1万股股票。现公司宣告发放10%的股票股利。则

持股比例：张三原持股比例=1/10=10%

发放股票股利后张三持股比例=(1+1×10%)/(10+10×10%)=10%

每股市价：原每股市价=10(元/股)

发放股票股利后每股市价=10/(1+1×10%)=9.0909(元/股)

股东财富：张三原股东财富=1×10=10(万元)

发放股票股利后张三股东财富=(1+1×10%)×9.0909=10(万元)

每股收益：原每股收益=2(元/股)

发放股票股利后张三每股收益=2/(1+1×10%)=1.82(元/股)

(二)股票股利的优点(见表77-3)

表77-3 股票股利的优点

对股东来讲	(1)理论上，派发股票股利后，每股市价会成反比例下降，但实务中这并非必然结果，股东可以获得股票价值相对上升的好处。 (2)由于股利收入和资本利得税率的差异，如果股东出售股票股利，还会带来资本利得纳税上的好处
对公司来讲	(1)不需要向股东支付现金，在再投资机会较多时，公司就可以为再投资提供成本较低的资金。 (2)可以降低公司股票的市场价格，既有利于促进股票的交易和流通，又有利于吸引更多的投资者成为公司股东，有效地防止公司被恶意控制。 (3)可以传递公司未来发展前景良好的信息，从而增强投资者的信心，在一定程度上稳定股票价格

三、股利支付程序★(见表77-4)

表77-4 股利支付程序

顺序	日期	说明
1	股利宣告日	股东大会决议通过并由**董事会将股利支付情况予以公告的日期**
2	股权登记日	**有权领取本期股利的股东资格登记截止日期**。在这一天之后取得股票的股东则无权领取本次分派的股利
3	除息日	领取股利的权利与股票分离的日期(股权登记日的下一个交易日)。由于失去了“收息”的权利，**除息日的股票价格会下跌**
4	股利发放日	公司按照公布的分红方案向股权登记日在册的股东实际支付股利的日期

例解答·练

例题

例 1.（单选题·2019年）如果某公司以所持有的其他公司的有价证券作为股利发给本公司股东，则该股利支付方式属于（　）。

A. 负债股利　　B. 财产股利　　C. 股票股利　　D. 现金股利

思路点拨 其他公司的证券属于本公司的财产。

解 财产股利是以现金以外的其他资产支付的股利，主要是以公司所拥有的其他公司的有价证券，如债券、股票等，作为股利支付给股东。

答 B

例 2.（多选题·2013年）下列关于发放股票股利的表述中，正确的有（　）。

A. 不会导致公司现金流出　　B. 会增加公司流通在外的股票数量

C. 会改变公司股东权益的内部结构　　D. 会对公司股东权益总额产生影响

思路点拨 把会计分录写出来就很清楚了。

解 发放股票股利对公司来说，并没有现金流出企业，也不会导致公司的财产减少，而只是将公司的未分配利润转化为股本和资本公积。但股票股利会增加流通在外的股票数量，同时降低股票的每股价值。它不改变公司股东权益总额，但会改变股东权益的构成。因此选项D的说法不正确，本题的答案为选项A、B、C。

答 ABC

例 3.（单选题·2016年）要获得收取股利的权利，投资者购买股票的最迟日期是（　）。

A. 除息日　　B. 股权登记日　　C. 股利宣告日　　D. 股利发放日

思路点拨 很直接的选项。

解 股权登记日是指有权领取本期股利的股东资格登记的截止日期，凡是在此指定日期收盘之前取得公司股票，成为公司在册股东的投资者都可以作为股东享受本期分派的股利。在这一天之后取得股票的股东则无权领取本次分派的股利。所以选项B是答案。

答 B

习题

1.（多选题）对公司而言，发放股票股利的优点有（　）。

A. 减轻公司现金支付压力

B. 有利于股票交易和流通

C. 使股权更为集中

D. 可以向市场传递公司未来发展前景良好的信息

2.（判断题）在股利支付程序中，除息日是指领取股利的权利与股票分离的日期，在除息日购买股票的股东有权参与当次股利的分配。（　）

3.（单选题）某公司现有发行在外的普通股100万股，每股面值1元，资本公积300万元，未分配利润 800 万元，若按 10% 的比例发放股票股利并按股票面值折算，公司资本公积的报表列示将为(　)万元。

A. 400　　B. 300　　C. 390　　D. 310

4. (计算分析题)我国上市的甲公司利润分配前的股东权益结构如表 77-5 所示：

表 77-5　甲公司利润分配前的股东权益结构　　单位：万元

股本(面值 2 元，发行 40 万股)	80
资本公积	35
未分配利润	220
股东权益合计	335

已知本年净利润为 90 万元，每股市价为 20 元。

要求：

(1) 计算利润分配前的每股收益、每股净资产、市盈率。

(2) 若公司决定每 10 股派发 3 股股票股利，计算发放股票股利后的下列指标：①股东权益各项目数额有何变化？②每股收益；③每股净资产。

参考答案及解析

DAY 78 股票分割

划重点

一、股票分割与股票股利的异同点★★

股票分割又称拆股，即将一股股票拆分成多股股票的行为，它与股票股利的异同点见表78-1。

表78-1 股票分割与股票股利的异同点

	股票股利	股票分割
相同点	①普通股股数增加；②持股比例不变；③资产、负债、股东权益总额不变，资本结构不变；④每股市价下降，每股收益下降	
不同点	每股面值不变	每股面值变小
	股东权益结构变化	股东权益结构不变
	属于股利支付方式	不属于股利支付方式

二、股票分割的作用

(1)降低股票价格，从而可以促进股票的流通和交易；流通性的提高和股东数量的增加，一定程度上加大对公司股票恶意收购的难度；降低股票价格还可以为公司发行新股做准备。

(2)向市场和投资者传递“公司发展前景良好”的信号，有助于提高投资者对公司股票的信心。

(3)反分割。

反分割又称为股票合并或逆向分割，是指将多股股票合并为一股股票的行为。由于股数的减少，会降低股票的流动性，提高投资门槛，向市场传递的信号通常是不利的。

例解答·练

例题

例 1.(单选题·2019年)股票股利与股票分割都将增加股份数量，二者的主要差别在于是否改变公司的(　)。

A. 资产总额　　B. 股东权益总额

C. 股东持股比例　　D. 股东权益的内部结构

思路点拨 股票股利改变股东权益内部结构，股票分割只影响股票数量和每股面值，不影响总额也不影响内部结构。

解 发放股票股利，未分配利润减少，股本(资本公积)增加，所以股东权益的内部结构变化。股票分割，股东权益的内部结构不变。

答 D

例 2.(多选题·2019年)假设某股份公司按照1：2的比例进行股票分割，下列说法正确的有(　)。

A. 股本总额增加一倍　　B. 每股净资产保持不变

C. 股东权益总额保持不变　　D. 股东权益内部结构保持不变

思路点拨 1股股票拆成2股，每股面值缩小1/2，股票数量变2倍，股本总额不变，股东权益总额不变，每股净资产下降。

解 股票分割之后，股东权益总额及其内部结构都不会发生任何变化。因为股数增加，股东权益总额不变，所以每股净资产下降。

答 CD

例 3.(判断题·2018年)股票分割导致公司股票总数增加，但股本总额不变。　(　)

解 股票分割导致股票总数增加，每股股本反比例下降，所以股本总额是不变的。

答 对

例 4.(判断题·2013年)股票分割会使股票的每股市价下降，可以提高股票的流动性。(　)

思路点拨 市价下降，购买股票的门槛降低，更容易吸引投资者购买股票。

解 股票分割会使每股市价降低，买卖该股票所需资金减少，从而可以促进股票的流通和交易。因此本题的表述正确。

答 对

习题

1. (单选题)下列各项中，受企业股票分割影响的是(　)。

A. 每股股票价值　　B. 股东权益总额　　C. 企业资本结构　　D. 股东持股比例

2. (多选题)股票股利和股票分割的相同点有(　)。

A. 会导致普通股股数增加

B. 当市盈率与收益总额不变时，都会导致每股收益和每股市价下降

C. 股东权益总额不变

D. 会导致股东权益内部结构变化

3. (多选题)股票分割的主要作用包括(　)。

A. 降低股票价格

B. 巩固既有股东控制权

C. 促进股票的流通和交易

D. 向市场和投资者传递“公司发展前景良好”的信号

4. (计算分析题)某公司年终利润分配前的股东权益项目资料如表78-2所示：

表 78-2　利润分配前的股东权益项目　　单位：万元

项目	金额
普通股股本 （每股面值 10 元，流通在外 1000 万股）	10000
资本公积	20000
盈余公积	4000
未分配利润	5000
股东权益合计	39000

当前股票市价 10 元/股，每股收益 2 元/股。

要求：

(1)假设该公司宣布发放 20% 的股票股利，即现有普通股每持有 10 股，即可获得赠送的 2 股普通股。股票股利按面值计价，发放股票股利后，股东权益各项目有何变化？每股净资产是多少？每股市价是多少？每股收益是多少？

(2)假设该公司按照 1∶2 的比例进行股票分割，股票分割后，股东权益各项目有何变化？每股净资产是多少？每股市价是多少？每股收益是多少？

股票回购、股权激励

划重点

一、股票回购

股票回购，是指上市公司出资将其发行在外的普通股股票以一定价格购买回来予以注销或作为库存股的一种资本运作方式。

(一)股票回购的条件

我国《公司法》规定，公司有表79-1中情形之一的，可以收购本公司股份。

表79-1 可以进行股票回购的情形

情形	说明
(1)减少公司注册资本	应当自收购之日起10日内注销
(2)与持有本公司股份的其他公司合并	应当在6个月内转让或者注销
(3)股东因对股东大会作出的公司合并、分立决议持异议，要求公司收购其股份	
(4)将股份用于员工持股计划或者股权激励	(1)公司合计持有的本公司股份数不得超过本公司已发行股份总额的10%，并应当在3年内转让或者注销。 (2)应当通过公开的集中交易方式进行
(5)将股份用于转换上市公司发行的可转换为股票的公司债券	
(6)上市公司为维护公司价值及股东权益所必需	

(二)股票回购的动机(见表79-2)

表79-2 股票回购的动机

现金股利的替代	股票回购不会对公司产生未来的派现压力，股东也可以根据自己的需要选择继续持股或出售以获得现金
改变公司的资本结构	提高公司的财务杠杆水平，改变公司的资本结构，在一定程度上降低整体资本成本
传递公司信息	一般情况下，投资者会认为股票回购意味着公司认为其股票价值被低估而采取的应对措施
基于控制权的考虑	巩固控股股东既有的控制权；使流通在外的股份数变少，股价上升，有效地防止敌意收购

(三)股票回购的影响

(1)提升公司调整股权结构和管理风险的能力，提高公司整体质量和投资价值。

(2)有助于提高投资者回报能力，有助于拓展公司融资渠道，改善公司资本结构。

(3)有助于稳定股价，增强投资者信心。

(4)一方面，容易造成资金紧张，降低资产流动性，影响公司的后续发展；另一方面，在公司没有合适的投资项目又持有大量现金的情况下，回购股份，也能更好地发挥货币资金的作用。

(5)有利于防止操纵市场、内幕交易等利益输送行为。

二、股权激励★（见表 79–3）

表 79–3　股权激励

股权激励模式	含义	优缺点	适用条件
股票期权模式	指上市公司授予激励对象在**未来一定期限内**以预先确定的条件购买本公司一定数量股份的权利。激励对象获授的股票期权不得转让、不得用于担保或偿还债务	优点：①能够降低委托代理成本，并且有利于降低激励成本；②可以锁定期权人的风险。 缺点：①影响现有股东的权益；②可能遭遇来自股票市场的风险；③可能带来经营者的短期行为	初始资本投入较少，资本增值较快，处于成长初期或扩张期的企业，如网络、高科技等风险较高的企业等
限制性股票模式	指激励对象按照股权激励计划规定的条件，**提前获赠或以较低价格获得的转让等部分权利受到限制的本公司股票**。限制性股票模式在解除限售前不得转让、用于担保或偿还债务	优点：在限制期间公司不需要支付现金对价，便能够留住人才。 缺点：限制性股票缺乏一个能推动股价上涨的激励机制，即在企业股价下跌的时候，激励对象仍能获得股份，这样可能达不到激励效果，并使股东遭受损失	处于成熟期的企业，由于其股价的上涨空间有限，因此采用限制性股票模式较为合适
股票增值权模式	指公司授予经营者一种权利，如果经营者努力经营企业，在规定的期限内，公司股票价格上升或业绩上升，经营者就可以按一定比例获得这种由股价上扬或业绩提升所带来的收益，收益为行权价与行权日二级市场股价之间的差价或净资产的增值额	优点：①比较易于操作；②审批程序简单，无须解决股票来源问题。 缺点：①由于激励对象**不能获得真正意义上的股票**，激励的效果相对较差；②公司方面需要提取奖励基金，公司的现金支付压力较大	现金流量比较充裕且比较稳定的上市公司和现金流量比较充裕的非上市公司
业绩股票激励模式	指公司在年初确定一个合理的**年度业绩目标**，如果激励对象经过大量努力后，在年末实现了公司预定的年度业绩目标，则公司给予激励对象一定数量的股票，或奖励其一定数量的奖金来购买本公司的股票。业绩股票在锁定一定年限以后才可以兑现	优点：能够激励公司高管人员努力完成业绩目标。 缺点：①公司的业绩目标确定的科学性很难保证，容易导致公司高管人员为获得业绩股票而弄虚作假；②激励成本较高，可能造成公司支付现金的压力	该模式**只对公司的业绩目标进行考核，不要求股价的上涨**，因此比较适合业绩稳定型的上市公司及其集团公司、子公司

例解答·练

例题

例 1.（单选题·2017 年）若激励对象没有实现约定目标，公司有权将免费赠与的股票收回，这种股权激励是（　）。

A. 股票期权模式　　　　B. 股票增值权模式

C. 业绩股票模式　　　　D. 限制性股票模式

思路点拨 从题意得知，该激励方式是先行获得股票，属于限制性股票模式。

解 限制性股票指公司为了实现某一特定目标，公司先将一定数量的股票赠与或以较低价格售予激励对象。只有当实现预定目标后，激励对象才可将限制性股票抛售并从中获利；若预定目标没有实现，公司有权将免费赠与的限制性股票收回或者将售出股票以激励对象购买时的价格回购。

答 D

例 2.（判断题·2015 年）业绩股票激励模式只对业绩目标进行考核，而不要求股价的上涨，因而比较适合业绩稳定的上市公司。（ ）

思路点拨 理解为比较适合追求业绩稳定的上市公司更易理解。

解 业绩股票激励模式是指公司在年初确定一个合理的年度业绩目标，如果激励对象经过大量努力后，在年末实现了公司预定的年度业绩目标，则公司给予激励对象一定数量的股票，或奖励其一定数量的奖金来购买本公司的股票。由此可知，业绩股票激励模式只对公司的业绩目标进行考核，不要求股价的上涨，对业绩稳定型的上市公司比较适合。

答 对

例 3.（单选题·2013 年）股份有限公司赋予激励对象在未来某一特定日期内，以预先确定的价格和条件购买公司一定数量股份的选择权，这种股权激励模式是（ ）。

A. 股票期权模式　　　　B. 限制性股票模式

C. 股票增值权模式　　　　D. 业绩股票激励模式

思路点拨 关键词“未来某一特定日期”“以预先确定的价格”，即为股票期权。

解 股票期权是指上市公司授予激励对象在未来某一特定日期内以预先确定的价格和条件购买公司一定数量股票的选择权。

答 A

习题

1.（判断题）由于信息不对称和预期差异，投资者会把股票回购当作公司认为其股票价格被高估的信号。（ ）

2.（单选题）下列关于股票回购的说法中，不正确的是（ ）。

A. 股票回购是现金股利的一种替代方式

B. 股票回购不改变公司的资本结构

C. 股票回购可减少流通在外的股票数量，提高每股收益

D. 股票回购容易造成资金紧张，资产流动性变差，影响公司的后续发展

3.（单选题）下列股权激励模式中适合于网络、高科技等风险较高的企业的是（ ）。

A. 业绩股票激励模式　　　　B. 限制性股票模式

C. 股票增值权模式　　　　D. 股票期权模式

4.（多选题）下列关于股权激励模式的表述中，正确的有（ ）。

A. 股票期权模式适合那些处于成长初期或扩张期的企业

B. 限制性股票模式适用于那些处于成熟期的企业

C. 在股票增值权模式下激励对象需要为行权支付现金

D. 业绩股票激励模式适合业绩稳定型的上市公司

5. (多选题)下列股权激励模式中，可能会使公司负担的财务压力较大的有(　)。

A. 限制性股票模式　　B. 股票增值权模式

C. 业绩股票激励模式　　D. 股票期权模式

参考答案及解析 

专题十 财务分析与评价

本专题对应财务管理考试大纲“第十章 财务分析与评价”中的内容，主要包括财务分析与财务评价与考核两大部分，共9天的学习量。其中：财务分析部分分别为：“DAY80 财务分析的方法”“DAY81 短期偿债能力分析”“DAY82 长期偿债能力分析”“DAY83 营运能力分析”“DAY84 盈利能力分析”“DAY85 发展能力分析”“DAY86 现金流量分析”“DAY87 上市公司特殊财务指标分析”。财务评价部分分为“DAY88 财务评价与考核”。

DAY 80 财务分析的方法

划重点

一、比较分析法

(一)比较分析法的分类(见图 80-1)

按比较对象分：
- 趋势分析法：与本企业的历史比较
- 横向比较法：与同行业平均水平或竞争对手比较
- 预算差异分析法：与预算数据比较

图 80-1　比较分析法的分类

(二)比较分析法的具体运用(以趋势分析法为例，见表 80-1)

表 80-1　比较分析法的具体运用(以趋势分析法为例)

重要财务指标的比较	定基动态比率 $=\dfrac{\text{分析期数额}}{\text{固定基期数额}}\times 100\%$ 环比动态比率 $=\dfrac{\text{分析期数额}}{\text{前期数额}}\times 100\%$
会计报表的比较	比较各指标不同期间的增减变动金额(绝对额)和幅度(百分比)
会计报表项目构成的比较	以会计报表中某个总体指标作为 100%，再计算各项目占总体指标的百分比，比较其增减变化，判断变化趋势

运用比较分析法时，要注意：①各个时期指标的计算口径必须一致；②剔除偶发性项目影响，以使数据反映正常生产经营状况；③用例外原则对显著变动的指标做重点分析。

二、比率分析法(见表 80-2)

表 80-2　比率分析法

构成比率(结构比率)	某个组成部分数值/总体数值×100%。如资产构成比率、负债构成比率等
效率比率(投入产出比率)	某项财务活动中所费与所得的比率，反映投入与产出的关系。如成本利润率、营业利润率等
相关比率	以某个项目和与其有关但又不同的项目加以对比所得的比率，反映有关经济活动的相互关系。如：资产负债率、流动比率等

运用比率分析法时，要注意：①对比项目的相关性；②对比口径的一致性；③衡量标准的科学性。

三、因素分析法（因果关系）★★

（一）连环替代法

将分析指标分解成各个可计量因素，根据各个因素之间的依存关系，顺次用各因素的比较值（通常是实际值）替代基准值（通常为标准值或计划值），以测定各因素对分析指标的影响。

假设财务指标P与三个驱动因素A、B、C之间的关系为：$P=A\times B\times C$，已经获得P的标准值和实际值如下：

标准值：$P_0=A_0\times B_0\times C_0$

实际值：$P_1=A_1\times B_1\times C_1$

差额：$\Delta P=P_1-P_0$

分析过程如下：

标准值：$P_0=A_0\times B_0\times C_0$　　（0）式

第①次替代：$A_1\times B_0\times C_0$　　（1）式

第②次替代：$A_1\times B_1\times C_0$　　（2）式

第③次替代：$P_1=A_1\times B_1\times C_1$（实际值）　　（3）式

A因素变动对P的影响=（1）-（0）=$(A_1-A_0)\times B_0\times C_0$

B因素变动对P的影响=（2）-（1）=$A_1\times(B_1-B_0)\times C_0$

C因素变动对P的影响=（3）-（2）=$A_1\times B_1\times(C_1-C_0)$

合计影响值=（3）-（0）=$P_1-P_0=\Delta P$

指点迷津 ①不论各因素之间是加减乘除的关系，都可以使用连环替代法；②有几个因素就需要替代几次；③考试时，一定要严格按照题目中给出的顺序进行连环替代，如果将各因素替代的顺序改变，则各个因素的影响程度也就不同；④每一次替代一定要建立在上一次替代的基础上进行。

（二）差额分析法

是连环替代法的简化（最终结果），是利用各个因素的比较值与基准值之间的差额，来计算各因素对分析指标的影响。

假设计划指标$P=A\times B\times C$

A因素对P的影响：$(A_1-A_0)\times B\times C$

B因素对P的影响：$A_1\times(B_1-B_0)\times C$

C因素对P的影响：$A_1\times B_1\times(C_1-C_0)$

（三）因素分析法需注意的问题

（1）因素分解的关联性（客观上的因果关系）。

（2）因素替代的顺序性（不同顺序会有不同的计算结果）。

（3）顺序替代的连环性。

（4）计算结果的假定性（分析时应力求使这种假定合乎逻辑，具有实际经济意义，这样，计算结果的假定性才不至于妨碍分析的有效性）。

例解答·练

例题

例 1.（单选题·2017年）下列财务比率中，属于效率比率指标的是（　）。

A. 成本利润率　　B. 速动比率

C. 资产负债率　　D. 所有者权益增长率

思路点拨 效率比率即投入产出比，成本利润率意味着每投入一块钱成本所带来的利润。

解 效率比率，是某项财务活动中所费与所得的比率，反映投入与产出的关系。利用效率比率指标，可以进行得失比较，考察经营成果，评价经济效益。比如，将利润项目与销售成本、销售收入、资本金等项目加以对比，可以计算出成本利润率、销售利润率和资本金利润率等指标，从不同角度观察比较企业盈利能力的高低及其增减变化情况。所以选项A是正确答案。

答 A

例 2.（单选题·2014年）下列比率指标的不同类型中，流动比率属于（　）。

A. 构成比率　　B. 动态比率　　C. 相关比率　　D. 效率比率

思路点拨 流动比率=流动资产/流动负债，分子分母有关联，但既不构成总分关系，也不构成投入产出关系。

解 相关比率是以某个项目和与其有关但又不同的项目加以对比所得的比率，比如流动比率和资产负债率等。

答 C

例 3.（计算分析题·2014年节选改编））戊公司是一家上市公司，2012年的总资产净利率为9.48%，权益乘数为2.5。2012年行业标杆企业的总资产净利率为13%，权益乘数为2，已知：净资产收益率=总资产净利率×权益乘数。

要求：计算戊公司2012年净资产收益率与行业标杆企业的差异，并使用因素分析法依次测算总资产净利率和权益乘数变动对净资产收益率差异的影响。

思路点拨 先计算戊公司净资产收益率，把行业标杆企业的净资产收益率作为基准值，把戊公司的净资产收益率作为实际值，按照先总资产净利率后权益乘数的顺序进行连环替代。

答 行业净资产收益率（基准值）=13%×2=26%

戊公司2012年净资产收益率=9.48%×2.5=23.7%

戊公司2012年净资产收益率与行业标杆企业的差异=23.7%−26%=−2.3%

行业净资产收益率（基准值）=13%×2=26%（0）式

第一次替代（总资产净利率）=9.48%×2=18.96%（1）式

第二次替代（权益乘数）=9.48%×2.5=23.7%（2）式

总资产净利率的不同引起的差额=（1）式−（0）式=（9.48%−13%）×2=−7.04%

权益乘数的不同引起的差额=（2）式−（1）式=9.48%×（2.5−2）=4.74%

总体差异=−7.04%+4.74%=−2.3%

习题

1. (多选题)下列各项中，属于相关比率的有(　)。

A. 流动资产占资产总额的百分比　　B. 营业利润率

C. 资产负债率　　D. 流动比率

2. (多选题)采用因素分析法时，必须注意的问题包括(　)。

A. 因素分解的关联性　　B. 衡量标准的科学性

C. 顺序替代的连环性　　D. 计算结果的假定性

3. (多选题)采用比较分析法时，应当注意(　)。

A. 所对比指标的计算口径必须一致

B. 应剔除偶发性项目的影响

C. 应运用例外原则对某项有显著变动的指标作重点分析

D. 对比项目的相关性

参考答案及解析 

DAY 81 短期偿债能力分析

划重点

一、营运资金★

(一)计算公式

营运资金=流动资产-流动负债

(二)指标分析(见表81-1)

表81-1　营运资金指标分析

项目	说明
营运资金>0	企业财务状况稳定，不能偿债的风险较小
营运资金<0	企业部分非流动资产以流动负债作为资金来源，企业不能偿债的风险很大

指点迷津 通常偿债先考虑变现流动资产清偿，营运资金<0时，意味着流动负债支持了一部分非流动资产，若流动负债到期足额偿还，需要变现非流动资产，而非流动资产变现比较困难。

(三)指标评价

营运资金为绝对数指标，不便于不同企业之间的比较。

二、流动比率★★

(一)计算公式

流动比率=流动资产÷流动负债

(二)指标分析

流动比率表明每1元流动负债有多少流动资产作为保障，流动比率越大通常表明短期偿债能力越强。

(三)指标评价

(1)流动比率高并不意味着短期偿债能力一定很强。假设全部流动资产均可变现，但各项流动资产的变现能力并不相同而且变现金额可能与账面金额存在较大差异。

(2)计算出来的流动比率，只有和同行业平均流动比率、本企业历史流动比率进行比较，才能知道这个比率是高还是低。

(3)流动比率容易人为操纵，且没有揭示流动资产的构成内容，只能大致反映企业流动资产的整体变现能力。

易错易混 营业周期短、应收账款和存货的周转速度快的企业其流动比率低一些也是可以接受的。

三、速动比率★★

（一）计算公式

速动比率=速动资产÷流动负债

（二）指标分析

表明每1元流动负债有多少速动资产作为偿债保障。一般情况下，速动比率越大通常短期偿债能力越强。速动比率指标分析见表81-2。

表81-2 速动比率指标分析

速动资产	包括	货币资金、以公允价值计量且其变动计入当期损益的金融资产、各种应收款项等
	不包括	①存货(变现速度比应账款要慢得多；可能被抵押；成本与市价可能存在差异)；②预付款项；③一年内到期的非流动资产；④其他流动资产等

（三）指标评价

（1）速动比率过高虽然对短期偿债的保障能力增强，但同时机会成本增加。

（2）应收账款变现能力是影响速动比率可信性的重要因素。其一，应收账款不一定都能变现；其二，应收账款金额可能存在着季节性波动，根据某一时点指标计算的速动比率不能客观反映其短期偿债能力。

（3）速动比率受行业特征影响，大量使用现金结算的企业其速动比率大大低于1是正常现象。

指点迷津 大量使用现金结算的企业相比较赊销的企业而言销售规模往往较小，因为没有大量的应收款，因此速动资产的规模就比较低，从而速动比率可能大大低于1。

四、现金比率★

（一）计算公式

现金比率=(货币资金+交易性金融资产)÷流动负债

（二）指标分析

表明每1元流动负债有多少现金资产作为偿债保障，最能反映企业直接偿付流动负债的能力。

（三）指标评价

该比率过高意味着企业过多资源占用在盈利能力较低的现金资产上，从而影响企业的盈利能力。

指点迷津 ①短期偿债能力评价的对象是流动负债的清偿能力，四个指标均涉及流动负债；②衡量短期偿债能力的后三个相对指标，分母均为流动负债，且分子层层递减；③短期偿债能力指标的计算直接取自于分析时点资产负债表中的数据。

例解答·练

例题

例 1.(单选题·2018年)在计算速动比率指标时，下列各项中，不属于速动资产的是(　)。

A. 存货　　B. 货币资金　　C. 应收账款　　D. 应收票据

思路点拨 速动资产是在流动资产的基础上，最主要剔除掉的就是存货。

解 货币资金、以公允价值计量且其变动计入当期损益的金融资产和各种应收款项，可以在较短时间内变现，称为速动资产；另外的流动资产，包括存货、预付款项、一年内到期的非流动资产和其他流动资产等，属于非速动资产。

答 A

例 2.(判断题·2017年)现金比率不同于速动比率之处主要在于剔除了应收账款对短期偿债能力的影响。(　)

思路点拨 影响速动比率可信性的重要因素是应收账款的变现能力，因此进一步剔除掉应收账款后就是现金比率。

解 现金比率剔除了应收账款对短期偿债能力的影响，最能反映企业直接偿付流动负债的能力。

答 对

例 3.(单选题·2018年)下列财务指标中，最能反映企业直接偿付短期债务能力的是(　)。

A. 资产负债率　　B. 权益乘数　　C. 现金比率　　D. 流动比率

思路点拨 现金比率的分子是现金(真金白银)，最能代表清偿能力。

解 现金比率剔除了应收账款对偿债能力的影响，最能反映企业直接偿付流动负债的能力。

答 C

习题

1.(单选题)已知业务发生前后，速动资产都超过了流动负债，则赊购原材料若干，将会(　)。

A. 增大流动比率　　B. 降低流动比率　　C. 降低营运资金　　D. 增大营运资金

2.(单选题)影响速动比率可信性的重要因素是(　)。

A. 存货的变现能力

B. 以公允价值计量且其变动计入当期损益的金融资产的变现能力

C. 长期股权投资的变现能力

D. 应收账款的变现能力

3.(多选题)下列各项中，可以反映企业短期偿债能力的指标有(　)。

A. 营运资金　　B. 流动比率　　C. 利息保障倍数　　D. 产权比率

长期偿债能力分析

划重点

一、资产负债率★

(一)计算公式

资产负债率=负债总额÷资产总额×100%

(二)指标分析

资产负债率越低，表明企业资产对负债的保障能力越高，企业的长期偿债能力较强。

(三)指标评价

利益主体不同，看待该指标的立场也不同(见表82-1)

表82-1　不同利益主体看待指标的立场

利益主体	立场
债权人	关心贷款风险。**资产负债率越低越好**
股东	关心举债的效益。在全部资本利润率高于借款利率时，可以利用财务杠杆提高盈利能力，**此时，该比率越大越好**
经营者	考虑风险与收益的平衡，在风险和收益平衡的情况下，**负债水平取决于经营者的风险偏好**等因素

二、产权比率和权益乘数★★

(一)计算公式

产权比率(资本负债率)=负债总额÷所有者权益总额×100%

权益乘数=总资产÷股东权益

(二)指标分析

(1)产权比率不仅反映了由债权人提供的资本与所有者提供资本的对应关系(资本结构)，且反映了债权人资本受股东权益保障的程度，或者是企业清算时对债权人利益的保障程度。一般来说，该**比率越低，表明企业长期偿债能力越强，债权人权益保障程度越高。**

(2)产权比率高，是**高风险、高收益**的财务结构；产权比率低，是**低风险、低收益**的财务结构。

(3)权益乘数表明股东每投入1元钱可实际拥有和控制的金额。在企业存在负债的情况下，权益乘数大于1。企业负债比例越高，权益乘数越大。

(4)产权比率和权益乘数是资产负债率的另外两种表现形式，是常用的反映财务杠杆水平的指标。

指点迷津 注意：资产负债率、产权比率、权益乘数三个指标可以相互推算且变动方向一致。

资产负债率越大，产权比率和权益乘数都越大，资产负债率越小，产权比率和权益乘数都越小。

三、利息保障倍数★★★

（一）计算公式

利息保障倍数=息税前利润÷应付利息=（净利润+利润表中的利息费用+所得税）÷应付利息

易错易混 公式中的分母“应付利息”是指本期发生的全部应付利息，不仅包括财务费用中的利息费用，还应包括计入固定资产成本的资本化利息。

（二）指标分析

利息保障倍数反映支付利息的利润来源（息税前利润）与利息支出之间的关系，该比率越高，长期偿债能力越强。

指点迷津 在短期内，利息保障倍数小于1也仍然具有利息支付能力，因为计算息税前利润时减去的一些折旧和摊销费用并不需要支付现金。但这种支付能力是暂时的，当企业需要重置资产时，势必发生支付困难。

四、影响偿债能力的其他因素（表外因素）★（见表82-2）

表82-2 影响偿债能力的其他因素

具体因素	相关影响
可动用的银行贷款指标或授信额度	可以随时增加企业的支付能力，可以提高企业的偿债能力
资产质量	①账面价值与实际价值可能存在差异；②很快变现的长期资产可以增加企业的短期偿债能力
或有事项和承诺事项	如果企业存在债务担保、未决诉讼等或有事项，或承诺支付事项，会增加企业的潜在偿债压力
经营租赁	经营租赁作为一种表外融资方式，负债并未反映在资产负债表中，固定的、经常性的租金支付义务会降低偿债能力

例解答·练

例题

例 1.（单选题·2019年）关于产权比率指标和权益乘数指标之间的数量关系，下列表达正确的是（　）。

A. 权益乘数×产权比率=1　　B. 权益乘数-产权比率=1

C. 权益乘数+产权比率=1　　D. 权益乘数/产权比率=1

思路点拨 假设资产=10，负债=6，股东权益=4。则权益乘数=10/4=2.5，产权比率=6/4=1.5，2.5-1.5=1。

解 产权比率=负债总额÷股东权益，权益乘数=总资产÷股东权益，因此权益乘数-产权比率=总资产÷股东权益-负债总额÷股东权益=股东权益÷股东权益=1。

 B

例 2.（单选题·2015 年）产权比率越高，通常反映的信息是（ ）。

A. 财务结构越稳健　　B. 长期偿债能力越强

C. 财务杠杆效应越强　　D. 债权人权益的保障程度越高

思路点拨 通常我们对资产负债率认识比较清晰，资产负债率、产权比率、权益乘数三个指标同向变化，因此产权比率越高，资产负债率越高，杠杆效应越强，偿债能力越弱，财务结构越不稳健，债权人权益的保障程度越低。

解 产权比率=负债总额/所有者权益总额，这一比率越高，表明企业长期偿债能力越弱，债权人权益保障程度越低，所以选项 BD 不是正确答案；产权比率高，是高风险、高收益的财务结构，所以选项 A 不是正确答案。产权比率是一个常用的反映财务杠杆水平的指标，所以，产权比率越高，财务杠杆效应越强，选项 C 是正确答案。

答 C

例 3.（单选题·2015 年）甲企业 2011 至 2013 年，利息费用均保持不变，一直为 20 万元。根据简化公式计算得出的 2011 年、2012 年和 2013 年的财务杠杆系数分别为 1.5、2.0 和 3.0，2012 年的资本化利息为 10 万元，则 2012 年的利息保障倍数为（ ）。

A. 1　　B. 1.5　　C. 2　　D. 4/3

思路点拨 先写出利息保障倍数的计算公式，题目中已经给了利息费用，因此需要通过杠杆系数求出分子的息税前利润。2012 年的利息保障倍数要用 2012 年的息税前利润，以 2012 年息税前利润为基础计算的杠杆系数是 2013 年的杠杆系数，所以要通过 2013 年的杠杆系数倒推出 2012 年的息税前利润。

解 2013 年的财务杠杆系数=2012 年的息税前利润/（2012 年的息税前利润−利息费用）=2012 年的息税前利润/（2012 年的息税前利润−20）=3.0，由此可知，2012 年的息税前利润=30（万元），2012 年的利息保障倍数=30/（20+10）=1。

答 A

例 4.（多选题·2015 年）下列各项因素中，影响企业偿债能力的有（ ）。

A. 经营租赁　　B. 或有事项　　C. 资产质量　　D. 授信额度

思路点拨 四个选项都属于影响偿债能力的表外因素。

解 影响偿债能力的其他因素有：可动用的银行贷款指标或授信额度、资产质量、或有事项和承诺事项、经营租赁，所以本题的答案为选项 ABCD。

答 ABCD

习题

1.（单选题）下列关于企业偿债能力指标的说法中，错误的是（ ）。

A. 营运资金为正，说明企业财务状况稳定，不能偿债的风险较小

B. 流动比率高意味着短期偿债能力一定很强

C. 资产负债率属于长期偿债能力指标

D. 可动用的银行贷款能够影响企业的偿债能力

2.（单选题）某公司上年末资产负债率为 40%，则该公司上年末的产权比率为（ ）。

A. 2.5　　B. 0.67　　C. 1.33　　D. 1.5

3. (多选题)下列各项中，属于影响偿债能力的表外因素的有(　)。

A. 可动用的银行贷款指标或授信额度

B. 很快变现的长期资产

C. 或有事项和承诺事项

D. 经营租赁

4. (单选题)某公司2019年年末总资产500万元，股东权益350万元，净利润50万元，全部利息费用5万元，其中资本化利息费用2万元，假设该企业适用的所得税税率为25%，下列各项指标中计算正确的是(　)。

A. 权益乘数=0.7　　B. 利息保障倍数=13.93

C. 资产负债率=40%　　D. 产权比率=2.33

参考答案及解析 

DAY 83 营运能力分析

划重点

营运能力主要指资产运用、循环的效率高低。一般而言，资金周转速度越快，说明企业的资金管理水平越高，资金利用效率越高，企业可以以较少的投入获得较多的收益。

指点迷津 营运能力分析的各指标除“存货周转率=营业成本/存货平均余额”外，其他指标均是一样的模式，均等于“营业收入/该项资产平均余额”。

一、流动资产营运能力分析★★★

(一)应收账款周转率

1. 计算公式

$$应收账款周转率(次数)=\frac{营业收入}{应收账款平均余额}=\frac{营业收入}{(期初应收账款+期末应收账款)\div 2}$$

应收账款周转天数=计算期天数÷应收账款周转次数=计算期天数×应收账款平均余额÷营业收入

指点迷津 此处的“应收账款周转天数”就是专题七现金周转期中所讲到的“应收账款周转期”，即应收账款周转期=应收账款平均余额/每天的销货收入。

2. 指标分析

在一定时期内周转次数多(或周转天数少)，表明：①企业收账迅速、信用销售管理严格；②应收账款流动性强，增强企业短期偿债能力；③可以减少收账费用、坏账损失，相对增加企业流动资产的投资收益；④通过比较应收账款周转天数及企业信用期限，可评价客户的信用程度，调整企业信用政策(专题七中“应收账款的监控”有讲到)。

(二)存货周转率

1. 计算公式

$$存货周转率(次数)=\frac{营业成本}{存货平均余额}=\frac{营业成本}{(期初存货+期末存货)\div 2}$$

存货周转天数=计算期天数÷存货周转次数=计算期天数×存货平均余额÷营业成本

指点迷津 此处的“存货周转天数”就是专题七现金周转期中所讲到的“存货周转期”，即存货周转期=存货平均余额/每天的销货成本。

2. 指标分析

存货周转率越大(周转天数越小)，表明存货周转速度越快，表明存货占用水平越低，流动性越强，存货转化为现金或应收账款的速度越快，从而增强企业的短期偿债能力及盈利能力。

(三)流动资产周转率

1. 计算公式

$$流动资产周转率(次数)=\frac{营业收入}{流动资产平均余额}=\frac{营业收入}{(期初流动资产+期末流动资产)\div 2}$$

流动资产周转天数=计算期天数÷流动资产周转次数

=计算期天数×流动资产平均余额÷营业收入

2. 指标分析

流动资产周转率越多(周转天数越短)，表明以相同的流动资产完成的周转额越多，流动资产利用效果越好；可相对节约流动资产，增强盈利能力。

二、固定资产营运能力分析

(一)计算公式

$$固定资产周转率(次数)=\frac{营业收入}{平均固定资产}=\frac{营业收入}{(期初固定资产+期末固定资产)\div 2}$$

(二)指标分析

固定资产周转率越大，说明企业固定资产投资得当，结构合理，利用效率高；反之，则表明固定资产利用效率不高，提供的生产成果不多，企业的营运能力不强。

三、总资产营运能力分析

(一)计算公式

总资产周转率(次数)=营业收入÷平均资产总额

1. 如果企业各期资产总额比较稳定，波动不大，则

平均资产总额=(期初资产总额+期末资产总额)÷2

2. 如果资金占用的波动性较大，则

月平均资产总额=(月初资产总额+月末资产总额)÷2

季平均占用额=(1/2季初+第一月末+第二月末+1/2季末)÷3

年平均占用额=(1/2年初+第一季末+第二季末+第三季末+1/2年末)÷4

指点迷津 ①季平均占用额公式的理解(以第1季度为例)，因为每月月末=下月月初，所以：季平均占用额=(1/2季初+第1月末+第2月末+1/2季末)÷3=(1/2×1月初+1/2×1月末+1/2×1月末+1/2×2月末+1/2×2月末+1/2×3月末)÷3=[(1/2×1月初+1/2×1月末)+(1/2×2月初+1/2×2月末)+(1/2×3月初+1/2×3月末)]÷3=(1月平均资产总额+2月平均资产总额+3月平均资产总额)÷3；②依此原理，年平均占用额=(1/2年初+第1季末+第2季末+第3季末+1/2年末)÷4=(1月平均资产总额+2月平均资产总额+……+12月平均资产总额)÷12。

(二)指标分析

总资产周转率用来衡量企业资产整体的使用效率。总资产由各项资产组成，在营业收入既定的情况下，总资产周转率的驱动因素是各项资产。因此，对总资产周转情况的分析应结合各项资产的周转情况，以发现影响企业资产周转的主要因素。

易错易混 除非特别指明，计算周转率指标时，为保持分子分母匹配，相关资产得用平均数，即平均资产。

例解答·练

例题

例 1.（多选题·2016 年）下列各项指标中，影响应收账款周转率的有（　）。

A. 应收票据　　B. 应收账款

C. 预付账款　　D. 销售折扣与折让

思路点拨 分子营业收入理论上用销售净额，应收款包括全部赊销款，预付款源于采购业务，不是销售业务，其对应的是存货而不是收入。

解 应收账款周转率=营业收入/应收账款平均余额，其中的营业收入是扣除了销售折让和折扣后的净额，应收账款包括应收票据等全部赊销款在内。

答 ABD

例 2.（多选题·2014 年）一般而言，存货周转次数增加，其所反映的信息有（　）。

A. 盈利能力下降　　B. 存货周转期延长

C. 存货流动性增强　　D. 资产管理效率提高

思路点拨 存货周转次数是好事情，选项 AB 都是不好的事情。

解 存货周转次数是衡量和评价企业购入存货、投入生产、销售收回等各环节管理效率的综合性指标。一般来讲，存货周转速度越快，存货占用水平越低，流动性越强，存货转化为现金或应收账款的速度就越快，这样会增加企业的短期偿债能力及盈利能力。

答 CD

例 3.（多选题·2013 年）在一定时期内，应收账款周转次数多、周转天数少表明（　）。

A. 收账速度快　　B. 信用管理政策宽松

C. 应收账款流动性强　　D. 应收账款管理效率高

思路点拨 信用管理政策宽松意味着应收账款全额会比较大，相对来讲周转次数（周转率）会下降，周转天数延长。

解 通常，应收账款周转率越高、周转天数越短表明应收账款管理效率越高。在一定时期内应收账款周转次数多、周转天数少表明：①企业收账迅速，信用销售管理严格；②应收账款流动性强，从而增强企业短期偿债能力；③可以减少收账费用和坏账损失，相对增加企业流动资产的投资收益；④通过比较应收账款周转天数及企业信用期限，可评价客户的信用程度，调整企业信用政策。因此本题答案为选项 ACD。

答 ACD

习题

1.（单选题）已知某企业 2019 年营业收入为 2000 万元，平均流动比率为 2，平均流动负债为 250 万元，则该企业 2019 年的流动资产周转次数为（　）次。

A. 8　　B. 6　　C. 4　　D. 2

2.（多选题）下列关于应收账款周转率指标的说法中，正确的有（　）。

A. 营业收入指扣除销售折扣和折让后的销售净额

B. 应收账款包括会计报表中的“应收账款”和“应收票据”等全部赊销账款

C. 应收账款为扣除坏账准备的金额

D. 该指标容易受季节性、偶然性等因素的影响

3. (单选题)某公司2019年的营业收入为5000万元，年初应收账款余额为200万元，年末应收账款余额为800万元，坏账准备按应收账款余额的8%计提(年初应收账款余额、年末应收账款余额均为未计提坏账准备的余额)。每年按360天计算，则该公司的应收账款周转天数为(　)天。

A. 15　　B. 36　　C. 22　　D. 24

4. (单选题)下列关于营运能力分析的指标中，说法错误的是(　)。

A. 一定时期内，流动资产周转天数越少，可相对节约流动资产，增强企业盈利能力

B. 一般来讲，存货周转速度越快，存货占用水平越低，流动性越强

C. 在一定时期内，应收账款周转次数多，表明企业收账缓慢

D. 在一定时期内，应收账款周转次数多，表明应收账款流动性强

参考答案及解析 

DAY 84 盈利能力分析

划重点

一、营业毛利率★

（一）计算公式

营业毛利率=（营业收入-营业成本）÷营业收入×100%

营业毛利=营业收入-营业成本

（二）指标分析

营业毛利率反映产品每1元营业收入所包含的毛利润是多少。**营业毛利率越高，表明产品的盈利能力越强。**

（1）将营业毛利率与行业水平进行比较，可以反映企业产品的市场竞争地位。

（2）将不同行业的营业毛利率进行横向比较，也可以说明行业间盈利能力的差异。

二、营业净利率★

（一）计算公式

营业净利率=净利润÷营业收入×100%

（二）指标分析

营业净利率反映每1元营业收入最终赚取了多少利润，用于反映产品**最终的盈利能力。**将营业净利率按利润的扣除项目进行分解可以识别影响营业净利率的主要因素。

三、总资产净利率★★

（一）计算公式

总资产净利率=净利润÷平均总资产×100% $=\frac{净利润}{营业收入}\times\frac{营业收入}{平均总资产}$

=营业净利率×总资产周转率

（二）指标分析

总资产净利率衡量的是企业资产的盈利能力。总资产净利率越高，表明企业资产的利用效果越好。影响总资产净利率的因素是营业净利率和总资产周转率。

指点迷津 除非特别指明，分母要用平均总资产。

四、净资产收益率★★

（一）计算公式

净资产收益率=净利润÷平均所有者权益×100% $=\frac{\text{净利润}}{\text{平均总资产}}\times\frac{\text{平均总资产}}{\text{平均净资产}}$

=总资产净利率×权益乘数=营业净利率×总资产周转率×权益乘数

(二)指标分析

净资产收益率表示每1元权益资本赚取的净利润，反映权益资本经营的盈利能力。该指标是企业盈利能力指标的核心，也是杜邦财务指标体系的核心，更是投资者关注的重点。

指点迷津 除非特别指明，分母得用平均所有者权益。

例解答·练

例题

例 1.(单选题·2018年)企业营业净利率为20%，总资产净利率为30%，则总资产周转率为(　)。

A. 0.67　　B. 0.1　　C. 0.5　　D. 1.5

思路点拨 有公式很容易倒推出结果。也可以代入数字，营业净利率=20%，则令净利润=20，收入=100，总资产净利率=30%，则20/平均总资产=30%，可得平均总资产=20/0.3，则总资产周转率=100/(20/0.3)=1.5。

解 总资产净利率=营业净利率×总资产周转率，所以，总资产周转率=总资产净利率/营业净利率=30%/20%=1.5。

答 D

例 2.(单选题·2013年)假定其他条件不变，下列各项经济业务中，会导致公司总资产净利率上升的是(　)。

A. 收回应收账款　　B. 用资本公积转增股本

C. 用银行存款购入生产设备　　D. 用银行存款归还银行借款

思路点拨 A选项货币资金增加应收账款减少，总资产不变。B选项所有者权益内部变动，不影响资产总额。C选项货币资金减少固定资产增加，总资产不变。D选项总资产减少负债减少。

解 总资产净利率=净利润/平均总资产，选项D会使得银行存款下降，从而使得总资产下降，所以总资产净利率会升高。

答 D

例 3.(计算分析题·2016年)丁公司2015年12月31日的资产负债表显示：资产总额年初数和年末数分别为4800万元和5000万元，负债总额年初数和年末数分别为2400万元和2500万元。丁公司2015年度营业收入为7350万元，净利润为294万元。

要求：

(1)根据年初、年末平均值，计算权益乘数。

(2)计算总资产周转率。

(3)计算营业净利率。

(4)根据要求(1)、(2)、(3)的计算结果，计算总资产净利率和净资产收益率。

思路点拨 前3问比较容易，第(4)问实际上是考核相关指标之间的关系，总资产净利率=营业净利率×总资产周转率，净资产收益率=总资产净利率×权益乘数。

答 (1)年初股东权益=4800−2400=2400(万元)

年末股东权益=5000−2500=2500(万元)

平均总资产=(4800+5000)/2=4900(万元)

平均股东权益=(2400+2500)/2=2450(万元)

权益乘数=4900/2450=2

(2)总资产周转率=7350/4900=1.5(次)

(3)营业净利率=294/7350×100%=4%

(4)总资产净利率=4%×1.5=6%

净资产收益率=6%×2=12%

习题

1. (单选题)下列对企业盈利能力指标的分析中，错误的是(   )。
   A. 营业毛利率反映产品每1元营业收入所包含的毛利润是多少
   B. 营业净利率反映产品最终的盈利能力
   C. 营业净利率反映每1元营业收入最终赚取了多少利润
   D. 总资产净利率是杜邦财务指标体系的核心
2. (单选题)A公司2018年的营业净利率为10%，总资产周转率为1.5次，资产负债率为40%，2019年的营业净利率为15%，总资产周转率为1.25次，资产负债率为50%，按题所给顺序依次替换，则2019年总资产周转率变动对总资产净利率变动的影响为(   )。
   A. −3.75%　　B. −2.5%　　C. −1.5%　　D. −1%
3. (多选题)总资产净利率衡量的是企业资产的盈利能力，企业提高总资产净利率的方法有(   )。
   A. 提高营业净利率　　B. 降低营业毛利率
   C. 降低资产周转速度　　D. 加速资产周转速度

参考答案及解析 

DAY 85 发展能力分析

划重点

指点迷津 发展能力几乎都是增长率指标，计算方法很容易。

一、营业收入增长率

营业收入增长率=本年营业收入增长额/上年营业收入×100%

二、总资产增长率

总资产增长率=本年资产增长额/年初资产总额×100%

三、营业利润增长率

营业利润增长率=本年营业利润增长额/上年营业利润总额×100%

四、资本保值增值率★

资本保值增值率=扣除客观因素影响后的期末所有者权益÷期初所有者权益×100%

指点迷津 引起所有者权益增加的因素主要包括两大类：一类是留存收益(盈余公积、未分配利润)，一类是股权资本(股本、资本公积)。资本保值增值率主要衡量企业盈利增长引起的期末所有者权益比期初所有者权益增长的倍数，因此，这里的客观因素主要指股权资本增加。

五、所有者权益增长率

所有者权益增长率=本年所有者权益增长额/年初所有者权益×100%

指点迷津 如果不考虑客观因素的扣除，则资本保值增值率=(期初所有者权益+本年所有者权益增长额)/期初所有者权益=1+所有者权益增长率，“1”代表保值部分，“所有者权益增长率”代表增值部分。

例解答·练

例题

例 1.(单选题·2018年)下列各项财务分析指标中，能反映企业发展能力的是(　)。

A. 权益乘数　　B. 资本保值增值率

C. 现金营运指数　　D. 净资产收益率

思路点拨 权益乘数反映长期偿债能力，现金营运指数反映收益质量，净资产收益率反映盈利能力。

解 衡量企业发展能力的指标主要有营业收入增长率、总资产增长率、营业利润增长率、资本保值增值率和所有者权益增长率等。

答 B

例 2.（单选题·2013 年）某公司 2012 年初所有者权益为 1.25 亿元，2012 年末所有者权益为 1.50 亿元。该公司 2012 年的所有者权益增长率是（　）。

A. 16.67%　　B. 20.00%　　C. 25.00%　　D. 120.00%

思路点拨 本题没有说客观因素的影响，默认不考虑。

解 本题考核所有者权益增长率的计算。所有者权益增长率=(1.5−1.25)/1.25×100% =20%。

答 B

例 3.（判断题·2016 年）计算资本保值增值率时，期末所有者权益的计量应当考虑利润分配政策及投入资本的影响。（　）

思路点拨 期末所有者权益应当扣除客观因素的影响，这一客观因素包括投入资本的影响，应该剔除。

解 资本保值增值率=扣除客观因素影响后的期末所有者权益/期初所有者权益×100%，这一指标的高低，除了受企业经营成果的影响外，还受企业利润分配的影响。

答 错

习题

1.（单选题）某公司 2019 年初所有者权益为 1.5 亿元，2019 年末扣除客观因素影响后的所有者权益为 1.75 亿元。该公司 2019 年的资本保值增值率是（　）。

A. 16.67%　　B. 14.29%　　C. 92.30%　　D. 116.67%

2.（多选题）下列各项中，属于衡量企业发展能力的指标有（　）。

A. 营业收入增长率　　B. 总资产增长率

C. 营业现金比率　　D. 所有者权益增长率

3.（多选题）计算资本保值增值率时，期末所有者权益的计量应当考虑的有（　）。

A. 企业经营成果的影响　　B. 企业利润分配政策的影响

C. 总资本的影响　　D. 行业未来发展的影响

参考答案及解析 

DAY 86 现金流量分析

划重点

一、获取现金能力的分析★

1. 营业现金比率

计算公式：营业现金比率=经营活动现金流量净额÷营业收入

指标分析：反映每1元营业收入得到的经营活动现金流量净额，其数值越大越好。

2. 每股营业现金净流量

计算公式：每股营业现金净流量=经营活动现金流量净额÷普通股股数

指标分析：反映企业最大的分派股利能力，超过此限度，企业就要借款分红。

3. 全部资产现金回收率

计算公式：全部资产现金回收率=经营活动现金流量净额÷平均总资产×100%

指标分析：反映企业全部资产产生现金的能力。

二、收益质量分析(会计收益)★★

收益质量是指会计收益与公司业绩之间的相关性。如果会计收益能如实反映公司业绩，则其收益质量高；反之，则收益质量不高。

(一)净收益营运指数

1. 计算公式

净收益营运指数=经营净收益÷净利润=(净利润-非经营净收益)÷净利润

2. 指标分析

(1)非经营收益不反映公司的核心能力及正常的收益能力，可持续性较低，所以，进行收益质量分析时要扣除。

(2)净收益营运指数越小，表明非经营收益所占比重越大，收益质量越差。

指点迷津 净利润=经营净收益+非经营净收益，非经营净收益主要包括营业外收入、营业外支出、财务费用、投资收益等，因此，净收益营运指数其实为一个结构比指标，即净利润当中经营净收益占的比重。

(二)现金营运指数

1. 计算公式

现金营运指数=经营活动现金流量净额÷经营所得现金

其中，经营所得现金=经营净收益+非付现费用

经营活动现金流量净额=经营所得现金-(经营资产净增加-经营负债净增加)

=经营所得现金-经营营运资本净增加

指点迷津 这里的“经营所得现金”相当于专题六项目投资管理中的“营业现金净流量”，即营业现金净流量=税后营业利润+非付现成本，只不过“营业现金净流量”针对一个项目而言，“经营所得现金”针对一个企业而言。换句话说：此处的“经营净收益”是一个企业所有项目的“税后营业利润”之和，这里的“非付现费用”是一个企业所有项目的“非付现成本”之和。

指点迷津 这里的“经营活动现金流量净额”即在“经营所得现金”的基础上减去垫支的经营营运资本，也就相当于考虑本年垫支营运资本以后的本年现金净流量。

2. 指标分析

反映每1元的经营活动收益能收回多少现金。现金营运指数小于1，说明一部分收益尚未取得现金，停留在实物或债权形态，而实物或债权资产的风险大于现金，应收账款不一定能足额变现，存货也有贬值的风险，所以未收现的收益质量低于已收现的收益。其次，现金营运指数小于1，说明营运资金增加了，反映企业为取得同样的收益占用了更多的营运资金，取得收益的代价增加了，同样的收益代表着较差的业绩。

例解答·练

例题

例 1.（判断题·2019年）净收益营运指数作为一个能反映公司收益质量的指标，可以揭示净收益与现金流量的关系。（　）

思路点拨 净收益营运指数=经营净收益/净利润，反映的净利润的结构，与现金流量没有关系。

解 净收益营运指数是指经营净收益与净利润之比，所以，不能揭示净收益与现金流量的关系。可以揭示净收益与现金流量关系的是现金营运指数。

答 错

例 2.（单选题·2019年）关于获取现金能力的有关财务指标，下列表述正确的是（　）。

A. 每股营业现金净流量是经营活动现金流量净额与普通股股数之比

B. 用长期借款方式购买固定资产会影响营业现金比率

C. 全部资产现金回收率指标不能反映公司获取现金的能力

D. 公司将销售政策由赊销调整为现销方式后，不会对营业现金比率产生影响

思路点拨 获取现金能力的指标都与“经营活动现金流量净额”有关系，因此选项如果影响经营活动现金流量就会影响获取现金能力的指标。

解 每股营业现金净流量=经营活动现金流量净额÷普通股股数，因此选项A的说法正确。营业现金比率=经营活动现金流量金额÷营业收入，用长期借款购买固定资产，影响投资活动现金流量净额，不影响经营活动现金流量净额，因此选项B的说法错误。全部资产现金回收率是通过企业经营活动现金流量净额与企业平均总资产之比来反映的，它说明企业全部资产产生现金的能力，因此选项C的说法错误。企业将销售政策由赊销调整为现销，会影响经营活动现金流量净额，进而会影响营业现金比率，因此选项D的说法错误。

 A

例 3.（单选题·2018年）下列财务分析指标中，能够反映收益质量的是（　）。

A. 净资产收益率　　B. 现金营运指数　　C. 营业毛利率　　D. 每股收益

思路点拨 收益质量就两个指标：净收益营运指数、现金营运指数。

解 收益质量是指会计收益与公司业绩之间的相关性。如果会计收益能如实反映公司业绩，则其收益质量高；反之，则收益质量不高。收益质量分析，主要包括净收益营运指数分析与现金营运指数分析。

答 B

例 4.（判断题·2017年）净收益营运指数越大，收益质量越差。（　）

思路点拨 净收益营运指数这个指标为"指数"指标，指数越大收益质量越好。

解 净收益营运指数越小，非经营收益所占比重越大，收益质量越差，因为非经营收益不反映公司的核心能力及正常的收益能力，可持续性较低。

答 错

例 5.（计算分析题·2014年）丁公司2013年12月31日总资产为600000元，其中流动资产为450000元，非流动资产为150000元；股东权益为400000元。

丁公司年度运营分析报告显示，2013年的存货周转次数为8次。营业成本为500000元，净资产收益率为20%，非经营净收益为-20000元。期末的流动比率为2.5。

要求：

（1）计算2013年存货平均余额。

（2）计算2013年末流动负债。

（3）计算2013年净利润。

（4）计算2013年经营净收益。

（5）计算2013年净收益营运指数。

思路点拨 计算经营净收益时注意符号别弄反。净利润=经营净收益+非经营净收益，即80000=经营净收益-20000。

答 （1）2013年的存货平均余额=500000/8=62500（元）

（2）2013年末的流动负债=450000/2.5=180000（元）

（3）2013年净利润=400000×20%=80000（元）

（4）2013年经营净收益=80000+20000=100000（元）

（5）2013年的净收益营运指数=100000/80000=1.25

习题

1.（单选题）下列选项中不属于获取现金能力分析指标的是（　）。

A. 营业现金比率　　B. 每股营业现金净流量

C. 全部资产现金回收率　　D. 净收益营运指数

2.（单选题）某公司2019年的净利润1000万元，非经营收益200万元，非付现费用800万元，经营活动现金流量净额为2000万元，那么，现金营运指数为（　）。

A. 1.25　　B. 0.5　　C. 0.75　　D. 1.15

3.（多选题）下列关于现金营运指数的说法中正确的有（　）。

A. 现金营运指数反映企业经营活动现金流量净额与企业经营所得现金的比值

B. 现金营运指数小于 1 说明收益质量较好

C. 现金营运指数小于 1 反映了企业为取得同样的收益占用了更多的营运资金

D. 现金营运指数小于 1 表明了同样的收益情况下付出的代价增加

参考答案及解析 

DAY 87 上市公司特殊财务指标分析

划重点

一、每股收益★★★

每股收益是综合反映企业盈利能力的重要指标，可以用来判断和评价管理层的经营业绩。在不同行业、不同规模的上市公司之间具有相当大的可比性，因而在各上市公司之间的业绩比较中被广泛地加以应用。

（一）基本每股收益（见表87-1）

表87-1　基本每股收益

基本每股收益	计算公式：基本每股收益=归属于公司普通股股东的净利润/发行在外的普通股加权平均数 发行在外的普通股加权平均数=**期初发行在外普通股数+当期新发普通股数×已发行时间÷报告期时间−当期回购普通股股数×已回购时间÷报告期时间**

易错易混 新股发行及股份回购会导致股权资本发生变动，在计算加权平均股数时，需要考虑时间权数。发放股票股利或资本公积转增股本不会导致股权资本发生变动，在计算加权平均股数时，无需考虑时间权数（或权数为1）。

（二）稀释每股收益

企业存在稀释性潜在普通股的，应当计算稀释每股收益。稀释性潜在普通股指假设当期转换为普通股会减少每股收益的潜在普通股。具体计算见表87-2。

表87-2　稀释每股收益

稀释每股收益	计算公式：稀释每股收益=$\frac{\text{原净利润+调整的净利润}}{\text{原发行在外的普通股加权平均数+稀释性潜在普通股加权平均数}}$ 其中，稀释性潜在普通股指**假设当期转换为普通股会减少每股收益的潜在普通股**。潜在普通股主要包括：**可转换公司债券、认股权证和股份期权**等。

1. 潜在普通股为可转换公司债券时

稀释每股收益=

$$\frac{\text{原净利润+可转换债券当期税后利息费用}}{\text{原发行在外的普通股加权平均数+假定可转换债券当期期初或发行日转换为普通股的加权平均数}}$$

指点迷津 ①分子的调整：假设可转换债券一开始就全部转换为普通股，则就不需要支付利息了，但原来的净利润是扣除过利息计算出来的，所以要反向加回已扣除的利息费用；②分母的调整：如果要求计算可转换债券发行当年的稀释每股收益，则时间权重从“发行日”开始至年末，如果要求计算以后年度的稀释每股收益，则时间权重从“年初”至年末；③把稀释每股收益的公式可以拆成两部分理解，如下，“左边”计算结果即为原来的基本每股收益，“右边”计算结果即为潜在普通股的每股收益，很明显，如果“右边”部分的计算结果小于左边部分的计算结果，则就会整体拉低每股收益，即产生了稀释作用。

$$\frac{\text{原净利润}+\text{可转换债券当期税后利息费用}}{\text{原发行在外的普通股加权平均数}+\text{假定可转换债券当期期初或发行日转换为普通股的加权平均数}}$$

2. 潜在普通股为认股权证和股份期权

行权价格低于当期普通股平均市场价格时，应考虑稀释性。

调整时，分子一般不调整，分母的调整项目为增加的普通股股数的加权平均数(即下述计算结果的基础上还要考虑时间权重)。

$$\text{认股权证或股份期权行权增加的普通股股数}=\text{行权认购的股数}\times(1-\frac{\text{行权价格}}{\text{普通股平均市价}})$$

指点迷津 ①只有当行权价格低于当期普通股平均市场价格时，才考虑稀释性，因为，认股权证和股份期权都属于看涨期权(买入期权)，若行权价格高于确定的当期普通股平均市场价格时，行权将会给投资者带来损失，因此，投资者不可能行权，也就不可能会存在稀释的问题；②不需要调整分子，原因在于认股权证和股份期权持有人在持有权证期间，公司并不需要负担利息费用等影响净利润的其他费用项目；③分母的调整本质上可以理解为“按行权价实际认股的股份−按当前普通股平均市价认股的股份”的差额，即公司无代价白送的股份。

二、每股股利

计算公式：每股股利=现金股利总额÷期末发行在外的普通股股数

指标分析：每股股利的多少很大程度上取决于每股收益的多少，但除了受上市公司盈利能力大小影响外，还取决于企业的股利分配政策和投资机会。

三、股利发放率(股利支付率)

计算公式：股利发放率=每股股利÷每股收益×100%

指标分析：股利发放率反映每股股利和每股收益之间关系，反映普通股股东的当期收益水平。

四、市盈率★★

计算公式：$\text{市盈率}=\frac{\text{每股市价}}{\text{每股收益}}$

指标分析：市盈率反映普通股股东为获取1元净利润所愿意支付的价格。市盈率越高，意味着投资者对股票的收益预期越看好，投资价值越大。同时也说明获得一定的预期利润投资者需要支付更高的价格，因此投资于该股票的风险也越大。

五、每股净资产

计算公式：$\text{每股净资产}=\frac{\text{期末普通股净资产}}{\text{期末发行在外的普通股股数}}$

指标评价：①每股净资产显示了发行在外的每一普通股股份所能分配的企业账面净资产的

价值；②**每股净资产是理论上股票的最低价值**；③利用该指标进行横向和纵向对比，可以衡量上市公司股票的投资价值。

六、市净率

计算公式：$市净率=\frac{每股市价}{每股净资产}$

指标评价：市净率是每股市价与每股净资产的比率，是投资者用以衡量、分析个股是否具有投资价值的工具之一。①一般来说，**市净率较低的股票，投资价值较高**(价值被低估)；反之，则投资价值较低(价值被高估)；②有时较低的市净率反映的可能是投资者对公司前景的不良预期，而较高市净率则相反；③在判断某只股票的投资价值时，除了市净率以外，还要综合考虑当时的市场环境以及公司经营情况、资产质量和盈利能力等因素。

例解答·练

例题

例 1.(单选题·2017 年)在计算稀释每股收益时，下列各项中，不属于潜在普通股的是(　)。

A. 认股权证　　B. 可转换公司债券

C. 股票期权　　D. 不可转换优先股

思路点拨 可以转换为普通股的才可以称为潜在普通股。

解 可转换公司债券、认股权证和股份期权属于潜在普通股。不可转换优先股不能转换为普通股，不具备稀释性。所以答案为选项 D。

答 D

例 2.(判断题·2014)市盈率是反映股票投资价值的重要指标，该指标数值越大，表明投资者越看好该股票的投资预期。　(　)

思路点拨 指标越大意味着为了实现一定的收益愿意支付更高的价格，表明投资者越看好该股票的投资预期，但同时风险会越大。

解 市盈率是股票市场上反映股票投资价值的重要指标，该比率的高低反映了市场上投资者对股票投资收益和投资风险的预期。

答 对

例 3.(计算分析题)某上市公司 2019 年 7 月 1 日按面值发行年利率 3% 的可转换公司债券，面值 10000 万元，期限为 5 年，利息每年末支付一次，发行结束一年后可以转换股票，转换价格为每股 5 元，即每 100 元债券可转换为 1 元面值的普通股 20 股。2019 年该公司归属于普通股股东的净利润为 30000 万元，2019 年发行在外的普通股加权平均数为 40000 万股，债券利息不符合资本化条件，直接计入当期损益，所得税税率为 25%。假设不考虑可转换公司债券在负债成份和权益成份之间的分拆，且债券票面利率等于实际利率。

要求计算下列指标：①基本每股收益；②计算增量股的每股收益，判断是否具有稀释性；③稀释每股收益。

思路点拨 ①本题在计算分子上调整的利息费用时注意，本题其实是简化处理了。严格意义上可转债利息费用的处理要采用实际利率法，而且要考虑发行可转债时发行价需要在负债成份和权益成份之间进行分拆，但本题假设不考虑这些因素，所以调整的利息费用直接按债券的面值和票面利率来计算就可以了；②在计算稀释每股收益时，请按照前述的【指点迷津】理解并计算。

答 ①基本每股收益=30000/40000=0.75 元/股

②假设全部转股

增加的净利润=10000×3%×6/12×(1-25%)=112.5(万元)

增加的年加权平均普通股股数=10000/100×6/12×20=1000(万股)

增量股的每股收益=112.5/1000=0.1125(元)

增量股的每股收益小于原每股收益，可转换债券具有稀释作用。

③稀释每股收益=(30000+112.5)/(40000+1000)=0.73(元)

例 4.(单选题)甲公司2019年度归属于普通股股东的净利润为9000万元，发行在外的普通股加权平均数为40000万股，甲公司股票当年平均市场价格为每股10元。2019年1月1日发行在外的认股权证为10000万份，行权日为2020年4月1日，按规定每份认股权证可按8元的价格认购甲公司1股股票。甲公司2019年度稀释每股收益为(　)元/股。

A. 0.18　　B. 0.19　　C. 0.21　　D. 0.23

思路点拨 ①分母调增的股数为“按行权价实际认股的股份-按当前普通股平均市价认股的股份”的差额。按行权价实际认股的股份=10000×1=10000(万股)，假设行权，公司会收到10000×8=80000(万元)，按普通股平均市场价格每股10元计算，只能增加股数80000/10=8000(万股)，即按当前普通股平均市价认股的股份=8000(万股)，相当于公司无对价白送2000万股(10000-8000)。②另外注意，因为本题是年初就存在的认股权证，所以不用考虑权重或权重为1，本题如果是2019年年度中间发行的认股权证，计算出来的2000万股还要考虑时间权重的问题。

解 甲公司2019年度调整增加的普通股股数=10000-10000×8/10=2000(万股)，稀释每股收益=9000/(40000+2000)=0.21(元/股)。

答 C

例 5.(计算分析题)某上市公司2019年度归属于普通股股东的净利润为25000万元。2018年末的股数为8000万股，2019年2月8日，经公司2018年度股东大会决议，以截止2018年末公司总股数为基础，向全体股东每10股送红股10股，工商注册登记变更完成后公司总股数变为16000万股。2019年11月29日发行新股6000万股。

要求：计算该公司2019年的基本每股收益。

思路点拨 发放股票股利或资本公积转增股本不会导致股权资本发生变动，在计算加权平均股数时，无须考虑时间权数(或权数为1)。

答 发行在外的普通股加权平均数=8000+8000+6000×1/12=16000×11/12+22000×1/12

=16500(万股)

基本每股收益=25000/(8000+8000+6000×1/12)=1.52(元/股)

习题

1. (单选题)某公司上年实现的净利润为100万元，上年末每股市价为36元，普通股股东权益为260万元，流通在外的普通股股数为130万股，上年5月1日增发了30万股，9月1日回购了15万股，则上年末的市净率为(　)。

A. 18　　B. 38　　C. 32　　D. 15

2. (单选题)下列各项中，不会稀释公司每股收益的是(　)。

A. 发行认股权证　　B. 发行短期融资券

C. 发行可转换公司债券　　D. 授予管理层股份期权

3. (单选题)某企业没有优先股，本年利润总额为1000万元，所得税税率为25%，股利支付率为60%；年末股东权益总额为5000万元，每股净资产为10元，则每股股利为(　)元。

A. 1.8　　B. 0.9　　C. 1.2　　D. 1

4. (多选题)下列关于每股净资产的说法中，正确的有(　)。

A. 每股净资产显示发行在外的每一普通股股份所能分配的企业总资产的价值

B. 每股净资产指标反映了在会计期末每一股份在企业账面上到底值多少钱

C. 每股净资产是股票的最高价值

D. 利用每股净资产指标进行横向和纵向对比，可以衡量上市公司股票的投资价值

5. (多选题)下列有关市盈率的说法中，错误的有(　)。

A. 市盈率是股票每股市价与每股收益的比率

B. 市盈率反映了普通股股东为获取1元净利润所愿意支付的股票价格

C. 如果公司的目前市盈率较高，则不值得投资者进行投资

D. 公司的市盈率与利率水平无关

6. (单选题)某上市公司2019年度归属于普通股股东的净利润为2950万元。2018年年末的股本为10000万股，2019年3月5日，经公司2018年度股东大会决议，以截止2018年年末公司总股本为基础，向全体股东每10股送红股1股，工商注册登记变更完成后公司总股本变为11000万股，2019年5月1日新发行6000万股，11月1日回购1500万股，以备将来奖励职工之用，则该上市公司2019年度基本每股收益为(　)元。

A. 0.1　　B. 0.2　　C. 0.3　　D. 0.4

参考答案及解析 

DAY 88 财务评价与考核

划重点

一、企业综合绩效分析的方法★★★

(一)杜邦分析法

净资产收益率(权益净利率)=净利润÷平均所有者权益×100% $=\frac{\text{净利润}}{\text{平均总资产}}\times\frac{\text{平均总资产}}{\text{平均净资产}}$

=总资产净利率×权益乘数=营业净利率×总资产周转率×权益乘数

指点迷津 ①净资产收益率是一个**综合性最强的财务分析指标，是杜邦分析体系的起点**；②权益乘数=总资产/所有者权益，与资产负债率、产权比率可以相互推算，在杜邦分析中一般分子分母均使用平均数。考试时，根据题目要求。

(二)沃尔评分法

亚历山大·沃尔把若干个财务比率用线性关系结合起来，以此来评价企业的信用水平。被称为沃尔评分法。沃尔评分法，选择**七种**财务比率，分别给定了其在总评价中所占的比重，总和为100分；然后，确定标准比率，并与实际比率相比较，评出每项得分，求出总得分。

(三)经济增加值法

1. 含义

经济增加值(EVA)，是指**税后净营业利润扣除全部投入资本的成本(包括股东投入资本的资本成本)**后的剩余收益。

2. 计算公式

经济增加值=税后净营业利润-平均资本占用x加权平均资本成本

易错易混 注意在计算经济增加值时，**需进行相应的会计科目调整**，如营业外收支、递延税金等都要从税后净营业利润中扣除，以消除财务报表中不能准确反映企业价值创造的部分。**经济增加值为正，表明经营者在为企业创造价值；经济增加值为负，表明经营者在损毁企业价值**。

3. 优缺点(见表88-1)

表88-1 经济增加值法的优缺点

优点	考虑了所有资本的成本，能够更加真实地反映企业的价值创造，且实现了企业利益、经营者利益和员工利益的统一
缺点	(1)无法衡量企业长远发展战略的价值创造。 (2)该指标计算主要基于财务指标，无法对企业进行综合评价。 (3)该指标的可比性较差。 (4)如何计算经济增加值尚存许多争议

二、综合绩效评价

（一）综合绩效评价的内容

企业综合绩效评价由**财务绩效定量评价和管理绩效定性评价**两部分组成，如图 88-1 所示：

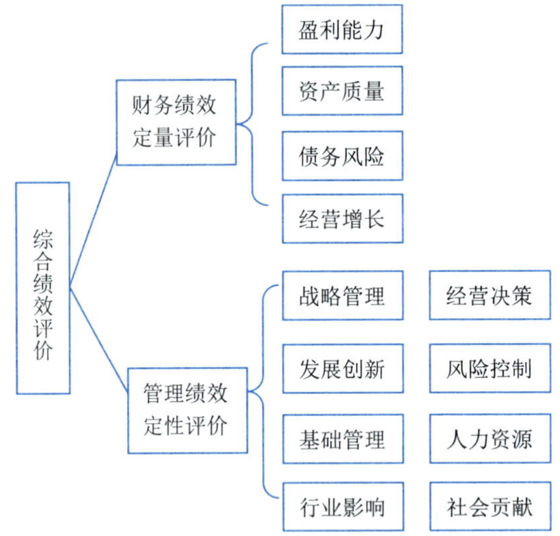

图 88-1　企业综合绩效评价的组成

（二）企业综合绩效评价计分方法

1. 企业综合绩效评价分数 =**财务绩效定量评价分数×70% +管理绩效定性评价分数×30%**

2. 绩效改进度 $=\dfrac{\text{本期绩效评价分数}}{\text{基期绩效评价分数}}$

绩效改进度大于 1，说明经营绩效上升；小于 1，说明经营绩效下滑。

例解答·练

例题

例 1.（单选题 · 2018 年）关于杜邦分析体系所涉及的财务指标，下列表述错误的是（　）。

A. 营业净利率可以反映企业的盈利能力

B. 权益乘数可以反映企业的偿债能力

C. 总资产周转率可以反映企业的营运能力

D. 总资产收益率是杜邦分析体系的起点

思路点拨 杜邦分析体系的核心指标和分析起点是"净资产收益率"。

解 杜邦分析体系的起点是净资产收益率，所以选项 D 的说法不正确。

答 D

例 2.（多选题 · 2018 年）企业综合绩效评价可分为财务绩效定量评价与管理绩效定性评价两部分，下列各项中，属于财务绩效定量评价内容的有（　）。

A. 资产质量　　B. 盈利能力　　C. 债务风险　　D. 经营增长

思路点拨 这个得记住。

解 财务绩效定量评价是指对企业一定期间的盈利能力、资产质量、债务风险和经营增长四个方面进行定量对比分析和评判。

答 ABCD

例 3.（判断题·2018 年）净资产收益率是综合性比较强的财务分析指标，是杜邦财务分析体系的起点。（ ）

思路点拨 没有任何可以质疑的地方。

解 杜邦分析体系是将净资产收益率进行分解。

答 对

习题

1.（多选题）下列有关杜邦分析法的描述中，不正确的有（ ）。

A. 杜邦分析法以总资产收益率为起点

B. 杜邦分析法以总资产净利率和权益乘数为核心

C. 杜邦分析法重点揭示企业盈利能力及权益乘数对净资产收益率的影响

D. 杜邦分析法中有关资产、负债和权益指标通常使用期末值计算

2.（单选题）净资产收益率在杜邦分析体系中是综合性最强、最具有代表性的指标。通过分析可知，提高净资产收益率的途径不包括（ ）。

A. 加强销售管理，提高营业净利率　　B. 加强资产管理，提高其利用率和周转率

C. 加强负债管理，提高其利用率和周转率　　D. 加强负债管理，提高产权比率

3.（多选题）下列各项中，属于财务绩效定量评价指标的有（ ）。

A. 人力资源指标　　B. 资产质量指标　　C. 经营增长指标　　D. 债务风险指标

4.（单选题）某企业 2018 年和 2019 年的营业净利率分别为 7% 和 8%，资产周转率分别为 2 和 1.5，两年的资产负债率相同，与 2018 年相比，2019 年的净资产收益率变动趋势为（ ）。

A. 上升　　B. 下降　　C. 不变　　D. 无法确定

5.（计算分析题）某企业现有甲、乙两个部门，其 2019 年度相关财务数据如表 88-2 所示。假设没有需要调整的项目。

表 88-2 相关财务数据

部门	税后经营利润（万元）	资产总额（万元）	加权平均资本成本（%）
甲	700	4000	12%
乙	740	4200	13%

要求：计算甲、乙两部门的经济增加值并做出评价。

专题十一 纳税管理

本专题对应财务管理考试大纲“第九章 收入与分配管理”中纳税管理有关的内容，本专题内容从考试层面来讲不太重要，主要把握各纳税环节的税筹划原则。共4天的学习量，分别为“DAY89 纳税管理概述”“DAY90 企业筹资、投资纳税管理”“DAY91 企业营运纳税管理”“DAY92 企业利润分配、企业重组纳税管理”。

学 中级

DAY 89 纳税管理概述

划重点

一、纳税筹划

纳税筹划，是指在纳税行为发生之前，在不违反税法及相关法律法规的前提下，对纳税主体的投资、筹资、营运及分配行为等涉税事项做出事先安排，以实现企业财务管理目标的一系列谋划活动。

指点迷津 纳税筹划的外在表现是降低税负和延期纳税。

二、纳税筹划的原则与方法

（一）纳税筹划的原则

合法性原则（首要原则）、系统性原则（整体性原则、综合性原则）、经济性原则（成本效益原则）、先行性原则。

易错易混 纳税筹划的目的是追求企业长期财务目标而非单纯的税负最轻。

（二）纳税筹划的方法（见表 89-1）

表 89-1 纳税筹划的方法

筹划方法	主要内容
减少应纳税额	企业可以通过利用税收优惠政策筹划法或转让定价筹划法来实现减少应纳税额的目标。 (1)利用税收优惠政策筹划法：主要包括利用免税政策、减税政策、退税政策、税收扣除政策、税率差异、分劈技术、利用税收抵免等。 (2)转让定价筹划法：主要是指通过关联企业采用非常规的定价方式和交易条件进行的纳税筹划
递延纳税	递延纳税是指合法、合理的情况下，纳税人将应纳税款推迟一定期限的方法，由于货币具有时间价值，递延纳税法可以使应纳税额的现值减小

例解答·练

例题

例 1.（单选题 · 2017 年）在税法许可的范围内，下列纳税筹划方法中，能够导致递延纳税的是（　）。

A. 固定资产加速折旧法　　B. 费用在母子公司之间合理分劈法

C. 转让定价筹划法　　D. 研究开发费用加计扣除法

思路点拨 递延纳税的特点是总应纳税额不变，但时间安排上前期少交税后期多交税，加速折旧费并不改变总折旧的金额，即在计算应纳税所得额时，折旧扣除项目的总额并不变，并不影响总的应纳税所得额，但加速折旧法前期折旧多、后期折旧少，则前期应纳税额少，后期应纳税额多，总应纳税额不变，可以起到递延纳税的作用。选项 BCD 都可以直接减少应纳所得税额。

解 利用会计处理方法进行递延纳税筹划主要包括存货计价方法的选择和固定资产折旧的纳税筹划等。所以选项 A 是答案。

答 A

例 2. (多选题 · 2016 年) 纳税筹划可以利用的税收优惠政策包括( )。

A. 免税政策　　B. 减税政策　　C. 退税政策　　D. 税收扣除政策

思路点拨 很容易判断出四个选项都可以减少应纳税额。

解 从税制构成角度探讨，利用税收优惠进行纳税筹划主要是利用以下几个优惠要素：①利用免税政策；②利用减税政策；③利用退税政策；④利用税收扣除政策；⑥利用税率差异；⑥利用分劈技术；⑦利用税收抵免。

答 ABCD

习题

1. (单选题) 纳税筹划必须坚持的首要原则是( )。

   A. 合法性原则　　B. 系统性原则　　C. 经济性原则　　D. 先行性原则

2. (单选题) 在纳税行为发生之前，在不违反税法及相关法律法规的前提下，通过对纳税主体的投资、筹资、营运及分配行为等涉税事项做出事先安排，以实现企业财务管理目标的一系列谋划活动，属于( )。

   A. 纳税管理　　B. 纳税筹划　　C. 纳税筹资管理　　D. 纳税投资管理

3. (判断题) 纳税筹划的最终目的是企业的税负最小化。 ( )

4. (判断题) 如果纳税义务已经发生，根据税收法定原则，相应的纳税数额和纳税时间已经确定，纳税筹划就失去了作用空间。 ( )

参考答案及解析 

DAY 90 企业筹资、投资纳税管理

划重点

一、企业筹资纳税管理

(一)内部筹资纳税管理

指点迷津 内部筹资避免向股东支付股利的双重课税，将留存资金留在企业赚取投资收益，投资者可以自由选择资本收益的纳税时间，可以享受递延纳税带来的收益。

(二)外部筹资纳税管理

使用债务筹资可以带来节税收益，增加企业价值，但出于财务管理目标的考虑，在采用债务筹资方式筹集资金时，不仅要将资本结构控制在相对安全的范围内，还要确保总资产收益率(息税前)大于债务利息率(正的财务杠杆效应)。

二、企业投资纳税管理

(一)直接投资纳税管理

1. 直接对外投资纳税管理

(1)投资组织形式的纳税筹划(见表90-1)。

表90-1 投资组织形式的纳税筹划

方式	纳税筹划
公司制企业与合伙企业的选择	公司制企业对于个人股东涉及双重课税问题；而合伙企业不缴纳企业所得税，只课征各个合伙人分得收益的个人所得税
子公司与分公司的选择	子公司需要独立申报企业所得税；分公司的企业所得税由总公司汇总计算并缴纳。 根据分支机构可能存在的盈亏不均、税率差别等因素来决定分支机构的设立形式，能合法、合理地降低税收成本

(2)投资行业的纳税筹划。

在进行投资决策的时候，尽可能选择税收负担较轻的行业。

(3)投资地区的纳税筹划。

2. 直接对内投资纳税管理

直接对内投资纳税管理，主要指对企业长期经营资产投资的纳税筹划。比如：无形资产加计扣除税收优惠政策。

(二)间接投资纳税管理(证券投资纳税管理)

在投资金额一定时，证券投资决策的主要影响因素是证券的投资收益，不同种类证券收益应纳所得税不同，在投资决策时，应该考虑其税后收益。

例解答·练

例题

例 1.(单选题·2011 年)已知当前的国债利率为 3%，某公司适用的所得税税率为 25%。出于追求最大税后收益的考虑，该公司决定购买一种金融债券。该金融债券的利率至少应为( )。

A. 2.65%　　B. 3%　　C. 3.75%　　D. 4%

思路点拨 国债收益免税，税后收益率为 3%，金融债券税后收益率不低于 3% 才值得购买。

解 企业所得税法规定，国债利息收益免交企业所得税，而购买企业债券取得的收益需要缴纳企业所得税。因此企业购买的金融债券收益要想不小于国债的收益，其利率至少为 3%/(1-25%)=4%，本题正确答案为选项 D。

答 D

例 2.(计算分析题)甲公司为扩大市场份额，决定在 A 地设立销售代表处，预计未来 2 年内，A 销售代表处可能处于持续亏损状态，预计第一年将亏损 100 万元，同年总部将盈利 800 万元，不考虑应纳税所得额的调整因素，企业所得税税率为 25%。

要求：

(1)分别计算设立分公司和设立子公司两种设立方式下总部和销售代表处第一年的所得税费用。

(2)分析甲公司是设立分公司还是设立子公司对企业发展更有利。

思路点拨 建立在公司整体的角度进行判断。如果选择分公司，则销售代表处的亏损可以抵减总部的盈利，公司整体税负较轻；如果选择子公司，则子公司税负为 0，但其亏损不能去抵减总部的盈利，从而整体税负较重。

答 (1)甲公司如果设立分公司，则企业所得税由总公司汇总计算并交纳：

销售代表处不单独交纳所得税费用，总部交纳所得税费用=(800-100)×25% =175(万元)。

甲公司如果设立子公司，则各自的企业所得税由总部和子公司独立申报：

子公司因为处于亏损状态，所以缴纳的企业所得税为 0，总部交纳的企业所得税=800×25% =200(万元)。

(2)如果甲公司设立分公司，则分公司亏损在发生当年就可以由公司总部弥补，与设立子公司相比较，甲公司获得了提前弥补亏损的税收利益；如果设立子公司，则经营初期的亏损只能由以后年度的盈利弥补，此外，预计 2 年内面临亏损，如果设立子公司有可能面临着不能完全弥补亏损的风险，可能会失去亏损弥补的抵税收益，因此，设立分公司更有利一些。

习题

1. (单选题)A 公司 2019 年有下列投资行为：购买固定资产一台支付 600 万元，为该固定资产项目运行垫付营运资金 30 万元，购买国债 100 万元，购买专利支付 50 万元，则该企业当年直接投资总额为( )万元。

A. 680　　B. 830　　C. 630　　D. 650

2. (多选题)下列关于内部筹资管理的说法中，正确的有( )。

A. 内部资金无须花费筹资费用

B. 与外部股权筹资相比，内部筹资资本成本更低

C. 与债务筹资相比，内部筹资会降低企业的财务风险

D. 内部筹资是减少股东税收的一种有效手段，有利于利润最大化的实现

3. (判断题)某企业有闲置资金 800 万元，打算近期进行投资。其面临两种选择，一种是国债投资，国债年利率为 4%；另一种是投资债券，年利率为 5%，企业所得税税率 25%。则应该采取的投资方式是投资国债。 ( )

参考答案及解析 

企业营运纳税管理

划重点

一、采购的纳税管理

(一)增值税纳税人的纳税筹划

1. 相关原理

$$增值率=\frac{不含税销售额-不含税购进额}{不含税销售额}$$

一般来说，**增值率高的企业，适宜作为小规模纳税人；增值率低的企业，适宜作为一般纳税人**。

2. 筹划原则(无差别平衡点增值率)

假设一般纳税人适用的增值税税率为 X，小规模纳税人的征收率为 Y：

若企业的增值率$<Y/X$，则选择成为一般纳税人；

若企业的增值率$>Y/X$，则选择成为小规模纳税人。

(二)购货对象的纳税筹划

1. 相关原理

一般纳税人从一般纳税人处采购的货物，增值税进项税额可以抵扣。一般纳税人从小规模纳税人处采购的货物，增值税不能抵扣(由税务机关代开的除外)。为了弥补购货人的损失，小规模纳税人有时会在价格上给予优惠。

2. 筹划原则

在选择购货对象时，要**综合考虑由于价格优惠所带来的成本的减少和不能抵扣的增值税带来的成本费用的增加**。

(三)结算方式的纳税筹划

在赊购、现金、预付三种购货方式的价格无明显差异时，**尽可能选择赊购方式(延迟付款的好处，而且增值税可以立即抵扣)**；在三种购货方式的价格有差异的情况下，需要综合考虑货物价格、付款时间和进项税额抵扣时间。

二、生产的纳税管理

(一)存货计价的纳税筹划

指点迷津 把握基本的思路：①企业预计长期盈利以及处于非税收优惠期间，为了少交税，就要想办法让利润降到最低，从而要选择本期发出存货成本较大的计价方法；②企业预计亏损或处于减税、免税等税收优惠期间，就要利用亏损弥补的政策以及减免税的政策，尽量使利润较大，因此要选择使本期发出存货成本较小的计价方法。

（二）固定资产的纳税筹划（见表 91-1）

表 91-1　固定资产的纳税筹划

项目	说明
盈利企业	(1)固定资产入账价值：新增固定资产入账价值尽可能低，尽可能在当期扣除相关费用（争取一次性扣除，减少当期利润）。 (2)折旧：尽量缩短折旧年限或采用加速折旧法（减少当期利润）
亏损企业和享受税收优惠的企业	合理预计企业的税收优惠期间或弥补亏损所需年限，采用适当的折旧安排，尽量在税收优惠期间和亏损期间少提折旧，以达到抵税收益最大化

三、销售的纳税管理

（一）结算方式的纳税筹划

在不能及时收到货款的情况下，可以采用委托代销、分期收款等销售方式，等收到代销清单或合同约定的收款日期到来时再开具发票，承担纳税义务，从而起到延缓纳税的作用。

（二）促销方式的纳税筹划

1. 相关原理（见表 91-2）

表 91-2　促销方式纳税筹划的相关原理

促销方式	说明
销售折扣（现金折扣）	税收规定：销售折扣不得从销售额中减除，不能减少增值税纳税义务
折扣销售	税收规定：如果销售额和折扣额在同一张发票上注明，可以以销售额扣除折扣额后的余额作为计税金额，减少企业的销项税额
实物折扣	税收规定：实物款额不能从货物销售额中减除，且还需按“赠送他人”计征增值税
以旧换新	税收规定：一般应按新货物的同期销售价格确定销售额，不得扣减旧货物的收购价格

2. 筹划原则

从税负角度考虑，企业应选择使净现金流量最大的促销方式。

例解答·练

例题

例 1.（单选题）A 企业是新设立的商业企业，只经营一种产品，其产品的价格为 7500 元/件（不含税），购进价格为 6000 元（不含税），假设一般纳税人适用的增值税税率为 13%，小规模纳税人的征收率为 3%，则 A 企业（　）。

A. 应该选择成为一般纳税人

B. 应该选择成为小规模纳税人

C. 可以成为一般纳税人，也可以成为小规模纳税人

D. 以上均不正确

思路点拨 假设一般纳税人适用的增值税税率为 X，小规模纳税人的征收率为 Y，先计算无差别平衡点的增值率（Y/X），然后计算该企业的增值率，即“（不含税销售额-不含税购进额）/不

含税销售额”，如果该企业的增值率大于无差别平衡点的增值率，则选择成为小规模纳税人，否则，选择成为一般纳税人。

解 增值率=(7500−6000)/6000=25%，大于无差别平衡点的增值率23.08%(3%/13%)，因此，应该成为小规模纳税人。

答 B

例 2.(多选题)企业在不能及时收到货款的情况下，可以采取的销售方式包括(　)。

A. 委托代销　　B. 分期收款

C. 全额包销　　D. 余额包销

思路点拨 全额包销、余额包销属于证券承销的两种方式。

解 企业在不能及时收到货款的情况下，可以采用委托代销、分期收款等销售方式，等收到代销清单或合同约定的收款日期到来时再开具发票，承担纳税义务，从而起到延缓纳税的作用。

答 AB

例 3.(多选题)下列各项中，属于生产的纳税管理的有(　)。

A. 存货计价的纳税筹划　　B. 固定资产的纳税筹划

C. 期间费用的纳税筹划　　D. 结算方式的纳税筹划

思路点拨 在采购环节、销售环节存在结算方式选择的问题，因此，结算方式的纳税筹划属于采购纳税管理和销售纳税管理的内容。

解 企业生产过程实际上是各种原材料、人工工资和相关费用转移到产品的全过程，可以从以下三个方面进行纳税筹划：①存货计价的纳税筹划；②固定资产的纳税筹划；③期间费用的纳税筹划。

答 ABC

例 4.(判断题)在购货价格无明显差异时，要尽可能选择现金购买方式。　(　)

思路点拨 赊购除了不用立即付现，取得延迟付款的好处外，还可以在当期抵扣进项税额，所以，应当选择赊购的方式。

解 结算方式包括赊购、现金、预付等。在价格无明显差异的情况下，采用赊购方式不仅可以获得推迟付款的好处，还可以在赊购当期抵扣进项税额。因此，在购货价格无明显差异时，要尽可能选择赊购方式。

答 错

习题

1.(计算分析题)某公司为一家从事产品经销的一般纳税人，为了庆开业十周年，决定拿出5000件甲产品进行促销活动，现有两种促销方案：方案一是七折销售，且销售额和折扣额开在同一张发票上，方案二是买3件甲产品送1件甲产品(增值税发票上只列明3件甲产品的销售金额)。根据以往经验，无论采用哪种促销方式，甲产品都会很快被抢购一空。但是从纳税筹划角度上考虑，这两种方式可能面临不同的纳税义务。该公司采用现金购货和现金销货的方式，甲产品的不含税售价为每件100元，不含税进价为每件65元，增值税税率为13%，所得税税率为25%，不考虑城市维护建设税和教育费附加。

要求：

(1)若采用方案一，则净现金流量为多少？

(2)若采用方案二，则净现金流量为多少？

(3)根据以上计算，应选择哪个方案？

参考答案及解析 

企业利润分配、企业重组纳税管理

划重点

一、企业利润分配纳税管理

利润分配纳税管理主要包括两个部分：所得税纳税管理和股利分配纳税管理。

(一)所得税的纳税管理(主要体现为亏损弥补的纳税筹划)

1. 税收规定

税法规定，纳税人发生年度亏损(应纳税所得额为负值)，可以用下一纳税年度的所得弥补；下一年度的所得不足以弥补的，可以逐年延续弥补，延续弥补期最长不得超过5年。但对于高新技术企业和科技型中小企业，自2018年1月1日起，亏损结转年限由5年延长至10年。

2. 筹划原则

当企业发生亏损后，纳税筹划的首要任务是增加收入或减少可抵扣项目，使应纳税所得额尽可能多，以尽快弥补亏损，获得抵税收益。

(二)股利分配的纳税管理

1. 相关原理

由于股东面临双重税负，公司分配给投资者的股利并不是股东的最终收益，为了降低股东的纳税义务、分享到更多收益，公司有必要对股利分配进行纳税筹划。股利分配纳税筹划首要考虑的问题是企业是否分配股利。

2. 筹划原则

(1)基于自然人股东的纳税筹划。

①税收规定(见表92-1)。

表92-1 基于自然人股东的纳税筹划的税收规定

项目	说明
股息红利收益(统一适用20%的税率计征个人所得税)	持股期限超过1年，股息红利所得暂免征收个人所得税
	持股期限在1个月以内(含1个月)，股息红利所得全额计入应纳税所得额
	持股期限在1个月以上至1年(含1年)，暂减按50%计入应纳税所得额
资本利得收益	即股票转让所得，不征收个人所得税，但投资个人在股票交易时需承担成交金额1‰的印花税

②筹划原则。对上市公司而言，进行股利分配可以鼓励个人投资者长期持有公司股票，有利于稳定股价；对于自然人股东而言，如果持股期限超过1年，由于股票转让投资收益的税负(印花税)重于股息红利收益的税负(0税负)，上市公司发放股利有利于长期持股的个人股东获

得纳税方面的好处。

(2)基于法人股东的纳税筹划。

①税收规定(见表 92-2)。

表 92-2　基于法人股东的纳税筹划的税收规定

项目	说明
股息红利收益	投资企业(无论是否为居民企业)从居民企业取得的股息等权益性收益所得只要符合相关规定都可享受免税收入待遇
资本利得收益	投资企业通过股权转让等方式取得的投资收益需要计入应纳税所得额，按企业适用的所得税税率缴纳企业所得税

②筹划原则。基于法人股东考虑，公司进行股利分配可以帮助股东减少纳税负担，增加股东收益，为了维持与股东的良好关系，保障股东利益，在企业财务状况允许的情况下，公司应该进行股利分配。

二、企业重组纳税管理

(一)企业重组纳税管理内容

企业重组的纳税管理可以从两方面入手：

(1)通过重组事项，长期降低企业的各项纳税义务。如：将特定产品的生产部门分立为独立的纳税主体，可能会获得流转税税负的降低。

(2)减少重组环节的纳税义务。资产重组涉及两类税务处理方法：一般性税务处理方法和特殊性税务处理方法。**在进行重组时，应该尽量满足特殊性税务处理条件，采用特殊性税务处理方法。**

(二)企业合并的纳税筹划

会计上的企业合并包括吸收合并(A+B=A)、新设合并(A+B=C)和控股合并(A+B=A+B)，而税法意义上的企业合并只包括吸收合并和新设合并，这里主要是税法意义上的企业合并。

1. 并购目标企业选择的纳税筹划(见表 92-3)

表 92-3　并购目标企业选择的纳税筹划

并购对象	筹划原则
有税收优惠政策的企业	在同等条件下，**优先选择享有税收优惠政策的企业，**可以使并购后企业整体的税务负担较小
亏损的企业	企业**应该选择亏损企业作为并购目标**，在亏损企业中，应该优先考虑亏损额接近于法定最高亏损弥补额的企业(综合考虑其他条件之后)
上下游企业或关联企业	并购可以实现关联企业或上下游企业流通环节的减少，减少流转税纳税义务

2. 并购支付方式的纳税筹划

当采用股权支付不会对并购公司控制权产生重大影响时，应该优先考虑股权支付，或者尽量使股权支付金额不低于其交易支付总额的 85%，以争取达到特殊性税务处理的条件。

(三)企业分立的纳税筹划

1. 分立方式的选择

企业分立可分为新设分立和存续分立。

(1)新设分立((A=B+C))：通过新设分立可以使单个新企业的应纳税所得额适用小型微利企业，按照更低的税率征收所得税；或者通过新设分立，使某些新设企业符合高新技术企业的优惠；从而使企业的总体税收负担低于分立前的企业。

(2)存续分立(A=A+B)：通过存续分立，可以将企业某个特定部门分立出去，获得流转税的税收利益。

2. 支付方式的纳税筹划

分立企业应该优先考虑股权支付，或者尽量使股权支付金额不低于其交易支付总额的85%，争取达到企业分立的特殊性税务处理条件。

例解答·练

例题

例 1.(单选题)利润分配环节的所得税纳税管理主要体现为(　)。

A. 亏损弥补的纳税筹划　　B. 股利分配的纳税筹划

C. 内部筹资的纳税筹划　　D. 外部筹资的纳税筹划

思路点拨 很直接的选项，已经进入利润分配环节，所得税纳税管理主要体现为亏损弥补的筹划。

解 利润分配环节的所得税纳税管理主要体现为亏损弥补的纳税筹划。

答 A

例 2.(多选题)下列关于企业分立的纳税筹划的说法，错误的有(　)。

A. 分立企业应该优先考虑非股权支付

B. 分立企业尽量使股权支付金额不低于其交易支付总额的60%，争取达到企业分立的特殊性税务处理条件

C. 新设分立可以分为两个甚至更多小型微利企业

D. 企业通过新设分立，可以使某些新设企业符合高新技术企业的优惠

思路点拨 企业分立在支付方式上应该尽量争取达到特殊性税务处理条件，而特殊性税务处理条件强调较多的股权支付金额(85%)。

解 分立企业应该优先考虑股权支付，或者尽量使股权支付金额不低于其交易支付总额的85%，争取达到企业分立的特殊性税务处理条件。选项A和选项B的说法不正确。

答 AB

例 3.(多选题)下列各项中，属于并购目标企业选择中的纳税筹划途径的有(　)。

A. 并购有税收优惠政策的企业　　B. 并购利润高的企业

C. 并购亏损的企业　　D. 并购上下游企业或关联企业

思路点拨 并购目标企业后要使得整体税负降低或者减少流通环节，很明显选项B只会增加整体税负。

解 并购目标企业选择中的纳税筹划途径大致分为三方面：①并购有税收优惠政策的企业；②并购亏损的企业；③并购上下游企业或关联企业。

答 ACD

例 4.（多选题）利润分配纳税管理主要包括（ ）。

A. 所得税纳税管理　　B. 股利分配纳税管理

C. 企业合并的纳税管理　　D. 企业重组的纳税管理

思路点拨 很直接，利润分配纳税管理一是所得税纳税管理，二是股利分配纳税管理。

解 利润分配纳税管理主要包括两个部分：所得税纳税管理和股利分配纳税管理。

答 AB

例 5.（判断题）存续分立是指原企业解散，分立出的各方分别设立为新的企业。（ ）

思路点拨 存续分立的表现方式 A=A+B。

解 新设分立是指原企业解散，分立出的各方分别设立为新的企业。存续分立是指原企业存续，而其一部分分出设立为一个或数个新的企业。

答 错

例 6.（判断题）上市公司发放股利有利于长期持股的个人股东获得纳税方面的好处。（ ）

思路点拨 有时间限定条件，关键看持股期限有没有超过 1 年。

解 对于自然人股东而言，如果持股期限超过 1 年，股票转让投资收益的税负（印花税）重于股息红利收益的税负（0 税负），因此对于自然人股东，如果持股期限超过 1 年，发放股利可以获得纳税方面的好处。

答 错

习题

1.（单选题）某企业本年净利润为 2000 万元，预计按照股利支付率 50% 发放股利。其中，个人股东占比为 40%，个人股东中，持股时间超过一年的股东比重为 80%，不足一年但超过一个月的股东为 15%，剩余股东持股时间不足一个月，则该企业分配的股利导致股东需要交纳的个人所得税为（ ）万元。

A. 10　　B. 40　　C. 80　　D. 400

2.（单选题）下列对于股权支付和非股权支付两种并购支付方式的说法中，不正确的是（ ）。

A. 股权支付可以降低企业的财务风险

B. 非股权支付方式会增加企业的收购成本

C. 非股权支付可以采用特殊性税务处理方法

D. 采取股权支付方式要注意避免稀释公司控制权

3.（多选题）企业分立可以分为（ ）。

A. 吸收合并　　B. 控股合并　　C. 新设分立　　D. 存续分立

4.（多选题）并购时，应选择的并购目标有（ ）。

A. 有税收优惠政策的企业　　B. 亏损的企业

C. 上游企业　　D. 关联企业

5.（多选题）下列关于自然人股东股利分配的纳税管理的说法中，正确的有（ ）。

A. 股票交易获得的收益需要缴纳印花税

B. 对于上市公司而言，股利分配不利于稳定股价

C. 对于自然人股东而言持股期限超过 1 年后，印花税税负低于股息红利收益税负

D. 持股期限短于一个月的，其股息红利按所得全额计入应纳税所得额

参考答案及解析 

专题十二

八天验身手

前面的“专题一～专题十一”在财务管理考试大纲的基础上，按照更合理的方式重构了相关的知识点，并划分了92天的学习量，但也正因为如此，碎片化的知识点学习可能会带来综合性有所欠缺的局限，因此本专题着眼于此，将筛选近几年中级财务管理考试比较有价值的一些真题提供给大家，便于大家站在前面专题分拆的角度，更深入地去理解我们所划分专题的着眼点，从整体的角度去把握各专题之间的联系，将知识点融会贯通，提升实战能力。本专题共8天的练习量。

学……中级

DAY 93 一验身手

【真题 1 · 2018 年综合题】

己公司和庚公司是同一行业、规模相近的两家上市公司。有关资料如下：

资料一：己公司 2017 年普通股股数为 10000 万股，每股收益为 2.31 元。部分财务信息如表 93-1 所示。

表 93-1　己公司部分财务信息　　单位：万元

项目	2017 年末数据	项目	2017 年度数据
负债合计	184800	营业收入	200000
股东权益合计	154000	净利润	23100
资产总计	338800	经营活动现金流量净额	15000

资料二：己公司股票的 β 系数为 1.2，无风险收益率为 4%，证券市场平均收益率为 9%。己公司每年按每股 3 元发放固定现金股利。目前该公司的股票市价为 46.20 元。

资料三：己公司和庚公司 2017 年的部分财务指标如表 93-2 所示。

表 93-2　己公司和庚公司部分财务指标

项目	己公司	庚公司
产权比率	(*A*)	1
净资产收益率(按期末数计算)	(*B*)	20%
总资产周转次数(按期末数计算)	(*C*)	0.85
营业现金比率	(*D*)	15%
每股营业现金净流量(元)	(*E*)	*
市盈率(倍)	(*F*)	*

注：表内的“ * ”表示省略的数据。

资料四：庚公司股票的必要收益率为 11%。该公司 2017 年度股利分配方案是每股现金股利 1.5 元(即 D_0=1.5)，预计未来各年的股利年增长率为 6%。目前庚公司的股价为 25 元。

要求：

(1)根据资料一和资料二，确定上述表格中字母 *A*、*B*、*C*、*D*、*E*、*F* 所代表的数值(不需要列示计算过程)。

(2)根据要求(1)的计算结果和资料三，回答下列问题：①判断己公司和庚公司谁的财务结构更加稳健，并说明理由；②判断己公司和庚公司获取现金的能力哪个更强，并说明理由。

(3)根据资料二，计算并回答下列问题：①运用资本资产定价模型计算己公司股票的必要收益率；②计算己公司股票的价值；③给出“增持”或“减持”该股票的投资建议，并说明理由。

(4)根据资料四，计算并回答下列问题：①计算庚公司股票的内部收益率；②给出“增持”

或“减持”该股票的投资建议，并说明理由。

相关专题 (1)DAY82/83/84/86；(2)DAY82/83/84/86；(3)DAY10/13；(4)DAY13。

扫我查答案

【真题 2 · 2017 年综合题】

戊公司是一家啤酒生产企业，相关资料如下：

资料一：由于戊公司产品生产和销售存在季节性，应收账款余额在各季度的波动幅度很大，其全年应收账款平均余额的计算公式确定为：应收账款平均余额=年初余额÷8+第 1 季度末余额÷4+第 2 季度末余额÷4+第 3 季度末余额÷4+年末余额÷8，公司 2016 年各季度应收账款余额如表 93-3 所示：

表 93-3　2016 年各季度应收账款余额表　　单位：万元

时间	年初	第一季度末	第二季度末	第三季度末	年末
金额	1380	2480	4200	6000	1260

资料二：戊公司 2016 年末资产负债表有关项目余额及其与销售收入的关系如表 93-4 所示。

表 93-4　2016 年资产负债表有关项目期末余额及其与销售收入的关系

资产项目	期末数(万元)	与销售收入的关系	负债与股东权益项目	期末数(万元)	与销售收入的关系
现金	2310	11%	短期借款	2000	N
应收账款	1260	6%	应付账款	1050	5%
存货	1680	8%	长期借款	2950	N
固定资产	8750	N	股本	7000	N
			留存收益	1000	N
资产总计	14000	25%	负债与股东权益总计	14000	5%

注：表中“N”表示该项目不随销售额的变动而变动。

资料三：2016 年度公司销售收入为 21000 万元，销售成本为 8400 万元，存货周转期为 70 天，应付账款周转期为 66 天，假设一年按 360 天计算。

资料四：公司为了扩大生产能力，拟购置一条啤酒生产线，预计需增加固定资产投资 4000 万元，假设现金、应收账款、存货、应付账款项目与销售收入的比例关系保持不变，增加生产线后预计 2017 年销售收入将达到 28000 万元，税后利润将增加到 2400 万元，预计 2017 年度利润留存率为 45%。

资料五：为解决资金缺口，公司打算通过以下两种方式筹集资金。

(1)按面值发行 4000 万元的债券，期限为 5 年，票面利率为 8%，每年付息一次，到期一次还本，筹资费用率为 2%，公司适用的所得税税率为 25%。

(2)向银行借款解决其余资金缺口，期限为 1 年，年名义利率为 6.3%，银行要求公司保留 10%的补偿性余额。

要求：

(1)根据资料一和资料三，计算2016年度下列指标：①应收账款平均余额；②应收账款周转期；③经营周期；④现金周转期。

(2)根据资料二和资料三，计算下列指标：①2016年度末的权益乘数；②2016年度的营业毛利率。

(3)根据资料二、资料三和资料四，计算2017年度下列指标：①利润的留存额；②外部融资需求量。

(4)根据资料五，计算下列指标：①发行债券的资本成本率(不考虑货币的时间价值)；②短期借款的年实际利率。

相关专题 (1)DAY60；(2)DAY82/84；(3)DAY38；(4)DAY41/66。

扫我查答案

DAY 94 二验身手

【真题 3 · 2017 年综合题】

丁公司是一家处于初创阶段的电子产品生产企业，相关资料如下：

资料一：2016 年开始生产和销售 P 产品，售价为 0.9 万元/件；全年生产 20000 件，产销平衡。丁公司使用的所得税税率为 25%。

资料二：2016 年财务报表部分数据如表 94-1 所示。

表 94-1　2016 年财务报表部分数据　　单位：万元

项目	金额	项目	金额
流动资产合计	27500	负债合计	35000
非流动资产合计	32500	所有者权益合计	25000
资产总计	60000	负债与所有者权益总计	60000

利润表项目(年度数)

项目	金额	项目	金额
营业收入	18000	利润总额	3000
营业成本	11000	所得税	750
期间费用	4000	净利润	2250

资料三：所在行业的相关财务指标平均水平：总资产净利率为 4%，总资产周转次数为 0.5 次，营业净利率为 8%，权益乘数为 2。

资料四：公司 2016 年营业成本中固定成本为 4000 万元，变动成本为 7000 万元；期间费用中固定成本为 2000 万元，变动成本为 1000 万元，利息费用为 1000 万元。假设 2017 年成本性态不变。

资料五：公司 2017 年目标净利润为 2640 万元，预计利息费用为 1200 万元。

要求：

(1) 根据资料二，计算下列指标(计算中需要使用期初与期末平均数的，以期末数替代)：①总资产净利率；②权益乘数；③营业净利率；④总资产周转率。

(2) 根据要求(1)的计算结果和资料三，完成下列要求：①依据所在行业平均水平对丁公司偿债能力和营运能力进行评价；②说明丁公司总资产净利率与行业平均水平差异形成的原因。

(3) 根据资料一、资料四和资料五，计算 2017 年的下列指标：①单位变动成本；②盈亏平衡点销售量；③实现目标净利润的销售量；④实现目标净利润时的安全边际量。

相关专题 (1) DAY84/82/83；(2) DAY84；(3) DAY21/23。

【真题 4 · 2019 年综合题】

甲公司是一家制造业企业。有关资料如下：

资料一：2016 年度公司产品产销量为 2000 万件，产品销售单价为 50 元，单位变动成本为 30 元，固定成本总额为 20000 万元。假设单价、单位变动成本和固定成本总额在 2017 年保持不变。

资料二：2016 年度公司全部债务资金均为长期借款，借款本金为 200000 万元，年利率为 5%，全部利息都计入当期费用。假定债务资金和利息水平在 2017 年保持不变。

资料三：公司在 2016 年末预计 2017 年产销量将比 2016 年增长 20%。

要求：

(1)根据资料一，计算 2016 年边际贡献总额和息税前利润。

(2)根据资料一和资料二，以 2016 年为基期计算经营杠杆系数、财务杠杆系数和总杠杆系数。

(3)计算 2017 年息税前利润预计增长率和每股收益预计增长率。

相关专题 (1)DAY20；(2)DAY25；(3)DAY25。

三验身手

【真题5·2019年综合题】

甲公司是一家上市公司，适用的企业所得税税率为25%。公司现阶段基于发展需要，拟实施新的投资计划，有关资料如下：

资料一：公司项目投资的必要收益率为15%，有关货币时间价值系数如下：(P/A，15%，2)＝1.6257；(P/A，15%，3)＝2.2832；(P/A，15%，6)＝3.7845；(P/F，15%，3)＝0.6575；(P/F，15%，6)＝0.4323。

资料二：公司的资本支出预算为5000万元，有A、B两种互斥投资方案。A的建设期为0年，需于建设起点一次性投入5000万元；运营期3年，无残值，现金净流量每年均为2800万元。B方案建设期0年，需于建设起点一次性投入5000万元，其中，固定资产投资4200万元，采用直线法计提折旧，无残值；垫支营运资金800万元，第六年末收回垫支的营运资金，预计投产后第1~6年每年营业收入2700万元，每年付现成本700万元。

资料三：经测算，A方案的年金净流量为610.09万元。

资料四：针对上述5000万元的资本支出预算所产生的融资需求，公司为保持合理的资本结构，决定调整股利分配政策。公司当前的净利润为4500万元，过于长期以来一直采用固定股利支付率政策进行股利分配，股利支付率为20%，如果改用剩余股利政策，所需权益资本应占资本支出预算金额的70%。

要求：

(1)根据资料一和资料二，计算A方案的静态回收期、动态回收期、净现值、现值指数。

(2)根据资料一和资料二，计算B方案的净现值、年金净流量。

(3)根据资料二，判断公司在选择A、B方案时，应采用净现值法还是年金净流量法。

(4)根据(1)、(2)、(3)的计算结果和资料三，判断公司应该选择A方案还是B方案。

(5)根据资料四，如果继续执行固定股利支付率政策，计算公司的收益留存额。

(6)根据资料四，如果改用剩余股利政策，计算公司的收益留存额与可发放的股利额。

相关专题 (1)DAY51/52/53；(2)DAY48/49/50/51；(3)DAY55；(4)DAY55；(5)DAY76；(6)DAY76。

扫我查答案

【真题6·2019年综合题】

甲企业是某公司下属的一个独立分厂，该企业仅生产并销售W产品，2018年有关预算与考核分析资料如下：

资料一：W产品的预计产销量相同，2018年第一至第四季度的预计产销量分别是100件、

200 件、300 件和 400 件，预计产品销售单价为 1000 元/件，预计销售收入中，有 60% 在本季度收到现金，40% 在下一季度收到现金。2017 年末应收账款余额 80000 元。不考虑增值税及其他因素。

资料二：2018 年初材料存货量为 500 千克，每季度末材料存货量按下一季度生产需用量 10% 确定。单位产品用料标准为 10 千克/件。单位产品材料价格标准为 5 元/千克。材料采购款有 50% 在本季度支付现金，另外 50% 下一季度支付。

资料三：企业在每季度末的理想现金余额是 50000 元，且不低于 50000 元。如果当季现金不足，则向银行取得短期借款，如果当季现金溢余，则偿还银行短期借款。短期借款的年利率为 10% 。按季度付息。借款和还款的数额均为 1000 元的整数倍。假设新增借款发生在季度初，归还借款在季度末。2018 年第一季度，在未考虑银行借贷情况下的现金余额为 26700 元，假设 2018 年初企业没有借款。

资料四：2018 年末，企业对第四季度预算执行情况进行考核分析，第四季度 W 产品的实际销量为 450 件。实际材料耗用量为 3600 千克，实际材料单价为 6 元/千克。

要求：

(1)根据资料一计算：①W 产品的第一季度现金收入；②资产负债表预算中应收账款的年末数。

(2)根据资料一和资料二计算：①第二季度预计材料期末存货量；②第二季度预计材料采购量；③第三季度预计材料采购金额。

(3)根据资料三计算第一季度资金预算中①取得短期借款金额；②短期借款利息金额；③期末现金余额。

(4)根据资料一、二、四计算第四季度材料费用总额实际数与预算数之间的差额。

(5)根据资料一、二、四用连环替代法，按照产品产量、单位产品材料用量、材料单价的顺序，计算对材料费用总额实际数与预算数差额的影响。

相关专题 (1)DAY15；(2)DAY15；(3)DAY16；(4)DAY80；(5)DAY80。

扫我查答案

四验身手

【真题 7 · 2018 年综合题】

甲公司是一家生产经营比较稳定的制造企业，长期以来仅生产 A 产品，公司 2017 年和 2018 年的有关资料如下：

资料一：公司采用平滑指数法对销量进行预测，平滑指数为 0.6，2017 年 A 产品的预测销售量为 50 万吨，实际销售量为 45 万吨，A 产品的销售量为 3300 元/吨。

资料二：由于市场环境发生变化，公司对原销售预测结果进行修正，将预计销售额调整为 180000 万元，公司通过资金习性预测法分析，采用高低点法进行资金需求量预测。资金与销售额变化情况如表 96-1 所示：

表 96-1　资金与销售额变化情况表　　单位：万元

年度	2017 年	2016 年	2015 年	2014 年	2013 年	2012 年
销售额	148500	150000	129000	120000	105000	100000
资金占用	54000	55000	50000	49000	48500	47500

资料三：公司在 2017 年度实现净利润 50000 万元，现根据 2018 年度的预计资金需求量来筹集资金，为了维持目标资本结构要求所需资金，负债资金占 40%，权益资金占 60%，公司采用剩余股利政策发放现金股利。公司发行在外的普通股股数为 2000 万股。

资料四：公司在 2018 年有计划地进行外部融资，其部分资金的融资方案如下：溢价发行 5 年期公司债券，面值总额为 9000 万元，票面年利率为 9%，发行总价为 10000 万元，发行费用率为 2%。银行借款为 4200 万元，年利率为 6%。公司适用的企业所得税税率为 25%。

要求：

(1)根据资料一，计算：①2018 年 A 产品的预计销售量；②2018 年 A 产品的预计销售额。

(2)根据资料二，计算如下指标：①单位变动资金；②不变资金总额；③2018 年度预计资金需求量。

(3)根据要求(2)的计算结果和资料三，计算：①2018 年资金总需求中的权益资本数额；②发放的现金股利总额与每股股利。

(4)根据资料四，不考虑货币时间价值，计算下列指标：①债券的资本成本率；②银行借款的资本成本率。

相关专题 (1)DAY18；(2)DAY39；(3)DAY76；(4)DAY41。

【真题 8 · 2016 年综合题】

戊公司是一家以软件研发为主要业务的上市公司，其股票于 2013 年在我国深圳证券交易所创业板上市交易。戊公司有关资料如下：

资料一：X是戊公司下设的一个利润中心，2015年X利润中心的营业收入为600万元，变动成本为400万元，该利润中心负责人可控的固定成本为50万元，由该利润中心承担的但其负责人无法控制的固定成本为30万元。

资料二：Y是戊公司下设的一个投资中心，年初已占用的投资额为2000万元，预计每年可实现利润300万元，投资收益率为15%。2016年年初有一个投资额为1000万元的投资机会，预计每年增加利润90万元。假设戊公司投资的必要收益率为10%。

资料三：2015年戊公司实现的净利润为500万元，2015年12月31日戊公司股票每股市价为10元。戊公司2015年年末资产负债表相关数据如表96-2所示：

表96-2　戊公司资产负债表相关数据　　单位：万元

项目	金额
资产总计	10000
负债合计	6000
股本(面值1元，发行在外1000万股)	1000
资本公积	500
盈余公积	1000
未分配利润	1500
所有者权益合计	4000

资料四：戊公司2016年拟筹资1000万元以满足投资的需要。戊公司2015年年末的资本结构是该公司的目标资本结构。

资料五：戊公司制定的2015年度利润分配方案如下：①鉴于法定盈余公积累计已超过注册资本的50%，不再计提盈余公积；②每10股发放现金股利1元；③每10股发放股票股利1股，该方案已经股东大会审议通过。发放股票股利时戊公司的股价为10元/股。

要求：

(1)根据资料一，计算X利润中心的边际贡献、可控边际贡献和部门边际贡献，并指出以上哪个指标可以更好地评价X利润中心负责人的管理业绩。

(2)根据资料二：①计算接受新投资机会之前的剩余收益；②计算接受新投资机会之后的剩余收益；③判断Y投资中心是否应该接受该投资机会，并说明理由。

(3)根据资料三，计算戊公司2015年12月31日的市盈率和市净率。

(4)根据资料三和资料四，如果戊公司采用剩余股利分配政策，计算：①戊公司2016年度投资所需的权益资本数额；②每股现金股利。

(5)根据资料三和资料五，计算戊公司发放股利后的下列指标：①未分配利润；②股本；③资本公积。

相关专题 (1)DAY73；(2)DAY74；(3)DAY87；(4)DAY76；(5)DAY77。

扫我查答案

五验身手

【真题 9 · 2015 年综合题】

戊公司生产和销售 E、F 两种产品，每年产销平衡。为了加强产品成本管理，合理确定下年度经营计划和产品销售价格，该公司专门召开总经理办公会进行讨论。相关资料如下：

资料一：2014 年 E 产品实际产销量为 3680 件，生产实际用工为 7000 小时，实际人工成本为 16 元/小时。标准成本资料如表 97-1 所示。

表 97-1　E 产品单位标准成本

项目	直接材料	直接人工	制造费用
价格标准	35 元/千克	15 元/小时	10 元/小时
用量标准	2 千克/件	2 小时/件	2 小时/件

资料二：F 产品年设计生产能力为 15000 件，2015 年计划生产 12000 件，预计单位变动成本为 200 元，计划期的固定成本总额为 720000 元。该产品适用的消费税税率为 5%，成本利润率为 20%。

资料三：戊公司接到 F 产品的一个额外订单，意向订购量为 2800 件，订单价格为 290 元/件，要求 2015 年内完工。

要求：

(1) 根据资料一，计算 2014 年 E 产品的下列指标：①单位标准成本；②直接人工成本差异；③直接人工效率差异；④直接人工工资率差异。

(2) 根据资料二，运用全部成本费用加成定价法测算 F 产品的单价。

(3) 根据资料三，运用变动成本费用加成定价法测算 F 产品的单价。

(4) 根据资料二、资料三和上述测算结果，作出是否接受 F 产品额外订单的决策，并说明理由。

(5) 根据资料二，如果 2015 年 F 产品的目标利润为 150000 元，销售单价为 350 元，假设不考虑消费税的影响。计算 F 产品盈亏平衡销售量和实现目标利润的销售量。

相关专题 (1) DAY67/69；(2) DAY19；(3) DAY19；(4) DAY19；(5) DAY21/23。

扫我查答案

【真题 10 · 2018 年综合题】

乙公司是一家制造企业，长期以来只生产 A 产品。2018 年有关资料如下：

资料一：8 月份 A 产品月初存货量预计为 180 件，8 月份和 9 月份的预计销售量分别为 2000 件和 2500 件。A 产品的预计月末存货量为下月销售量的 12%。

资料二：生产A产品需要耗用X、Y、Z三种材料，其价格标准和用量标准如表97-2所示。

表97-2　A产品直接材料成本标准

项目	标准		
	X材料	Y材料	Z材料
价格标准	10元/千克	15元/千克	20元/千克
用量标准	3千克/件	2千克/件	2千克/件

资料三：公司利用标准成本信息编制直接人工预算，生产A产品的工时标准为3小时/件，标准工资率为20元/小时。8月份A产品的实际产量为2200件，实际工时为7700小时，实际发生直接人工成本146300元。

资料四：公司利用标准成本信息，并采用弹性预算法编制制造费用预算，A产品的单位变动制造费用标准成本为18元，每月的固定制造费用预算总额为31800元。

资料五：A产品的预计销售单价为200元/件，每月销售收入中，有40%在当月收取现金，另外的60%在下月收取现金。

资料六：9月份月初现金余额预计为60500元，本月预计现金支出为487500元。公司理想的月末现金余额为60000元且不低于该水平，现金余额不足时向银行借款，多余时归还银行借款，借入和归还金额均要求为1000元的整数倍。不考虑增值税及其他因素的影响。

要求：

(1)根据资料一，计算8月份A产品的预计生产量。

(2)根据资料二，计算A产品的单位直接材料标准成本。

(3)根据要求(1)的计算结果和资料三，计算8月份的直接人工预算金额。

(4)根据资料三，计算下列成本差异：①直接人工成本差异；②直接人工效率差异；③直接人工工资率差异。

(5)根据要求(1)的计算结果和资料四，计算8月份制造费用预算总额。

(6)根据要求(1)、(2)的计算结果和资料三、资料四，计算A产品的单位标准成本。

(7)根据资料一和资料五，计算公司9月份的预计现金收入。

(8)根据要求(7)的计算结果和资料六，计算9月份的预计现金余缺，并判断为保持所需现金余额，是否需要向银行借款，如果需要，指出应借入多少款项。

相关专题 (1)DAY15；(2)DAY67；(3)DAY69；(4)DAY69；(5)DAY67；(6)DAY15；(7)DAY16。

扫我查答案

六验身手

【真题 11 · 2018 年综合题】

戊公司是一家设备制造商，公司基于市场发展进行财务规划，有关资料如下：

资料一：戊公司 2017 年 12 月 31 日的资产负债表简表及相关信息如表 98-1 所示。

表 98-1　戊公司资产负债表简表及相关信息(2017 年 12 月 31 日)　　单位：万元

资产	金额	占销售额百分比%	负债与权益	金额	占销售额百分比%
现金	1000	2.5	短期借款	5000	N
应收票据	8000	20.0	应付票据	2000	5.0
应收账款	5000	12.5	应付账款	8000	20.0
存货	4000	10.0	应付债券	6000	N
其他流动资产	4500	N	实收资本	20000	N
固定资产	23500	N	留存收益	5000	N
合计	46000	45.0	合计	46000	25.0

注：表中“N”表示该项目不随销售额的变动而变动。

资料二：戊公司 2017 年销售额为 40000 万元，营业净利率为 10%，利润留存率为 40%。预计 2018 年销售额增长率为 30%，营业净利率和利润留存率保持不变。

资料三：戊公司计划于 2018 年 1 月 1 日从租赁公司融资租入一台设备。该设备价值为 1000 万元，租期为 5 年，租赁期满时预计净残值为 100 万元，归租赁公司所有。年利率为 8%，年租赁手续费率为 2%，租金每年末支付 1 次。相关货币时间价值系数为 $(P/F, 8\%, 5)=0.6806$；$(P/F, 10\%, 5)=0.6209$；$(P/A, 8\%, 5)=3.9927$；$(P/A, 10\%, 5)=3.7908$。

资料四：经测算，资料三中新增设备投产后每年能为戊公司增加税后营业利润 132.5 万元，设备年折旧额为 180 万元。

资料五：戊公司采用以下两种筹资方式：①利用商业信用：戊公司供应商提供的付款条件为“1/10，N/30”；②向银行借款：借款年利率为 8%。一年按 360 天计算。该公司适用的所得税税率为 25%。不考虑增值税及其他因素的影响。

要求：

(1)根据资料一和资料二，计算戊公司 2018 年下列各项金额：①因销售增加而增加的资产额；②因销售增加而增加的负债额；③因销售增加而增加的资金量；④预计利润的留存额；⑤外部融资需求量。

(2)根据资料三，计算下列数值：①计算租金时使用的折现率；②该设备的年租金。

(3)根据资料四，计算下列指标：①新设备投产后每年增加的营业现金净流量；②如果公司按 1000 万元自行购买而非租赁该设备，计算该设备投资的静态回收期。

(4)根据资料五，计算并回答如下问题：①计算放弃现金折扣的信用成本率；②判断戊公司是否应该放弃现金折扣，并说明理由；③计算银行借款的资本成本。

相关专题 (1)DAY38；(2)DAY30；(3)DAY49/53；(4)DAY66/41。

扫我查答案

【真题12·2017年综合题】

己公司长期以来只生产X产品，有关资料如下：

资料一：2016年度X产品实际销售量为600万件，销售单价为30元，单位变动成本为16元，固定成本总额为2800万元，假设2017年X产品单价和成本性态保持不变。

资料二：公司按照指数平滑法对各年销售量进行预测，平滑指数为0.7。2015年公司预测的2016年销售量为640万件。

资料三：为了提升产品市场占有率，公司决定2017年放宽X产品销售的信用条件，延长信用期，预计销售量将增加120万件，收账费用和坏账损失将增加350万元，应收账款年平均占有资金将增加1700万元，资本成本率为6%。

资料四：2017年度公司发现新的商机，决定利用现有剩余生产能力，并添置少量辅助生产设备，生产一种新产品Y。预计Y产品的年销售量为300万件，销售单价为36元，单位变动成本为20元，固定成本每年增加600万元，与此同时，X产品的销售会受到一定冲击，其年销售量将在原来基础上减少200万件。

要求：

(1)根据资料一，计算2016年度下列指标：①边际贡献总额；②盈亏平衡点销售量；③安全边际额；④安全边际率。

(2)根据资料一和资料二，完成下列要求：①采用指数平滑法预测2017年度X产品的销售量；②以2016年为基期计算经营杠杆系数；③预测2017年息税前利润增长率。

(3)根据资料一和资料三，计算公司因调整信用政策而预计增加的相关收益(边际贡献)、相关成本和相关利润，并据此判断改变信用条件是否对公司有利。

(4)根据资料一和资料四，计算投产新产品Y为公司增加的息税前利润，并据此做出是否投产新产品Y的经营决策。

相关专题 (1)DAY21；(2)DAY18/25；(3)DAY61；(4)DAY24。

扫我查答案

七验身手

【真题 13 · 2017 年综合题】

戊化工公司拟进行一项固定资产投资，以扩充生产能力，现有 X、Y、Z 三个方案备选，相关资料如下：

资料一：戊公司现有长期资本 10000 万元，其中，普通股股本为 5500 万元，长期借款为 4000 万元，留存收益为 500 万元。长期借款利率为 8%。该公司股票的系统风险是整个股票市场风险的 2 倍。目前整个股票市场平均收益率为 8%，无风险收益率为 5%。假设该投资项目的风险与公司整体风险一致，且投资项目的筹资结构与公司资本结构相同，新增债务利率不变。

资料二：X 方案需要投资固定资产 500 万元，不需要安装就可以使用，预计使用寿命为 10 年，期满无残值，采用直线法计提折旧。该项目投产后预计会使公司的存货和应收账款共增加 20 万元，应付账款增加 5 万元，假设不会增加其他流动资产和流动负债。在项目运营的 10 年中，预计每年为公司增加税前利润 80 万元。X 方案的现金流量如表 99-1 所示。

表 99-1　X 方案现金流量计算表　　单位：万元

年份	0	1-9	10
一、投资期现金流量			
固定资产投资	(*A*)		
运营资金垫支	(*B*)		
投资现金净流量	×		
二、营业期现金流量			
销售收入		×	×
付现成本		×	×
折旧		(*C*)	×
税前利润		80	×
所得税		×	×
净利润		(*D*)	×
营业现金净流量		(*E*)	(*F*)
三、终结期现金流量			
固定资产净残值			×
回收营运资金			(*G*)
终结期现金净流量			×
四、年现金净流量合计	×	×	(*H*)

注：表内的“×”为省略的数值。

资料三：Y 方案需要投资固定资产 300 万元，不需要安装就可以使用，预计使用寿命为 8

年，期满无残值。预计每年营业现金净流量为50万元。经测算，当折现率为6%时，该方案的净现值为10.49万元；当折现率为8%时，该方案的净现值为-12.67万元。

资料四：Z方案与X方案、Y方案的相关指标如表99-2所示：

表99-2 备选方案的相关指标

方案	X方案	Y方案	Z方案
原始投资额现值(万元)	×	300	420
期限(年)	10	8	8
净现值(万元)	197.27	×	180.50
现值指数	1.38	0.92	(J)
内含收益率	17.06%	×	×
年金净流量(万元)	(I)	×	32.61

注：表内的"×"为省略的数值。

资料五：公司适用的所得税税率为25%。相关货币时间价值系数如表99-3所示。

表99-3 相关货币时间价值系数表

期数(n)	8	9	10
(P/F, i, n)	0.5019	0.4604	0.4224
(P/A, i, n)	5.5348	5.9952	6.4170

注：i为该项目的必要收益率。

要求：

(1)根据资料一，利用资本资产定价模型计算戊公司普通股资本成本。

(2)根据资料一和资料五，计算戊公司的加权平均资本成本。

(3)根据资料二和资料五，确定表1中字母所代表的数值(不需要列式计算过程)。

(4)根据以上计算的结果和资料三，完成下列要求：①计算Y方案的静态投资回收期和内含收益率；②判断Y方案是否可行，并说明理由。

(5)根据资料四和资料五，确定表2中字母所代表的数值(不需要列式计算过程)。

(6)判断戊公司应当选择哪个投资方案，并说明理由。

相关专题 (1)DAY42；(2)DAY43；(3)DAY49/50；(4)DAY52/53；(5)DAY51/52；(6)DAY55。

扫我查答案

【真题14·2014年综合题】

己公司现有生产线已满负荷运转，鉴于其产品在市场上供不应求，公司准备购置一条生产线，公司及生产线的相关资料如下：

资料一：己公司生产线的购置有两个方案可供选择。

A方案生产线的购买成本为7200万元，预计使用6年，采用直线法计提折旧，预计净残值率为10%。生产线投产时需要投入营运资金1200万元，以满足日常经营活动需要，生产线运营期满时垫支的营运资金全部收回。生产线投入使用后，预计每年新增销售收入11880万元，每年新增付现成本8800万元，假定生产线购入后可立即投入使用。

B方案生产线的购买成本为7200万元，预计使用8年，当设定贴现率为12%时，净现值为3228.94万元。

资料二：己公司适用的企业所得税税率为25%，不考虑其他相关税金，公司要求的最低投资收益率为12%，部分时间价值系数如表99-4所示。

表99-4 货币时间价值系数表

年度(n)	1	2	3	4	5	6	7	8
(P/F，12%，n)	0.8929	0.7972	0.7118	0.6355	0.5674	0.5066	0.4523	0.4039
(P/A，12%，n)	0.8929	1.6901	2.4018	3.0373	3.6048	4.1114	4.5638	4.9676

资料三：己公司目前资本结构(按市场价值计算)为：总资本40000万元，其中债务资本16000万元(市场价值等于其账面价值，平均年利率为8%)，普通股股本24000万元(市价6元/股，4000万股)。公司今年的每股股利(D_0)为0.3元，预计股利年增长率为10%，且未来股利政策保持不变。

资料四：己公司投资所需资金7200万元需要从外部筹措，有两种方案可供选择：方案一为全部增发普通股，增发价格为6元/股。方案二为全部发行债券，债券年利率为10%，按年支付利息，到期一次性归还本金。假设不考虑筹资过程中发生的筹资费用。己公司预期的年息税前利润为4500万元。

要求：

(1)根据资料一和资料二，计算A方案的下列指标：①投资期现金净流量；②年折旧额；③生产线投入使用后第1-5年每年的营业现金净流量；④生产线投入使用后第6年的现金净流量；⑤净现值。

(2)分别计算A、B方案的年金净流量，据以判断己公司应选择哪个方案，并说明理由。

(3)根据资料二、资料三和资料四：①计算方案一和方案二的每股收益无差别点(以息税前利润表示)；②计算每股收益无差别点的每股收益；③运用每股收益分析法判断己公司应选择哪一种筹资方案，并说明理由。

(4)假定己公司按方案二进行筹资，根据资料二、资料三和资料四计算：①己公司普通股的资本成本；②筹资后己公司的加权平均资本成本。

相关专题 (1)DAY48/49/50；(2)DAY51/55；(3)DAY45；(4)DAY42/43。

扫我查答案

【真题 15 · 2016 年综合题】

己公司是一家饮料生产商，公司相关资料如下：

资料一：己公司 2015 年相关财务数据如下表 100-1 所示。假设己公司成本性态不变，现有债务利息水平不变。

表 100-1　己公司 2015 年相关财务数据　　单位：万元

资产负债类项目（2015 年 12 月 31 日）	金额
流动资产	40000
非流动资产	60000
流动负债	30000
长期负债	30000
所有者权益	40000
收入成本类项目（2015 年度）	金额
营业收入	80000
固定成本	25000
变动成本	30000
财务费用（利息费用）	2000

资料二：己公司计划 2016 年推出一款新型饮料，年初需要购置一条新生产线，并立即投入使用。该生产线购置价格为 50000 万元，可使用 8 年，预计净残值为 2000 万元，采用直线法计提折旧。该生产线投入使用时需要垫支营运资金 5500 万元，在项目终结时收回。该生产线投产后己公司每年可增加营业收入 22000 万元，增加付现成本 10000 万元。会计上对于新生产线折旧年限、折旧方法以及净残值等的处理与税法保持一致。假设己公司要求的最低收益率为 10%。

资料三：为了满足购置新生产线的资金需求，己公司设计了两个筹资方案。第一个方案是以借款方式筹集资金 50000 万元，年利率为 8%；第二个方案是发行普通股 10000 万股，每股发行价 5 元。己公司 2016 年年初普通股股数为 30000 万股。

资料四：假设己公司不存在其他事项，己公司适用的所得税税率为 25%。相关货币时间价值系数如表 100-2 所示。

表 100-2　货币时间价值系数表

期数（n）	1	2	7	8
（P/F，10%，n）	0.9091	0.8264	0.5132	0.4665
（P/A，10%，n）	0.9091	1.7355	4.8684	5.3349

要求：

(1)根据资料一，计算己公司的下列指标：①营运资金；②产权比率；③边际贡献率；④盈亏平衡销售额。

(2)根据资料一，以2015年为基期计算经营杠杆系数。

(3)根据资料二和资料四，计算新生产线项目的下列指标：①原始投资额；②第1~7年现金净流量($NCF_{1\sim7}$)；③第8年现金净流量(NCF_8)；④净现值(NPV)。

(4)根据要求(3)的计算结果，判断是否应该购置该生产线，并说明理由。

(5)根据资料一、资料三和资料四，计算两个筹资方案的每股收益无差别点($EBIT$)。

(6)假设己公司采用第一个方案进行筹资，根据资料一、资料二和资料三，计算新生产线投产后己公司的息税前利润和财务杠杆系数。

相关专题 (1)DAY81/82/20/21；(2)DAY25；(3)DAY48/49/50/51；(4)DAY51；(5)DAY45；(6)DAY25。

扫我查答案

【真题16·2015年综合题】

己公司是一家上市公司，该公司2014年末资产总计为10000万元，其中负债合计为2000万元。该公司适用的所得税税率为25%。相关资料如下：

资料一：预计己公司净利润持续增长，股利也随之相应增长。相关资料如表100-3所示。

表100-3　己公司相关资料

项目	数值
2014年末股票每股市价	8.75元
2014年股票的β系数	1.25
2014年无风险收益率	4%
2014年市场组合的收益率	10%
预计股利年增长率	6.5%
预计2015年每股现金股利(D_1)	0.5元

资料二：己公司认为2014年的资本结构不合理，准备发行债券募集资金用于投资，并利用自有资金回购相应价值的股票，优化资本结构，降低资本成本。假设发行债券不考虑筹资费用，且债券的市场价值等于其面值，股票回购后该公司总资产账面价值不变，经测算，不同资本结构下的债务利率和运用资本资产定价模型确定的权益资本成本如表100-4所示。

表100-4　不同资本结构下的债务利率与权益资本成本

方案	负债(万元)	债务利率	税后债务资本成本	按资本资产定价模型确定的权益资本成本	以账面价值为权重确定的平均资本成本
原资本结构	2000	(A)	4.5%	×	(C)
新资本结构	4000	7%	(B)	13%	(D)

注：表中"×"表示省略的数据。

要求：

(1)根据资料一，利用资本资产定价模型计算己公司股东要求的必要收益率。

(2)根据资料一，利用股票估价模型，计算己公司2014年末股票的内在价值。

(3)根据上述计算结果，判断投资者2014年末是否应该以当时的市场价格买入己公司股票，并说明理由。

(4)确定表100-4中英文字母代表的数值(不需要列示计算过程)。

(5)根据(4)的计算结果，判断这两种资本结构中哪种资本结构较优，并说明理由。

(6)预计2015年已公司的息税前利润为1400万元，假设2015年该公司选择债务为4000万元的资本结构，2016年的经营杠杆系数(DOL)为2，计算该公司2016年的财务杠杆系数(DFL)和总杠杆系数(DTL)。

相关专题 (1)DAY10；(2)DAY13；(3)DAY13；(4)DAY43；(5)DAY45；(6)DAY25。

扫我查答案

附录　系数表

附表一　复利终值系数表

期数	1%	2%	3%	4%	5%	6%	7%	8%	9%	10%
1	1.0100	1.0200	1.0300	1.0400	1.0500	1.0600	1.0700	1.0800	1.0900	1.1000
2	1.0201	1.0404	1.0609	1.0816	1.1025	1.1236	1.1449	1.1664	1.1881	1.2100
3	1.0303	1.0612	1.0927	1.1249	1.1576	1.1910	1.2250	1.2597	1.2950	1.3310
4	1.0406	1.0824	1.1255	1.1699	1.2155	1.2625	1.3108	1.3605	1.4116	1.4641
5	1.0510	1.1041	1.1593	1.2167	1.2763	1.3382	1.4026	1.4693	1.5386	1.6105
6	1.0615	1.1262	1.1941	1.2653	1.3401	1.4185	1.5007	1.5809	1.6771	1.7716
7	1.0721	1.1487	1.2299	1.3159	1.4071	1.5036	1.6058	1.7738	1.8280	1.9487
8	1.0829	1.1717	1.2668	1.3686	1.4775	1.5938	1.7182	1.8509	1.9926	2.1436
9	1.0937	1.1951	1.3048	1.4233	1.5513	1.6895	1.8385	1.9990	2.1719	2.3579
10	1.1046	1.2190	1.3439	1.4802	1.6289	1.7908	1.9672	2.1589	2.3674	2.5937
11	1.1157	1.2434	1.3842	1.5395	1.7103	1.8983	2.1049	2.3316	2.5804	2.8531
12	1.1268	1.2682	1.4258	1.6010	1.7959	2.0122	2.2522	2.5182	2.8127	3.1384
13	1.1381	1.2936	1.4685	1.6651	1.8856	2.1329	2.4098	2.7196	3.0658	3.4523
14	1.1495	1.3195	1.5126	1.7317	1.9799	2.2609	2.5785	2.9372	3.3417	3.7975
15	1.1610	1.3459	1.5580	1.8009	2.0789	2.3966	2.7590	3.1722	3.6425	4.1772
16	1.1726	1.3728	1.6047	1.8730	2.1829	2.5404	2.9522	3.4259	3.9703	4.5950
17	1.1843	1.4002	1.6528	1.9479	2.2920	2.6928	3.1588	3.7000	4.3276	5.0545
18	1.1961	1.4282	1.7024	2.0258	2.4066	2.8543	3.3799	3.9960	4.7171	5.5599
19	1.2081	1.4568	1.7535	2.1068	2.5270	3.0256	3.6165	4.3157	5.1417	6.1159
20	1.2202	1.4859	1.8061	2.1911	2.6533	3.2071	3.8697	4.6610	5.6044	6.7275
21	1.2324	1.5157	1.8603	2.2788	2.7860	3.3996	4.1406	5.0338	6.1088	7.4002
22	1.2447	1.5460	1.9161	2.3699	2.9253	3.6035	4.4304	5.4365	6.6586	8.1403
23	1.2572	1.5769	1.9736	2.4647	3.0715	3.8197	4.7405	5.8715	7.2579	8.2543
24	1.2697	1.6084	2.0328	2.5633	3.2251	4.0489	5.0724	6.3412	7.9111	9.8497
25	1.2824	1.6406	2.0938	2.6658	3.3864	4.2919	5.4274	6.8485	8.6231	10.835
26	1.2953	1.6734	2.1566	2.7725	3.5557	4.5494	5.8076	7.3964	9.3992	11.918
27	1.3082	1.7069	2.2213	2.8834	3.7335	4.8223	6.2139	7.9881	10.245	13.110
28	1.3213	1.7410	2.2879	2.9987	3.9201	5.1117	6.6488	8.6271	11.167	14.421
29	1.3345	1.7758	2.3566	3.1187	4.1161	5.4184	7.1143	9.3173	12.172	15.863
30	1.3478	1.8114	2.4273	3.2434	4.3219	5.7435	7.6123	10.063	13.268	17.449
40	1.4889	2.2080	3.2620	4.8010	7.0400	10.286	14.794	21.725	31.408	45.259
50	1.6446	2.6916	4.3839	7.1067	11.467	18.420	29.457	46.902	74.358	117.390
60	1.8167	3.2810	5.8916	10.520	18.679	32.988	57.946	101.26	176.03	304.48

续表

期数	12%	14%	15%	16%	18%	20%	24%	28%	32%	36%
1	1.1200	1.1400	1.1500	1.1600	1.1800	1.2000	1.2400	1.2800	1.3200	1.3600
2	1.2544	1.2996	1.3225	1.3456	1.3924	1.4400	1.5376	1.6384	1.7414	1.8496
3	1.4049	1.4815	1.5209	1.5609	1.6430	1.7280	1.9066	2.0872	2.3000	2.5155
4	1.5735	1.6890	1.7490	1.8106	1.9388	2.0736	2.3642	2.6844	3.306	3.4210
5	1.7623	1.9254	2.0114	2.1003	2.2878	2.4883	2.9316	3.436	4.0075	4.6526
6	1.9738	2.1950	2.3131	2.4364	2.6996	2.9860	3.6352	4.3980	5.2899	6.3275
7	2.2107	2.5023	2.6600	2.8262	3.1855	3.5832	4.5077	5.6295	6.9826	8.6054
8	2.4760	2.8526	3.0590	3.2784	3.7589	4.2998	5.5895	7.2508	9.2170	11.703
9	2.7731	3.2519	3.5179	3.8030	4.4355	5.1598	6.9310	9.2234	12.166	15.917
10	3.1058	3.7072	4.0456	4.4114	5.2338	6.1917	8.5944	11.806	16.060	21.647
11	3.4785	4.2262	4.6524	5.1173	6.1759	7.4301	10.657	15.112	21.119	29.439
12	3.8960	4.8179	5.3503	5.9360	7.2876	8.9161	13.215	19.343	27.983	40.037
13	4.3635	5.4924	6.1528	6.8858	8.5994	10.699	16.386	24.759	36.937	54.451
14	4.8871	6.2613	7.0757	7.9875	10.147	12.839	20.319	31.691	48.757	74.053
15	5.4736	7.1379	8.1371	9.2655	11.974	15.407	25.196	40.5648	64.359	100.71
16	6.1304	8.1372	9.3576	10.748	14.129	18.488	31.243	51.923	84.954	136.97
17	6.8660	9.2765	10.761	12.468	16.672	22.186	38.741	66.461	112.14	186.28
18	7.6900	10.575	12.375	14.463	19.673	26.623	48.039	85.071	148.02	253.34
19	8.6128	12.056	14.232	16.777	23.214	31.948	59.568	108.89	195.39	344.54
20	9.6463	13.743	16.367	19.461	27.393	38.338	73.864	139.38	257.92	468.57
21	10.804	15.668	18.822	22.574	32.324	46.005	91.592	178.41	340.45	637.26
22	12.100	17.861	21.645	26.186	38.142	55.206	113.57	228.36	449.39	866.67
23	13.552	20.362	24.891	30.376	45.008	66.247	140.83	292.30	593.20	1178.7
24	15.179	23.212	28.625	35.236	53.109	79.497	174.63	374.14	783.02	1603.0
25	17.000	26.462	32.919	40.874	62.669	95.396	216.54	478.90	1033.6	2180.1
26	19.040	30.167	37.857	47.414	73.949	114.48	268.51	613.00	1364.3	2964.9
27	21.325	34.390	43.535	55.000	87.260	137.37	332.95	784.64	1800.9	4032.3
28	23.884	39.204	50.066	63.800	102.97	164.84	412.86	1004.3	2377.2	5483.9
29	26.750	44.693	57.575	74.009	121.50	197.81	511.95	1285.6	3137.9	7458.1
30	29.960	50.950	66.212	85.850	143.37	237.38	634.82	1645.5	4142.1	10143
40	93.051	188.83	267.86	378.72	750.38	1469.8	5455.9	19427	66521	*
50	289.00	700.23	1083.9	1670.7	3927.4	9100.4	46890	*	*	*
60	897.60	2595.9	4384.0	7370.2	20555	56348	*	*	*	*

* >99999

附表二　复利现值系数表

期数	1%	2%	3%	4%	5%	6%	7%	8%	9%	10%
1	.9901	.9804	.9709	.9615	.9524	.9434	.9346	.9259	.9174	.9091
2	.9803	.9712	.9426	.9246	.9070	.8900	.8734	.8573	.8417	.8264
3	.9706	.9423	.9151	.8890	.8638	.8396	.8163	.7938	.7722	.7513
4	.9610	.9238	.8885	.8548	.8227	.7921	.7629	.7350	.7084	.6830
5	.9515	.9057	.8626	.8219	.7835	.7473	.7130	.6806	.6499	.6209
6	.9420	.8880	.8375	.7903	.7462	.7050	.6663	.6302	.5963	.5645
7	.9327	.8606	.8131	.7599	.7107	.6651	.6227	.5835	.5470	.5132
8	.9235	.8535	.7894	.7307	.6768	.6274	.5820	.5403	.5019	.4665
9	.9143	.8368	.7664	.7026	.6446	.5919	.5439	.5002	.4604	.4241
10	.9053	.8203	.7441	.6756	.6139	.5584	.5083	.4632	.4224	.3855
11	.8963	.8043	.7224	.6496	.5847	.5268	.4751	.4289	.3875	.3505
12	.8874	.7885	.7014	.6246	.5568	.4970	.4440	.3971	.3555	.3186
13	.8787	.7730	.6810	.6006	.5303	.4688	.4150	.3677	.3262	.2897
14	.8700	.7579	.6611	.5775	.5051	.4423	.3878	.3405	.2992	.2633
15	.8613	.7430	.6419	.5553	.4810	.4173	.3624	.3152	.2745	.2394
16	.8528	.7284	.6232	.5339	.4581	.3936	.3387	.2919	.2519	.2176
17	.8444	.7142	.6050	.5134	.4363	.3714	.3166	.2703	.2311	.1978
18	.8360	.7002	.5874	.4936	.4155	.3503	.2959	.2502	.2120	.1799
19	.8277	.6864	.5703	.4746	.3957	.3305	.2765	.2317	.1945	.1635
20	.8195	.6730	.5537	.4564	.3769	.3118	.2584	.2145	.1784	.1486
21	.8114	.6598	.5375	.4388	.3589	.2942	.2415	.1987	.1637	.1351
22	.8034	.6468	.5219	.4220	.3418	.2775	.2257	.1839	.1502	.1228
23	.7954	.6342	.5067	.4057	.3256	.2618	.2109	.1703	.1378	.1117
24	.7876	.6217	.4919	.3901	.3101	.2470	.1971	.1577	.1264	.1015
25	.7798	.6095	.4776	.3751	.2953	.2330	.1842	.1460	.1160	.0923
26	.7720	.5976	.4637	.3604	.2812	.2198	.1722	.1352	.1064	.0839
27	.7644	.5859	.4502	.3468	.2678	.2074	.1609	.1252	.0976	.0763
28	.7568	.5744	.4371	.3335	.2551	.1956	.1504	.1159	.0895	.0693
29	.7493	.5631	.4243	.3207	.2429	.1846	.1406	.1073	.0822	.0630
30	.7419	.5521	.4120	.3083	.2314	.1741	.1314	.0994	.0754	.0573
35	.7059	.5000	.3554	.2534	.1813	.1301	.0937	.0676	.0490	.0356
40	.6717	.4529	.3066	.2083	.1420	.0972	.0668	.0460	.0318	.0221
45	.6391	.4102	.2644	.1712	.1113	.0727	.0476	.0313	.0207	.0137
50	.6080	.3715	.2281	.1407	.0872	.0543	.0339	.0213	.0134	.0085
55	.5785	.3365	.1968	.1157	.0683	.0406	.0242	.0145	.0087	.0053

续表

期数	12%	14%	15%	16%	18%	20%	24%	28%	32%	36%
1	.8929	.8772	.8696	.8621	.8475	.8333	.8065	.7813	.7576	.7353
2	.7972	.7695	.7561	.7432	.7182	.6944	.6504	.6104	.5739	.5407
3	.7118	.6750	.6575	.6407	.6086	.5787	.5245	.4768	.4348	.3975
4	.6355	.5921	.5718	.5523	.5158	.4823	.4230	.3725	.3294	.2923
5	.5674	.5194	.4972	.4762	.4371	.4019	.3411	.2910	.2495	.2149
6	.5066	.4556	.4323	.4104	.3704	.3349	.2751	.2274	.1890	.1580
7	.4523	.3996	.3759	.3538	.3139	.2791	.2218	.1776	.1432	.1162
8	.4039	.3506	.3269	.3050	.2660	.2326	.1789	.1388	.1085	.0854
9	.3606	.3075	.2843	.2630	.2255	.1938	.1443	.1084	.0822	.0628
10	.3220	.2697	.2472	.2267	.1911	.1615	.1164	.0847	.0623	.0462
11	.2875	.2366	.2149	.1954	.1619	.1346	.0938	.0662	.0472	.0340
12	.2567	.2076	.1869	.1685	.1373	.1122	.0757	.0517	.0357	.0250
13	.2292	.1821	.1625	.1452	.1163	.0935	.0610	.0404	.0271	.0184
14	.2046	.1597	.1413	.1252	.0985	.0779	.0492	.0316	.0205	.0135
15	.1827	.1401	.1229	.1079	.0835	.0649	.0397	.0247	.0155	.0099
16	.1631	.1229	.1069	.0930	.0709	.0541	.0320	.0193	.0118	.0073
17	.1456	.1078	.0929	.0802	.0600	.0451	.0259	.0150	.0089	.0054
18	.1300	.0946	.0808	.0691	.0508	.0376	.0208	.0118	.0068	.0039
19	.1161	.0829	.0703	.0596	.0431	.0313	.0168	.0092	.0051	.0029
20	.1037	.0728	.0611	.0514	.0365	.0261	.0135	.0072	.0039	.0021
21	.0926	.0638	.0531	.0443	.0309	.0217	.0109	.0056	.0029	.0016
22	.0826	.0560	.0462	.0382	.0262	.0181	.0088	.0044	.0022	.0012
23	.0738	.0491	.0402	.0329	.0222	.0151	.0071	.0034	.0017	.0008
24	.0659	.0431	.0349	.0284	.0188	.0126	.0057	.0027	.0013	.0006
25	.0588	.0378	.0304	.0245	.0160	.0105	.0046	.0021	.0010	.0005
26	.0525	.0331	.0264	.0211	.0135	.0087	.0037	.0016	.0007	.0003
27	.0469	.0291	.0230	.0182	.0115	.0073	.0030	.0013	.0006	.0002
28	.0419	.0255	.0200	.0157	.0097	.0061	.0024	.0010	.0004	.0002
29	.0374	.0224	.0174	.0135	.0082	.0051	.0020	.0008	.0003	.0001
30	.0334	.0196	.0151	.0116	.0070	.0042	.0016	.0006	.0002	.0001
35	.0189	.0102	.0075	.0055	.0030	.0017	.0005	.0002	.0001	*
40	.0107	.0053	.0037	.0026	.0013	.0007	.0002	.0001	*	*
45	.0061	.0027	.0019	.0013	.0006	.0003	.0001	*	*	*
50	.0035	.0014	.0009	.0006	.0003	.0001	*	*	*	*
55	.0020	.0007	.0005	.0003	.0001	*	*	*	*	*

* <.0001

附表三　年金终值系数表

期数	1%	2%	3%	4%	5%	6%	7%	8%	9%	10%
1	1.0000	1.0000	1.0000	1.0000	1.0000	1.0000	1.0000	1.0000	1.0000	1.0000
2	2.0100	2.0200	2.0300	2.0400	2.0500	2.0600	2.0700	2.0800	2.0900	2.1000
3	3.0301	3.0604	3.0909	3.1216	3.1525	3.1836	3.2149	3.2464	3.2781	3.3100
4	4.0604	4.1216	4.1836	4.2465	4.3101	4.3746	4.4399	4.5061	4.5731	4.6410
5	5.1010	5.2040	5.3091	5.4163	5.5256	5.6371	5.7507	5.8666	5.9847	6.1051
6	6.1520	6.3081	6.4684	6.633	6.8019	6.9753	7.1533	7.3359	7.5233	7.7156
7	7.2135	7.4343	7.6625	7.8983	8.1420	8.3938	8.6540	8.9228	9.2004	9.4872
8	8.2857	8.5830	8.8923	9.2142	9.5491	9.8975	10.260	10.637	11.028	11.436
9	9.3685	9.7546	10.159	10.583	11.027	11.491	11.978	12.488	13.021	13.579
10	10.462	10.950	11.464	12.006	12.578	13.181	13.816	14.487	15.193	15.937
11	11.567	12.169	12.808	13.486	14.207	14.972	15.784	16.645	17.560	18.531
12	12.683	13.412	14.192	15.026	15.917	16.870	17.888	18.977	20.141	21.384
13	13.809	14.680	15.618	16.627	17.713	18.882	20.141	21.495	22.953	24.523
14	14.947	15.974	17.086	18.292	19.599	21.015	22.550	24.214	26.019	27.975
15	16.097	17.293	18.599	20.024	21.579	23.276	25.129	27.152	29.361	31.772
16	17.258	18.639	20.157	21.825	23.657	25.673	27.888	30.324	33.003	35.950
17	18.430	20.012	21.762	23.698	25.840	28.213	30.840	33.750	36.974	40.545
18	19.615	21.412	23.414	25.645	28.132	30.906	33.999	37.450	41.301	45.599
19	20.811	22.841	25.117	27.671	30.539	33.760	37.379	41.446	46.018	51.159
20	22.019	24.297	26.870	29.778	33.066	36.786	40.996	45.752	51.16	57.275
21	23.239	25.783	28.676	31.969	35.719	39.993	44.865	50.423	56.765	64.002
22	24.472	27.299	30.537	34.248	38.505	43.392	49.006	55.457	62.873	71.403
23	25.716	28.845	32.453	36.618	41.430	46.996	53.436	60.883	69.532	79.543
24	26.973	30.422	34.426	39.083	44.502	50.816	58.177	66.765	76.79	88.497
25	28.243	32.030	36.459	41.646	47.727	54.863	63.294	73.106	84.701	98.347
26	29.526	33.671	38.553	44.312	51.113	59.156	68.676	79.954	93.324	109.18
27	30.821	35.344	40.710	47.084	54.669	63.706	74.484	87.351	102.72	121.1
28	32.129	37.051	42.931	49.968	58.403	68.528	80.698	95.339	112.97	134.21
29	33.450	38.792	45.219	52.966	62.323	73.640	87.347	103.97	124.14	148.63
30	34.785	40.568	47.575	56.085	66.439	79.058	94.461	113.28	136.31	164.49
40	48.886	60.402	75.401	95.026	120.80	154.76	199.64	259.06	337.88	442.59
50	64.463	84.579	112.80	152.67	209.35	290.34	406.53	573.77	815.08	1163.9
60	81.670	114.05	163.05	237.99	353.58	533.13	813.52	1253.2	1944.8	3034.8

续表

期数	12%	14%	15%	16%	18%	20%	24%	28%	32%	36%
1	1.0000	1.0000	1.0000	1.0000	1.0000	1.0000	1.0000	1.0000	1.0000	1.0000
2	2.1200	2.1400	2.1500	2.1600	2.1800	2.2000	2.2400	2.2800	2.3200	2.3600
3	3.3744	3.4396	3.4725	3.5056	3.5724	3.6400	3.7776	3.9184	4.0624	4.2096
4	4.7793	4.9211	4.9934	5.0665	5.2154	5.3680	5.6842	6.0156	6.3624	6.7251
5	6.3528	6.6101	6.7424	6.8771	7.1542	7.4416	8.0484	8.6999	9.3983	10.146
6	8.1152	8.5355	8.7537	8.9775	9.4420	9.9299	10.980	12.136	13.406	14.799
7	10.089	10.730	11.067	11.414	12.142	12.916	14.615	16.534	18.696	21.126
8	12.300	13.233	13.727	14.240	15.327	16.499	19.123	22.163	25.678	29.732
9	14.776	16.085	16.786	17.519	19.086	20.799	24.712	29.369	34.895	41.435
10	17.549	19.337	20.304	21.321	23.521	25.959	31.643	38.593	47.062	57.352
11	20.655	23.045	24.349	25.733	28.755	32.150	40.238	50.398	63.122	78.998
12	24.133	27.271	29.002	30.850	34.931	39.581	50.895	65.510	84.320	108.44
13	28.029	32.089	34.352	36.786	42.219	48.497	64.110	84.853	112.30	148.47
14	32.393	37.581	40.505	43.672	50.818	59.196	80.496	109.61	149.24	202.93
15	37.280	43.842	47.580	51.660	60.965	72.035	100.82	141.30	198.00	276.98
16	42.753	50.980	55.717	60.925	72.939	87.442	126.01	181.87	262.36	377.69
17	48.884	59.118	65.075	71.673	87.068	105.93	157.25	233.79	347.31	514.66
18	55.750	68.394	75.836	84.141	103.74	128.12	195.99	300.25	459.45	770.94
19	63.440	78.969	88.212	98.603	123.41	154.74	244.03	385.32	607.47	954.28
20	72.052	91.025	102.44	115.38	146.63	186.69	303.60	494.21	802.86	1298.8
21	81.699	104.77	118.81	134.84	174.02	225.03	377.46	633.59	1060.8	1767.4
22	92.503	120.44	137.63	157.41	206.34	271.03	469.06	812.00	1401.2	2404.7
23	104.60	138.30	159.28	183.60	244.49	326.24	582.63	1040.4	1850.6	3271.3
24	118.16	185.66	184.17	213.98	289.49	392.48	723.46	1332.7	2443.8	4450.0
25	133.33	181.87	212.79	249.21	342.60	471.98	898.09	1706.8	3226.8	6053.0
26	150.33	208.33	245.71	290.09	405.27	567.38	1114.6	2185.7	4260.4	8233.1
27	169.37	238.50	283.57	337.50	479.22	681.85	1383.1	2798.7	5624.8	11198.0
28	190.70	272.89	327.10	392.50	566.48	819.22	1716.1	3583.3	7425.7	15230.3
29	214.58	312.09	377.17	456.30	669.45	984.07	2129.0	4587.7	9802.9	20714.2
30	241.33	356.79	434.75	530.31	790.95	1181.9	2640.9	5873.2	12941	28172.3
40	767.09	1342.0	1779.1	2360.8	4163.2	7343.2	27290	69377	*	*
50	2400.0	4994.5	7217.7	10436	21813	45497	*	*	*	*
60	7471.6	18535	29220	46058	*	*	*	*	*	*

* >99999

附表四　年金现值系数表

期数	1%	2%	3%	4%	5%	6%	7%	8%	9%
1	0.9901	0.9804	0.9709	0.9615	0.9524	0.9434	0.9346	0.9259	0.9174
2	1.9704	1.9416	1.9135	1.8861	1.8594	1.8334	1.8080	1.7833	1.7591
3	2.9410	2.8839	2.8286	2.7751	2.7232	2.6730	2.6243	2.5771	2.5313
4	3.9020	3.8077	3.7171	3.6299	3.5460	3.4651	3.3872	3.3121	3.2397
5	4.8534	4.7135	4.5797	4.4518	4.3295	4.2124	4.1002	3.9927	3.8897
6	5.7955	5.6014	5.4172	5.2421	5.0757	4.9173	4.7665	4.6229	4.4859
7	6.7282	6.4720	6.2303	6.0021	5.7864	5.5824	5.3893	5.2064	5.0330
8	7.6517	7.3255	7.0197	6.7327	6.4632	6.2098	5.9713	5.7466	5.5348
9	8.5660	8.1622	7.7861	7.4353	7.1078	6.8017	6.5152	6.2469	5.9952
10	9.4713	8.9826	8.5302	8.1109	7.7217	7.3601	7.0236	6.7101	6.4177
11	10.3676	9.7868	9.2526	8.7605	8.3064	7.8869	7.4987	7.1390	6.8052
12	11.2551	10.5753	9.9540	9.3851	8.8633	8.3838	7.9427	7.5361	7.1607
13	12.1337	11.3484	10.6350	9.9856	9.3936	8.8527	8.3577	7.9038	7.4869
14	13.0037	12.1062	11.2961	10.5631	9.8986	9.2950	8.7455	8.2442	7.7862
15	13.8651	12.8493	11.9379	11.1184	10.3797	9.7122	9.1079	8.5595	8.0607
16	14.7179	13.5777	12.5611	11.6523	10.8378	10.1059	9.4466	8.8514	8.3126
17	15.5623	14.2919	13.1661	12.1657	11.2741	10.4773	9.7632	9.1216	8.5436
18	16.3983	14.9920	13.7535	12.6896	11.6896	10.8276	10.0591	9.3719	8.7556
19	17.2260	15.6785	14.3238	13.1339	12.0853	11.1581	10.3356	9.6036	8.9601
20	18.0456	16.3514	14.8775	13.5903	12.4622	11.4699	10.5940	9.8181	9.1285
21	18.8570	17.0112	15.4150	14.0292	12.8212	11.7641	10.8355	10.0168	9.2922
22	19.6604	17.6580	15.9369	14.4511	13.1630	12.0416	11.0612	10.2007	9.4424
23	20.4558	18.2922	16.4436	14.8568	13.4886	12.3034	11.2722	10.3711	9.5802
24	21.2434	18.9139	16.9355	15.2470	13.7986	12.5504	11.4693	10.5288	9.7066
25	22.0232	19.5235	17.4131	15.6221	14.0939	12.7834	11.6536	10.6748	9.8226
26	22.7952	20.1210	17.8768	15.9828	14.3752	13.0032	11.8258	10.8100	9.9290
27	23.5596	20.7059	18.3270	16.3296	14.6430	13.2105	11.9867	10.9352	10.0266
28	24.3164	21.2813	18.7641	16.6631	14.8981	13.4062	12.1371	11.0511	10.1161
29	25.0658	21.8444	19.1885	16.9837	15.1411	13.5907	12.2777	11.1584	10.1983
30	25.8077	22.3965	19.6004	17.2920	15.3725	13.7648	12.4090	11.2578	10.2737
35	29.4086	24.9986	21.4872	18.6646	16.3742	14.4982	12.9477	11.6546	10.5668
40	32.8347	27.3555	23.1148	19.7928	17.1591	15.0463	13.3317	11.9246	10.7574
45	36.0945	29.4902	24.5187	20.7200	17.7741	15.4558	13.6055	12.1084	10.8812
50	39.1961	31.4236	25.7298	21.4822	18.2559	15.7619	13.8007	12.2335	10.9617
55	42.1472	33.1748	26.7744	22.1086	18.6335	15.9905	13.9399	12.3186	11.0140

续表

期数	10%	12%	14%	15%	16%	18%	20%	24%	28%	32%
1	0.9091	0.8929	0.8772	0.8696	0.8621	0.8475	0.8333	0.8065	0.7813	0.7576
2	1.7355	1.6901	1.6467	1.6257	1.6052	1.5656	1.5278	1.4568	1.3916	1.3315
3	2.4869	2.4018	2.3216	2.2832	2.2459	2.1743	2.1065	1.9813	1.8684	1.7663
4	3.1699	3.0373	2.9173	2.8550	2.7982	2.6901	2.5887	2.4043	2.2410	2.0957
5	3.7908	3.6048	3.4331	3.3522	3.2743	3.1272	2.9906	2.7454	2.5320	2.3452
6	4.3553	4.1114	3.8887	3.7845	3.6847	3.4976	3.3255	3.0205	2.7594	2.5342
7	4.8684	4.5638	4.2882	4.1604	4.0386	3.8115	3.6046	3.2423	2.9370	2.6775
8	5.3349	4.9676	4.6389	4.4873	4.3436	4.0776	3.8372	3.4212	3.0758	2.7860
9	5.7590	5.3282	4.9464	4.7716	4.6065	4.3030	4.0310	3.5655	3.1842	2.8681
10	6.1446	5.6502	5.2161	5.0188	4.8332	4.4941	4.1925	3.6819	3.2689	2.9304
11	6.4951	5.9377	5.4527	5.2337	5.0286	4.6560	4.3271	3.7757	3.3351	2.9776
12	6.8137	6.1944	5.6603	5.4206	5.1971	4.7932	4.4392	3.8514	3.3868	3.0133
13	7.1034	6.4235	5.8424	5.5831	5.3423	4.9095	4.5327	3.9124	3.4272	3.0404
14	7.3667	6.6282	6.0021	5.7245	5.4675	5.0081	4.6106	3.9616	3.4587	3.0609
15	7.6061	6.8109	6.1422	5.8474	5.5755	5.0916	4.6755	4.0013	3.4834	3.0764
16	7.8237	6.9740	6.2651	5.9542	5.6685	5.1624	4.7296	4.0333	3.5026	3.0882
17	8.0216	7.1196	6.3729	6.0472	5.7487	5.2223	4.7746	4.0591	3.5177	3.0971
18	8.2014	7.2497	6.4674	6.1280	5.8178	5.2732	4.8122	4.0799	3.5294	3.1039
19	8.3649	7.3658	6.5504	6.1982	5.8775	5.3162	4.8435	4.0967	3.5386	3.1090
20	8.5136	7.4694	6.6231	6.2593	5.9288	5.3527	4.8696	4.1103	3.5458	3.1129
21	8.6487	7.5620	6.6870	6.3125	5.9731	5.3837	4.8913	4.1212	3.5514	3.1158
22	8.7715	7.6446	6.7429	6.3587	6.0113	5.4099	4.9094	4.1300	3.5558	3.1180
23	8.8832	7.7184	6.7921	6.3988	6.0442	5.4321	4.9245	4.1371	3.5592	3.1197
24	8.9847	7.7843	6.8351	6.4338	6.0726	5.4509	4.9371	4.1428	3.5619	3.1210
25	9.0770	7.8431	6.8729	6.4641	6.0971	5.4669	4.9476	4.1474	3.5640	3.1220
26	9.1609	7.8957	6.9061	6.4906	6.1182	5.4804	4.9563	4.1511	3.5656	3.1227
27	9.2372	7.9426	6.9352	6.5135	6.1364	5.4919	4.9636	4.1542	3.5669	3.1233
28	9.3066	7.9844	6.9607	6.5335	6.1520	5.5016	4.9697	4.1566	3.5679	3.1237
29	9.3696	8.0218	6.9830	6.5509	6.1656	5.5098	4.9747	4.1585	3.5687	3.1240
30	9.4269	8.0552	7.0027	6.5660	6.1772	5.5168	4.9789	4.1601	3.5693	3.1242
35	9.6442	8.1755	7.0700	6.6166	6.2153	5.5386	4.9915	1.1644	3.5708	3.1248
40	9.7791	8.2438	7.1050	6.6418	6.2335	5.5482	4.9966	4.1659	3.5712	3.1250
45	9.8628	8.2825	7.1232	6.6543	6.2421	5.5523	4.9986	4.1664	3.5714	3.1250
50	9.9148	8.3045	7.1327	6.6605	6.2463	5.5541	4.9995	4.1666	3.5714	3.1250
55	9.9471	8.3170	7.1376	6.6636	6.2482	5.5549	4.9998	4.1666	3.5714	3.1250

致亲爱的读者

“梦想成真”系列辅导丛书自出版以来，以严谨细致的专业内容和清晰简洁的编撰风格受到了广大读者的一致好评，但因水平和时间有限，书中难免会存在一些疏漏和错误。读者如有发现本书不足，可扫描“扫我来纠错”二维码上传纠错信息，审核后每处错误奖励10元购课代金券。（多人反馈同一错误，只奖励首位反馈者。请关注“中华会计网校”微信公众号接收奖励通知。）

在此，诚恳地希望各位学员不吝批评指正，帮助我们不断提高完善。

邮箱：mxcc@cdeledu.com

微博：@ 正保文化

扫我来纠错

中华会计网校微信公众号

正保文化官微

关注正保文化官微，
回复“勘误表”，
获取本书勘误内容。